国学名著讲读系列

孟子讲读

赵杏根 —————— 著

华东师范大学出版社
—上海—

王元化　顾问

胡晓明　主编

图书在版编目(CIP)数据

孟子讲读/赵杏根著.—上海:华东师范大学出版社,2021
(国学名著讲读系列)
ISBN 978-7-5760-1925-4

Ⅰ.①孟… Ⅱ.①赵… Ⅲ.①儒家②《孟子》-研究
Ⅳ.①B222.55

中国版本图书馆 CIP 数据核字(2021)第 130929 号

国学名著讲读系列

孟子讲读

著　　者　赵杏根
策划组稿　曹利群　张俊玲
责任编辑　乔　健
审读编辑　刘效礼
责任校对　王婧懿　时东明
装帧设计　夏艺堂艺术设计
版式设计　卢晓红

出版发行　华东师范大学出版社
社　　址　上海市中山北路 3663 号　邮编 200062
网　　址　www.ecnupress.com.cn
电　　话　021-60821666　行政传真 021-62572105
客服电话　021-62865537　门市(邮购)电话 021-62869887
地　　址　上海市中山北路 3663 号华东师范大学校内先锋路口
网　　店　http://hdsdcbs.tmall.com

印　刷　者　浙江临安曙光印务有限公司
开　　本　787×1092　16 开
印　　张　24.25
字　　数　420 千字
版　　次　2021 年 8 月第 1 版
印　　次　2021 年 8 月第 1 次
书　　号　ISBN 978-7-5760-1925-4
定　　价　78.00 元

出版人　王　焰

(如发现本版图书有印订质量问题,请寄回本社客服中心调换或电话 021-62865537 联系)

目录

序

王元化

中国自古以来有着十分浓厚的人文经典意识。一方面是传世文献中有丰富多样的文化典籍（这在世界文化中是罕见的），另一方面是千百年来读书人对经典的持续研讨和长期诵读传统（这在世界历史上也是罕见的）。由于废科举，兴新学，由于新文化运动和建立新民族国家需要，也由于二十世纪百年中国的动乱不安，这一传统被迫中断了。但是近年来似乎又有了一点存亡继绝的新机会。其直接的动力，一方面是自上而下地提倡大力弘扬和培育民族精神，另一方面更主要是自下而上，由民间社会力量以及一些知识分子推动的又一次"传统文化热"，尤其表现在与八十年代坐而论道的文化批判不同，一些十分自发的社会文化教育形式的新探索。譬如各地开展的少儿诵读经典活动，一些民间学堂的传统文化研习，一些民办学校、农村新兴私塾等，对学习传统经典的恢复，以及一些大学里新体制的建立等。其时代原因，表面上看起来与中国近十年的经济活力与和平崛起有关系，其实比这复杂得多。至少可以提到的是：转型社会的道德危机和意义迷失所致社会生活的新问题及其迫切性；世界范围内各种思想的相互竞争相互激荡；在全球经济一体化和科技至上的社会环境中，公民社会的人文精神品质正在迅速流失；在这个背景下，青年一代人中国文化特质正在迅速丧失；中国近现代思想史上，由文化激进主义而带来的弊端渐渐显露，中国文化由遭受践踏到重新复苏的自身逻辑以及文化觉醒；以及从经验主义出发，从社会问题出发，实用地融合各种思想文化的资源以有利于社会全面发展和人的全面发展的新视野，等等。总之，一方面是出现了重要的新机会，另一方面也有前所未有的危机。惟其复杂而多元，我们就不应该停留于旧的二元对立的思路，不应该坚执于概念义理的论争，不应该单一地思考文化思想的建设问题，而应该从生活的实践出发，根据我们变化了的时代内涵，提炼新的问题意识，回应社会的真正需要，再认识传统经典的学习问题。

所以,这套书我是欣然赞成的。在目前中国文化的发展出现前所未有的新机会,同时也是出现前所未有危机的情况下,华东师范大学出版社愿意做一点负起社会责任的事情,体现了他们的眼光、见识和魄力。如果有更多的出版社和文化单位愿意援手传统文化积累培育工作,中国文化的复兴是有希望的。是为序。

二〇〇五年七月二十二日

导读

一、孟子与《孟子》

孟子,名轲,字子舆,或作子居、子车,邹(今山东邹城东南)人。其具体生卒年不详,一般认为,他大约生于公元前372年,大约卒于公元前289年。当然,还有其他的说法,例如,魏源认为他活了九十多岁。但不管如何,孟子生活在战国中期,享有高寿,这是肯定的。

孟子是鲁国贵族孟孙氏后裔。汉代韩婴《韩诗外传》、刘向《列女传》,都载有孟母"断织"、"三迁"的故事。这两个故事说明,孟子生长在一个很重视文化教育的家庭。《史记》本传说他"受业于子思之门人"。子思即孔子的孙子孔伋,孔伋的老师就是孔子的学生曾参。孔子与孟子之间的渊源如此。

孟子学成后,就像当时大量的士人一样,周游列国,游说诸侯,宣传他的学说并谋大用。他先后历游齐、宋、滕、魏、鲁等诸侯国,宣传自己的政治主张。其政治主张被当政者认为"迂远而阔于事情",因而未被采纳。他也始终没有得到真正能将其学说付之于实践的机会,只是做过一段时间齐宣王的客卿,在任期间没有什么建树。到了晚年,他便不再出游,而是以著述为务,致力于传道。《史记》本传说他"退而与万章之徒,叙《诗》《书》,述仲尼之意,作《孟子》七篇"。

孟子的生平事迹,主要见于《孟子》和《史记》本传。后人为他编有年谱、年表,如程复心《孟子年谱》、狄子奇《孔孟编年》、魏源《孟子年表》、郎擎霄《孟子年表》、钱穆《孟子年谱》等,可以参阅。

《孟子》在西汉汉文帝的时候被列入儒家经典,设立专门的博士研究之。《汉书·艺文志》著录《孟子》有十一篇,《史记》中则云七篇。东汉赵岐认为,多出的四篇,乃后人仿作。南宋时,那多出的四篇亡佚。今本《孟子》七篇,每篇分上下,共有十四卷。明朝出现的宋熙时子注《孟子外书》四篇,其实是姚士粦的伪作。

自东汉赵岐以下,古代和近代对《孟子》做注释或研究的人很多。张清俐《孟学史成孟子研究新生长点》(《中国社会科学报》2014年6月13日A02版)一文说,孟子研究院收集到的研究孟子的文献,汉代至明代305种,清代672种,民国100

种,清代和清代以前国外关于孟子的专门书籍 19 种。就笔者所知所见而言,至今仍然不难找到的《孟子》古人注本或古人研究《孟子》的专著,大约有一百多种。

就《孟子》的读本而言,最为著名、特色鲜明的,且较为通行、现今不难找到的,有这样几种:

1. 《孟子注疏》,东汉赵岐注,宋代孙奭疏,《十三经注疏》所收者即是。赵岐虽为汉人,但其注《孟子》,多发明其主旨义理,与郑玄等注释经书,路数不同,包括朱熹在内的后儒多采其说。孙奭之疏,多围绕赵岐所说做讲解。

2. 《孟子集注》,宋代朱熹作,收入其《四书集注》中。此书收录宋代理学家之说,最为广泛,乃宋代理学家研究孟子观点的精华集萃,当然以朱熹自己的观点为最多。

3. 《张居正讲评〈孟子〉》,明代张居正作。这是张居正给青年皇帝讲《孟子》的讲稿,典型的帝王之学。结合最高统治集团之为政来讲述,是其最大特点。阐述语言甚美,多对偶警策之句。

4. 《孟子字义疏证》,清代戴震作。其名虽为《字义疏证》,戴震也是朴学大师,然此书思想之深刻性、丰富性、进步性,都是在古代研究《孟子》的著作中首屈一指的。篇幅不大,而足称巨著。

5. 《孟子正义》,清代焦循作。此书以赵岐注为基础,吸收清代学者考订、训诂方面的研究成果,堪称从汉学角度研究《孟子》的集大成之作,但又较多地吸收戴震之说。该书被收入上海书店版《诸子集成》。唐文治《茹经堂文集二编》卷一《读焦理堂孟子正义》云:"焦理堂《孟子正义》,考据详核,高出旧疏远甚。其尤善者,每章末皆标明赵氏《章旨》,以纠旧疏剽窃,使人居然见赵氏原本焉。然蒙于此书,有不能无讥者。夫《孟子》一书,大要在崇仁义、辨性心、别王霸。而仁义、信心、王霸之辨,则莫精于宋儒。自朱子《集注》行,后之潜研理学者,萃诸儒之说,编为大全,精谭性道,辨析豪芒,此诚赵氏之所不逮。后之学者,或因宋儒之说,束古注而不读,固不免有拘虚之讥。然如理堂之专守古注,力扫名理,宋儒之说,虽善而不采,毋亦未能虚心欤?观《正义》于每章之言心、言仁义者,辄引戴东原《字义疏证》为说。夫东原固好诋宋儒者也,驰骋辩驳,已不免有喧嚣之习。理堂数采其说,而兼参己意。论性善则杂饮食男女以为言,论理气则牵合程朱老释并讥。论尽心、知性,则援血气、嗜欲,以为自然之极致。牵引杂糅,岂有得于孟子意耶?蒙尝谓治他经之学,或可专守汉注,而《论语》及《孟子》两书,辨别仁义、性心、王霸,必摒宋儒而不用,其惑者既失精微,而僻者又随时抑扬,违离道本。班氏《艺文志·儒家论》,实今世之药石也。夫汉学崇尚家法,墨守一先生之言,不敢有所出入。焦氏《孟子正义》主张戴东原学,而扬波逐靡,必欲侪孟子于荀卿之流,蒙不知其所谓家法者安在?"唐文治对焦循《孟子正义》的特点,把握得非常准确,但是,他对焦氏的批评,明显是不公允的,且以"家法"限人,其思想及方法,不免显示出落后性。

6.《孟子大义》,唐文治作。此书秉承宋代理学家思想较多,然结合唐老夫子本人在晚清长期担任尚书等高官的政治经验、结合当时的社会风气来发挥孟子的学说,是其显著特点。他陶铸世风的宏愿,也从此书中强烈地体现了出来。

7.《孟子微》,康有为著。结合康有为在海外见闻阐述孟子学说,是其特点,民主政治色彩鲜明,且时有其"大同"理想。结合西方文化论儒家学说,此为先驱。

今人研究《孟子》的专著包括对《孟子》所做注释、翻译,数量很多,其中也有不少质量很高的。

二、哲学思想:"性善说"新论

《孟子·滕文公上》云:"孟子道性善,言必称尧舜。""性善说"传世两千多年,称是称非,论者不绝,各执一端,形同水火,难求正解。

孟子认为,人性本善,其《告子上》云:"人性之善也,犹水之就下也。人无有不善,水无有不下。"对此,人们很容易冒出这样的问题:既然人性都是善的,那么,这世界上为什么总是有人在为不善呢?孟子认为,人之为不善,是反人性的力量作用的结果。这就像与水性向下相反的力量能使水向上一样,"今夫水,搏而跃之,可使过颡;激而行之,可使在山。是岂水之性哉?其势则然也。人之可使为不善,其性亦犹是也"。人性的力量足以抵御反人性的力量,其人为善;反之,则其人为不善。

"性善说"的"性",或云"人性",其内涵是什么?名称与内涵相比,重要的是内涵,而不是名称。要了解孟子的性善说,我们有必要首先了解其"性"——或云"人性"——的内涵。

《告子上》中,告子曰:"生之谓性。"他认为,生命活动就是性。他所着眼的是人与动物的共同性,也就是将人的动物性当作人性。孟子不同意告子的观点,反问道:"然则犬之性,犹牛之性;牛之性,犹人之性与?"人性确实包括人的动物性,例如,动物的基本行为——觅食行为、繁殖行为、争斗行为、防御行为,人类一项都不缺。但是,人性却不为动物性所限,还有比动物性层次更高的许多内容。告子之失在于此。然而，孟子不同意告子的观点，并不是认为人性不为动物性所限，而是认为动物性不在人性之中。在孟子看来，人性亦即"性善"之"性"，不包括人的动物性。

孟子在阐发"性善"时说："恻隐之心，人皆有之；羞恶之心，人皆有之；恭敬之心，人皆有之；是非之心，人皆有之。恻隐之心，仁也；羞恶之心，义也；恭敬之心，礼也；是非之心，智也。仁义礼智，非由外铄我也，我固有之也，弗思耳矣。"（《告子上》）仁义礼智，都是人的社会属性。孟子将这些社会属性当成了人性的全部。按照他的说法，人性是善的。因此，一个人如果迷失了善性，也就是迷失了全部的人性。他多次说过，人与动物的区别，在于有没有仁义礼智等善性。人如果迷失了这些善性，就成了动物。迷失了这些善性的人，他作为一个自然人的本能，也就是他的动物性，还存在不存在呢？当然存在。他的动物性仍然存在，但是，在孟子看来，他的人性则已经不存在了。这样说来，孟子所说的人性，他的"性善说"之"性"，显然是把人的动物性排斥在外的。

孟子不仅把人的动物性排斥在人性之外，而且，在他看来，会使人为不善的反人性的力量，正是人的动物性。《告子上》云："公都子问曰：'钧是人也，或为大人，或为小人，何也？'孟子曰：'从其大体为大人，从其小体为小人。'曰：'钧是人也，或从其大体，或从其小体，何也？'曰：'耳目之官不思，而蔽于物，物交物，则引之而已矣。心之官则思，思则得之，不思则不得也。此天之所与我者，先立乎其大者，则其小者弗能夺也。此为大人而已矣。'"所谓"大体"，就是指"性善说"中的"性"，亦即"人性"。在"性善说"中，人性是善的，是仁义礼智等。一个人立身行事，如果总能从其善性，从仁义礼智，当然会成为一个高尚的人。所谓"小体"，就是人的感官的种种欲望，也就是人的动物性。一个人总是从其感官的欲望，而不以仁义礼智等社会道德规范来制约这些欲望，或者他的仁义礼智等道德力量还不足以制约这些欲望，其人就会为不善。在这里，孟子把"大体"、"小体"，亦即他所认为的人性和人的动物性对立了起来。宋代理学家所提倡的"兴天理，灭人欲"，就直接发端于此。

荀子反对孟子的"性善说"，主张"性恶"，见之于《荀子·性恶》。他说："凡性者，天之就也。不可学，不可事。礼义者，圣人之所生也，人之所学而能，所事而成者也。不可学，不可事，而在人者，谓之性；可学而能，可事而成之在人者，谓之伪：是性伪之分也。"也就是说，性是先天所成就的，礼义等是后天学习而成就的，因此不可谓之性，只能称之为"伪"，"伪"者，人为也。既然天之所就，不可学、不可事的才是"性",那么,人性只能是人的动物性。人的动物性怎么样?"今人之性,生而好利焉","生而有疾恶焉","生而有耳目之欲,有好声色焉"。因此,"从人之性,顺人之情,必出于争夺,合于犯分乱理而归于暴"。于是,他就得出了"性恶"的结论。

可见,荀子所说的人性,"性恶"的"性",是指人的动物性,而把人的社会属性排斥在外,其内涵与孟子所说的正好相反。他们都认为,人的动物性是导致人为不善的根本原因,是恶的;他们都认为,礼义等社会道德是引人向善的力量,是善的。他们以及后人的"性善"、"性恶"之争,其实质并不在于性之善恶,而是在于性之内涵。

《告子上》又云:"《诗》曰:'天生蒸民,有物有则。民之秉彝,好是懿德。'孔子曰:'为此诗者,其知道乎! 故有物必有则,民之秉彝也,故好是懿德。'""有物有则",有一事物,就有关于该事物的相应的法则。这些法则,就是该事物的性。自然的范畴是如此,社会的范畴也是如此。人既是一种自然存在,也是一种社会存在,当然有与之有关的法则,也就是其"性",亦即"人性"。作为自然的人,人有其动物性,如食、色,等等,人的动物性当然也属于人性的范畴。人都是社会的人,有其社会属性。这些社会属性,包括人们所普遍具有的仁义礼智等社会道德观念,当然也属于人性的范畴。从这一个角度看,孟子、荀子的"人性"概念都有所偏颇。

当然,在人性中,人的动物性与人的社会属性有很大的不同。人的动物性是与生俱来的,而人的社会性则是在所处社会环境中受到熏染后才形成的。"有物有则"的道理,也适合于社会。社会作为一种存在,有其法则,有其性。在当时代表该社会整体利益的人看来,这些法则都是善的。这个社会中的成员,当然都要受到这些法则的影响,由此形成其人性中的社会属性部分。"民之秉彝,好是懿德","彝",常也,就是法则。"懿德",就是美德。民之遵守法则,崇尚美德,只能是在进入社会并受到社会教育、影响后的事。事物变了,与其相应的法则也会发生变化,社会也是如此。因此,社会的法则、常道,社会所推崇的道德等,会随着社会的变化而变化。例如,曾经被视为社会乾纲的"三纲五常",曾经被视为女子美德的"三从四德"之类,不早已被社会发展所抛弃了吗? 此就纵向而言。就横向而言,世界上有许多不同的社会,这些社会的法则、所推崇的道德等,都不尽相同。古今中外,不同社会的人,其社会属性也自然不会没有差别。这些事实足以证明,人性中的社会属性,不是像孟子所说的那样,"非由外铄我也,我固有之也",而确实是在社会教育和影响下形成的,仁义礼智都是如此。

总之,"性善说"的不当之处,一是其人性的内涵失之于偏,二是认为仁义礼智等人的社会属性是固有的。

然而，"性善说"也有其可取之处。"恻隐之心，人皆有之；羞恶之心，人皆有之；恭敬之心，人皆有之；是非之心，人皆有之"，对常人而言，这些都是事实。"性善说"正是揭示了这样一个现象：社会一些基本的美好的道德观念，为该社会中的成员所普遍熟知或拥有。因此，道德修养之法，其要在于将这些基本的道德观念推广到自己立身行事的大小各个方面。

《尽心下》中，孟子曰："人皆有所不忍，达之于其所忍，仁也；人皆有所不为，达之于其所为，义也。人能充无欲害人之心，而仁不可胜用也；人能充无穿窬之心，而义不可胜用也。人能充无受尔汝之实，无所往而不为义也。士未可以言而言，是以言餂之也；可以言而不言，是以不言餂之也，是皆穿窬之类也。"这一章的关键是"达"字和"充"字。"达"也好，"充"也好，都是推衍、扩展、扩充和使之弥满的意思。人皆有所不忍，人皆有所不为。例如，谋财害命，是一般人所不忍心干的，也是所不为的，这当然不错。但是，为了自己的利益而损害别人利益的事，大大小小，多多少少，许多人难免忍心去干一些。把不忍干、不干谋财害命一类事之心推广开去，不忍干、不干一切损人利己之事，这就成了仁义之人。干了会被人看不起的事，一般人是不愿去干、也不会去干的，但是，有些不得体的小事，例如言行举止粗野，虽会被人鄙视，许多人则难免。一个人如果扩展不干那些干了会被人们鄙视的事之心，就会注意修养，做一个文明的人。凿壁偷窃的事，一般人都不会去干。但是，应当发表意见时不发表，不应当发表意见时却发表，这样的事古今都很常见，人们为什么这样做呢？还不是为了谋取不应当得的利益！孟子认为，在设法谋取不应当得的利益这一点上，这种行为与凿壁偷盗是同一类的。知道凿壁偷盗不可为，由此推广到知道此类行为也不可为而不为，道德方面就获得进步了。

《公孙丑上》亦云："无恻隐之心，非人也；无羞恶之心，非人也；无辞让之心，非人也；无是非之心，非人也。恻隐之心，仁之端也；羞恶之心，义之端也；辞让之心，礼之端也；是非之心，智之端也。人之有是四端也，犹其有四体也。有是四端而自谓不能者，自贼者也；谓其君不能者，贼其君者也。凡有四端于我者，知皆扩而充之矣，若火之始然，泉之始达。苟能充之，足以保四海；苟不充之，不足以事父母。"总之，美的人性，基本的美的道德观念，人皆有之，常人只是不足罢了，要在使美的人性、美的道德观念不断扩展，充实到枝枝脉脉，融化到一切言行中去，如此就能走向完美。这无疑为人们提高道德修养、立身行事指明了一条切实可行的途径。

此外，"性善说"还超越了它自身的意义。既然人性本善，那么，所有的人，上至天子,下至奴隶,本来都是善的,都是一样的,并没有高下之分。贵贱贫富,并不是生而平等的,而是千差万别,但是,在道德方面,人们一律生而平等,在同一条起跑线上。《告子下》中,曹交问孟子,人是不是都可以成为尧舜?孟子的回答是肯定的:"子服尧之服,诵尧之言,行尧之行,是尧而已矣;子服桀之服,诵桀之言,行桀之行,是桀而已矣。"这里所说的尧和桀,并不是指他们的天子地位,而是指他们的道德水平。富贵不是人人可以求得的,而高尚的道德,则是人人可以求得的。这足为贫贱者吐气! 在任何等级森严的社会里,这种思想的进步意义是很明显的。我们在赞扬佛教"众生皆有佛性"、"众生皆可成佛"的观点在古印度"四种姓"社会中的进步意义时,不能忽略了孟子"性善说"中"人人生而道德平等"的进步意义。从这一角度看,正像是否"众生真的皆有佛性"、是否"众生真的皆可成佛"并不重要一样,人是否真的性善,同样显得并不重要!

三、政治思想:"民贵君轻"新论

我国漫长的封建社会中,"民贵君轻"几乎是历史和社会政治常识。但是这种思想竟然没有对"家天下"的封建专制制度构成威胁,没有像根据这种思想推导出的逻辑结论那样导致"公天下"的民主制度,这怎么来解释呢? 当然,原因很多,很复杂,但孟子与此有关的其他一些论述,肯定也是部分的原因。

《孟子·尽心下》云:"孟子曰:'民为贵,社稷次之,君为轻。是故得乎丘民而为天子,得乎天子为诸侯,得乎诸侯为大夫。'"这就是著名的"民贵君轻"思想,许多思想史家予以高度的评价。"民贵君轻"思想有两大来源。一是尧以下的史实和战国时期的种种政治现实。这些事实,已经足以提炼出"民贵君轻"的思想。二是孟子之前儒家的民本思想。儒家向来重民,仅《春秋》及其三传中,民本思想就极为丰富。民本思想不难升华为"民贵君轻"。如果把这二者结合起来考察,我们就可以知道,"民贵君轻"思想在当时出现,乃是历史的必然。当然,孟子认识到"民贵君轻",并且第一个将它明确地表述出来,这功劳无论如何也是应该肯定的。

然而,孟子政治思想中的某些部分,与"民贵君轻"有很大的矛盾。就其本质而言,可以说是违背"民贵君轻"的。这一点,关系到我们对孟子的全面认识,关系到我们对中国古代思想中民主思想实际状况的把握,关系到对某些重要历史现象的解释,也关系到对儒家思想的客观评价。因此,有必要加以清理。

"民贵君轻","得乎丘民而为天子",也就是得天下民心者为天子,这对当时诸侯国国君们而言,既是启发,又是警告。当时,周王室早已失去了民心,也早已失去了统御天下的能力,名存实亡。统一天下而称王,是当时许多诸侯国君所企盼的,魏、齐等强国之君尤是如此。如何达到这一头等的政治目标,正是他们所朝思暮想的。因此,孟子言"民贵君轻",言得民心者为天子,有启发这些国君的意图在。另一方面,当时国君与其人民在利益关系上的矛盾,极为普遍地存在着。在许多诸侯国中,这类矛盾既多且尖锐。因此,孟子言此,又有警告之意在。

那么,国君如何得民心,如何才能避免与人民的矛盾冲突?孟子讲了不少,例如,为君者必须与民同乐(《孟子·梁惠王上·孟子见梁惠王》《梁惠王下·齐宣王问》),推己及人(《梁惠王上·齐桓晋文之事》),善与民同(《梁惠王下·齐宣王问》),重视民意(《梁惠王下·孟子见齐宣王》《齐人伐燕》),减轻赋税(《滕文公下·戴盈之曰》),以及反复强调的"仁政",等等,无非是要他们放弃那些可能导致与人民发生激烈矛盾冲突的利益,尽可能地使自己的利益与人民的利益保持一致,力争把与人民的矛盾控制在双方可以容忍的范围内,这样才能得到人民的拥护而立于不败之地,进而统一天下。《孟子·离娄上》中,孟子说得更明确:"桀纣之失天下也,失其民也;失其民者,失其心也。得天下有道:得其民,斯得天下矣;得其民有道:得其心,斯得民矣;得其心有道:所欲与之聚之,所恶勿施尔也。民之归仁也,犹水之就下、兽之走圹也。故为渊驱鱼者,獭也;为丛驱爵者,鹯也;为汤武驱民者,桀与纣也。今天下之君有好仁者,则诸侯皆为之驱矣。虽欲无王,不可得已。"他的这种思想,与"民贵君轻"思想是完全一致的。

面对人民与君主的矛盾,士大夫阶层应当做什么样的选择?按照"民贵君轻"思想,他们自然应该站在人民一边。在古代政治实践中,这常常表现为最大程度地代表人民利益的官员向君主行谏。君主有失政,政治上有与人民利益发生严重冲突之处,臣下应当行谏,让国君向人民做出让步。臣下不谏,不足以称忠臣,因为这也是国君的根本利益所在。臣下谏国君,无非也是尽量使国君的利益与人民的利益最大限度地保持一致,使双方的矛盾相对稳定,进而使国君得到人民的拥护。臣下当谏国君的失政,这是儒家的一贯主张,也是孟子所主张的。《孟子·离娄上》云:"责难于君谓之恭,陈善闭邪谓之敬。"他本人就是这样做的,《孟子》一书中,此类记载不少。总之,在君主的利益与人民的利益发生冲突时,臣下应该敢于为民请命,而不应该保持沉默,更不应该帮助君主进一步损害人民的利益,导致矛盾激化。应该说,这也是和"民贵君轻"的思想相一致的。

国君与人民在利益关系上发生矛盾,国君或是懂得"民贵君轻"之理而自愿做出让步,或是在臣下的行谏之下做出让步,把矛盾控制在双方都能够容忍的范围,如此则上下相安,至少暂时能够太平了。然而,如果君主与人民的矛盾非常重大而又十分尖锐,双方都无法容忍,双方都不肯做出让步,臣下行谏失败,或就情势而言,行谏势难奏效,在这样的情况下,按照"民贵君轻"的原则取舍,废立君主,无疑是当行之事。废黜严重背离人民利益、已经失去民心的君主,立最大程度上代表人民利益、相对而言最得民心的君主,在这一重大的政治问题上,孟子的思想与"民贵君轻"相去甚远。

按照"民贵君轻"的思想,得丘民者为天子,得民心者得天下。在天下无主如战国时期者,自然是如此。但是,在天下有主而此主已经成为失去民心的无道之君的情况下,得民心者是否应该得天下?"民贵君轻"还是否成立?回答当然是肯定的。可是,孟子的回答实际上是否定的。《孟子·万章上》云:"匹夫而有天下者,德必若舜禹,而又有天子荐之者,故仲尼不有天下。继世而有天下,天之所废,必若桀纣者也,故益、伊尹、周公不有天下。"匹夫有天下,要有两个条件。一是其德若舜、禹,二是要由天子推荐。舜、禹都是儒家理想化了的圣人,《列子·杨朱》云:"天下之美,归之舜禹周孔。""德若舜禹",几乎没有这样的可能,而且由谁来认定?如何认定?程序又如何?由夏以后,天子视天下为己有,所谓"家天下"是也。要"天子荐之",无异于与虎谋皮。"德若舜禹"、"天子荐之"这两个条件兼而有之,在中国封建社会中,是不可能的。先世有大功大德于民的贤者有天下,其条件是当时的天子必若桀纣,天废之,如此则先世有大功大德的贤者方能取而代之为天子。桀纣是世人将"众恶归之"的恶人,《淮南子·缪称训》云桀纣之恶名乃"千岁积毁"。身为天子者是否恶到桀纣这样的极端化程度,谁来判定,又如何判定?孟子的这种思想,事实上取消了得民心者取代失民心者为天子的合理性,与"民贵君轻"思想完全背道而驰。

天子是如此,诸侯国的国君又如何呢?孟子认为,国君不能履行职责,应该被废黜。由谁来行废黜之事?由国君家族中的亲近大臣,所谓"贵戚之卿"。《孟子·万章下》云:"王曰:'请问贵戚之卿。'曰:'君有大过则谏,反覆之而不听,则易位。'王勃然变乎色。曰:'王勿异也。王问臣,臣不敢不以正对。'王色定,然后请问异姓之卿。曰:'君有过则谏,反覆之而不听,则去。'"从这一章可以看出,在孟子的思想中,国家是一家的国家。在君有大过、屡谏不听的情况下,贵戚之卿可以撤换国君。当然,继任国君仍是出于原国君家族。贵戚之卿这样做,乃是对家族负责。国家是他们家族的,他是国家的"大股东"。君有大过,异姓之卿也有诤谏的责任,但在屡谏不听的情况下,他可以辞职。他不属于国君家族,不是国家的"股东",只是"高管",因而不可以参与国君的废立事宜——那是国君家族的事。他与国君及其家族的关系,不过是雇佣关系,合则留,不合则去,去则关系解除,不必再对国家负什么责任,也不必对人民负责任。国君与人民发生矛盾,异姓官员循"民贵君轻"之理,为民请命,向国君行谏。然而,"民贵君轻"的指导意义,仅仅是如此而已!国君拒绝纳谏,官员辞职,就不再是这国君的官员了,于是,对他来说,"民贵君轻"也就没有意义了,当然不应该再按照"民贵君轻"的思想为民而对国君采取任何政治行动。这样的思想,大大限制了"民贵君轻"的思想意义和政治意义,从根本上说,也是违背"民贵君轻"思想的。

我们再从"贵戚之卿"着眼,分析孟子由"贵戚之卿"行诸侯国国君废立之事的观点。很明显,孟子的这种观点,不管从理论上说还是从实践上说,都是大有问题的。首先,贵戚之卿如果无力行废立之事,矛盾仍然得不到解决,国君照样误国殃民、为非作歹。箕子、比干、微子等之于商纣王,就是如此。如果贵戚之卿助纣为虐,则益不可问了。这当然与"民贵君轻"相悖。其次,如果贵戚之卿确实能行废立之事,被废之君,姑且不论,所立之新君,当然必须是其家族中的,这在封建社会中是不可变更的原则。然而,民心所向者,又未必在其家族之中;即使在其家族之中,又未必会被贵戚之卿立为新君。既无法保证民心所向者被立为君主,又无法保证不得民心者不占据君主之位,这还谈什么"民贵君轻"?

孟子一方面提出"民贵君轻",对诸侯国君们所宣传的有关观点,对臣下诤谏国君的提倡,都符合"民贵君轻"的思想;另一方面,一旦涉及君主废立这一具有根本性质的问题时,他的观点就背离了"民贵君轻"。这看起来矛盾,其实并不矛盾。这两个方面,其实质是相同的,都是维护"家天下"的封建专制制度。一方面是以"民贵君轻"使君主设法取得民心而达到统一天下或巩固其统治的政治目的,另一方面是以违背"民贵君轻"的思想阻止人民摧毁"家天下"的封建专制制度。他所提倡的"民贵君轻",不能逾越"家天下"的封建专制制度这一框架。一旦越出这一框架,他实际上就反对"民贵君轻"了。在当时社会中,人民与君主的根本利益是对立的,"民贵君轻"的思想与"家天下"的封建专制制度又是水火不容的。在"家天下"的封建专制制度下,根本不可能真正实行"民贵君轻"。如果真正实行"民贵君轻",真正是得民心者得天下,必然会摧毁"家天下"的封建专制统治而形成"公天下"的民主制度,这又是孟子所无法接受的。

在我国漫长的封建社会中,《孟子》被奉为封建政治思想的经典,其中"民贵君轻"，得民心者得天下的观念，几乎是历史和社会政治常识；但是，这种思想竟然没有对"家天下"的封建专制制度构成威胁，没有像根据这种思想推导出的结论那样导致民主制度，几乎始终只是在"家天下"的封建专制制度的框架下发挥可怜的作用。其原因当然是复杂多样的，但孟子维护"家天下"封建专制制度的思想无疑是其中重要的一个。

四、社会思想：士人的社会定位

（一）

春秋战国时期，士人逐渐成为一个独立的社会阶层，对社会所起的作用日益明显。传统的宗法社会中，等级森严，一般士人，或为史官祝卜，或为公卿大夫的家臣，都只能依附统治阶级。他们从政治思想到政治作为，都受到主子和礼法的限制，不能越雷池一步。春秋之时，尽管还有人遵循这样的传统，例如，《左传》昭公二十五年云："家臣而欲张公室，罪莫大焉。"又云："我家臣也，不敢知国。"但大局已变，士人不依附统治阶级的现象，已经普遍地存在。他们享有充分的思想自由，再也不必以官方或主子的思想为思想了。只要有机会，他们还可以将自己的思想付诸实践，管仲、晏婴等的政治思想未必相同，但他们都曾经将自己的政治思想付诸实践。管仲等尚是辅相，而阳货以家臣而专鲁国之政，此类"陪臣执国命"的现象，更有力地说明了当时士人在社会政治中的自由度。

时至孟子生活的时代，列国争霸，君主竞相招揽人才，"朝为布衣，暮为卿相"者不一。士人们的自由度更高，流动性更大，活力也就更强。他们不仅在学术领域可以"百家争鸣"，在社会政治中的作用也更加重要。此外，社会生产力的发展，使社会物质产品丰富，除了历来享有文化教育专利、重视文化教育的贵族以外，商人、平民甚至贱民等其他阶层也越来越多地注重文化方面的追求。私学随着这一社会需求应运而兴，士人的队伍于是不断扩大。

战国时期，士人人数既众，能量既大，已经成为社会政治中一支非常重要的、有时甚至起决定作用的新兴力量。宗法社会对他们的种种限制已经被他们冲破，再也没有人能够用被他们所冲破的那一套来笼罩他们。是给他们在社会生活中定位的时候了。孟子给士人的社会定位，是时代发展的必然。

（二）

要给士人定位，首先要明了他们与其他阶层的不同之处，这是他们应该享有的社会地位的基础。他们与其他阶层最大的不同之处是:有丰富的精神文化,有高尚的思想品格。孟子认为,正因为如此,他们在精神上的地位远远高于社会的其他阶层,包括达官贵人,甚至是国君。他们的精神文化和思想品格,使他们足以傲视万乘之君,遑论公卿大夫!《公孙丑下》引述曾子之语云:"晋楚之富,不可及也。彼以其富,我以吾仁;彼以其爵,我以吾义,吾何慊乎哉?"

孟子认为,就士人方面来说,他们应该用所掌握的道义规范自身。不仅如此,他们还应该以此改造社会,造福百姓。《尽心上》云:"故士穷不失义,达不离道。穷不失义,故士得己焉;达不离道,故民不失望焉。古之人,得志,泽加于民;不得志,修身见于世。穷则独善其身,达则兼善天下。"所谓"独善"者,非不与世事、但求自了如小乘佛教中的罗汉之谓也。独善乃是加强自我修养,其目的则是"见于世",著称于社会,为社会服务。"穷则"二句,几乎是我国封建社会中士人出处的准则。《尽心上》孟子曰:"天下有道,以道殉身;天下无道,以身殉道。"士人是有道者,且守道不失,善用其道。天下有道,他们不必出而行道或传道,因为别人已经干得很好,他们无法超过。他们的道没有用的必要,不妨带进棺材。天下无道,有道者当出而行道或传道,并为之献身。另一个著名的口号是"先觉觉后觉"。《万章上》伊尹云:"天之生此民也,使先知觉后知,使先觉觉后觉也。予,天民之先觉者也;予将以斯道觉斯民也。非予觉之,而谁也?"他"思天下之民匹夫匹妇有不被尧舜之泽者,若己推而内之沟中。其自任以天下之重如此"。"先觉"到底比别人先觉了什么? 先觉了道义。先觉了道义,就应该以道义改造社会、造福百姓,这就是士人的社会责任、历史使命。孟子的这种观点,与孔子的"博施于民而能济众"(《论语·雍也》)、"修己以安百姓"(《论语·宪问》),曾参的"仁以为己任"(《论语·泰伯》),是一脉相承的。

那么,士人如何以其所掌握的道义改造社会、造福百姓呢? 出仕是第一选择。改造社会、造福百姓是一个远大的政治目标,政治目标只有通过政治实践才能达到。亲身参与政治实践,于实现这一政治目标最为直接。正因为如此,春秋战国时期的士人大多热衷于从政。《滕文公下》云:"孔子三月无君,则皇皇如也。出疆必载质。""古之人三月无君则吊。""士之仕也,犹农夫之耕也。"这种现象的背后,正是士人改造社会、造福百姓的责任感和使命感。孟子到齐国谋求为政行道的机会而不得,只好离开齐国到别的地方谋求发展。他离开齐国时,是多么恋恋不舍,希望齐王能改变主意,把他留下并委以重任(见《公孙丑下》)。

既已出仕,就有职守。官员必须很好地履行其职守。有守土之职者,当所辖地区受到攻击或发生动乱时,应当不避艰险,坚守岗位,对该地完全负责,不能逃避责任。有言责者,当有所建言,当道不用其言则去。《公孙丑下》云:"孟子谓蚔蛙曰:'子之辞灵丘而请士师,似也,为其可以言也。今既数月矣,未可以言与?'蚔蛙谏于王而不用,致为臣而去。"就此事来看,对士人来说,言责似乎比官守要来得重要。有官守者能使一地受益,有言责者能通过国君使举国受益。为什么君主不用其言则去? 因为当道不用其言,他就无法发挥其作用,无法实现其改造社会、造福百姓的目标。士人宁可牺牲自己的个人利益,放弃权势富贵,也不能放弃自己的政治主张、信念和人生目标而成为主子的附属品和工具,这是一种独立的品格。正如《滕文公下》云:"居天下之广居,立天下之正位,行天下之大道。得志,与民由之;不得志,独行其道。富贵不能淫,贫贱不能移,威武不能屈。此之谓大丈夫。"当时某些人羡慕的公孙衍、张仪之流,皆仅仅是顺从君主的私欲而行事,没有独立的思想、高尚的节操和坚强的意志。他们虽然能量不小,但所行皆是"以顺为正"的"妾妇之道",非大丈夫。孟子又从正面提出了大丈夫的标准。真正的大丈夫,当处心于仁,立身以礼,行事以义,得志与民共行其义,不得志则独行其义,任何情况下都不惑乱、不变节、不屈服。比起真正的大丈夫来,顺从君主私欲以获私利的公孙衍、张仪们,多么不足道!

如果当官无法行其道,不当官又难以解决生活问题,怎么办呢? 孟子的观点是合情合理的。《万章下》云:"仕非为贫也,而有时乎为贫;娶妻非为养也,而有时乎为养。为贫者,辞尊居卑,辞富居贫。辞尊居卑,辞富居贫,恶乎宜乎? 抱关击柝。"为"脱贫"而出仕,为什么辞高位而就低位、辞厚禄之位而就薄禄之位呢? 居其位而无法行其道,尸位素餐,君子耻之。既然可耻,君子就不当居其位。即使有机会,这样的官职也不能居之,那么,就只能选择位卑禄薄的官职了,例如抱关击柝之类,没有行道的责任,不存在行道问题,容易称职,而生活问题也就能解决了。当然,这是不得已的选择。

如果没有机会当官,当为政者的顾问,也是士人通常的选择。当顾问对社会政治的作用,尽管没有其人亲自为政那样来得直接,但是有可能使自己的政治主张通过为政者去实施,同样也有可能实现自己的政治目标。如果能当国君或当政者的顾问,影响国家大事的决策,所起作用就更为重要了。孔子、孟子以及春秋战国时期许多士人,都当过此类角色。顾问不是官员,没有实际的行政权力,也没有法定的责任。正因为如此,当顾问比当官自由多了。《公孙丑下》中,孟子云:"吾闻之也:有官守者,不得其职则去;有言责者,不得其言则去。我无官守,我无言责也,则吾进退,岂不绰绰然有余裕哉?"《离娄下》亦云,曾子居武城,为其地大夫的宾师(顾问),其地大夫对他"忠且敬也",当地发生了战事,曾子从容而退。事平,他又从容而回。子思居卫国为官,遇到战事,人劝其离开,子思不从,表示要协助国君守城。孟子曰:"曾子、子思同道。曾子,师也,父兄也;子思,臣也,微也。曾子、子思易地则皆然。"其中有两个原因:其一,官员有职守,顾问则无;其二,官员于国君或所事为下级,顾问于当政者则是宾客和老师。两相比较,当然后者要来得客气和尊贵。

(三)

完全在野的士人,立身行事又当如何呢? 出仕也好,当顾问也好,都是行道,都必须有机会。在野士人如何谋求行道的机会,在孟子看来,也是个原则问题。战国时期,士人不择手段谋取高位的事很多,见之于《战国策》《庄子》等书。与这种风气相应,如《万章上》所云"伊尹以割烹要汤""孔子于卫主痈疽,于齐主侍人脊环""百里奚自鬻于秦养牲者,五羊之皮。食牛,以要秦穆公"之类的故事,也流传起来,其意无非是古代圣贤也这样做,以此证明时人这样做的合理性。孟子力辩伊尹等以卑下手段获取君主知遇的故事之荒谬。《滕文公下》中,孟子的学生陈代,将不择手段获取君主知遇归结为"枉尺直寻"之说。他认为,诸侯不招而不往,固然不屈小节,但不可能有什么成就。诸侯未招而往,虽屈小节,但可以成大业。只要大节不屈,小节即使有屈,也无妨。因此,他建议孟子屈己去见诸侯,不必待诸侯之招。孟子举了两个例子,一是齐国虞人宁死而"非其招不往",二是晋国御者王良不肯失驰驱之正以迎合小人。前者直接表现孟子"非招不往"之志。虞人卑官,尚能如此,况孟子乎? 后者说明虽然利之所在,但决不以不正手段去获取。御者卑贱之职,尚且如此,况孟子乎?

此外,孟子还强调了两个观点,说明虽小节亦不可屈。一是所谓屈小节而不屈大节者,无非是为了利而屈于节。为了利可屈小节,则为了利屈大节,不也可以干了吗? 大节小节,大利小利,很难有绝对的标准。二是尽管是屈小节,毕竟是屈,毕竟是不正。"己不正,焉能正人"? 不能正人,又怎能行正道就大业? 当节与利发生尖锐矛盾时,当如何取舍? 这是人生无法回避的问题。士人在任何情况下,都当以节为重。因此,对当时士人不择手段谋取富贵的现象,在《滕文公下》中,孟子作了猛烈的抨击和辛辣的讽刺:"丈夫生而愿为之有室,女子生而愿为之有家。父母之心,人皆有之。不待父母之命、媒妁之言,钻穴隙相窥,踰墙相从,则父母国人皆贱之。古之人未尝不欲仕也,又恶不由其道。不由其道而往者,与钻穴隙之类也。"《离娄下》"齐人有一妻一妾"这一著名的"墦间乞食"的故事,也正是讽刺以无耻手段谋取富贵。

那么,什么才是谋取行道机会之正道呢?《万章下》云:"有见行可之仕,有际可之仕,有公养之仕。""行可之仕"乃感当道的政治行为而参与治理社会;"际可之仕"乃感当道的接待而参与治理社会;"公养之仕"乃受当道的养贤之礼而参与治理社会。又《告子下》云:"陈子曰:'古之君子何如则仕?'孟子曰:'所就三,所去三。迎之致敬以有礼,言将行其言也,则就之;礼貌未衰,言弗行也,则去之。其次,虽未行其言也,迎之致敬以有礼,则就之;礼貌衰,则去之。其下,朝不食,夕不食,饥饿不能出门户。君闻之,曰:"吾大者不能行其道,又不能从其言也,使饥饿于我土地,吾耻之。"周之,亦可受也,免死而已矣。'"就孟子的话来看,这段文章中所讲的仕,不仅仅是做官,而是君子与国君或当道的关系。"所就者三",指三种情况下可以建立关系。"所去者三",则是三种情况下应当解除关系。"其下"所云,若是生活可以维持,则亦不当受国君或当道者的钱物,此即是"所去者三"中的其三。"三就""三去"并不是并列的三种情况而已,而是有高下之分,且以高下为序。若是为有所作为而出仕,则非"迎之致敬以有礼,言将行其言也"不就,而"礼貌未衰,言弗行也"则即去。孔子之"待价而沽",亦或是待此价而已。

如果连当顾问的机会都没有,士人又如何实现改造社会、造福百姓的目标呢?当然还有其他的选择。例如,从事讲学、著述等文化事业,以传道为务,为社会精神文明建设作贡献。包括孔子、孟子在内的先秦诸子,几乎都做过这些事。《尽心上》中,孟子把"得天下英才而教育之"列为"三乐"之一,又云:"君子之所以教者五:有如时雨化之者,有成德者,有达财者,有答问者,有私淑艾者。此五者,君子之所以教也。"言君子启迪后学的方式,共有五种。适时点化学生,使学生成就高尚的品德,使学生成就通达的才干,解答学生的疑问,被未能亲身聆听教诲者私淑并被研究。被人私淑并被研究,最难达到。

对那些自命清高、拒绝为社会作贡献的士人,孟子是持批评态度的。《滕文公下》中孟子云,古者不为臣不见诸侯:"段干木踰垣而辟之,泄柳闭门而不内,是皆已甚。迫,斯可以见矣。"他们两人坚决不出仕,也不愿意向当道陈述尧舜之道,提出政治主张,连国君来访都拒绝接待,这与士人改造社会、造福百姓的责任感和使命感相违背。

士人即使在逆境之中,仍然不能舍弃改造社会、造福百姓的责任感和使命感。《告子下》孟子曰:"舜发于畎亩之中,傅说举于版筑之间,胶鬲举于鱼盐之中,管夷吾举于士,孙叔敖举于海,百里奚举于市。故天将降大任于是人也,必先苦其心志,劳其筋骨,饿其体肤,空乏其身,行拂乱其所为,所以动心忍性,曾益其所不能。"当时,天下混乱,许多诸侯国处于内忧外患之中,许多士人处于穷困贫贱之中,甚至孟子本人,有时也不免如此。因此,在当时说来,这段话有深刻的意义。逆境中,艰苦的生活能使人磨练意志,增长才干,挫折会使人更加聪明,艰苦的思索和研究能产生有价值的思想。所有这些,都为以后的辉煌作好了准备。所尤当注意者,处于逆境中的人,应该保持旺盛的奋斗精神和高远的理想,否则这一切就无从谈起。人生免不了会处于逆境,因此,孟子所言,实在是具有永恒的意义。

(四)

士人在与君主或达官贵人的交往中,必须保持自己的人格尊严。这主要表现在以下几个方面:

一是"不见诸侯"。未任官职的士人,诸侯不相邀不往,有的情况下相邀也不往!这也是与上文所云在野士人不求见诸侯谋取富贵或行道机会相一致的。《万章下》云:"万章曰:'敢问不见诸侯,何义也?'孟子曰:'在国曰市井之臣,在野曰草莽之臣,皆谓庶人。庶人不传质为臣,不敢见于诸侯,礼也。'万章曰:'庶人,召之役,则往役;君欲见之,召之,则不往见之,何也?'曰:'往役,义也;往见,不义也。且君之欲见之也,何为也哉?'曰:'为其多闻也,为其贤也。'曰:'为其多闻也,则天子不召师,而况诸侯乎?为其贤也,则吾未闻欲见贤而召之也。缪公亟见于子思,曰:"古千乘之国以友士,何如?"子思不悦,曰:"古之人有言:曰事之云乎,岂曰友之云乎?"子思之不悦也,岂不曰:"以位,则子,君也;我,臣也。何敢与君友也?以德,则子事我者也。奚可以与我友?"千乘之君求与之友,而不可得也,而况可召与?'"万章曰:"孔子,君命召,不俟驾而行。然则孔子非与?"孟子答曰:"孔子当仕有官职,而以其官召之也。"庶人不主动求见诸侯。诸侯可以命庶人为他服役任事,但不能令庶人去见他。如果诸侯认为某人贤而想向他请教,或是讨论政事,他就应该去拜见对方,而不能令对方来见自己。令对方来为自己服务,这是上下关系所定,理当如此。然而,向对方请教,乃是以对方为师,上下关系倒了过来,因此理当去拜见对方。想向对方请教而召对方来见自己,是以下待上,以待为己服务之人的方法待自己请教的对象,此非尊敬贤人之道。就地位而论,贤人也是国君的臣民;就德才而论,贤人可以作国君的老师。缪公以千乘之国诸侯之尊,欲与子思为友而不可得,若以待臣下之道待之,欲其召之即来、挥之即去,就更加不可了。此足为无官位的贤者吐气。后世贤者,大多不主动求见当道。能尊贤之当道,则能主动拜访贤者,此类佳话极多,如"三顾茅庐"等是也。然而,贤者以其贤而百计拒绝当道之拜访,则属不情,非真正贤者所为。

二是拒绝有伤自尊心的馈赠。《万章下》云,士人对国君或当道者所给的财物,"周之则受,赐之则不受"。为什么?馈是赠予,赐是居高临下的施予。接受施予,这是有自尊心的士人所不能忍受的,如子思就是如此。国君尊贤养君子,当馈以财物,而不是赐以财物。前者是尊敬贤者,后者则迹同污辱贤者。作为士人,君主之馈可以接受,君主之赐则当拒绝,以保持人格尊严。君主之赐尚应拒绝,何况他人之赐!当然,尊长以礼之赐则另当别论,要在保持人格尊严。

三是在礼节上保持平等。《告子下》云:"孟子居邹,季任为任处守,以币交,受之而不报。处于平陆,储子为相,以币交,受之而不报。他日由邹之任,见季子;由平陆之齐,不见储子。"原因是"季子不得之邹,储子得之平陆"。两个人都送钱物给孟子,孟子都没有回报。孟子都有机会拜访这两个人,但是他只拜访其一。为什么?凡是赠送礼物,讲究的是情意。情意如何,看赠送礼物的人对待此事的态度是否真诚、郑重。真诚、郑重与否,很大程度是表现在礼节上。季任、储子送礼,都没有亲自上门,礼节并不能算郑重,因此,孟子没有必要上门回访。不过,季任没有亲自上门来送礼,情有可原,因为他的职务不允许他离开。因此,孟子还是按照他亲自上门的礼节规格予以回访。储子就不同了。他身为宰相,是完全可以亲自上门给孟子送礼的,但是他没有这样做。这表明,他对送礼给孟子一事,一点儿也不郑重,当然也没有多少情意可言。因此,孟子没有必要按照他上门送礼的礼节规格予以回访。《尽心下》云,孟子不回答滕君弟弟滕更的请教,学生问为什么,孟子曰:"挟贵而问,挟贤而问,挟长而问,挟有勋劳而问,挟故而问,皆所不答也。滕更有二焉。"

(五)

孟子对士人的社会定位,还有一个很重要的方面,就是论定社会应该如何来对待士人。首先,社会对士人的作用、贡献,应当予以充分的理解和肯定。与此相应,应当承认士人获得较高待遇的合理性。有人认为,农工商各有所务,士人如果不当官,既不从事社会物质生产和流通,又不参与社会管理,凭什么分享社会生产成果,甚至得到很高的待遇?孟子的学生彭更和公孙丑,都有这样的疑问。《滕文公下》云,彭更问曰:"后车数十乘,从者数百人,以传食于诸侯,不以泰乎?"又曰:"士无事而食,不可也。"孟子云士人"入则孝,出则悌,守先王之道,以待后之学者"。《尽心上》公孙丑曰:"《诗》曰'不素餐兮',君子之不耕而食,何也?"孟子曰:

"君子居是国也,其君用之,则安富尊荣;其子弟从之,则孝弟忠信。'不素餐兮',孰大于是?"孟子曾经说过,人们都是食其功。君子有何功而食?管理社会,推行教化,是君子的事。将社会管理好,将教化推行好,这就是君子之功。君子凭此功而食,凭此功而获得物质生活资料。这就是"不素餐兮"。其实,彭更和公孙丑的疑问代表了中国历史上甚至现实中某一部分人对士人(特别是对从事精神文化建设的士人)的某种偏见。孟子对这种偏见作了有力的回击。在他看来,士人对社会的贡献在社会其他阶层之上,因此,他们享有崇高的社会地位、获得优厚的物质待遇,是完全应当的。

其次,既然士人对社会是如此重要,那么,上至国君,下至各级官员,都要尊敬士人,并给予相应的物质待遇。那些当官的士人,既入官场,当然便是国君的臣下。但是,他们不是国君的奴仆和工具,国君应该理解他们,尊重他们。否则,国君就无法取得他们的拥护,无法充分利用他们的价值,当然也无法取得成功。《离娄下》云:"孟子告齐宣王曰:'君之视臣如手足,则臣视君如腹心;君之视臣如犬马,则臣视君如国人;君之视臣如土芥,则臣视君如寇雠。'王曰:'礼,为旧君有服,何如斯可为服矣?'曰:'谏行言听,膏泽下于民;有故而去,则使人导之出疆,又先于其所往;去三年不反,然后收其田里。此之谓三有礼焉。如此,则为之服矣。今也为臣,谏则不行,言则不听;膏泽不下于民;有故而去,则君搏执之,又极之于其所往;去之日,遂收其田里。此之谓寇雠。寇雠,何服之有?'"一般说来,君是君臣关系的主导方面,起决定作用。君主要使臣下忠于自己,就必须善待臣下。君主不能善待臣下,臣下也必不能善待君主。古有为君服丧之礼,但首先此君必须"三有礼"。若君无此"三有礼",则是臣下的"寇仇",当然没有为"寇仇"服丧的道理。这"三有礼"的核心是尊贤爱民。不能做到这"三有礼"的君主,也是百姓的寇仇。

此外,还有所谓"不召之臣"。未任官职的士人,也在"不召"之列,这与在野士人"不见诸侯"的原则是相应的。《公孙丑下》云,孟子本来准备上朝,而齐王派人来传命,说他本欲前来看望孟子,因病不能来,故请孟子去朝见他。孟子遂亦以疾辞,而竟出吊齐大夫,以明自己拒绝上朝,并非有病,而是对齐王不礼貌所作出的反应。齐王知孟子病,派人来问候,派医来诊治,幸赖孟仲子周旋、弥缝。孟子不得已,至景丑氏家歇宿。景丑氏责难孟子,孟子遂发为君臣关系之论。孟子认为,对臣来说,敬君莫大于向国君陈尧、舜之道,其余如"君命召不俟驾"之类皆是小敬。对国君来说,不能以其地位之尊而骄慢贤臣,成就大业的君主,"必有所不召之臣",国君自己前去,向贤臣请教,以示尊敬。汤之于伊尹、齐桓公之于管仲,都是"学焉而后臣之"的。天下列强经过多年混战,之所以难分高下,是因为列强君主都不能尊贤而用之。管仲是齐桓公之臣,桓公尚不敢召,孟子于齐,处宾师地位,不是齐君之臣,齐君怎可召之? 又,以孟子观之,管仲辅君所成之业只是霸业,他孟子则欲辅齐君成王业,远在管仲之上,那么,管仲尚不可召,况孟子乎! 朱熹《孟子集注》云:"此章见宾师不以趋走承奉为恭,而以责难陈善为敬;人君不以崇高富贵为重,而以贵德尊士为贤,则上下交而德业成矣。"(《四书集注》)观此章,为政者可悟得善策良言于人之法。

总之,孟子认为,士人是精神文化最为富有的社会阶层。他们有强烈的社会责任感,大至经国济民,小至劝孝劝悌,一以改造社会、造福百姓为务。他们立身行事,都严格按照道义,崇尚节操,坚持独立思想,极重人格尊严。社会应该充分肯定士人的社会价值,君主和各级官员都应该高度地尊重士人,以便让他们充分发挥自己的才能,为社会作贡献。我国士人的传统品格,上下尊重士人的传统风尚,追根溯源,其理论奠基人物,不是别人,正是孟子。

结语

《孟子》一书的思想,非常丰富,除了以上所论外,其重要者,还有王道、仁政、天爵等,前人已经有很多论述,因此,这里就不展开系统的专题论述了。

本书按照本丛书的统一体例写作,结合本书具体内容,作如下说明。

本书《孟子》原文,据中华书局 1983 年影印《十三经注疏》本,分章据朱熹《四书集注》本。原文之下,依次为以下诸项:

注释。力求准确、简明,不作考证辩说。

文化史拓展。阐述、评论该章的思想,结合当时和后来的社会政治、思想文化,明背景、发义理、讨渊源、辨流变、析影响、论是非、通实用等等。

文学史链接。此项分三个部分。其一为"相关文学典故",列举古今名家著作中出自《孟子》该章的成语、典故及例句。其二为"后世有关诗赋文",列前人研究该章内容的文章篇名及出处,为进一步研究者提供资料线索。其三为"文学技法",选列前人关于该章文学技法的研究文字,主要采择苏洵、方宗诚、唐文治之说,因为这几家之说,都见之于唐文治《孟子新读本》,故用其成例:凡苏洵之说,标明"苏云";方宗诚之说,标明"方云";唐文治之说,不加标明;各家之说,凡出此书者,用省略号分隔。选列他书之说,都标明出处,如洪迈《容斋随笔》某卷、林纾《左孟庄骚精华录》某卷等。

集评。选列前人对该章内容的阐发或评论。见之于历代诗文集、笔记等文献中的,选录稍从宽,见之于《孟子》注本或研究专书的,则选录从严,因为前者不易查找,而后者易见。

　　思考与讨论。就该章内容,列出供读者思考或讨论的题目,引导读者通过这些思考或讨论,准确把握、深入认识该章的内容。

　　由于本人学识所限,此书中肯定有这样那样的错误和缺点,殷切期望专家、读者指正。

卷一　梁惠王上

　　1:01　孟子见梁惠王①。王曰:"叟②! 不远千里而来,亦将有以利吾国乎?"孟子对曰:"王何必曰利? 亦有仁义而已矣。王曰'何以利吾国'? 大夫曰'何以利吾家'? 士、庶人曰'何以利吾身'? 上下交征利③,而国危矣。万乘之国弑其君者④,必千乘之家⑤;千乘之国弑其君者⑥,必百乘之家。万取千焉,千取百焉,不为不多矣。苟为后义而先利⑦,不夺不餍⑧。未有仁而遗其亲者也⑨,未有义而后其君者也⑩。王亦曰仁义而已矣,何必曰利?"

【注释】

① 梁惠王:即魏惠王,战国时魏国国君,名罃,谥惠。其在位时,魏屡败于齐秦,乃自安邑(今山西夏县)徙治大梁(今河南开封),故亦称梁惠王。魏国君主,本为侯爵,后僭称王。魏数败之后,乃卑辞厚币以招贤者,谋富国强兵,孟子等遂赴之。据《史记·孟轲列传》,孟子见梁惠王在惠王三十五年(前336)。

② 叟:老头儿。

③ 征:求取。

④ 万乘之国:此指当时较大的诸侯国。乘(shèng):车辆。春秋时甲车一乘,配甲士三人,步卒七十二人。弑:以下杀上。

⑤ 千乘之家:当时力量较强的卿大夫。

⑥ 千乘之国:当时一般的诸侯国。

⑦ 苟:如果。

⑧ 餍:满足。

⑨ 遗:遗弃。

⑩ 后:此指以君为后,即将君的利益搁置在后。

【文化史拓展】

　　春秋战国之世,弑君之事屡屡发生。《战国策·东周策》云:"《春秋》记臣弑君者以百数。"不免夸张。《韩非子·说疑》引文献云:"周宣王以来,亡国数十,其臣弑其君而取国者众矣。"《汉书·刘向传》云:"《春秋》弑君三十六。"可见弑君之事确实很多。孟子认为,这是"上下交征利"、"后义而先利"的结果。如果梁惠王不好仁义而好利,举国仿之,竞为征逐,则国必危。那些弑君之事,斑斑可鉴。如果梁惠王行仁义,举国皆行仁义,则人人必亲其亲而君其君,利也自然就在其中了。因此,不必求利,但求仁义就可以了。《史记·孟轲列传》云:"太史公曰:余读《孟子》书,至梁惠王问'何以利吾国',未尝不废书而叹也。曰:嗟乎,利诚乱之始也!夫子罕言利者,常防其原也。故曰:'放于利而行,多怨。'自天子至于庶人,好利之弊,何以异哉!"其实,好利并不错,但如果唯利是好而不好仁义,求利而违背仁义,那就错了。

　　再从另一方面看,好仁义固然是不错的,但如果好仁义而不言利,那么,仁义就是动听的空话而已。周文王、周武王如果没有雄厚的力量,如何行他们的仁义!徐偃王行仁义而亡,为什么,还不是力量不足!

　　既好仁义又好利,则行仁义而助生利,如《国语·周语中》云:"夫义,所以生利也;祥,所以事神也;仁,所以保民也。不义则利不阜,不祥则福不降,不仁则民不至。古之明王,不失此三德者,故能广有天下而和百姓。"利多,又足以为行仁义之资了。仁义与利,合则双美,离则两伤!

　　那么,孟子为什么不既言仁义又言利呢? 朱熹《孟子集注》卷一引程颐语云:"当是之时,天下之人唯利是求,而不复知有仁义,故孟子言仁义而不言利,所以拔本塞源而救其弊,此圣贤之心也。"其实,孟子所云,与孔子之"罕言利",用意正相同。《论语·子罕》云:"子罕言,利,与命,与仁。"

【文学史链接】

1. 后世有关诗赋文

汤显祖《王曰何以利》(《汤显祖全集·诗文》卷五十)

陈玉澍《孟子见梁惠王一章义》(《后乐堂文钞续编》卷二)

2. 文学技法

方宗诚云,此章是辨"利吾国"三字,以仁义为主。后人辩论书说奏议诸体之所祖也。……(何以利吾国)方云,此节申明言利之害,曲折详尽,笔力恣肆,"不夺不餍"句，笔力斩截，使梁王一腔热念，如冷水浇背。……（未有仁而遗其亲者也）苏云，翻两段作波澜，就缴上文。……（王亦曰仁义而已矣）苏云此篇务引君当道，得进谏之体。……方云，末节收句，如峭壁悬崖，乃文家归题法之所本也。（唐文治《孟子新读本》卷一第一篇上）

【集评】

先王之所以为其国，未有非利也。孟子则有为言之耳。曰：是不然，圣人躬行仁义而利存，非为利也。惟不为利，故利存。小人以为不求则弗获也，故求利而民争，民争则反以失之。荀卿子曰："君子两得之者也，小人两失之者也。"此之谓也。（苏辙《栾城后集》卷六《孟子解二十四章》）

当时王道不明，人心陷溺，列国游士，争以功利之说，阿顺时君，干进苟合。而孟子独举仁义为言，所以遏人欲之横流，存天理之既灭，其有功于世道大矣。七篇之中，无非此意，读者宜详味焉。（《张居正讲评孟子》）

孔子多说仁，孟子提出义字，正为战国功利之说，沦浃人心，与今日讲禅悦、讲良知、讲经济者相似，推其极，只一自私自利之害。才说利便不义，便不仁，此是古今人兽邪正之关也。……释氏之慈悲普度，生死事大，老氏之长生内外，权术家之事功经济，皆自以为仁，而不知有义，然后可以成仁。不知义，则其所为仁，皆利也，非仁也。孟子于孔门得仁字之传，平生得力，在体贴出一义字，为七篇宗旨。（吕留良《吕晚村先生四书讲义》卷三十）

先利后义，不夺不厌。……天下有见为利而实为害者，有迹似害而终利者，非远见者不能察也。（朱琦《怡志堂文集》卷一《孟子说四》）

【思考与讨论】

评说孟子有关"利"的观点。

1:02　孟子见梁惠王，王立于沼上①，顾鸿雁麋鹿，曰："贤者亦乐此乎？"孟子对曰："贤者而后乐此，不贤者虽有此，不乐也。《诗》云②：'经始灵台③，经之营之④，庶民攻之⑤，不日成之。经始勿亟，庶民子来⑥。王在灵囿⑦，麀鹿攸伏⑧，麀鹿濯濯⑨，白鸟鹤鹤⑩。王在灵沼⑪，於牣鱼跃⑫。'

文王以民力为台为沼,而民欢乐之,谓其台曰灵台,谓其沼曰灵沼,乐其有麋鹿鱼鳖。古之人与民偕乐,故能乐也。《汤誓》曰⑬:'时日害丧? 予及汝偕亡⑭。'民欲与之偕亡,虽有台池鸟兽,岂能独乐哉?"

【注释】

① 沼:水池。

②《诗》云:以下引《诗经·大雅·灵台》文字。

③ 经始灵台:开始营建灵台。灵台:周文王台名。

④ 经之营之:经营之,即营建之。

⑤ 庶民攻之:庶民从事这项工程。攻,从事某事。

⑥ "经始勿亟"二句:文王告营建之人不必匆忙,百姓却如子女急于父母之事一般,不召自来,参加劳动。

⑦ 灵囿:灵台下之囿。囿,有围墙的园地,或种植物,或养动物。

⑧ 麀(yōu)鹿攸伏:母鹿所伏。麀,母鹿。攸,所。

⑨ 濯濯:肥泽貌。

⑩ 鹤鹤:洁白貌。

⑪ 灵沼:灵台下之池。

⑫ 於(wū):赞叹词。牣,盈满。

⑬《汤誓》:《尚书》篇名。伊尹相汤伐桀,战于鸣条(今山西运城安邑镇北)之野,作《汤誓》。

⑭ "时日害丧"二句:此太阳何时灭亡,我愿与你一起灭亡! 时:是,此。害:何。汝:你。日:喻夏桀。夏桀尝自言:"吾有天下,如天之有日,日亡吾乃亡尔。"

【文化史拓展】

　　文王仁而爱民,民也爱戴文王,踊跃为文王修灵台、灵囿、灵沼,文王与民同享其乐。此明"贤者而后乐此"。不贤者暴虐害民,民不惜与之同归于尽以泄其愤恨,足见民怨之深,那么,即使有池台鸟兽之乐,也无法独自享受。此明"不贤者虽有此,不乐也。"只有贤者才能与民同乐,不贤者不能与民同乐,也不得独享其乐。

　　美的欣赏,与主体心境有非常密切的关系。贤者为政,国泰民安,安然的心境,使他能充分地享受池台鸟兽等等的美。不贤者为政,民怨沸腾,烽火四起,强敌环伺,他怎么能有安然的心境去充分享受池台鸟兽之乐呢? 在这样的政局下,他如果能有安然的心境去充分享受种种美并且极为快乐,那真是全无心肝,不可救药了。

魏国屡败于强敌,国力衰弱,而惠王以鸿雁麋鹿之乐向孟子夸耀,足见他并不是一个头脑清醒、励精图治的国君,故孟子以文王、夏桀这两个反差极大又很典型的例子诫之。

【文学史链接】

1. 后世有关诗赋文

王懋竑《鸿雁麋鹿记疑》(《白田草堂存稿》卷三)

2. 文学技法

方云,此章盖梁王疑仁义拘苦,故孟子以贤者而后乐此引诱之。与民偕乐,是归宿处,亦后人书说奏疏体也。又为游记之所本。"贤者而后乐此"二句,提笔奇横恣肆,极鼓舞,亦极悚惕。中后引证,申明何等开展。若曰贤者不可乐此,陈腐之言,何能动人? 然下文曰"与民偕乐""岂能独乐",仍是劝王行仁义,只是用鼓舞歆动之词,所以不腐。……方云,《汤誓》二语,与台池鸟兽全不相干,须观孟子引归本旨处,何等灵快。"虽有池台鸟兽"二节回抱,神气完固。(唐文治《孟子新读本》卷一第一篇上)

【思考与讨论】

领导者如何才能真正"与民偕乐"?

1:03 梁惠王曰:"寡人之于国也,尽心焉耳矣。河内凶^①,则移其民于河东,移其粟于河内。河东凶亦然。察邻国之政,无如寡人之用心者。邻国之民不加少^②,寡人之民不加多,何也?"

孟子对曰:"王好战,请以战喻。填然鼓之^③,兵刃既接^④,弃甲曳兵而走^⑤。或百步而后止,或五十步而后止。以五十步笑百步,则何如?"曰:"不可,直不百步耳^⑥,是亦走也。"曰:"王如知此,则无望民之多于邻国也^⑦。不违农时,谷不可胜食也^⑧;数罟不入洿池^⑨,鱼鳖不可胜食也;斧斤以时入山林,材木不可胜用也。谷与鱼鳖不可胜食,材木不可胜用,是使民养生丧死无憾也⑩。养生丧死无憾,王道之始也⑪。五亩之宅,树之以桑⑫,五十者可以衣帛矣;鸡豚狗彘之畜⑬,无失其时,七十者可以食肉矣;百亩之田,勿夺其时⑭,数口之家可以无饥矣;谨庠序之教⑮,申之以孝悌之义,颁白者不负戴于道路矣⑯。七十者衣帛食肉,黎民不饥不寒⑰,然而不王者⑱,未之有也。狗彘食人食而不知检,涂有饿莩而不知发⑲;人死,则曰:'非我也,岁也⑳。'是何异于刺人而杀之,曰:'非我也,兵也。'王无罪岁㉑,斯天下之民至焉㉒。"

【注释】

① 河内:与下文河东皆魏地地名。

② 不加少:不变得少。

③ 填然:鼓声响貌。填,像鼓声。

④ 兵:兵器。接:交。

⑤ 走:跑。

⑥ 直:仅仅。

⑦ 无:同"毋",不要。

⑧ 胜:尽。

⑨ 数(cù)罟(gǔ):密网。洿(wū):大。池:低洼地,此指池塘。

⑩ 养生丧死无憾:生活无恨。朱熹《孟子集注》卷一云:"饮食宫室所以养生,祭祀棺椁,所以送死,皆民所急而不可无者。今皆有以资之,则人无所恨矣。"

⑪ 王道:王者之道,以仁义治天下之道。

⑫ 树:种。

⑬ 鸡豚狗彘(zhì):泛指家禽家畜。

⑭ 勿夺其时:勿侵占其农事之时。指统治者不在农忙时征用劳力。

⑮ 谨庠(xiáng)序之教:重视学校的教育。庠序:古代地方所设学校,乡学。

⑯ 颁白:同"斑白"。负戴:背负首戴重物。

⑰ 黎民:百姓。

⑱ 王:为王。

⑲ 涂:通"途"。检:节制。饿莩(piǎo):饿死者之尸体。发:发仓赈民。

⑳ 岁:年成。

㉑ 无罪岁:不要责怪年成。

㉒ 斯：乃。

【文化史拓展】

　　梁惠王治国，也许真的要比邻国之君认真些。然而，他与邻国之君，只是"五十步"与"一百步"之别，只有程度上的差别，本质却是一样，都没有行王道，所以政绩并不显著。

　　行王道分前后两个阶段。第一个阶段是合理利用、有效保护自然资源，其关键之处，就是向大自然索取要有限制，取用有时，取用有度，不能杀鸡取蛋。在这个方面，先秦思想家们多所论述，见《国语·鲁语上》、《管子·乘马》、《荀子·王制》、《吕氏春秋·异用》等。《论语·述而》也云，孔子"钓而不纲，弋不射宿"。自然资源得到如此有效保护、合理利用，就不会枯竭了。这是行王道的第一个阶段，仅仅是开始。

　　行王道的第二个阶段，又分前后两个步骤。一是使人民有固定的产业，辛勤劳动而得温饱。五亩之宅，包括房屋田园桑园，百亩之田则种粮食。如此农、蚕、养殖并举，百姓自然能安居乐业。第二步，重视教育，提高人民的道德修养。尊敬长辈、敦睦兄弟、尊敬老人，这些都是道德修养最为基本、最为重要的内容。孔子谈为政，主张先富民，再教民。孟子这种思想，明显是源于孔子。《荀子·大略》云："不富无以养民情，不教无以理民性。故家五亩宅，百亩田，务其业而勿夺其时，所以富之也；立大学，设庠序，修六礼，明七教，所以道之也。诗云：'饮之食之，教之诲之。'王事具矣。"荀子与孟子，同属儒家，但是两人的观点有很多不同之处。荀子曾经很激烈地批判孟子。不过，荀子这种"王事"思想，与孟子的"王道"思想，应该说是完全相同的。荀子比孟子小好几十岁，持论又多不同，不可能相互抄袭。他们的这种思想，当来源于他们之前的儒家学说。孔子所倡"富之""教之"，《诗经·小雅·绵蛮》所云"饮之食之，教之诲之"，都是这样的思想。直到今天，我们所提倡的物质文明与精神文明，虽然内容与儒家的这种思想不同，但是，其范围又何尝有什么区别？

　　与王道的标准相比较，魏国的现状，确实相差得太远了。梁惠王还没有充分认识到他对魏国的现状应该负什么样的责任，只是认为这是不好的年成造成的。他若能不怨天尤人，正确认识到责任是在自己，国家的命运就掌握在自己的手里，进而励精图治，实行王道，就再也不必愁"寡人之民不加多"，天下之民定会来归附，国家也就可以富强了。

【文学史链接】

1. 相关文学典故

五十步笑一百步

比如老将军算有忠心,犹能建立宋朝旗号,然仅逍遥河上,逗留不进,坐视君父之难,只算得以五十步笑百步。(《水浒后传》第二十五回)

2. 后世有关诗赋文

汤显祖《王无罪岁》(《汤显祖全集·诗文》卷五十)

董丰垣《五亩之宅考》(《识小编》卷下)

顾廷纶《五畮之宅考》(《诂经精舍文集》卷六)

3. 文学技法

(邻国之民不加少)苏云,翻一问作节奏,不觉文势奔进。……(以五十步笑百步,则何如)方云,引喻一语,若与王说闲话者,然奇特令人不测。"王如知此"二句,忽入正意,灵快之至。……方云,"好战"节用一喻起,收处"刺人而杀之",又用一喻以相应。姿态横生,精神完固,亦极有色泽。(唐文治《孟子新读本》卷一)

【集评】

昔者尧舜治天下,风之则动,教之则率,不赏而劝,不刑而革。后世风之而多顽,教之而多犯,赏之罚之而不以为惩劝,于是为政者又罔知所措矣。孟子则告之曰,尧舜之治无他,耕耨是也,蚕桑是也,鸡豚狗彘是也。百姓既足,不思犯乱,而后风教可施,赏罚可行。于是求治者乃知所从焉。(唐甄《潜书》上篇上《宗孟》)

余读《仪礼》,尝以为虽周公,生秦汉以后,用此必有变通。及观《孟子》,乃益信为诚然。孟子之言养民也,曰制田里、教树畜而已;其教民则"谨庠序之教,申之以孝悌之义",凡昔之圣人所为深微详密者无及焉。岂不知其美善哉,诚势有所不暇也。然由其道层累而精之,则终亦可以至焉。(方苞《方苞集》卷一《读孟子》)

若以政治规模立论,荀子较孟子为高。荀子明施政之术,孟子仅言五亩之宅树之以桑,使民养生送死无憾而已。由孟子此说,乃与龚遂之法相似,为郡太守固有余,治国家则不足,以其不知大体,仅有农家之术尔。(章太炎《诸子略说》)

【思考与讨论】

请对儒家的"富民"、"教民"思想作一述评。

1:04 梁惠王曰："寡人愿安承教①。"孟子对曰："杀人以梃与刃②，有以异乎？"曰："无以异也。""以刃与政，有以异乎？"曰："无以异也。"曰："庖有肥肉，厩有肥马，民有饥色，野有饿莩，此率兽而食人也③。兽相食，且人恶之。为民父母，行政不免于率兽而食人。恶在其为民父母也④？仲尼曰⑤：'始作俑者⑥，其无后乎！'为其象人而用之也。如之何其使斯民饥而死也？"

【注释】

① 愿安承教：愿意谦虚接受教诲。

② 梃（tǐng）：杖。

③ "庖有肥肉"五句：朱熹《孟子集注》云："厚敛于民以善禽兽，而使民饥以死，则无异于驱禽兽以食人矣。"庖，厨房。厩，马棚。

④ 恶（wū）：何。

⑤ 仲尼：孔子。

⑥ 俑：古代用以殉葬的木偶或陶偶。

【文化史拓展】

此章言为政者当爱民行仁政。为政者为满足自己的私欲以政事杀人，是率禽兽食人，残酷之至。古代束草略似人形殉葬，后制作木俑或陶俑殉葬。木偶陶偶，毕肖人形，用以殉葬，是对人的不尊重，是残忍的行为，故孔子说发明以俑殉葬的人，必受无后代之报。作俑殉葬者尚且如此，况率兽而食人者乎！率兽食人的比喻，虽然看似夸张而不失其实。为民父母之名，率兽食人之实，二者反差是如此的强烈，能收到惊心动魄的效果。

赵岐《孟子章指》卷上云："言王者为政之道，生民为首。以政杀人，人君之咎，犹以白刃，疾之甚也。"其实，古代许多为政者，是以政事杀人的"率兽而食人"者。他们不仅杀百姓，也杀子孙、杀自己！聚敛财产供子孙秦楼楚馆挥霍，不是杀子孙吗？沉溺于嗜欲之中，不是杀自己吗？地位越高，权力越大，聚敛越方便，满足嗜欲越容易，若胡作非为，杀百姓、杀子孙、杀自己就杀得越快。

【文学史链接】

1. 相关文学典故

始作俑者

为口忘计身,饕死何足哭。作俑者谁欤？至今走末俗。（范成大《石湖居士诗集》卷一《河豚叹》）

虽然,白叔为善藏之。若令纷然属和,王右丞一日满人间,又将恨白叔为作俑矣。（钱谦益《牧斋初学集》卷八十六《题胡白叔六言诗》）

说经者呈其私智,移易《尚书》,离析《大学》,笔削《孝经》,变置《周官》,出入《风》《雅》,皆唐之君臣为之作俑已。（朱彝尊《曝书亭集》卷四十二）

凿石雕虫鱼,此举谁作俑？（查慎行《敬业堂诗集》卷十七《仆旧有青田冻石一枚,归晚研六年矣》）

2. 后世有关诗赋文

蒲道源《解孟子》二章之一（《闲居丛稿》卷十三）

陶方琦《俑非从葬木偶人说》（《汉孳室文钞》卷二）

胡元玉《俑非木人说》（《璧沼集》卷三）

3. 文学技法

（杀人以梃与刃）此二节文心奇险。……以下三节文,尤奇快。方云,此章只"庖有肥肉"节是正面。前二节用挑剔,然后入正位。语意犀利,令人不测。后二节复用两挑剔,以悚动之,语意悱恻缠绵,章法亦极奇整。……方云,不曰为人君,行政恶在其为人君也,而曰为民父母,行政恶在其为民父母也,语意便觉悱恻动人,正所谓仁义之人,其言蔼如也。（唐文治《孟子新读本》卷一）

【思考与讨论】

体会"率兽而食人"这一比喻的艺术效果。

1:05 梁惠王曰："晋国①,天下莫强焉,叟之所知也。及寡人之身,东败于齐,长子死焉；西丧地于秦七百里；南辱于楚。寡人耻之,愿比死者一洒之②,如之何则可？"孟子对曰："地方百里而可以王③。王如施仁政于民,省刑罚,薄税敛,深耕易耨④。壮者以暇日修其孝悌忠信,入以事其父兄,出以事其长上,可使制梃以挞秦楚之坚甲利兵矣。彼夺其民时,使不得耕耨以养其父母,父母冻饿,兄弟妻子离散。彼陷溺其民,王往而征之,夫谁与王敌?故曰:'仁者无敌。'王请勿疑!"

【注释】

① 晋国:晋国大夫魏氏与大夫韩氏、赵氏"三家分晋"而为魏、韩、赵,号称"三晋"。战国时代,魏常被称为晋。此魏王亦自称晋国。

②"愿比"句:愿为死者一洗耻辱。比,为。洒,同"洗",洗雪。

③"地方"句:一百里方圆之地,可以为王者之资。百里,小的诸侯国。文王亦以百里起家而终成王业。

④ 易耨(nòu):易,修治。耨,耘。

【文化史拓展】

　　魏本强国而屡败,实为大耻。惠王乃问所以报仇雪耻之法。孟子认为,首先当在国内施仁政、行教化。仁政施而民安居乐业,能为国效力;教化行则民知孝悌忠信等大义,乐于为国效力。若敌国不施仁政,百姓处于苦难之中,此时发兵往征,敌国之民怨其君而乐于归我,如此则无人能敌了。自己有资格救民,敌国之民又需要人去救,敌我之势如此,才能稳操胜券。朱熹《孟子集注》卷一引孔氏语云:"惠王之志在于报怨,孟子之志在于救民。此乃孟子导惠王于仁义也。"

【文学史链接】

1. 后世有关诗赋文

汤显祖《王如施仁》(《汤显祖全集·诗文》卷五十)

陈玉澍《可使制梃以挞秦楚之坚甲利兵义》(《后乐堂文钞续编》卷二)

2. 文学技法

　　方云,梁王之言,来得衰飒,故孟子先以"地方百里而可以王"二句意提,以振作其气,鼓动其心,气象何等雄伟!……方云,梁王所以闻孟子言有许多翻澜者,只在一"疑"字。"王请勿疑"四字,直是将王病根抉出。收束一章,即是收束五章,何等笔力!(唐文治《孟子新读本》卷一第一篇上)

【集评】

盖能救民,则不必报怨,而自足以克敌;不能救民,而徒志于报怨,将兵连祸结,而丧败滋多矣。是以帝王之道,贵在自治,不以小忿而忘远图,正此意也。(《张居正讲评孟子》卷一)

【思考与讨论】

评析孟子"仁者无敌"之说。

1:06 孟子见梁襄王①。出,语人曰:"望之不似人君,就之而不见所畏焉。卒然问曰②:'天下恶乎定③?'吾对曰:'定于一④。''孰能一之?'对曰:'不嗜杀人者能一之。''孰能与之⑤?'对曰:'天下莫不与也。王知夫苗乎?七八月之间旱,则苗槁矣⑥。天油然作云,沛然下雨⑦,则苗浡然兴之矣⑧。其如是,孰能御之?今夫天下之人牧⑨,未有不嗜杀人者也,如有不嗜杀人者,则天下之民皆引领而望之矣⑩。诚如是也,民归之,由水之就下⑪,沛然谁能御之?'"

【注释】

① 梁襄王:惠王子,名嗣,在位时,魏屡败于秦。

② 卒然:急剧貌。

③ 恶:何。

④ 定于一:定于统一。

⑤ 与之:归附之。

⑥ 槁:枯。

⑦ 沛然:盛貌。

⑧ 浡然:同"勃然"。

⑨ 人牧:统治者。

⑩ 引领:伸长脖子期盼。

⑪ 由:犹。

【文化史拓展】

《论语·尧曰》中孔子曰:"君子正其衣冠,尊其瞻视,俨然人望而畏之,斯不亦威而不猛乎?"君子当威而不猛,使人望而畏之,况国君乎! 梁襄王身为国君而无威仪,其辞气亦无雍容之度,非理想之君可知。

当时天下汹汹,只有到完全统一,方能安定。孟子这一见解,当然是不错的。但是,谁能统一天下呢? 孟子认为,只有不嗜杀人者才能统一天下。当时的当道者无不热衷于攻城掠地,消灭敌国军队。杀敌一千,自伤八百。嗜攻城掠地就是嗜杀戮。人皆好生恶死,处于没有不嗜杀人之君之世,如果忽然有一国君不嗜杀人,则民必归之。天下之民皆归之,他不就统一天下了吗?

可是,后来统一天下的是秦始皇。秦始皇可不是什么不嗜杀人的国君,而正好恰恰相反。《战国策》卷五十九也认为,历代圣主得天下,无不战。然朱熹《孟子集注》卷一引苏氏语云:"孟子之言,非苟为大而已。然不深原其意而详究其实,未有不以为迂者矣。予观孟子以来,自汉高祖及光武及唐太宗及我(宋)太祖皇帝,能一天下者四君,皆不嗜杀人致之。其余杀人愈多而天下愈乱。秦晋及隋,力能合之,而好杀不已,故或合而复分,或遂以亡国。孟子之言,岂偶然哉!"在封建时代,嗜杀者也罢,不嗜杀者也罢,不杀是不可能取得天下的。嗜杀如秦始皇,统一天下时,固然大行杀戮,而苏氏所举汉高祖以下四君统一天下,又何尝未行杀戮? 可是,安定天下,则主要靠仁政而不靠杀戮。秦始皇能统一天下而未能安定天下,其原因盖在于此。

总之,在当时,不杀不能统一天下,嗜杀不能安定天下。要安定天下必须首先统一天下。那么,孟子劝人以不嗜杀来统一天下,就难免被认为是迂阔无当的了。

【文学史链接】

1. 后世有关诗赋文

黄式三《对孟子不嗜杀问》(《儆居杂著》卷二)

2. 文学技法

"出语人曰",是文法变换处。实则亦纪问答之辞,仅"望之"二句,因此显明耳。……苏云,再用前语结,又开一喻。于一句之中,前后关锁。……方云,"不嗜杀人者能一之,天下莫不与也"数句,正意已毕,下文"今夫天下之人牧"数句,是申此二语,若直接于此,亦可通,但文境直促。孟子乃以"王知夫苗乎"一语宕开,便生出无限烟波。收句复用"水之就下"一喻,与前相应,姿态横生,有色泽。(唐文

治《孟子新读本》卷一第一篇上）

【思考与讨论】

　　孟子提出的这种统一天下的方式,在当时有没有实现的可能? 为什么?

　　1:07　齐宣王问曰①:"齐桓、晋文之事②,可得闻乎?"孟子对曰:"仲尼之徒,无道桓、文之事者,是以后世无传焉。臣未之闻也。无以③,则王乎④?"曰:"德何如,则可以王矣?"曰:"保民而王⑤,莫之能御也。"曰:"若寡人者,可以保民乎哉?"曰:"可。"曰:"何由知吾可也?"曰:"臣闻之胡龁曰⑥,王坐于堂上,有牵牛而过堂下者,王见之,曰:'牛何之?'对曰:'将以衅钟⑦。'王曰:'舍之! 吾不忍其觳觫⑧,若无罪而就死地。'对曰:'然则废衅钟与?'曰:'何可废也? 以羊易之!'不识有诸?"曰:"有之。"曰:"是心足以王矣。百姓皆以王为爱也,臣固知王之不忍也。"王曰:"然。诚有百姓者。齐国虽褊小⑨,吾何爱一牛⑩? 即不忍其觳觫,若无罪而就死地,故以羊易之也。"曰:"王无异于百姓之以王为爱也⑪。以小易大,彼恶知之? 王若隐其无罪而就死地⑫,则牛羊何择焉⑬?"王笑曰:"是诚何心哉⑭? 我非爱其财,而易之以羊也,宜乎百姓之谓我爱也。"曰:"无伤也,是乃仁术也⑮,见牛未见羊也。君子之于禽兽也,见其生,不忍见其死;闻其声,不忍食其肉。是以君子远庖厨也⑯。"

　　王说,曰:"《诗》云:'他人有心,予忖度之⑰。'夫子之谓也。夫我乃行之,反而求之,不得吾心。夫子言之⑱,于我心有戚戚焉⑲。此心之所以合于王者,何也?"曰:"有复于王者曰:'吾力足以举百钧⑳',而不足以举一羽;'明足以察秋毫之末㉑',而不见舆薪,则王许之乎㉒?"曰:"否。""今恩足以及禽兽,而功不至于百姓者,独何与㉓? 然则一羽之不举,为不用力焉;舆薪之不见,为不用明焉,百姓之不见保,为不用恩焉。故王之不王,不为也,非不能也。"曰:"不为者与不能者之形㉔,何以异?"曰:"挟太山以超北海㉕,语人曰'我不能',是诚不能也。为长者折枝㉖,语人曰'我不能',是不为也,非不能也。故王之不王,非挟太山以超北海之类也;王之不王,是折枝之类也。老吾老,以及人之老;幼吾幼,以及人之幼㉗。天下可运于掌。诗云:'刑于寡妻,至于兄弟,以御于家邦㉘。'言举斯心加诸彼而已㉙。故推恩足以保四海,不推恩无以保妻子。古之人所以大过人者,无他焉,善推其所为而已矣。今恩足以及禽兽,而功不至于百姓者,独何与? 权㉚,然后知轻重;度㉛,然后知长短。物皆然,心为甚㉜。王请度之㉝! 抑王兴甲兵,危士臣㉞,构怨于诸侯,然后快于心与?"王曰:"否。吾何快于是? 将以求吾所大欲也㉟。"曰:"王之所大欲,可得闻与?"王笑而不言。曰:"为肥甘不足于口与㊱? 轻暖不足于体与㊲? 抑为采色不足视于目与㊳? 声音不足听于耳与㊴? 便嬖不足使令于前与㊵? 王之诸臣,皆足以供之,而王岂为是哉?"曰:"否。吾不为是也。"曰:"然则王之所大欲可知已。欲辟土地㊶,朝秦楚㊷,莅中国而抚四夷也㊸。以若所为,求若所欲,犹缘木而求鱼也㊹。"王曰:"若是其甚与㊺?"曰:"殆有甚焉㊻。缘木求鱼,虽不得鱼,无后灾。以若所为,求若所欲,尽心力而为之,后必有灾。"曰:"可得闻与?"曰:"邹人与楚人战㊼,则王以为孰胜?"曰:"楚人胜。"曰:"然则小固不可以敌大,寡固不可以敌众,弱固不可以敌强。海内之地方千里者九,齐集有其一㊽。以一服八,何以异于邹敌楚哉?"

"盖亦反其本矣㊾。今王发政施仁,使天下仕者皆欲立于王之朝,耕者皆欲耕于王之野,商贾皆欲藏于王之市㊿,行旅皆欲出于王之涂㍘,天下之欲疾其君者皆欲赴愬于王㍙。其若是,孰能御之?"王曰:"吾惛,不能进于是矣。愿夫子辅吾志㍚,明以教我。我虽不敏,请尝试之。"

曰:"无恒产而有恒心者㍛,惟士为能。若民,则无恒产,因无恒心。苟无恒心,放辟邪侈㍜,无不为已。及陷于罪,然后从而刑之,是罔民也㍝。焉有仁人在位,罔民而可为也? 是故明君制民之产㍞,必使仰足以事父母,俯足以畜妻子㍟,乐岁终身饱,凶年免于死亡㍠。然后驱而之善,故民之从之也轻。今也制民之产,仰不足以事父母,俯不足以畜妻子,乐岁终身苦,凶年不免于死亡。此惟救死而恐不赡,奚暇治礼义哉㍡? 王欲行之,则盍反其本矣。五亩之宅,树之以桑,五十者可以衣帛矣;鸡豚狗彘之畜,无失其时,七十者可以食肉矣;百亩之田,勿夺其时,八口之家可以无饥矣；谨庠序之教，申之以孝悌之义，颁白者不负戴于道路矣。老者衣帛食肉，黎民不饥不寒，然而不王者，未之有也。"

【注释】

① 齐宣王：战国时齐国君主，名辟疆，在位时，好文学游说之士。

② 齐桓、晋文之事：齐桓公、晋文公成就霸业之事。齐桓公、晋文公，皆名列春秋五霸。

③ 无以：此指必欲言之而不止。以，通"已"，止也。

④ 王：王天下之道。

⑤ 保：爱护，保护。

⑥ 胡龁（hé）：齐国之臣。

⑦ 衅钟：以牲血涂于新铸之钟以弥其缝隙。

⑧ 觳觫（hú sù）：恐惧而发抖貌。

⑨ 褊（biǎn）小：狭小。

⑩ 爱：吝啬。

⑪ 无异：不要以为奇怪。

⑫ 隐：怜悯。

⑬ 何择：何别，有何区别。

⑭ 诚：确实，实在。

⑮ 仁术：行仁政之术，为仁之道。

⑯ 庖厨：厨房。以上孟子使王知道他自己有仁心，有可以行王道之资质。

⑰ "他人"二句：语出《诗经·小雅·巧言》。忖度（cǔn duó）：测，度量。

⑱ 夫子：指孟子。

⑲ 戚戚：心动貌。

⑳ 百钧：一百钧。钧为古代重量单位，三十斤为一钧。

㉑ 明：视力。秋毫：鸟兽于秋季所换新毛，未长成而极细，故谓"秋毫"，比喻极细之物。

㉒ 舆薪：一车柴草。许：同意。

㉓ 独何与：偏偏是什么原因呢？

㉔ 形：情状。

㉕ 挟太山以超北海：腋下挟泰山跃过北海。太山，即泰山。

㉖ 折枝：清汪之昌《青学斋集》卷十一《孟子折枝解》罗列前人之说很多。明陈士元《孟子杂记》卷四引陆筠之说云，折枝，为磬折腰肢，作揖也。古"枝"与"肢"通，是。

㉗ "老吾老"四句:敬爱自家长辈,推及到敬爱人家的长辈;爱护自家的孩子,推及到爱护人家的孩子。

㉘ "刑于寡妻"三句:语出《诗经·大雅·思齐》。意谓先给自己的妻子树立一个好榜样,让她接受自己的教化,再推广到兄弟,进而治理国家。推己及人,亦即修身而齐家、治国、平天下。刑,通"型",模范,榜样。寡妻,君主对人称自己的正妻之谦称。

㉙ "言举斯心"句:只是说将此爱己亲人之心加到别人身上罢了。

㉚ 权:秤砣,此用如动词,称轻重。

㉛ 度:量长短。

㉜ 心为甚:心更是如此。

㉝ 度:考虑。

㉞ 危士臣:让士和臣下冒危险。

㉟ 大欲:大欲望。

㊱ 肥甘:肥甘之食物,美味。

㊲ 轻暖:轻暖之衣。暖,一作"煖"。

㊳ 采色:美色。

㊴ 声音:此指动听的音乐。

㊵ 便嬖(pián bì):得宠近臣。

㊶ 辟土地:扩张国土。

㊷ 朝秦楚:使秦楚等强国来朝。

㊸ "莅中国"句:居中原以安抚四方非华夏族诸侯国或部落。

㊹ 缘木而求鱼:爬到树上去抓鱼,比喻徒劳无功。

㊺ 若是其甚与:其甚若是与? 有像这样严重吗?

㊻ 殆有甚焉:大概还要严重呢。殆,大概。有,又。

㊼ 邹:一极小的诸侯国,今山东邹县。

㊽ 齐集有其一:齐凑起来才有其一。

㊾ 盖(hé)亦反其本矣:何不回到行王道这一根本上来呢?

㊿ 藏:储藏。

51 涂:同"途"。下同。

52 疾:恨。愬(sù):诉苦或诉怨。

53 辅吾志:辅助我立志。

54 恒产:固定产业,如房屋、土地等等。恒心:守道不变之心。

55 放辟邪侈:泛指一切坏事。

㊶ 罔民：设罗网害百姓。罔，通"网"，用作动词。

㊷ 制民之产：规定人民的产业。

㊸ 妻子：妻子儿女。

㊹ "乐岁终身饱"二句：丰收年成终年不挨饿，歉收年成免于死亡或逃荒。

㊺ "奚暇"句：何来空闲讲求礼义呢？治，讲求。

【文化史拓展】

宣王欲闻霸业，而孟子与之论保民而行王道。孟子云，宣王不忍见牛就死地，乃是有仁心，足以保民而行王道。宣王之所以恩足以及禽兽而功不至于百姓，是因为他未能做到"推恩"。为什么他未能做到"推恩"呢？因为他热衷于"辟土地，朝秦楚，莅中国而抚四夷"的霸主大欲，其之所以欲闻霸业，也在于此。孟子指出，宣王如此求成霸业，不仅必不能成功，而且有很大的危险，不如施仁政，行王道，其效果足以使齐国无敌于天下。宣王乃向孟子请教施仁政行王道之法。孟子遂以"制民之产"告之，并描绘了一幅王道得行后的美妙图画以动宣王。"制民之产"的中心，在于安定百姓，保护百姓，然后恢复到谈话刚开始时孟子提出的"保民而王"的主张。如此则去宣王的霸主大欲而助之立行王道之志。

孟子主张实行王道而反对霸道。所谓霸道，指国君凭借武力、刑罚、权势等治理国家，并以武力征服其他诸侯国而使他们听命于自己。通过霸道所成就的事业，就叫做霸业。成就霸业的君主，就叫做霸主。春秋时，有齐桓公、晋文公、楚庄王、吴王阖闾、越王勾践五霸。（此从《荀子·王霸》。又《白虎通义·号》云五霸为齐桓、晋文、秦穆、楚庄、阖闾。汉赵岐注《孟子·告子下》云齐桓、晋文、秦穆、宋襄、楚庄为五霸。）齐桓、晋文为五霸中最为著名的两大霸主。齐宣王向孟子所问齐桓晋文之事，便是成就霸主的事业，其称霸的野心，由此可见。

儒家提倡仁义，当然与霸道格格不入。《荀子·仲尼》云："仲尼之门，五尺之竖子，言羞称乎五伯（霸）。"因为"彼诚可羞也。齐桓，五霸之盛者也，前事则杀兄而争国，内行则姑姊妹之不嫁者七人。闺门之内，般乐奢汰，以齐之分奉之而不足，外事则诈邾袭莒，并国三十五。其行事也，若是其险污、淫汰也。彼固曷足称乎大君子之门哉"！又云："彼非本政教也，非致隆高也，非綦文理也，非服人之心也。乡方略，审劳佚，畜积修斗而能颠倒其敌者也。诈心以胜矣，彼以让饰争，依乎仁而蹈利者也，小人之杰也，彼固曷足称乎大君子之门哉！"故孟子说"仲尼之徒，无道桓、文之事者"。

儒家所提倡的乃是与霸道相对的王道。王道的核心是仁义。诸侯先在国内施仁政、行教化，将他国的人才、百姓、财货等赖以立国的基础吸引过来，或者以仁义之师把在暴君、昏君统治下过着苦难生活的百姓解放出来，如此则天下归这诸侯统治了，这诸侯也就不再是诸侯，而是名副其实的王了。按照礼制，只有天子是王，各国诸侯都不是王。春秋时，一些诸侯先在国内称王，到战国时，许多诸侯就公开称王了。以王道统一并统治天下的人，当然是王，王道之王，乃天子之王，非诸侯之王。这王者成就的事业，就是王业。

如何实行王道？当然首先是施仁政、行教化。施仁政的思想基础，乃"推己及人"，即"老吾老，以及人之老；幼吾幼，以及人之幼"以下四句。《管子·九惠》云："所谓老老者，凡国都皆有掌老。年七十以上，一子无征；三月有馈肉；八十以上，二子无征，月有馈肉；九十以上，尽家无征，日有酒肉，死，上共（供）棺椁。劝子弟精膳食，问所欲，求所嗜，此之谓老老。""所谓慈幼者，凡国都皆有掌幼。士民有子，子有幼若不胜养为累者，有三幼者无妇征，四幼者尽家无征，五幼又予之葆，受二人之食，能事而后止。此之谓慈幼。"孟子的思想，很可能受管子的启发。

仁政的经济基础，是合理地制民之产。合理地制民之产的目的，在于使人民拥有足够的生产资料进行生产，足以安居乐业，避免变成可能对社会有危害性的流民。人民安居乐业，才能有可能"治礼义"，接受教化。《论语·子路》中孔子论为政，主张先富民，再教民，也是这个意思。孟子提出合理地制民之产，来达到富民、教民的目的，实际上是主张让老百姓多拥有一些自己的生产资料，让贵族多给老百姓一些土地，这在当时是很有进步意义的。后人所提"均土地"，"耕者有其田"，也是这个意思。使生产者与生产资料合理配合，最大限度地发挥生产者和生产资料的潜力，社会生产才能达到最高的效率。孟子似乎已经认识到这一规律。又《管子·三经》云："畜长树艺，务时殖谷，力农垦草，禁止末作者，民之经产也。""民不务经产，则仓廪空虚，财用不足。"这里所说的经产，就是恒产。管子的意思是说，民当务经产，而不当经营商业。可是，务经产必须有生产资料才行。合理地制民之产，就是让人民拥有足够的生产资料。孟子"制民之产"的思想，也很可能受管子的启发。

但是，"推恩及人"，合理地"制民之产"，又岂是容易的事？当时的统治者会像对待他们自己的长辈和幼儿那样对待平民老幼么！会像《管子》中说的那样对待所有的老幼么！"制民之产"在当时也决无可能实行。春秋战国时期大大小小的战争，有几场不是为了土地？当时哪位统治者不想扩充自己的领地？当时统治者之间相互攻伐,土地占有不稳定、不均衡,怎么能合理地、有效地"制民之产"?

"推恩及人"不能行,合理地、有效地"制民之产"又不能行,行王道也就无从说起。实行王道后的图景,如"仕者皆欲立于王之朝"云云,"老者衣帛食肉,黎民不饥不寒"云云,也只能是美妙的幻想!

【文学史链接】

1. 相关文学典故

明察秋毫

余忆童稚时,能张目对日,明察秋毫,见藐小微物,必细察其纹理,故时有物外之趣。(沈复《浮生六记·闲情记趣》)

你明察秋毫,比我们知道的事体多,了解的清楚。(周而复《上海的早晨》第三部十九)

缘木求鱼

唯名与器,圣人所重,今加非其人,望其裨益万分,犹缘木求鱼。(《后汉书·刘玄传》)

又且如耕石种稻,缘木求鱼,期于有获,难矣。(《云笈七签》卷七十《内丹诀法》)

陛下所行,但务其华,不循其实,犹缘木求鱼,却行求前。(《后汉书·周举传》)

敢恨守株曾失意,始知缘木更难求。(王定保《唐摭言·海叙不遇》引用罗隐诗)

缘木求鱼固不能,缘鱼求炙恐能行。(程颢《伊川击壤集》卷七《代书答淮南宪张司封》)

若想善出此关,大王乃缘木求鱼。(《封神演义》第三十三回)

他提出许多理论上的论证,说明如果忽略了这一点,那么其他一切都成为舍本逐末、缘木求鱼的空想。(王西彦《乡下的朋友》)

2. 后世有关诗赋文

廖燕《王霸辩》(《廖燕集》卷二)

俞正燮《孟子然诚有百姓者义》(《癸巳类稿》卷三)

3. 文学技法

方云,齐王开口便是。……苏云,"仲尼之徒"句,引小归大,倚柱生言。……

大欲之发动,"无以,则王乎?"孟子开口便含要发政施仁,两语已将通章精神振起,又极浑含。大凡文字发端处须如此。……方云,"保民而王",是一篇主义。作四大段看,先挑不忍,次示推恩,次辨大欲,末明发政施仁。文之开合纵横,奇幻变化,不可端倪。……苏云,此段又翻,文势至此,又抑而不振,故必扬之。……方云,"是心足以王矣"下,原可直接"见其生不忍见其死,闻其声不忍食其肉,是乃仁术也",然文境不免直促。"百姓皆以王为爱"以下,用几开几合,几纵几擒,而后出仁术。笔力天纵。……苏云,"今恩足以及禽兽"数句,忽然打转"易牛"本案。平地惊雷,奇绝警绝。……苏云,此章大抵欲其推爱牛之心,然不能推者,必有以害之也。以下故反复开合以攻击之。……此两节用比喻,排奡震荡,《国策》中多用此法。汉文中袭用此法尤伙。……方云,此心所以合于王者,何也?下原可直接"老吾老"数句,然文境又不免平直矣。"有复于王者"以下,又几开几合,几纵几擒,而后出推其所为。笔力天纵。……凡探人之志意,有直取法,有反折法。二者皆须盘旋以作势。此节乃反折法也。……方云,"今恩足以及禽兽"下,几次挑拨,而后推出大欲,便有奇势,不平直。"王之所大欲可得闻与"下原可直接"欲辟土地"数句矣,然仍伤直促,故又用"王笑而不言"一句闪开,极力腾挪,总不使一直笔。……苏云,至此上下之间,呼吸变化,奔腾控御,若捕龙蛇,真文之至矣。……方云:"可得闻与"下,便可直接"小固不可以敌大"数句矣,乃又用"邹人与楚人战"数语离开,笔笔纵,笔笔横,文境开展,不可测度。……又云,自"今恩足以及禽兽"至"何以异于邹敌楚哉"一大纵,"盖亦反其本矣",一笔抱回"不忍"、"推恩",何等神力!……苏云,此一转方到"保民"处,作大波澜。……此节盘空作势,神气直注下数节。……方云,此章"是心足以王矣"以前,用鼓舞诱掖之笔,自"然后快于心与"以前,用挑拨启发之笔,自"王笑而不言"以下,用腾挪之笔。总之,无一直笔、平笔、顺笔,真大文字也。……又云,凡文字设喻,须新奇。观此章,又可悟。(唐文治《孟子新读本》卷一)

【集评】

孟子则于共主在上之时,汲汲焉以王道倡于诸侯,特时非桀与汤之时耳。若夏末之王有桀,则孟子必为伊尹以相汤为事矣。故当时自齐晋狃盟之时,如管仲五霸,不过相其君,以尊周攘夷为名,盖亦以其上非桀也。若上桀,则桓文得孟子而相之,亦可以汤矣。故孟子不屑于霸,而上又非桀,传食诸侯,以明王道。(傅山《霜红龛全集》卷十四《学解》)

或问:"孟子见齐宣王乎?"曰:"未也。其云已见者,孟子著书之设言也。"(廖燕《廖燕集》卷二《孟子未见齐宣王辩》。又同卷《王霸辩》,文长不录)

民有恒产,然后可望其有恒心。故明君将欲兴学校以教民,必先有以制民之产,所以然者,衣食足然后可望其知礼义也。后世言治者,动曰兴学校,却全不讲为民制恒产。不知恒产不制而责民恒心,是犹役馁夫负重,驱羸马致远,纵勉强一时,究之半途而废耳。(李颙《四书反身录》卷八)

此时齐王不若有志乎?而卒不足有为者,志一发而莫继也。故君子日新,推而为志,则作新,一日不作则不新,一日不新则志萎,先王制礼作乐,正为此耳。(颜元《颜元集》之《颜习斋先生言行录》卷下《世情》第十七)

【思考与讨论】

    1. 全面体会此章中所体现的孟子的游说艺术。

    2. 孟子所说的"恒产"与"恒心"之间,有什么样的关系?

    3. "制民之产"有什么样的社会意义?

    4. "推恩"之说,与孟子的"性善说"之间,有什么样的关系?

卷二　梁惠王下

2:01　庄暴见孟子①,曰:"暴见于王②,王语暴以好乐,暴未有以对也。"曰:"好乐何如?"孟子曰:"王之好乐甚,则齐国其庶几乎③!"他日见于王曰:"王尝语庄子以好乐,有诸?"王变乎色,曰:"寡人非能好先王之乐也,直好世俗之乐耳。"曰:"王之好乐甚,则齐其庶几乎! 今之乐犹古之乐也。"曰:"可得闻与?"曰:"独乐乐,与人乐乐,孰乐?"曰:"不若与人。"曰:"与少乐乐,与众乐乐,孰乐?"曰:"不若与众。""臣请为王言乐:今王鼓乐于此,百姓闻王钟鼓之声,管籥之音④,举疾首蹙頞而相告曰⑤:'吾王之好鼓乐,夫何使我至于此极也⑥? 父子不相见,兄弟妻子离散。'今王田猎于此,百姓闻王车马之音,见羽旄之美⑦,举疾首蹙頞而相告曰:'吾王之好田猎,夫何使我至于此极也? 父子不相见,兄弟妻子离散。'此无他,不与民同乐也。今王鼓乐于此,百姓闻王钟鼓之声,管籥之音,举欣欣然有喜色而相告曰:'吾王庶几无疾病与⑧? 何以能鼓乐也?'今王田猎于此,百姓闻王车马之音,见羽旄之美,举欣欣然有喜色而相告曰'吾王庶几无疾病与? 何以能田猎也?'此无他,与民同乐也。今王与百姓同乐,则王矣。"

【注释】

① 庄暴:齐国的一个大臣。

② 见:同"现",显现。

③ 庶几:差不多。此指差不多可致兴旺。

④ 管籥(yuè):皆古代乐器名。

⑤ 举:全,皆。疾首:头痛。蹙頞(è):皱眉头,忧愁貌。頞:鼻梁。

⑥ 极:穷困,疲倦。

⑦ 羽旄(máo):用羽毛制成的旌旗,作为仪仗。

⑧ 庶几:表示希望或推测。

【文化史拓展】

国君好玩乐,国家就有兴旺的希望。这似乎有悖于常理,但孟子却由此将齐王引到了"与民同乐"上来。国王不能与民同乐,百姓怨恨;国王与民同乐,百姓欢欣。齐王也认为,国王独自玩乐不如与众人一起玩乐来得快乐,那么,如果国王真的喜欢玩乐,他就应该与民同乐。要与民同乐,就应该使民安乐。王道得行,百姓安乐,国家自然就兴旺了。朱熹《孟子集注》卷二引范氏语云:"战国之时,民穷财尽,人君独以南面之乐自奉其身。孟子切于救民,故因齐王之好乐,开导其善心,深劝其与民同乐。"可是,在当时,统治者与被统治者的根本利益是对立的,以国王为代表的统治阶级,他们的享乐,是建立在劳动人民辛勤的劳动、甚至是劳动人民的苦难的基础之上的,因此,孟子劝他们与民同乐,他们是不会真正接受的。历史上没有任何一位封建统治者,能真正地与民同乐。

还有一个古乐今乐的问题,也要提一下。齐王所好,非古圣王用以陶冶性情并行教化之乐,如尧乐《大咸》、汤乐《大濩》、舜乐《韶》之类,而是俗乐。儒家则提倡好古圣王之乐,用古圣王之乐陶冶性情并行教化。齐宣王好今乐,因此,当孟子提起他好乐时,他不免变色,而想不到孟子竟然说"今之乐犹古之乐也",并不就今乐古乐之分上做文章。这与孔子乐必《韶》、必放郑声的为政用乐主张,似乎不合。这是为什么呢?因为孟子的主要目的,是因势利导,将齐王的好乐之心,引导到"与民同乐"上来,故不宜节外生枝,拘泥于今乐古乐之分。且不论今乐古乐,与民同乐总是一样,没有什么分别。朱熹《孟子集注》卷二引范氏云:"孔子之言,为邦之正道;孟子之言,救时之急务:所以不同。"人民处于艰难困苦之中,看到国王玩乐就痛心疾首,愤怒怨恨,哪管国王欣赏的是今乐还是古乐!

【文学史链接】

1. 后世有关诗赋文

朱琦《孟子庄暴章音义说》(《小万卷斋文稿》卷六)

2. 文学技法

苏云,此篇悲壮顿挫,深得告君之体。……此章运笔,纯在空际,著意排戛震荡,韩文之祖。《原毁》分两大扇,其格局即本于此。……方云,"可得闻与"以下若遽接"今王鼓乐"二节,则嫌直促,故又拓开挑拨,引出王"不若与人"、"不若与众"二语,以含起末节与民同乐意。……方云,"臣请为王言乐"以下,若遽直接"今王与民同乐则王矣",又嫌直促,故姑且从效验说起,一开一合,皆在空际盘旋,极腾挪之至。末节方实说出。精神完固。又云"今王鼓乐于此"二节,俱用逆笔,则势振,若用顺笔,则平若矣。(唐文治《孟子新读本》卷一)

【集评】

"乐则《韶》舞。放郑声,远佞人。郑声淫,佞人殆。"郑声之害,与佞人等。而孟子曰"今乐犹古乐",何也?使孟子为政,岂能存郑声而不去也哉?其曰"今乐犹古乐",特因王之所悦而入其言耳。(邵博《邵氏闻见后录》卷十二引李觏《常语》)

【思考与讨论】

从历代帝王中,举出若干"与民同乐"事例和"独乐"者,加以评说。

2:02　齐宣王问曰:"文王之囿方七十里①,有诸?"孟子对曰:"于传有之②。"曰:"若是其大乎?"曰:"民犹以为小也。"曰:"寡人之囿方四十里,民犹以为大,何也?"曰:"文王之囿方七十里,刍荛者往焉③,雉兔者往焉④,与民同之。民以为小,不亦宜乎?臣始至于境,问国之大禁,然后敢入。臣闻郊关之内⑤,有囿方四十里,杀其麋鹿者如杀人之罪。则是方四十里为阱于国中⑥。民以为大,不亦宜乎?"

【注释】

① 囿:有围墙的园地,或种植物,或养动物。

② 传(zhuàn):古书。

③ 刍荛(ráo):割草、打柴。刍,草料。荛,柴。

④ 雉兔者:捕野鸡和野兔的人。

⑤ 郊关:都城外百里为郊,郊外设关口。

⑥ 阱:陷阱。

【文化史拓展】

文王与民同囿,囿七十里而民犹以为小;齐宣王独有其囿,而以之为民之陷阱,囿四十里而民犹以为大,盖宣王不能推己及人而与民同乐也。与民同乐之要,在与民同利。

【文学史链接】

文学技法

方云,齐王以文囿暗引己之囿,以文囿之大暗引己囿之小。若他人对此,必曰文王无囿,必曰其囿大不可法。乃孟子曰,"于传有之",犹曰"民犹以为小也"。奇极险极。……方云,上既如此说,则"寡人之囿方四十里,民犹以为大"之下,真觉不能转身。须观下文孟子开纵灵敏处。……方云,"民以为小,不亦宜乎"下,若遽接"今王之囿",则平板矣。忽从"臣始至于境"起,则文有峰峦,"为阱于国中"句,紧炼有锋芒。(唐文治《孟子新读本》卷一)

【集评】

周虽大国,未有以七十里为囿而不害于民者也。意者山林薮泽与民共之,而以囿名焉,是以刍荛雉兔者无不获往。不然,七十里之囿,文王之所不为也。(苏辙《栾城后集》卷六《孟子解二十四章》)

《书》称文王不敢盘于游畋,其囿必不如是之大,孟子不辨其规制之广狭,而但言其利民之公心;盖能与共共利,则必不以苑囿为己私,而纵游畋之乐,可知矣。(《张居正讲评孟子》卷二)

今各国都邑皆有公囿,聚天下鸟兽草木,识其种别,恣民游观,以纾民气、同民乐,甚得孟子之义。……且太平世游乐更多,园囿更宜广大,凡山水佳胜,海岛清深之所,皆可为公囿。大地既一,则推至千数百里可也。升平尚未能推之。公学校、公图书馆、公博物院、公音乐院,皆与民同者;凡一切艺业观游,足以开见闻、悦神思、便民用者,皆有公地以与民同,此乃孟子之意。孟子之学,全在扩充,学者得其与民同之义,固可随时扩充而极其乐也。(康有为《孟子微》卷四《民同》第十)

【思考与讨论】

从孟子所说入手,阐发资源的分配与共享的问题。

2:03 齐宣王问曰:"交邻国有道乎?"孟子对曰:"有。惟仁者为能以大事小,是故汤事葛①,文王事昆夷②;惟智者为能以小事大,故大王事獯鬻③,勾践事吴④。以大事小者,乐天者也;以小事大者,畏天者也⑤。乐天者保天下,畏天者保其国⑥。《诗》云:'畏天之威,于时保之⑦。'"王曰:"大哉言矣! 寡人有疾,寡人好勇⑧。"对曰:"王请无好小勇。夫抚剑疾视曰⑨,'彼恶敢当我哉'! 此匹夫之勇,敌一人者也。王请大之!《诗》云:'王赫斯怒,爰整其旅,以遏徂莒,以笃周祜,以对于天下⑩。'此文王之勇也。文王一怒而安天下之民。《书》曰:'天降下民,作之君,作之师。惟曰其助上帝,宠之四方。有罪无罪,惟我在,天下曷敢有越厥志⑪?'一人衡行于天下,武王耻之。此武王之勇也,而武王亦一怒而安天下之民。今王亦一怒而安天下之民,民惟恐王之不好勇也。"

【注释】

① 汤事葛:汤为诸侯时,有一诸侯国名葛,经济凋敝,汤及其百姓给予很大的支持。其君葛伯不仁,使人抢夺汤派往葛地送食物的百姓,竟然至于杀人,汤遂一举将其吞并。

② 文王事昆夷:昆夷为殷周时我国西部一部落,常侵扰周地,周文王曾对其采取让步、怀柔政策。事见《诗经·大雅·绵》。

③ 大王事獯鬻(xūn yù):獯鬻为我国古代北方一少数民族部落,夏曰獯鬻,周曰猃狁,汉曰匈奴。周大王古公在豳地时,因为不断受到该部落侵扰,遂离开豳地以让该部落,迁徙到岐山(今陕西省岐山县)居住,百姓从之。大王以此为根据地,于是大兴。参见2:05注和2:14、2:15。

④ 勾践事吴:先是越王勾践败于吴,向吴纳贡,后其力量壮大,终于灭吴。

⑤ "以大事小"四句:大当抚小,此乃天理,故以大事小,乃乐而行天理。小当事大,这也是天理。虽然不情愿,但势不得不如此。故以小事大者,乃畏而按此天理而行。

⑥ "乐天者"二句:乐之而行天理,以大事小,使诸小国都得到安抚,则天下可以保全了。畏之而行天理,以小事大,免为大者所灭,则其国可以保全了。

⑦ "畏天之威"二句:语出《诗经·周颂·我将》。时:是。

⑧ "寡人有疾"二句:我有好勇的缺点,故不能以小事大,也不能以大事小,忍不住与对方开战。疾,缺点。

⑨ 疾视:怒目而视。

⑩ "王赫斯怒"五句:语出《诗经·大雅·皇矣》。赫,赫然。爰:乃,于是。遏,止。徂(cú),往。《诗经》中作"旅"。莒(jǔ),西周时国名,地在今山东莒县。笃,厚。祜(hù),福。

⑪ "天降下民"八句:语出《尚书·周书·泰誓》,文句与原文稍有不同。大意是:天使人民有君有军队,君乃助上帝统治天下,宠爱四方之人。有罪者罚,无罪者安。只要有我在,天下无人敢作乱。

【文化史拓展】

　　孟子从勇分大小入手,将宣王好勇引导到好大勇上来。小勇乃血气所至之勇,匹夫之勇。大勇乃是于义当为之勇。大勇若怯,故汤、文王、太王、勾践等交邻国时,或以大事小,或以小事大,最终都能获胜。舍小勇而好大勇,也可以作为人们立身行事的一条准则。在当时列强纷争之世,国君若逞匹夫之勇,必定加速他的灭亡。然好大勇,必须有强大的实力。没有强大的实力,好大勇只是一句空话。以小事大,以大事小,不是目的,而是增强自己实力的一种手段,一种策略。若以大事小或以小事大都未能增强自己的实力,则也会导致覆亡。

【文学史链接】

　　1. 后世有关诗赋文

　　黄式三《对孟子畏天逆天问》(《儆居杂著》卷二)

　　2. 文学技法

　　方云,此章仁、知、勇三字是脉络。仁者以大事小,知者以小事大,交邻正意已尽矣。下文宣王曰"寡人好勇",作一翻,波澜横阔。"王请无好小勇",接得奇特不腐,变化不测。……方云,"仁者"引汤、文两人作证,"知者"引太王、勾践两人作证,"勇者"引文、武两人作证。奇局而争。又云"一怒而安天下之民",是大勇,仍是仁、知乐天、畏天作用,与上文似不相应而实相应。神乎文者也。(唐文治《孟子新读本》卷一)

【集评】

　　小大之相形,贵贱之相临,其命无不出于天者。畏天者,知其不可违,不得已而从之;乐天者,非有所畏,非不得已,中心诚乐而为之也。尧禅舜,舜禅禹;汤事葛,文王事昆夷,皆乐天者也。(苏辙《栾城后集》卷六《孟子解二十四章》)

仁者以天下为度，一视而同仁，惟欲使人各得其所，不复计彼此强弱之势，故以大事小而不以为难，如葛与昆夷之无道，汤、文殷勤而厚恤之，及夫终不可化，而祸及于人，然后不得已而征伐之，仁之至也。智者达于事变，而知理之当然，故以小事大而不敢忽，然而必自强于政治，期于有以自立功，如獯鬻与吴之方强，太王、勾践外卑躬而事之，内则治其国家，利其民人，终焉或兴王业，或刷其耻，此智之明也。（朱熹《孟子或问》卷二）

按此章前论仁智，主于事大恤小；后论大勇，主于除暴安民，其意若相反者。然究而论之，仁者虽能恤小，必不肯养乱以残民；智者虽能事大，而必思自强以立国。所谓大勇，岂有出于仁智之外哉？宋臣司马光以仁、明、武为人君三大德，盖有见也。（《张居正讲评孟子》卷二）

【思考与讨论】

"大勇"、"小勇"之区别何在？

2:04 齐宣王见孟子于雪宫①。王曰："贤者亦有此乐乎？"孟子对曰："有。人不得，则非其上矣。不得而非其上者，非也；为民上而不与民同乐者，亦非也。乐民之乐者，民亦乐其乐；忧民之忧者，民亦忧其忧。乐以天下，忧以天下②，然而不王者，未之有也。昔者齐景公问于晏子曰③：'吾欲观于转附、朝儛，遵海而南，放于琅邪④。吾何修而可以比于先王观也？'晏子对曰：'善哉问也！天子适诸侯曰巡狩，巡狩者，巡所守也；诸侯朝于天子曰述职，述职者，述所职也。无非事者⑤。春省耕而补不足，秋省敛而助不给⑥。夏谚曰："吾王不游，吾何以休⑦？吾王不豫⑧，吾何以助⑨？一游一豫，为诸侯度⑩。"今也不然：师行而粮食，饥者弗食，劳者弗息。睊睊胥谗⑪，民乃作慝⑫。方命虐民⑬，饮食若流⑭。流连荒亡⑮，为诸侯忧。从流下而忘反谓之流，从流上而忘反谓之连⑯，从兽无厌谓之荒⑰，乐酒无厌谓之亡。先王无流连之乐，荒亡之行。惟君所行也⑱。'景公说⑲，大戒于国，出舍于郊。于是始兴发补不足⑳。召大师曰㉑：'为我作君臣相说之乐！'盖《徵招》、《角招》是也㉒。其诗曰：'畜君何尤㉓?'畜君者,好君也。"

【注释】

① 雪宫:齐宫名。

② 乐以天下,忧以天下:以天下乐而乐,以天下忧而忧。

③ 晏子:晏婴,春秋时齐国著名政治家。

④ 观:游览。转附、朝儛(cháo wǔ)、琅邪(láng yá):皆齐国境内山名。

⑤ 无非事:无非正事。

⑥ "春省耕"二句:春天巡视农耕而补助衣食不足者,秋天巡视收获而补助衣食不
    足者。

⑦ 休:喜悦。

⑧ 豫:巡游。

⑨ 助:得到帮助。

⑩ 为诸侯度:为诸侯取作法度。

⑪ 睊睊(juàn):侧目而视貌,形容愤恨。胥谗:上下互相怨、诽谤。胥,相。

⑫ 慝(tè):邪恶。

⑬ 方命虐民:违背天命,残害人民。

⑭ 饮食若流:饮食像流水似的被消耗掉。形容骄奢淫逸。

⑮ 流连荒亡:纵情淫乐无度。萧穆《敬孚类稿》卷一《孟子夏谚两节解》认为此几句亦
    为夏谚。

⑯ "从流下"二句:此指放舟行乐。

⑰ "从兽"句:此指田猎行乐。从,追逐。

⑱ 惟君所行也:先王之道,今之道,惟君选择而行之。

⑲ 说(yuè):同"悦",高兴。

⑳ 兴发:打开仓库。

㉑ 大师:太师,乐官之首。

㉒ 《徵(zhǐ)招》、《角(jué)招》:乐曲名。招,通"韶"。

㉓ 畜(chù)君何尤:限制君主有什么罪过? 畜,限制。

【文化史拓展】

　　君主当与民同忧,与民同乐。同忧则必解民之忧,同乐则必予民以乐。此乃

大慈大悲之菩萨行也,而孟子云古之圣王有之。春秋战国时,君主不能与民同忧乐,而是流连荒亡,逞其私欲而残虐人民。齐景公在晏子的劝导下,戒流连荒亡之行,而发仓助民。晏子之"畜君"受到赞扬。孟子主张统治者要限制私欲,与民同忧乐,关心人民生活。这种思想,当然是进步的。特别是"畜君"思想,意义更为重要。限制当道者逞其私欲,不正是民主政治的一项重要任务么?

【文学史链接】

1. 后世有关诗赋文

萧穆《孟子夏谚两节皆》(《敬孚类稿》卷一)

2. 文学技法

方云,"贤者亦有此乐"句,正面无可发挥,故止以一"有"字轻轻答之,以下乃用"人不得则非其上",引到当乐民之乐,极小题能大发挥,于此可悟后来欧公《丰乐亭记》、范文正《岳阳楼记》、宋文宪《阅江楼记》皆本此。……方云,"然而不王者,未之有也"以上,正意已尽,下复引证,文境便开阔,兼有色泽。"观于转附"数句,可对照雪宫。《庄子·养生主》,文境相似。……此节无意而成,韵文特奇横。……方云,前段为民上而不与民同乐,隐含下文"流连荒亡"一层。乐民之乐,忧民之忧,隐含下文"一游一豫,为诸侯度"一层。后段以景公之说晏子诱宣王之听己言也,以晏子之畜君、好君,喻己之言亦畜君、好君也。语意含蓄不露。两大段似不相干,而神实相应,真奇妙也。(唐文治《孟子新读本》卷一)

【集评】

人之情无节则流,故长幼贵贱无不为之节制。从流而下,则狎于鄙慢;从流而上,则乐于僭侈。(《全宋文》卷1690沈括《孟子解》)

齐景公作君臣相乐之说,其诗曰:"畜君何尤?"孟子曰:"畜君者,好君也。"君有逸德而能止之,是谓畜君。以臣畜君,君之所尤也。然其心则无罪,非好其君不能也。故曰:"责难于君谓之恭,陈善闭邪谓之敬,'吾君不能'谓之贼。"(苏辙《栾城后集》卷六《孟子解二十四章》)

可见仁君之于民,语其势,则尊卑悬绝;论其情,则休戚相关。人君欲长享其乐,而不致有可忧之事者,其必加意于民而已。三代而后,若汉文帝议赈民之诏曰:"方春和时,草木群生之物,皆有以自乐;而吾民鳏寡孤独穷困之人,或阽于危亡而莫之省忧,为民父母其何如?"斯庶几与民同乐者矣。……孟子于齐王,劝之与民同乐,则示以君民一体之情;劝之远法先王,则证以君臣相悦之盛。盖必君臣相得,谏行而言听,然后膏泽下究,政善而民安耳。使君臣之间,志意未合,则弊政日积,善言不闻,求以保民致治,岂不难哉! 明主所宜深念也。(《张居正讲评孟子》卷二)

【思考与讨论】

　　1. 古代君主出巡,游乐与考察社会民情,其间轻重,有诸多不同,试举具体事例评说之。

　　2. 完整理解"畜君"的深刻含义。

　　2:05　齐宣王问曰:"人皆谓我毁明堂①。毁诸? 已乎?"孟子对曰:"夫明堂者,王者之堂也。王欲行王政,则勿毁之矣。"王曰:"王政可得闻与?"对曰:"昔者文王之治岐也②,耕者九一③,仕者世禄④,关市讥而不征⑤,泽梁无禁⑥,罪人不孥⑦。老而无妻曰鳏,老而无夫曰寡,老而无子曰独,幼而无父曰孤。此四者,天下之穷民而无告者。文王发政施仁,必先斯四者。《诗》云:'哿矣富人,哀此茕独⑧。'"王曰:"善哉言乎!"曰:"王如善之,则何为不行?"王曰:"寡人有疾,寡人好货⑨。"对曰:"昔者公刘好货⑩,《诗》云:'乃积乃仓,乃裹糇粮⑪,于橐于囊⑫。思戢用光⑬。弓矢斯张,干戈戚扬⑭,爰方启行⑮。'故居者有积仓,行者有裹囊也,然后可以爰方启行。王如好货,与百姓同之,于王何有⑯?"王曰:"寡人有疾,寡人好色。"对曰:"昔者太王好色⑰,爱厥妃。《诗》云:'古公亶甫,来朝走马,率西水浒,至于岐下。爰及姜女,聿来胥宇⑱。'当是时也,内无怨女⑲,外无旷夫⑳。王如好色,与百姓同之,于王何有?"

【注释】

① 明堂:古代天子宣明政教、举行重要典礼之处。赵岐云:"明堂,泰山明堂。周天子东巡狩朝诸侯之处,汉时遗址尚在。人欲毁之者,盖以天子不复巡狩,诸侯又不当居之也。王问当毁之乎,且止乎?"

② 岐:地名,故地在今陕西省岐山县。周于此兴起。

③ 耕者九一:井田制。旧说田的划分如井字行,共九区,每区一百亩,中间一区为公

田,周围八区为私田,分属八家。八家各种私田而外,共同耕种公田。私田所收粮食归农民自己,公田所收则归公家。如此则公家所收税为农民总收成的九分之一,故云耕者九一,即九一税也。地有高低,径有曲折,水阻山隔,真划井田,实际是不可能的。所谓"井田制",实际上是田地等管理的一种制度名称而已,并非一定将田划成井字形。若都划成井字形,田地不都是规划的方格了么?《诂经精舍文集》卷二有赵春沂《孟子周礼田制异同考》,可证孟子于周田制,亦不甚了了。

④ 仕者世禄:做官者的子孙仍有其禄。做官者的子孙可以任官职,不任官职者国家仍给其禄。

⑤ 关市讥而不征:关卡、都市只稽查而不收商业税,仅稽查不法而已。讥,通"稽"。

⑥ 泽梁无禁:水中鱼梁不设禁,人们都可以在那里捕鱼。泽梁,沼泽或河流中的鱼梁,一种捕鱼设施。

⑦ 罪人不孥(nú):惩罚罪人只止其身,不株连其妻子儿女。孥,妻子儿女。

⑧ "哿(gě)矣"二句:语出《诗经·小雅·正月》。哿,可。茕(qióng)独:孤独。

⑨ 好货:贪财。

⑩ 公刘:后稷之曾孙,他率部落迁于豳,周室之兴,从此始。

⑪ 糇(hóu)粮:干粮。

⑫ 橐(tuó):口袋。有底曰囊,无底曰橐。

⑬ 思戢(jí)用光:思安集其民心以广大其部落。戢,安集,聚集。用,以。

⑭ 干戈、戚扬:皆武器名。干,盾。戚,斧,扬,钺。

⑮ 启行:谓迁于豳地。

⑯ 何有:有何难。

⑰ 太王:公刘九世孙,本号古公,名亶甫(一作亶父),故又称古公亶父。初居豳,狄人侵之,迁于岐山之下,豳人皆从之。改号为周,去戎狄之俗。武王追尊为太王。参见2:03注和2:14、2:15。

⑱ "古公亶(dǎn)甫"六句:语出《诗经·大雅·绵》,述古公之自绵迁于岐山。他沿着水边的西涯,来到岐山脚下,乃与其妃姜女,来看他们的住房。率,沿着。浒,水边。聿,助词。胥,相。

⑲ 怨女:该有丈夫而无丈夫并为此而抱怨的女子。

⑳ 旷夫:该有妻子而无妻子的男子。

【文化史拓展】

　　明堂乃王者之堂,若宣王欲行仁政,则亦可以为王,故明堂勿毁可也。宣王自然乐于为王,故向孟子请教王政,亦即王者之政。孟子利用这一机会和宣王求王、求强心理,很自然地向他宣传王政思想。王政即是仁政。仁者,爱人。仁政的核心,即是爱民之政,给老百姓以好处,让他们安居乐业。宣王赞赏王政,但是怕行王政会削弱自己的利益,故云自己"好货"、"好色",生性与行王政之旨相悖。孟子乃劝宣王推己及人,"好货"、"好色"皆与百姓同之,则王政就不难实行了。

在当时,统治者的根本利益是与被统治者的根本利益相对立的。在利益分配中,被统治者的利益多了,统治者的利益就少了。统治者贪婪的本性,决定了他们决不可能实行孟子所说的王政。

【文学史链接】

1. 后世有关诗赋文

陈玉澍《关市讥而不征义》(《后乐堂文钞续编》卷二)

2. 文学技法

孟子之不欲毁明堂,欲齐王之行王政也。文王之治岐,公刘之好货,大王之好色,皆事而言,可谓善引其君矣。(尹氏《孟子解》卷上)

解释经旨,贵于简明,惟孟子独然。其称《公刘》之诗:"乃积乃仓……爰方启行。"而释之之词,但云:"故居者有积仓……然后可以爰方启行。"(洪迈《容斋随笔》卷一《解释经旨》)

方云,"寡人有疾"下作一大波澜,文境便层出不穷。昔者公刘好货,大王好色,接得奇肆,令人不测。(唐文治《孟子新读本》卷一)

【集评】

好色、好货、好勇,是诸侯之三疾也,而孟子皆曰无害。从吾之说,百姓唯恐王之不好也。譬之于医,以药之不可口也,而以其所嗜为药,可乎? 使声色与货而可以王,则利亦可以进仁义,何独拯梁王之深乎? 此岂非失其本心也哉?(邵博《邵氏闻见后录》卷十二引李觏《常语》)

请野九一而助,国中什一使自赋。八家为井,井九百亩,其中以为公田。八家皆私百亩,同养公田。虽田九一,田中之庐,家二亩半,出于公田,其实亦什一也。国中之地不可以为井,则无同养之法。故使人人自出什一之赋,谓园廛之在国中者。(《全宋文》卷1690沈括《孟子解》)

孟子直欲以兴王望齐梁之君,至此明言其君明堂,而儒者往往疑之,以为当时尚有周天子,如何区区只王齐? 此真儒者之见耳,止明分义,不达天道。孔子固曰,汤武革命,应乎天而顺乎人。放伐且有可行之时,况周运已残,民心已厌,幸旦夕得一贤者,以托天下,甚平常事也。何足异! (张沐《孟子疏略》第一篇)

或问于思古人曰:井田之不宜于世也久矣。子之存治,尚何执乎? 曰:噫! 此千余载民之所以不被王泽也。夫言不宜者,类谓呕夺富民田,或谓人众而地寡耳。岂不思天地间田宜天地间人共享之,若顺彼富人之心,即尽万人之产而给一人所不厌也。王道之顺人情固如是乎? 况一人而数十百顷,或数十百人而不一顷,为父母者使一子富而诸子贫,可乎? (颜元《存治编》卷一《井田》)

【思考与讨论】

古代统治者为什么无法真正"与百姓同之"?

2:06 孟子谓齐宣王曰:"王之臣,有托其妻子于其友①,而之楚游者。比其反也②,则冻馁其妻子,则如之何?"王曰:"弃之③。"曰:"士师不能治士④,则如之何?"王曰:"已之⑤。"曰:"四境之内不治,则如之何?"王顾左右而言他⑥。

【注释】

① 妻子:妻子儿女。

② 比其反:等到他回来。比,及。反,同"返"。

③ 弃:绝。

④ 士师:政法方面的官员,其属有乡士、遂士等官。

⑤ 已:罢免。

⑥ 顾左右而言他:看左右之人而言他事。指回避问题而故意用他事乱之。

【文化史拓展】

焦循《孟子正义》卷五引赵岐语曰:"言君臣上下各勤其任,无堕其职,乃安其身也。"恐未得其要。朋友不能尽其职则绝之,官员不能尽其职则罢免之,而国王不能尽其职该如何呢? 这是一个非常严肃、尖锐的问题,宣王没有回答,孟子也没有明确地回答。此题不是不易答,而是不敢答。但由上二事可以推知,孟子的意见是:国王不称职,亦应该去位!这在当时是非常大胆、进步的思想。可惜,这样的问题,在封建社会里,后来还有谁提过?更不用说回答了。唐文治《孟子大义》卷二曰:"人君以治四境为责任者也。以人君而不能治四境之内,是失其为人君之责任也。岂不当去而已之乎?"他发表此议论时,我国的帝制早就不存在了。如果他还在清朝做清廷的大官,他就未必会发这样的议论了。

就理论上说,封建社会的政治制度,有监察百官、罢免不称职官员的职能,但是,并没有罢免国君的职能。罢免国君,就是政变,就是谋反,如果不成功,那是灭族的罪行。因此官员不称职可以罢免,国君不称职却不能罢免。国君对国家所负责任,要比任何官员所负责任来得大。国君是否称职,几乎决定了国家的命运,但封建政治制度却对不称职的国君无能为力。我国数千年的封建君主专制制度是阻碍我国社会发展的重要力量。

孟子在两千多年前就提出了君主不称职该如何的问题,虽然他的直接目的,只是劝说齐王行仁政而使国治,但这一问题的思想意义,却是非常重大的。可惜此后我国两千余年的政治制度,也像齐宣王一样,并没有回答这一问题,当然更没有采纳孟子的思想。

【文学史链接】

1. 后世有关诗赋文

汤显祖《王之臣有》(《汤显祖全集·诗文》卷五十)

2. 文学技法

方云,首段起得飘忽,令王不测其意。次段从对面刺入,亦令王不测。三段忽上正面,令王无从躲闪,亦奇幻不测。王顾左右言他,忽然放开,又令人不测。此章文境,最奇纵变化。(唐文治《孟子新读本》卷一)

【集评】

孟子将问此而先设上二事以发之,及此而王不能答也。其惮于自责,耻于下问如此,不足与有为可知矣。(朱熹《孟子集注》卷二)

孟子此言,盖欲齐宣王反己自责,虚心下问,以讲求治国之道,其望之者深矣。王乃耻于闻过,而顾视左右以释其愧,更言他事以乱其词,其不足与有为可知矣。此齐之所以止于齐,而不能成一统之业也。(《张居正讲评孟子》卷二)

【思考与讨论】

评析古代若干废黜君主的实例。

2:07　孟子见齐宣王曰:"所谓故国者①,非谓有乔木之谓也②,有世臣之谓也③。王无亲臣矣,昔者所进,今日不知其亡也④。"王曰:"吾何以识其不才而舍之?"曰:"国君进贤⑤,如不得已,将使卑逾尊,疏逾戚,可不慎与? 左右皆曰贤,未可也;诸大夫皆曰贤,未可也;国人皆曰贤,然后察之;见贤焉,然后用之。左右皆曰不可,勿听;诸大夫皆曰不可,勿听;国人皆曰不可,然后察之;见不可焉,然后去之。左右皆曰可杀,勿听;诸大夫皆曰可杀,勿听;国人皆曰可杀,然后察之;见可杀焉,然后杀之。故曰,国人杀之也。如此,然后可以为民父母⑥。"

【注释】

① 故国:历史文化深厚、功业久远的诸侯国。

② 乔木:高大的树木。

③ 世臣:其家累世立大功、居高位的大臣。

④ 亡:去,离开。

⑤ 进贤:任用贤臣。

⑥ 为民父母:爱护人民,代表人民的意志行事。

【文化史拓展】

　　孟子认为,故国的含义,并非只是有足以证明该诸侯国历史悠久的实物,如乔木之类,更重要的是,应该拥有若干累世建勋业、居高位的巨族世臣,他们可以作为国家的柱石,帮助国君治理国家。然而,齐国没有这样的世臣,就连亲信的大臣也没有,因为他的大臣变换得太快了,"昔者所进,今日不知其亡也"。这是为什么呢? 是齐王不想任用人才吗? 当然不是。他不会识别人才之贤否。孟子乃为他讲述进退处罚官员之法。国君进退处罚官员,必须最为广泛地听取国人的意见,再经过一番考察研究,得出的结论与国人的共同意见相一致,然后按照这意见行事。这样,国君所行之事,才能代表国人的利益,国君才能做到"为民父母"。

孟子的这一思想,无疑是一种民主集中思想,现代民主集中制度,正是包含了这一思想。然而,在统治者的根本利益与被统治者的利益根本对立的时代,这只能是一种空想,因为统治者是不可能代表人民的根本利益、按照人民的意志行事的!

春秋时期,是贵族政治向官僚政治转化的时期。从这一章中反映的齐国已无世臣的政治现状看,这样的转化,在当时的齐国已经基本完成。官员由选拔,而非由世袭。

【文学史链接】

1. 相关文学典故

故家乔木

呜呼,自陵谷变迁以来,故家乔木,零落殆尽。(范仲淹《范文正公集》附录《范文正公鄱阳遗事》中陈基《范氏复祖茔记》)

如某者,技等飞鼯,才长缩蚓。故家乔木,借秭归旧峡之阴;宦录云萍,分白鹭馀波之润。(文天祥《文文山先生集》卷七《上权郡陈通判》)

有二老风流,故家乔木,旧日亭台。(赵松雪《松雪斋文集》卷十《木兰花慢》)

余大先生道:"自古说'故家乔木',果然不差。就如尊府这灯,我县里没有第二副。"(吴敬梓《儒林外史》第四十六回)

2. 后世有关诗赋文

汤显祖《左右皆曰贤未可也》(《汤显祖全集·诗文》卷五十)

3. 文学技法

方云,此章"仁"字是主义。首节从齐王无贤说起,语意悲凉悱恻。"国君进贤"节提"慎"字,郑重。左右两节,发挥"慎"之实事,恣肆开展。收句"然后可以为民父母",是慎之效验,意谓如此而后可以保故国也。收拾通篇,神完气固。(唐文治《孟子新读本》卷一)

【集评】

大夫、左右、国人皆曰贤,又见其贤焉,然后用之;大夫、左右、国人皆曰可杀,又见其可杀焉,然后杀之。此待大臣之道也。若群臣庶人,则公卿士师之事也。(《全宋文》卷1690沈括《孟子解》)

此可见人君用人行政,当以公论为准。内不专任一己之独见,外不偏循一人之私情。至虚至公,无意无必,然后好恶之私不作,而爱憎之说不行,贤者必用,而

政无不举矣。(《张居正讲评孟子》卷二)

【思考与讨论】

1. 这种考察人才的方法,是否有效? 在古代政治实践中,考察人才方面的情况如何?

2. 应当如何考察并任用人才?

2:08 齐宣王问曰:"汤放桀①,武王伐纣,有诸?"孟子对曰:"于传有之。"曰:"臣弑其君,可乎?"曰:"贼仁者谓之贼②,贼义者谓之残,残贼之人谓之一夫③。闻诛一夫纣矣,未闻弑君也。"

【注释】

① 汤放桀:商汤伐夏桀获胜,将桀流放。

② 贼:害。

③ 一夫:独夫,众叛亲离的人。

【文化史拓展】

夏桀、商纣,都是天子,成汤、周武王,只是他们的诸侯。汤放桀、武王伐纣,不是犯上作乱么? 儒家最反对"犯上作乱"、弑君,"犯上作乱"者、弑君者,都是乱臣贼子。乱臣贼子,人人得而诛之。为什么汤、武王倒为圣王呢? 孟子认为,贼害仁义之人为一夫。纣贼害仁义,是一夫。武王诛纣,是"诛一夫纣",并不是"弑君"。君主贼害仁义,就失去了作为君主的资格,人们不必以君主待他们! 因此,汤伐桀放桀,武王伐纣诛纣,都是正义的。这当然是近警齐宣王,远戒后世君主,对无道君主的臣民来说,不是明明白白地鼓动他们起来"诛一夫"么? 在当时,这是一种多么进步、多么可贵的思想! 当然,这是封建专制制度决不能容忍的思想。

朱熹《孟子集注》卷二又引王勉语云:"(孟子)斯言也,唯在下者有汤武之仁,而在上者有桀纣之暴则可。不然,是未免于篡弑之罪也。"君主无道还没有到"天下叛之"的程度,还没有到"桀纣之暴"的程度,就不可以伐;还没有使"四海归心"的人,还没有具备"汤武之心"的人,就不足以伐桀纣式的独夫君主。这正是一种绝妙的解释,既肯定了汤武革命,又从理论上杜绝了后人效法,因为可伐者和行伐者的标准都难以达到,即使有达到的,也难逢同世。这样,孟子这种不利于封建专制统治的思想,就成了维护封建专制统治的工具!

【文学史链接】

文学技法

方云,"臣弑其君可乎"一句,锋芒甚锐,令人难以开口。须看下文孟子转身法,说得何等奇创,又极正大。仁义是君道,贼仁、贼义无君道,先将"其君"二字驳倒,则"弑"字易破矣。(唐文治《孟子新读本》卷一)

【集评】

盖四海归之,则为天子,天下叛之,则为独夫。(朱熹《孟子集注》卷二)

试问:一夫纣为何人? 君又为何人? 岂当时纣王之外,又有一君乎? 若纣俨然君临天下也,则诛一夫纣,非弑君而何?(廖燕《廖燕集》卷十七《答客问五则》)

【思考与讨论】

1. 孟子为什么把纣称为"一夫"?
2. 如何回答廖燕所提问题?

2:09 孟子谓齐宣王曰:"为巨室①,则必使工师求大木②。工师得大木,则王喜,以为能胜其任也。匠人斫而小之③,则王怒,以为不胜其任矣。夫人幼而学之,壮而欲行之。王曰'姑舍女所学而从我',则何如? 今有璞玉于此,虽万镒④,必使玉人雕琢之。至于治国家,则曰'姑舍女所学而从我',则何以异于教玉人雕琢玉哉?"

【注释】

① 巨室:巨大的宫室。

② 工师:匠人中的负责人。

③ 斫(zhuó):砍。

④ 万镒:此指黄金万镒,形容价格极高。镒,古代重量单位,二十两。

【文化史拓展】

　　孟子指出齐宣王在任用人才方面的失误。齐宣王任用人才,只是叫人才按照他自己的意志行事,而根本无视他们的才性所长和才能的大小。这样,至少导致两个后果。一是人才错位,人才所长非所用。二是人才只能按照国王的意志行事,无法充分发挥其才能。这些都是未能人尽其才,都是人才的浪费。齐宣王之所以如此任用人才,是因为他的目的只是满足自己的私欲,而不是治理好整个国家。在他看来,人才只是他满足私欲的工具而已。

　　像齐宣王一样任用人才的君主,若遇君子,君子不能尽其用,尚无大碍;若遇小人,小人则可尽展其能,而国家危矣。

【文学史链接】

　　1. 后世有关诗赋文

　　朱骏声《虽万镒解》(《传经室文集》卷一)

　　2. 文学技法

　　两节皆用比喻,以正意含蓄其间,而第二节文法又复变化,笔势如天马行空,与《国策》、宋玉《对楚王问》极相似,而气体之纯粹则远过之。(唐文治《孟子新读本》卷一)

【集评】

　　言任贤使能,不违其学,则功成而不堕。屈人之是,从己之非,则人不成道,玉不成圭。善恶之致,可不察哉?(赵岐《孟子章指》卷上)

　　(璞玉)不敢自治而付之能者,爱之甚也。治国家则殉私欲而不仕贤,是爱国家不如爱玉也。(朱熹《孟子集注》卷二)

　　古之贤者,常患人君不能行其所学;而世之庸君,亦常患贤者不能从其所好。是以君臣相遇,自古为难。孔孟终身不遇,盖以此耳。(朱熹《孟子集注》卷二引范氏语)

【思考与讨论】

　　如何理解人才之"为我所用"?

2:10　齐人伐燕,胜之。宣王问曰:"或谓寡人勿取,或谓寡人取之。以万乘之国伐万乘之国,五旬而举之,人力不至于此。不取,必有天殃。取之,何如?"孟子对曰:"取之而燕民悦,则取之。古之人有行之者,武王是也。取之而燕民不悦,则勿取。古之人有行之者,文王是也①。以万乘之国伐万乘之国,箪食壶浆②,以迎王师。岂有他哉?避水火也。如水益深,如火益热,亦运而已矣③。"

【注释】

① 文王是也:商纣王时,周文王已经"三分天下有其二",拥有三分之二的天下,但还服事殷商,为纣王之臣,而不造反。武王立十三年,乃伐纣取天下。

② 箪食壶浆:用箪盛着食物,用壶盛着酒。指欢迎正义队伍。箪,古代盛饭的竹器。

③ 运:转。燕民欢迎齐师,是因为希望齐师能把他们从苦难中解救出来。如果齐国使他们更加困苦,他们必然又会欢迎别人去把他们从齐国的统治中解放出来。这如转轮一般。

【文化史拓展】

燕王哙让国于其宰相子之,导致国内大乱。齐乘乱伐之,大胜。齐宣王在要不要灭亡燕国的问题上举棋不定。孟子的观点很明确,认为应该根据燕国的民意来决定,燕民悦则取之,不悦则不取。朱熹《孟子集注》卷二引赵氏语曰:"征伐之道,当顺民心。民心悦,则天意得矣。"民心决定战争的成败,因此民心即是天意,即是天命。文王之时,纣虽然无道,但是由于纣之前几位君主的业绩,商尚未完全失去民心,因而天命未绝,文王还不敢妄动。武王时,商纣王变本加厉地行无道,终至于民心全失。武王伐纣,诸侯不期而会者八百,即是最好的证明。殷商天命遂绝,灭商建周如瓜熟蒂落。

【文学史链接】

1. 相关文学典故

箪食壶浆

如此则戎旗南指之日,民谁不箪食壶浆以迎王师?(《资治通鉴》卷九十七)

将军身率益州之众,出于秦川,天下孰不箪食壶浆以迎将军乎?(《华阳国志》

卷六）

被发左衽，英雄耻胡服之归；箪食壶浆，父老迎王师之入。（刘克庄《后村先生大全集》卷五十三《涟水三城已遂收复》）

2. 后世有关诗赋文

楼钥《箪食壶浆迎王师赋》（《攻媿集》卷八十）

2:11　齐人伐燕，取之。诸侯将谋救燕。宣王曰："诸侯多谋伐寡人者，何以待之？"孟子对曰："臣闻七十里为政于天下者，汤是也。未闻以千里畏人者也①。《书》曰：'汤一征，自葛始②。'天下信之。'东面而征，西夷怨；南面而征，北狄怨。曰，奚为后我③？'民望之，若大旱之望云霓也。归市者不止，耕者不变。诛其君而吊其民④，若时雨降，民大悦。《书》曰：'徯我后，后来其苏⑤。'今燕虐其民，王往而征之。民以为将拯己于水火之中也，箪食壶浆，以迎王师。若杀其父兄，系累其子弟，毁其宗庙，迁其重器，如之何其可也⑥？天下固畏齐之强也。今又倍地而不行仁政⑦，是动天下之兵也。王速出令，反其旄倪⑧，止其重器，谋于燕众，置君而后去之，则犹可及止也。"

【注释】

① 千里畏人：指齐有千里，而畏诸侯。

② "汤一征"二句：语出《尚书·商书·仲虺》。汤统一天下，从征葛开始。葛，夏时的一个诸侯小国，详见本书2:03注和6:05。

③ "东面而征"六句：语出《尚书·商书·仲虺》。人民都处于水深火热之中，故都怨汤不先征其国，先把他们从本国诸侯的统治下解放出来。西夷，居于我国西部的少数民族。北狄，居于我国北部的少数民族。奚，何。

④ 归市：赴市区贸易者。吊：安慰。

⑤ "徯（xī）我后"二句：语出《尚书·商书·仲虺之诰》，原文"我"作"予"。意谓待我之君，君来，我们可以复生了。徯，等待。后，君。苏，复苏，复生。

⑥ 系（xì）累（léi）：捆绑。重器：宝器。

⑦ 倍地：齐并燕而疆土扩大一倍。

⑧ 旄(mào)倪:老人与小孩。旄,通"耄",老人。倪,小孩。

【文化史拓展】

  孟子认为:攻打别的诸侯国,应该是解救那里正处于水深火热中的百姓,这样才能顺利成功,才能得到他们的欢迎。此后应该是对他们行仁政,才能继续为他们所拥护。汤统一天下时的征战就是如此。若攻打别的诸侯国,只是为了扩大自己的疆土,掠夺他们的财产,压迫他们的人民,则必败无疑。燕国内乱,百姓困苦,齐国伐之,得到了他们的欢迎,故能顺利取得胜利。但是,齐占领燕国以后,残虐百姓,毁灭宗庙,掠夺财宝,更加深了燕国百姓的苦难,会引起他们的反抗。其初,齐国乘燕百姓苦难之际伐燕,得到他们欢迎而顺利获胜,然后,别的诸侯国当然也会效法当初齐国所为,他们也会得到燕国百姓的欢迎而顺利获胜。况且,齐本来强大,并吞燕地以后,疆土扩大了一倍,更为众诸侯国所忌,齐于燕地不行仁政,对他们来说是削弱齐国的极好机会,必倾力从事,如此则齐若继续占领燕国,诸侯必救燕国,而齐必败无疑。齐只有应顺燕地民心,"反其旄倪,止其重器,谋于燕众,置君而后去",才是上策。齐君没有采纳孟子的建议,结果被打得大败,元气大伤。

  春秋无义战,战国也是如此。所谓征伐,哪里是为了救民,都是为了扩张疆土、掠夺财产、奴役人民而已。孟子这种"征伐必须以救民为目的"的思想,当然具有进步意义。但是,对当时列强宣讲这些道理,简直是对杀红了眼的强盗宣讲仁义,能有多少效果呢?

【文学史链接】

  文学技法

  方云,章法首节一提,次节、三节承,明末节正意。(唐文治《孟子新读本》卷一)

  2:12 邹与鲁哄①。穆公问曰②:"吾有司死者三十三人③,而民莫之死也。诛之,则不可胜诛;不诛,则疾视其长上之死而不救④,如之何则可也?"孟子对曰:"凶年饥岁,君之民老弱转乎沟壑,壮者散而之四方者,几千人矣;而君之仓廪实,府库充,有司莫以告,是上慢而残下也⑤。曾子曰：'戒之戒之！出乎尔者，反乎尔者也⑥。'夫民今而后得反之也。君无尤焉。君行仁政，斯民亲其上、死其长矣。"

【注释】

① 邹与鲁哄(hòng)：邹国与鲁国发生冲突。邹，与鲁紧邻的一个很小的诸侯国，孟子的故乡。哄(hòng)，争斗的喧闹声。

② 穆公：邹君。

③ 有司：有所职司者，负责官员。

④ 长上：领导者。

⑤ 上慢：国君和各级官员渎职。慢，轻忽，不重视。

⑥ "出乎尔，反乎尔"：意谓你自己制造出来的东西，会回到你的身上。反，同"返"。

【文化史拓展】

邹鲁边界冲突，邹地官员死了三十三人，而当地百姓一个也没死，因为他们看到鲁人和邹地官员动武，乃至看到邹地官员被伤被杀，竟然冷眼旁观，没有去救援。原因何在？在邹地国君和官员的渎职和冷漠。爱民者民亦爱之，不顾民者民亦不顾之，弃民者民亦弃之！这就是"出乎尔，反乎尔"！

【文学史链接】

1. 相关文学典故

出尔反尔

秦之破楚也，王翦至蕲南，杀其将军项燕。楚之灭秦也，陈涉起于蕲大泽中，同此地也。出尔反尔，天道昭昭矣。（王应麟《困学纪闻》卷二十）

若刻以示人，便是出尔反尔，行与言违。（孙原湘《孙渊如诗文集》卷四附录袁枚《与孙渊如书》）

宫保说，前日捧读大札，不料玉守残酷如此，实是兄弟之罪，将来总当设法，但目下不敢出尔反尔，似非对君父之道。（刘鹗《老残游记》卷十九）

他肯让自然极好，倘若不肯，也只好由他，我不能做出尔反尔的事。（李伯元《官场现形记》第五十九回）

一要赔偿兵费，二要废去旧约。凡贵国所以待敝国的，一施之于贵国，此之谓出尔反尔。（洪棟园《后南柯·立约》）

贵国大王已经应允下来,当时并不见相国拔剑相待,今天却在我们背后出尔反尔,动起手来。(曹禺等《剑胆篇》)

2. 文学技法

方云,穆公归咎于民,孟子归咎有司。穆公但就与鲁哄时定民之罪,孟子则就前此凶岁时定有司之罪,末又归之于君。盖有司之虐民,实由君不行仁政也。此是文字推原法,以行仁政为主。亲其上,死其长,与首节反对。神完气固。……又云,公曰有司,孟子曰君之民;公曰三十三人,孟子曰几千人矣。皆对针立说。(唐文治《孟子新读本》卷一)

【集评】

平日行爱民之政,及有事,民自亲爱其上,不忍置之膜外,而忘其死矣。亲其下,死其长,互文。此报复之理,浅近易知。末世尊君而贱民,视若草菅,习而不察,以至身死国危,而终不解其故。孟子之言,万世鉴之。(张沐《孟子疏略》第一篇)

大抵君民之情,本同一体。民有财,则当供之于君;君有财,则当散之于民。丰凶敛散,上下相通,故虽水旱灾荒,不能为害,而国与民常相保也。后世人主,以府库为私藏,有司以聚敛为能事,民心一散,不可复收,虽使积藏如丘山,何救于败亡之祸乎?明主不可不鉴也。(《张居正讲评孟子》卷二)

【思考与讨论】

为什么古代能使"民亲其上、死其长"的官员极少?

2:13 滕文公问曰①:"滕,小国也,间于齐楚②。事齐乎? 事楚乎?"孟子对曰:"是谋非吾所能及也。无已,则有一焉:凿斯池也③,筑斯城也,与民守之,效死而民弗去④,则是可为也。"

【注释】

① 滕文公:滕国君主,滕,一小诸侯国。故地在今山东滕州西南。

② 间于齐楚:夹于齐楚两个大国之间。

③ 池:城壕,护城河。

④ 效死:致死,拼死。

【文化史拓展】

　　滕是一个小国,夹在两个大国中间,很难自保安宁,故文公想依附其中的一个大国,以求得它的保护。但这两个大国似乎差不多强大,都得罪不得,故文公很难作出选择。孟子表示,这个问题他也无法回答。为什么? 是因为孟子无法判断齐楚之强弱吗? 不是的,因为,在他看来,小国根本就不能用依附一大国的方法求平安,所以文公所提问题,他无法回答,倒是按照他的思路提了一个建议:加强防御措施,与百姓一起保护自己的国家,强敌来犯,拼死抵抗而百姓不逃离,那么,国事就有希望了。为什么? 百姓在危急时刻还是不肯舍君逃命,其忠义之性可知,而若非君主笃行仁政,决不能如此得民心。君能笃行仁政,而民笃守忠义,国虽然小,何愁不强! 何必畏大国! 朱熹《孟子集注》卷二云:"此章言有国者当守义而爱民,不可侥幸而苟免。"守义爱民行仁政,则可得民心而国兴,欲依附大国求侥幸苟免,则必不能免。

【集评】

　　言事无礼之国,不若得民心与死守善道也。(赵岐《孟子章指》卷上)

　　徒然事人无益,妄自刚傲,益以速亡,皆非孟子之谋也。(张沐《孟子疏略》第一篇)

　　2:14　滕文公问曰:"齐人将筑薛①,吾甚恐。如之何则可?"孟子对曰:"昔者大王居邠②,狄人侵之,去之岐山之下居焉。非择而取之,不得已也。苟为善,后世子孙必有王者矣。君子创业垂统③,为可继也。若夫成功,则天也。君如彼何哉? 强为善而已矣。"

【注释】

① 筑薛:筑薛之城墙。薛,春秋时一诸侯小国,后为齐所灭,为齐所有。其地近滕(今属山东滕州)。

② 大王:周太王,亦即古公亶父。邠(bīn):地名,故地在今陕西旬邑西,本作"豳",唐开
　　元间改。

③ 垂统:把基业传给子孙。

【文化史拓展】

　　齐人筑薛城,可将薛作为一军事基地,直接对滕构成威胁。齐滕强弱悬殊,滕明显不能与齐争锋。孟子乃引周太王例,说明既然不能与强敌争锋,就不必去争,尽自己的力量为善。如果为善,后世子孙必有王者兴。周太王就是如此,周文王、周武王大兴,周武王得天下,不只是他们的努力,他们这些惊天动地的事业,其基础就是周太王开创的。为善就是开创基业传给子孙。其实,无力与强敌争锋者固然只得为善,为子孙的兴旺开创基业,力量强大者又何尝不应该如此!

【文学史链接】

1. 后世有关诗赋文

汤显祖《昔者大王》(《汤显祖全集·诗文》卷五十)

陈玉澍《太王避狄迁岐辨》(《后乐堂文钞》卷二)

【集评】

　　言君子之道,正己任天。强暴之来,非己所招。谓独善其身者。(赵岐《孟子章指》卷上)

　　2:15 滕文公问曰:"滕,小国也。竭力以事大国,则不得免焉。如之何则可?"孟子对曰:"昔者大王居邠,狄人侵之。事之以皮币,不得免焉;事之以犬马,不得免焉;事之以珠玉,不得免焉。乃属其耆老而告之曰①:'狄人之所欲者,吾土地也。吾闻之也:君子不以其所以养人者害人②。二三子何患乎无君③?我将去之。'去邠,逾梁山,邑于岐山之下居焉④。邠人曰:'仁人也,不可失也。'从之者如归市。或曰:'世守也,非身之所能为也。效死勿去。'君请择于斯二者。"

【注释】

① 属:聚集。

② 所以养人者:用来养人的东西,此指土地。土地本是用来养人的,今为争土地而杀人,这是用养人的东西来害人了。

③ 二三子:你们。

④ 邑:作邑,用如动词。邑,城。

【文化史拓展】

　　小国用讨好大国的方法以求生存,是无法幸免的,因为大国不把小国并吞,是不会满足的。孟子认为,以滕文公的处境,有两条道路可以选择,一是像周太王那样,把国土让给敌方,自己到别的地方谋求发展,周太王用这种方法取得了成功。但要想用这种方法取得成功,是要有条件的,那就是要得到百姓的爱戴和拥护,周太王具有这个条件,他致力于为善,离开豳地,也首先是为了使百姓免遭战争之苦,不忍因为他不肯放弃土地而使百姓受害,故人们拥护他,爱戴他,不愿离开他,跟着他到新的地方一起创业。有百姓的支持,他当然就容易成功了。二是按照传统,国君当谨守祖宗遗下来的基业,不能自作主张将国土让给敌人,应该坚守勿去,为保卫国家拼死抵抗,直到献出自己的生命。这种做法也是符合道义的,就是所谓"国君死社稷"。朱熹《孟子集注》卷二云:"能如太王则避之,不如则谨守常法。盖迁国以图存者,权也;守正以俟死者,义也。审己量力,择而处之可也。"又引杨氏语曰:"孟子之于文公,始告之以效死而已,礼之正也。至其甚恐,则以大王之事告之,非得已也。然无大王之德而去,则民或不从而遂至于亡,则又不若效死之为愈,故又请择于斯二者。"又云:"孟子所论,自世俗观之,则可谓无谋矣。然理之可为者,不过如此。舍之则必为仪、秦之为矣。凡事求可,功求成。"

　　居君位而不思奋发图强,大难将临,一筹莫展。国力、君德、民心,皆不足以行良策,孟子为滕文公所画二策,也只好"死马当活马医"了!然岂仅国君如此哉!

【文学史链接】

文学技法

　　前二章一言与民守之,一言太王去邠,此章总结,仍不外斯二义。(唐文治《孟子新读本》卷一)

2:16　鲁平公将出①。嬖人臧仓者请曰②："他日君出,则必命有司所之③。今乘舆已驾矣④,有司未知所之。敢请。"公曰:"将见孟子。"曰:"何哉?君所为轻身以先于匹夫者⑤,以为贤乎?礼义由贤者出。而孟子之后丧逾前丧⑥。君无见焉!"公曰:"诺。"乐正子入见⑦,曰:"君奚为不见孟轲也?"曰:"或告寡人曰,'孟子之后丧逾前丧',是以不往见也。"曰:"何哉,君所谓逾者?前以士,后以大夫;前以三鼎,而后以五鼎与⑧?"曰:"否。谓棺椁衣衾之美也⑨。"曰:"非所谓逾也,贫富不同也。"乐正子见孟子,曰:"克告于君,君为来见也。嬖人有臧仓者沮君⑩,君是以不果来也。"曰:"行或使之,止或尼之⑪。行止,非人所能也。吾之不遇鲁侯,天也。臧氏之子焉能使予不遇哉?"

【注释】

① 鲁平公:鲁国国君。

② 嬖(bì)人:得到主子宠爱的人。贱而得幸曰嬖。臧仓:人名。

③ 有司:职司其事之人。

④ 乘(shèng)舆:君主的车驾。

⑤ 轻身以先于匹夫:降尊贵之身先拜访一普通人。

⑥ "礼义由贤者出"二句:礼义由贤者行而推广之,然孟子两行葬亲之礼,后一次比前一次隆重。同样葬亲之礼而不一致。意谓孟子行葬礼失当,不足以称贤者。前丧,指孟子葬父亲。后丧,指孟子葬母亲。

⑦ 乐正子:姓乐正,名克,战国时鲁国人,孟子弟子,曾官于鲁。

⑧ "前以三鼎"二句:三鼎,士之丧礼。五鼎:大夫之丧礼。

⑨ 椁(guǒ):外棺。

⑩ 沮(jǔ):阻止。

⑪ 尼:阻止。

【文化史拓展】

　　道行与不行,所关何等重大,都是必然,非偶然因素所能决定。这种必然就是古人所说的命,或者是"天命"。《论语·宪问》云:"公伯寮愬子路于季孙。子服景伯以告,曰:'夫子固有惑志于公伯寮,吾力犹能肆诸市朝。'子曰:'道之将行也与?

命也;道之将废也与? 命也。公伯寮其如命何!'"可见孔子也持这种观点。人如知天命,就可以免去许许多多的恩怨纠葛了。

【文学史链接】

1. 后世有关诗赋文

蒲道源《解孟子》二章之一(《闲居丛稿》卷十三)

2. 文学技法

臧仓下加一"者"字,轻贱之意自见。书法特妙。……至此突叙入乐正子,文法超妙。用一"或"字,为臧仓讳,尤妙。……乐正子引进孟子,不叙于鲁平公将出之前,而于其口中补出。可悟文法。方云,自章首至"君是以不果来也",叙事,将臧仓写得可恶、可恨,宜孟子闻之嗔怒矣,乃末段孟子一论,归之于天,将臧仓撇开,毫不嗔怒,胸襟如此阔大,故文境如此开拓变化,令人不测。(唐文治《孟子新读本》卷一)

【集评】

此可见圣贤出处,关时运之盛衰,盛则明良合而为泰,衰则上下不交而为否。否泰之分,乃国运治乱兴亡之所系。所以君子小人进退,都有天数,非人力也。但士君子可以言天,而人主不可言天。人主以造命为职,惟尊用贤才以挽回气数,则国家之泰运,可常保矣。(《张居正讲评孟子》卷二)

卷三　公孙丑上

3:01　公孙丑问曰①:"夫子当路于齐②,管仲、晏子之功③,可复许乎?"孟子曰:"子诚齐人也,知管仲、晏子而已矣。或问乎曾西曰④:'吾子与子路孰贤⑤?'曾西蹙然曰⑥:'吾先子之所畏也⑦。'曰:'然则吾子与管仲孰贤?'曾西艴然不悦⑧,曰:尔何曾比予于管仲⑨,管仲得君如彼其专也⑩,行乎国政,如彼其久也;功烈⑪,如彼其卑也。尔何曾比予于是?'"曰:"管仲,曾西之所不为也,而子为我愿之乎?"曰:"管仲以其君霸,晏子以其君显。管仲、晏子犹不足为与?"曰:"以齐王⑫,由反手也⑬。"曰:"若是,则弟子之惑滋甚⑭。且以文王之德,百年而后崩,犹未洽于天下;武王、周公继之,然后大行⑮。今言王若易然,则文王不足法与?"曰:"文王何可当也⑯?由汤至于武丁⑰,贤圣之君六七作。天下归殷久矣,久则难变也。武丁朝诸侯有天下⑱,犹运之掌也。纣之去武丁未久也,其故家遗俗⑲,流风善政,犹有存者;又有微子、微仲、王子比干、箕子、胶鬲⑳,皆贤人也,相与辅相之,故久而后失之也。尺地莫非其有也,一民莫非其臣也,然而文王犹方百里起,是以难也。齐人有言曰:'虽有智慧,不如乘势;虽有镃基㉑,不如待时。'今时则易然也㉒。夏后、殷、周之盛,地未有过千里者也,而齐有其地矣;鸡鸣狗吠相闻,而达乎四境,而齐有其民矣㉓。地不改辟矣,民不改聚矣,行仁政而王,莫之能御也。且王者之不作,未有疏于此时者也;民之憔悴于虐政,未有甚于此时者也。饥者易为食,渴者易为饮㉔。孔子曰:'德之流行,速于置邮而传命㉕。'当今之时,万乘之国行仁政,民之悦之,犹解倒悬也㉖。故事半古之人,功必倍之,惟此时为然。"

【注释】

① 公孙丑:战国时齐人,孟子弟子。

② 当路:当政。

③ 管仲、晏子:管夷吾、晏婴,春秋时,他们二人先后相齐。他们相齐期间,齐国很强盛。

④ 曾西:曾参之子。

⑤ 吾子:您。

⑥ 蹵(cù)然:恭敬貌。

⑦ 先子:先人。此指曾参。

⑧ 艴(bó)然:气色突盛,发怒貌。

⑨ 何曾:怎么。

⑩ 专:此指管仲独得君主的信任。

⑪ 功烈:功业。

⑫ 王(wàng):成就王业。

⑬ 由:通"犹"。反手:形容极为容易。

⑭ 滋甚:更甚。

⑮ "且以"五句:文王德盛,且享国久而经营久,犹未能使天下沾润其恩泽。武王克商,才有天下。周公相成王,作礼乐、行教化,天下之民才遍蒙其恩泽。

⑯ 何可当:何可敌。

⑰ 武丁:商天子,以贤明称。

⑱ 朝诸侯:使诸侯来朝,接受诸侯朝拜。

⑲ 故家:世臣望族。

⑳ "微子"等五人:皆商纣王之贤臣。

㉑ 镃(zī)基:农具,或云即是锄头。

㉒ 易然:容易如此。

㉓ "鸡鸣"三句:言人民众多。

㉔ "饥者"二句:言饥渴之人,不必待甘美而后食。喻民处水深火热之中,不必待有盛德者而拥护他为王,因而此时为王,很容易为百姓所接受。

㉕ 置邮而传命:驿站以快车传达国君之命。以马传递为置,以人传递为邮。

㉖ 倒悬:喻困苦之极。

【文化史拓展】

　　此章说齐王以行王道之易,而所用之法,主要是分析对比。齐有地千里,人口众多,国家富庶,而文王之始兴,地方百里,力量远不能跟齐国相比。就是夏、殷之始盛,其实力也都远不如齐。因此,齐的实力,已经足够成就王业。此其一。其二,殷自汤至武丁,圣贤之君屡出。周文王时,纣虽然无道,但其祖宗的流风善政尚存,又有许多贤臣辅佐,且天下仍为其所有,民心未完全丧失,他还拥有诸多优势,故文王之崛起,确实非常不易。而齐所处之世,人们处于水深火热之中,人们早已对周王朝失望,实际上周王朝也已经没有力量行王道救民了。诸侯中又没有行仁政的,世久无行仁政足以使天下归心的王者起,而当时人民又迫切希望有能行仁政的王者出而为之。因此,如果齐行仁政谋求成王业,其时势也要比文王所面临的有利得多。实力足够,时势有利,谋求王业,当然就较为容易了。管仲、晏婴以其实力、时势,仅辅佐其君成霸业,其功业当然就不足道了。孟子认为,若他本人能辅佐齐王主齐政,则必能很容易地使齐国成就王业。其然,岂其然乎?

【文学史链接】

1. 相关文学典故

解倒悬

明公总天下威重,握六师之要……以此剪除中官,解天下之倒悬,报海内之怨毒。(《后汉书·刘玄传》)

今不顾灭族者,但为天下解倒悬之急耳。(《资治通鉴》卷一百八十二)

人蒙肉骨,户解倒悬。(吕温《唐吕和叔文集》卷五《代李侍郎贺收西州表》)

谁见怜君侯,为我解倒悬。(杨基《眉庵集》卷五《过陈湖赠寄周明府》)

黎民失业,百姓倒悬。(《金瓶梅词话》第一回)

事半功倍

选用土豪,渐渐耕垦西民所不能垦之田,则一寸有一寸之功,一日有一日之利,实效也事半功倍,惟此时为然。(魏了翁《鹤山先生大全集》卷十六《奏论蜀边垦田事》)

彼有室筑而道谋,此则事半而功倍。(文天祥《代曾衢教秀峰上梁文》)

如此以逸待劳,似可事半功倍。(阮元《研经室集·二集》卷五《四川广安州知州阮君墓表》)

早晨头脑最清醒,做起作业来,往往事半功倍。(冰心《三寄小读者》三)

2. 后世有关诗赋文

蒋炯《齐四境考》(《诂经精舍文集》卷三)

3. 文学技法

此章气势发皇,为阳刚最美之类。贾生《过秦论》第三篇,实本于此。……方云,(子诚齐人也)二句撇笔轻快。……方云,管仲功大,晏子功小,引曾西之不屑为管仲,则不屑为晏子,意自在内。一笔作两笔,文法之简括,于此可悟。……苏云,(以齐王,由反手也)一句摆脱,文绝而意未绝。……方云,(若是则弟子之惑滋甚)此节又一大翻,波澜更肆。……(且王者之不作)此节气更震荡,用譬喻语顿住,尤奇。(唐文治《孟子新读本》卷二)

【集评】

呜呼,是犹见人之救斗者而笑曰:"胡不因而杀之,货可得也。"虽然,他人之救斗者耳。桓公、管仲之于周,救父祖也,而孟子非之,奈何?(邵博《邵氏闻见后录》卷十二引李觏《常语》)

盖有圣贤之学术,斯有帝王之事功。管仲识量褊浅,不知有圣贤大学之道,故其功业所就,止于如此,所以曾西鄙之而不为也。(《张居正讲评孟子》卷三)

【思考与讨论】

1. 孟子等为什么如此评价管仲?
2. 广泛地理解"饥者易为食,渴者易为饮"的意义。

3:02A　公孙丑问曰:"夫子加齐之卿相①,得行道焉,虽由此霸王不异矣②。如此,则动心否乎③?"孟子曰:"否。我四十不动心。"曰:"若是,则夫子过孟贲远矣④。"曰:"是不难,告子先我不动心⑤。"

曰:"不动心有道乎⑥?"曰:"有。北宫黝之养勇也⑦,不肤挠,不目逃⑧,思以一豪挫于人,若挞之于市朝。不受于褐宽博,亦不受于万乘之君。视刺万乘之君,若刺褐夫。无严诸侯。恶声至,必反之⑨。孟施舍之所养勇也⑩,曰:'视不胜犹胜也。量敌而后进,虑胜而后会,是畏三军者也。舍岂能为必胜哉? 能无惧而已矣⑪。'孟施舍似曾子,北宫黝似子夏⑫。夫二子之勇,未知其孰贤,然而孟施舍守约也⑬。昔者曾子谓子襄曰⑭:'子好勇乎? 吾尝闻大勇于夫子矣⑮:自反而不缩,虽褐宽博,吾不惴焉;自反而缩,虽千万人,吾往矣⑯。'孟施舍之守气,又不如曾子之守约也⑰。"

曰:"敢问夫子之不动心,与告子之不动心,可得闻与?""告子曰:'不得于言,勿求于心;不得于心,勿求于气⑱。'不得于心,勿求于气,可;不得于言,勿求于心,不可。夫志,气之帅也;气,体之充也。夫志至焉,气次焉⑲。故曰:'持其志,无暴其气⑳。'""既曰'志至焉,气次焉',又曰'持其志无暴其气'者,何也?"曰:"志壹则动气,气壹则动志也㉑。今夫蹶者趋者,是气也,而反动其心㉒。"

"敢问夫子恶乎长㉓?"曰:"我知言,我善养吾浩然之气㉔。""敢问何谓浩然之气?"曰:"难言也。其为气也,至大至刚,以直养而无害㉕,则塞于天地之间。其为气也,配义与道;无是,馁也㉖。是集义所生者,非义袭而取之也㉗。行有不慊于心,则馁矣。我故曰,告子未尝知义,以其外之也㉘。必有事焉而勿正,心勿忘,勿助长也㉙。无若宋人然:宋人有闵其苗之不长而揠之者㉚,芒芒然归㉛。谓其人曰:'今日病矣㉜,予助苗长矣。'其子趋而往视之,苗则槁矣。天下之不助苗长者寡矣。以为无益而舍之者,不耘苗者也;助之长者,揠苗者也。非徒无益,而又害之。"

"何谓知言?"曰:"诐辞知其所蔽,淫辞知其所陷,邪辞知其所离,遁辞知其所穷㉝。生于其心,害于其政;发于其政,害于其事。圣人复起,必从吾言矣。"

【注释】

① 夫子:此指孟子。

② 不异:指不管是霸是王,居高位、负重责则无异。

③ 动心:心情不安或意志动摇,不能从容平静。此指当如此大任而有所疑惧。

④ 孟贲(bēn):古齐地之勇士,曾经仕秦。孟贲虽勇而其力不足以控制其心,孟子能控制其心使不动,故过孟贲远矣。

⑤ 告子:战国时人,或云名不害。

⑥ 道:此指方法。

⑦ 北宫黝(yǒu):人名。

⑧ 肤挠、目逃:肌肤为人所刺而不屈挠,眼睛面临为人所刺的情况而不转动回避。

⑨ "思以"六句:认为有一点为人侮辱,就像在大庭广众之下被人打一样耻辱。不受贱者的侮辱,同样不受万乘之主的侮辱,把向万乘之主复仇看作像向贱者复仇一样。褐,贱者之服,毛布。宽博,宽大。"无严"三句:不敬诸侯,呵斥之声至,他必回敬之。无,不。严,敬。有毫发之辱,北宫必不惜一切相报,故能不动心。

⑩ 孟施舍:一勇士名,即孟舍。"施"为语气词。

⑪ "视不胜"六句:言孟施舍之养勇。在他看来,失败同于胜利。胜固是胜,败也是胜,故能无惧而不动心。若考虑到能胜方与敌手战,这是惧怕强敌,未能无所畏惧。若孟施舍,则能不惧强敌,故能不动心。量,估量。

⑫ "孟施舍似曾子"二句:曾子好求诸己,子夏笃信圣人。北宫目中只有敌人,其不考虑自己的思想方法,与子夏同。孟施舍不考虑敌人,专守自己的无惧之心,其好求诸己的思想方法,与曾子相同。曾子、子夏,都是孔子的学生。

⑬ "夫二子之勇"三句:此二人之勇,未知孰胜。然孟施舍能得勇而不动心之要领。夫,此。

⑭ 子襄:曾子弟子。

⑮ 夫子:此指孔子。

⑯ "自反而不缩"六句:自思理不直,虽然是下贱之人,我也不恐吓他。自思理直,对方势力再大,我也向前与之为敌。这就是曾子从孔子那里闻得的大勇。自反,自思,自我反省。缩,直。惴,恐惧。

⑰ "孟施舍之守气"二句:朱熹《孟子集注》云:"言孟施舍虽似曾子,然其所守乃一身之气,又不如曾子之反身循理,所守尤得其要也。"孟施舍是守无惧之气,而曾子所守乃理,理直则勇而无所惧,理不直则无勇而惧,如此则气有所主,故较孟施舍所守,尤为得其要领。

⑱ "不得于言"四句:不理解语言所表达的意思,不要凭自己的思想去臆测。自己思想中还没有明确的意志,不要求之于激情使之确立。此为告子之言。

⑲ "夫志"六句:志是气的统帅,气则充盈于整个身体。志高于气。

⑳ "持其志,无暴其气":敬守其志,不糟蹋其气。如此养志养气,内外俱壮,就可以不动心了。

㉑ "志壹则动气"二句:志专一,则气随之而起,而增,而固;气专一,亦足以影响志。虽然是志起主导作用,但是,气对志也有反作用。

㉒ "今夫蹶者趋者"三句:跌倒、急奔,其气反过来动其心。跌倒、急奔之人,其气动之,心情不免激动,非复常态。

㉓ 恶：何。

㉔ 浩然之气：正大刚直之气。

㉕ "以直养而无害"：自我反省常直而养之，不做不直之事，不怀不直之思，以免害之。

㉖ "其为气也"四句：此浩然之气，必与道义相行，离开道义则气不足，无以为浩然之气。馁：饥饿，此指不足。

㉗ "是集义所生者"二句：积善之行为、善之思想而生浩然之气，非义外加于浩然之气。此言浩然之气与义的关系。袭，袭取。

㉘ "告子未尝知义"二句：告子认为义是外在的，故不务于义，当然也就不足以生浩然之气。告子所云"不得于言，勿求于心"，乃云心内无义，义在心外。

㉙ "必有事焉"三句：必务于此而勿预期其效果，但勿忘为之，又勿助其增长。

㉚ 闵：忧。揠（yà）：拔。

㉛ 芒芒：无知貌。

㉜ 病：疲倦。

㉝ "诐辞知其所蔽"四句：片面之言能知其不明在何处，繁冗放滥之言知其陷溺在何处；邪僻之言知其何处背离正道，敷衍搪塞之言知其穷迫困厄之处。诐（bì）：偏颇。

【文化史拓展】

　　孟子之修养，已经达到"不动心"的境界。北宫之不动心，以务除敌手而不想自己的心理状态来达到。孟施舍之不动心，以守己无惧之气而不计敌手达到。大勇者之不动心，以"自反而直"来达到。孟子之不动心，乃从大勇者的不动心出。孟子认为，不动心由气盛，然而气之统帅是志，志生气、导气，而气对志亦有反作用，故欲不动心，当"持其气，无暴其气"。孟子自己即善养浩然之气并且知言。所行合于道义，自反而直，能自然养成至大至刚的浩然之气，当然也就能不动心了。

　　告子倡"不得于言，勿求于心"，因而终不知义，未能养浩然之气，也不足以知言。孟子反之，心通道义，心有定见，立志坚定，立身不亏，既直且壮，故既能养浩然之气，又能知言。

【文学史链接】

1. 相关文学典故

浩然之气

尔以一代老成，养浩然之气，有仁者之勇。（刘克庄《后村先生大全集》卷六十

《张磻祭酒》）

储公诗格高调逸,趣远情深。削尽常言,挟风雅之迹,浩然之气。(《河岳英灵集》卷中《储光羲》）

美哉之志乐田园,浩然之气冲天地。(张可久《寄生草·翻归去来辞》）

虽然也是些浩然之气,只是刚勇太过,近于嚣张。(李渔《蜃中楼》）

消磨了浩然之气,醉春风,想聚散若浮云,叹光阴如过隙。(《朝野新声太平乐府》卷八李致远《粉蝶儿》）

揠苗助长

揠苗方灭裂,成器待陶钧。(贾岛《送令狐绹相公》）

若邵陈二子,单进求名之志失其类,虽顺坂之势可惜,而揠苗之戒难忘。(王定保《唐摭言·好及第恶登科》）

揠苗助长古或有,异事慎勿陈吾前。(洪亮吉《洪北江诗文集》卷二《忆城东玄妙观古松》）

何能苗助长,但勿井多汲。(洪咨夔《平斋文集》卷四《又次程嘉定》）

2. 后世有关诗赋文

方宗诚《不动心论》(《柏堂集前编》卷十四)

李绂《配义与道解》(《穆堂初稿》卷二十一)

3. 文学技法

先伏告子而下忽论黝舍,是文字布置要著之法。……体会数虚字,为北宫黝不动心之学。……体会数虚字,为孟施舍不动心之学。……(不如曾子之守约也)以上为一段,专论"不动心",由孟贲而及告子,遂及北宫黝、孟施舍,又及曾子、子夏,末以曾子为一结束。文法极参伍错综之妙。……(既曰志至焉)以上为一段,论吾人之不动心,所以异于告子。……方云,"敢问夫子之不动心与告子之不动心"下,却先承告子之不动心。"我知言,我善养吾浩然之气"下,却先承"浩然之气",皆文法变幻处。……(必有事焉)苏云,引喻先提一句,庄子多此法。……以上数节为一段,是养气学问。……(何谓知言)此节自为一段,是知言本领。(唐文治《孟子新读本》卷二)

【集评】

告子曰:"不得于言,勿求于心;不得于心,勿求于气。"言三者均,见其一则见其二也。孟子则有重轻焉:"不得于心,勿求于气,可",则心重矣;"不得于言,勿求于心,不可",则言轻矣。故曰:"志,气之帅也"。虽然,"持其志,不可以暴其气","志壹则动气,气壹则动志"。"壹"之为言,专也。气不可以专守,以志为之重也。知志之为重,而不能守其气,反足以动其志,则夫蹶者、趋者是也。(《全宋文》卷1690沈括《孟子解》)

孟子学于子思,子思言"圣人之道出于天下之所能行",而孟子言天下之人皆可以行圣人之道。子思言"至诚无敌于天下",而孟子言"不动心"与"浩然之气"。凡孟子之说,皆所以贯通于子思而已。故"不动心"与"浩然之气",皆"诚"之异名也。"诚"之为言,心之所谓诚然也。心以为诚然,则其行之也安。是故心不动而其气浩然无屈于天下,此子思、孟子之所以为师弟子也。子思举其端而言之,故曰"诚";孟子从其终而言之,故谓之"浩然之气"。一章而三说具焉:其一论养心以致浩然之气,其次论心之所以不动,其三论君子之所以达于义。达于义,所以不动心也;不动心,所以致浩然之气也;三者相须而不可废。(苏辙《栾城后集》卷六《孟子解二十四章》)

《孟子》"知言"一段,后人既不明其道,因不晓其文,强将诐、淫、邪、遁于杨、墨、佛老上差排,曰何者是诐辞,何者是淫辞,何者是邪辞,何者是遁辞。不知此四字不可分。(陆九渊《陆九渊集》卷十一《孟子说》)

这"不动心"三字,是孟子生平学问得力处,而其大本大原,却从知言养气中来。盖善学孔子而有得者也。……孟子一生学问,皆从集义中来,其源固出于曾子之大勇;而告子强制其心,正蹈宋人之害者也。养气者其慎辨之。(《张居正讲评孟子》卷三)

此章叫做养气,养气非求之气,知言亦非求之于言。养气者养心,知言者知心,此孟子之得于心者也。告子只论求不求,孟子只论得不得。人身只是一气所生,掀揭事业,俱由胆力上生来。养气者,识定之为大识,力定之为大力。气必统于义者,统于义之为正气也。义必反于心者,反于心之为本义也。养之称浩然者,进于浑然一团元气。知言功夫,从养气中来。知之竟呈王道,而正人心,功亚于平成,烈同于摧廓,则养气非徒节义之概。(孙逢奇《四书近指》卷十三)

孟子"必有事焉"句是圣贤宗旨。心有事则心存,身有事则身修,至于家之齐、国之治,天下之平,皆有事也,无事则道统、治统俱坏。故乾坤之祸,莫甚于老之无,释之空,吾儒之主静。(颜元《颜元集》之《颜习斋先生言行录》卷上《言卜》第四)

夫有神我之见者,以我为最尊,易起我慢。孟子生平夸大,说大人则藐之。又云"我善养吾浩然之气,至大至刚,以直养而无害,塞乎天地之间"。其我慢如此。何者?有神我之见在,不自觉其夸大耳。以故孟子之学,较孔颜为不逮。(章太炎《诸子略说》)

【思考与讨论】

如何才能达到"不动心"的境界?

3:02B "宰我、子贡善为说辞①,冉牛、闵子、颜渊善言德行。孔子兼之,曰:'我于辞命则不能也②。'然则夫子既圣矣乎③?"曰:"恶!是何言也④?昔者子贡问于孔子曰:'夫子圣矣乎?'孔子曰:'圣则吾不能,我学不厌而教不倦也。'子贡曰:'学不厌,智也;教不倦,仁也。仁且智,夫子既圣矣乎!'夫圣,孔子不居,是何言也?"

"昔者窃闻之:子夏、子游、子张,皆有圣人之一体⑤,冉牛、闵子、颜渊则具体而微⑥。敢问所安⑦。"曰:"姑舍是。"

曰:"伯夷、伊尹何如⑧?"曰:"不同道。非其君不事,非其民不使;治则进,乱则退,伯夷也。何事非君,何使非民;治亦进,乱亦进,伊尹也。可以仕则仕,可以止则止,可以久则久,可以速则速,孔子也。皆古圣人也,吾未能有行焉;乃所愿,则学孔子也。""伯夷、伊尹于孔子,若是班乎⑨?"曰:"否。自有生民以来,未有孔子也。"

"然则有同与?"曰:"有。得百里之地而君之,皆能以朝诸侯有天下。行一不义、杀一不辜而得天下,皆不为也。是则同。"曰:"敢问其所以异?"曰:"宰我、子贡、有若,智足以知圣人。汙⑩,不至阿其所好。宰我曰:'以予观于夫子,贤于尧舜远矣。'子贡曰:'见其礼而知其政,闻其乐而知其德。由百世之后,等百世之王,莫之能违也。自生民以来,未有夫子也。'有若曰:'岂惟民哉?麒麟之于走兽,凤凰之于飞鸟,泰山之于丘垤⑪,河海之于行潦⑫,类也。圣人之于民,亦类也。出于其类,拔乎其萃⑬,自生民以来,未有盛于孔子也。'"

【注释】

① 宰我、子贡:与下文的冉牛、闵子、颜渊、子夏、子游、子张,皆是孔子的学生。

说辞:游说之辞。

② 辞命:古代列国之间使者来往应对之辞。

③ 夫子:此指孟子。

④ 恶(wū):语气词,表示惊叹。是何言也:这是什么话。指公孙丑言孟子为圣人的话。

⑤ 一体:一个方面。

⑥ 具体而微:已经具备其整体,但是还没有成熟充盈。

⑦ 敢问所安:请问您认为您处如何位置才妥当呢? 是有圣人之一体者,还是具体而微者?

⑧ 伯夷:商朝孤竹君之子,逊国于其弟弟叔齐,避纣隐居。叔齐竟然亦放弃其位,与兄一起隐居。二人闻文王之德而归之。武王伐纣,二人扣马而谏。武王有天下,二人不食周粟,隐居首阳山而死。伊尹:夏末隐士,汤聘用之,使之就桀。桀不能用,复归于汤。汤又荐之于桀,桀又不能用而归于汤。如是者五,而伊尹乃终于相汤伐桀。

⑨ 班:等同。

⑩ 汙(wū):卑下。诸子深知孔子,品格不至于卑下到阿其所好的程度。

⑪ 丘垤(dié):小山丘。

⑫ 行潦(lǎo):沟中积水。

⑬ 拔乎其萃:拔萃,出众。

【文化史拓展】

作为圣人,孔子兼擅德行和说辞,犹自谓不善辞命。今孟子自称能养气、知言,且其气又"配义与道"、"集义所生",只有行不慊于心,气才能充沛不馁,也就是说,他既擅于言辞、善于知言,又有德行道义方面的非凡修养。这样说来,他已经是个圣人了吧。公孙丑之问如此。孟子说,即使是孔子,也不敢以圣人自居,他当然也不敢。

孟子既然不敢以圣人自居,那么,他是像子夏等那样具圣人之一体呢,还是像闵子等人那样于孔子具体而微呢?孟子不愿意回答,因为他的志向是成为圣人,不愿意以此二者自安。

公孙丑想知道孟子的人生目标,见孟子不愿意回答他的问题,知道孟子意不在此,便转而问孟子的出处观,是赞同伯夷呢,还是赞同伊尹? 孟子认为,在进退出处方面,伯夷、伊尹固然都无不可,但是孔子最为适时合宜,故孟子愿意学孔子。伯夷、伊尹、孔子,都是圣人,才高心仁,是他们的共同特点,但是也有不同,这就是:孔子对社会的影响,巨大而深远,在这方面,他不仅超迈尧舜,而且"自有生民以来,未有孔子也",从上古到孟子之时,无人能及孔子,当然伯夷和伊尹也不能及。就孔子的社会历史影响言,孟子这话确实不能算夸张,而且是发人之所未发。

尧舜有事功而无学说,孔子之事功不足以名世,其学说则在古代莫能超越。事功和学说,都对社会人生起作用,其作用也各有特点,但就具体的事功和具体的学说而言,其作用的大小优劣,还是可以比较的。学说对社会的作用,并不一定比事功来得小。我国传统的价值观中,存在着重事功而轻学说的倾向,现代社会似乎也是如此。

孟子如此推崇孔子,明确表示要以孔子为榜样,其隐然以孔子继承者自居,隐然以圣人为期可知。

【文学史链接】

1. 相关文学典故

具体而微

所居有池五六亩,竹数千竿,乔木数十株,台榭舟桥,具体而微。(白居易《白氏长庆集》卷六十一《醉吟先生传》)

陕西大涧中,立土,动及百尺,迥然耸立,亦雁荡具体而微者,但此土彼石耳。(沈括《梦溪笔谈》卷二十四)

忆昨游桂林,岩洞甲天下,奇奇复怪怪,妙不可模写。玉华东西岩,具体而微者。(戴复古《石屏诗集》卷一《玉华洞》)

拟古之诗难于尽似,江文通杂体三十首,便是颜渊具体,叔敖复生。(陈善《扪虱新话·文章拟古》)

盖杂剧即传奇具体,但短局未舒耳。(胡应麟《少室山房笔丛·庄岳委谈》)

等到她生下来,竟是个具体而微的母亲!(冰心《我们太太的客厅》)

出类拔萃

时新丧元帅,远近危悚,(蒋)琬出类拔萃,处群僚之右,既无戚容,又无喜色,神守举止,有如平日,由是众望渐服。(《三国志·蜀书·蒋琬传》)

诚知足下出群拔萃,无谓仆何从而得也。(韩愈《与崔群玉》)

但当以理为主,理得而辞顺,文章自然出众拔萃。(胡仔《苕溪渔隐丛话前集·杜少陵八》)

其中又见林黛玉是个出类拔萃的,便更与黛玉亲敬异常。(《红楼梦》第四十九回)

在那海一样的人民当中,到处都有出类拔萃的劳动英雄,这些英雄本身,就是人民当中开出的鲜艳花朵。(杨朔《迎春词》)

2. 后世有关诗赋文

朱骏声《孟子生民以来未有孔子由周而来七百馀岁考》(《传经室文集》卷一)

3. 文学技法

方云,宰我、子贡、有若三贤之言亦是知言方能说得的,当不易孟子非知言亦不知三子之言之确。篇终引三子之言,极力赞叹孔子,所以摹写愿学孔子之神。故后一大段似与前大段不相关,而神理融贯,不可思议。……(自生民以来,未有盛于孔子也)以上四节一段,皆孔子论赞,而孟子自己不著一语,可云高绝。(唐文治《孟子新读本》卷二)

【集评】

孟子曰:"宰我、子贡、有若,智足以知圣人。汙,不至阿其所好。"赵岐注云:"三人之智足以识圣人。汙,下也。言三人虽小汙不平,亦不至于其所好,阿私所爱而空誉之。"详其文意,"足以识圣人"是一句,"汙,下也",自是一节。盖以"下"字训汙也,其义甚明。而老苏先生乃作一句读,故作《三子知圣人汙论》,谓:"三子之智,不足以及圣人高深幽绝之境,徒得其下焉耳。"此说窃谓不然,夫谓"夫子贤于尧舜,自生民以来未有",可谓大矣,犹以为汙下,何哉?程伊川云:"有若等自能知夫子之道,假使汙下,必不为阿好而言。"其说正与赵氏合。大抵汉人释经子,或省夫语助。(洪迈《容斋随笔》卷五《圣人汙》)

《孟子》一书,言心言性,亦谆谆矣,乃至万章、公孙丑、陈代、陈臻、周霄、彭更之所问,与孟子之所答者,常在乎出处、去就、辞受、取与之间。以伊尹之元圣,尧舜其君其民之盛德大功,而其本乃在乎千驷一介之不视不取。伯夷、伊尹之不同于孔子也,而其同者,则以"行一不义、杀一不辜而得天下,皆不为"。是故性也,命也,天也,夫子之所罕言,而今之君子之所恒言也;出处、去就、辞受、取与之辨,孔子、孟子之所恒言,而今之君子所罕言也。(顾炎武《顾亭林诗文集》卷三《与友人论学书》)

或问:"杀一不辜,得天下不为,恐汤武革命,不能不杀一无辜。"先生曰:"城破杀人,贼也,吾知汤武无之。顺义倒戈,吾知汤武悲之。逆刃者死,则贼党也,非辜也。不惟南巢、牧野之地,虽灭国五十,其何害为圣人哉!'(颜元《颜元集》之《颜习斋先生言行录》卷下《世情》第十七)

【思考与讨论】

"事功"与"学说"对社会的贡献,各有哪些特点?

3:03 孟子曰:"以力假仁者霸①,霸必有大国,以德行仁者王,王不待大。汤以七十里,文王以百里。以力服人者,非心服也,力不赡也;以德服人者,中心悦而诚服也,如七十子之服孔子也。《诗》云:'自西自东,自南自北,无思不服②。'此之谓也。"

【注释】

① 以力假仁:假借仁的名义而实以强硬手段行事。
② "自西自东"三句:语出《诗经·大雅·文王有声》。思,语气助词。

【文化史拓展】

霸主靠的是力量,故要成就霸业,其国必是大国、强国,春秋五霸,莫不如此。成就王业者,以德行仁,故不必是大国、强国。汤以七十里地,文王以百里,照样成就王业。

实际上,仅以力服人固然不可取,但要得天下,无力就很难服人,以德服人固然可取,然仅仅凭德很难取得天下。即使是汤、武,他们得天下时,不也是都行征伐的么?汤仅凭七十里,武王仅凭百里,能马上取得天下么?取之以力为主,安之则以德为主,改朝换代而能长治久安者,莫不如此。德无力不行,力无德难正。

【集评】

盛之有衰,若循环然。圣王之后,不能无昏乱,尚赖臣子救正之耳。天下之地,方百里者有几?家家可以行仁义,人人可以为汤武,则六尺之孤可托者谁乎?

（邵博《邵氏闻见后录》卷十三李觏《常语》）

以力服人者，有意于服人，而人不敢不服；以德服人者，无意于服人，而人不能不服。从古以来，论王霸者多矣，未有若此章之深切而著明也。（朱熹《孟子集注》卷三引邹氏语）

客问："孟子之言王霸，是论其道，不论其爵位，故曰三王，曰五霸。……"予曰不然。孟子云："以德行仁者王"，"以力假仁者霸"。未尝云以德行仁者为王道，以力假仁者为霸道也。且即以道而论，则能言王道而能行王道者，自禹汤文武而后，又莫如周公、孔子，而亦以王称之，可乎？故王必天子而后可称王，霸必诸侯而后可以为霸。彼晋悼、楚成、秦昭之富强，而不以霸业许之者，以其未尝率诸侯而尊天子也。若云继世而有天下者，不以王道称之，则岂三王之后，皆降为诸侯者耶？（廖燕《廖燕集》卷十七《答客问五则》）

【思考与讨论】

1. 什么叫"以德服人"？什么叫"以力服人"？
2. 如果你是个领导者，如何对待"服人"的问题？

3:04 孟子曰："仁则荣，不仁则辱。今恶辱而居不仁，是犹恶湿而居下也。如恶之，莫如贵德而尊士，贤者在位，能者在职。国家闲暇，及是时明其政刑。虽大国，必畏之矣。《诗》云：'迨天之未阴雨，彻彼桑土，绸缪牖户。今此下民，或敢侮予①？'孔子曰：'为此诗者，其知道乎！能治其国家，谁敢侮之？'今国家闲暇，及是时般乐怠敖②，是自求祸也。祸福无不自己求之者。《诗》云：'永言配命，自求多福③。'《太甲》曰：'天作孽，犹可违；自作孽，不可活④。'此之谓也。"

【注释】

① "迨天"五句：语出《诗经·豳风·鸱鸮》，据说此诗乃周公所作。一小鸟在未雨时修补其巢，以防风雨。为政者若能如此早为之备，别的诸侯国或部落就不敢欺负了。迨，及。彻，取。桑土（dù）：桑根皮。绸缪牖户：修补窗户。
② 般（pán）乐：大作乐。怠敖：怠惰敖游。

③ "永言配命"二句：语出《诗经·大雅·文王》。意指常思所行合于天命,自己求取尽可能多的福分。永,长。言,思。配命：合于天命。

④ "天作孽"四句：语出《尚书·商书·太甲》。违,避。《尚书》原文作"逭"(huàn)。

【文化史拓展】

孟子认为,荣辱祸福,都是人们自己的行为所致。"仁则荣,不仁则辱。"尚荣恶辱而行仁政,国家太平,则当及时明政教、兴国家,如此则即遇强敌也不足畏了。此乃求福之道。若见国家太平而行乐无度,不思进取,则是取祸之道。自招之辱、自取之祸,无法逃脱。当时,列国纷争,孟子的这些话,对于那些不思奋发图强而沉迷于声色犬马中的为政者来说,不啻是一剂清凉药! 历史上,南北朝和五代时的许多小朝廷之所以非常脆弱,其重要原因之一,就是统治者般乐迨敖于苟安之中,待到大难临头,小朝廷就土崩瓦解。未安而求安,既安而思危,未雨绸缪,人生立身行事,都应该如此。为政者所负责任比常人重大,故更应该如此。由"贵德而尊士"以下三句,可见孟子支持以崇尚贤能为要的官僚政治取代以血缘为要的贵族政治。

【文学史链接】

1. 后世有关诗赋文

陈玉澍《能治其国家谁敢侮之义》(《后乐堂文钞续编》卷二)

2. 文学技法

此章以"仁则荣"二句作主,作一提、一振,"及是时明其政刑","仁则荣"者也;"及是时般乐怠敖","不仁则辱"者也。一则因"恶湿居下"句而以"如恶之"串下,一则因"自求祸"句,而以"祸福自己求之"串下。一则引《诗》单言远辱之道,一则引《诗》《书》双结"荣"、"辱"二字,文境整齐缜密之至。(唐文治《孟子新读本》卷二)

【思考与讨论】

"祸福无不自己求之者"与佛家的"因果报应"说,异同如何?

3:05　孟子曰："尊贤使能,俊杰在位,则天下之士皆悦而愿立于其朝矣。市廛而不征^①,法而不廛^②,则天下之商皆悦而愿藏于其市矣。关讥而不征^③,则天下之旅皆悦而愿出于其路矣。耕者助而不税^④,则天下之农皆悦而愿耕于其野矣。廛无夫里之布^⑤,则天下之民皆悦而愿为之氓矣。信能行此五者,则邻国之民仰之若父母矣。率其子弟,攻其父母,自生民以来,未有能济者也。如此,则无敌于天下。无敌于天下者,天吏也^⑥。然而不王者,未之有也。"

【注释】

① 廛(chán)而不征:市场上只收货仓税而免征交易税。廛:公家所建供商人储存货物的货仓。

② 法而不廛:只按市场法管理,而不收货仓税。或云此乃市场商人少、货物缺时的办法,连货房税也取消,以鼓励经商。若经商者多,就恢复货仓税。货仓税可以调节、控制商业。

③ 关讥而不征:在关卡,只检查不收税。讥:查问。

④ 助而不税:出力助种公田,而其私田不必交税。

⑤ 廛无夫里之布:百姓不用为所居房屋之地交地税,也不用为家庭成员交人头税。"布"为古代货币。夫布,人头税。里布,宅基税。廛,一家所居房屋之地,此指百姓。

⑥ 天吏:奉行天命主宰天下之人。

【文化史拓展】

为政者行仁政则天下之民归之,邻国之民视之如父母,邻国君主即欲攻之,也很难取胜。如此则为政者可无敌于天下,实现其"王天下"的政治理想。儒家的政治思想,往往带有浓厚的理想化色彩,这也是一例。

【文学史链接】

1. **后世有关诗赋文**

陈汉章《市廛而不征法而不廛郑义述》(《缀学堂初稿》卷一)

2. **文学技法**

方云,此章即发挥上章仁政之实,先分后总。先说政,后说效,如百川之汇大

海。后一段极波澜萦回之致。(唐文治《孟子新读本》卷二)

【集评】

"市廛而不征",廛为市中之居,工商之肆是也。自依园廛之法,不当复征其货。古者市廛皆无征。孟子曰"征商自此贱丈夫始",是盖生于后世也。法而不廛,谓商之无市居者,有司以法治之而已,不必有廛乃得为市也。战国急于征求,无市籍者皆不得货易,至秦汉犹存此令。故孟子欲令为市者不必有廛,有廛者勿征其货也。"廛无夫里之布"。夫里之布,圣人以抑游惰,于廛而责夫里之布,非古之道也。(《全宋文》卷1690沈括《孟子解》)

【思考与讨论】

"廛而不征"、"法而不廛"、"关讥而不征"、"助而不税"、"廛无夫里之布",此五者,在当时社会是否可行? 为什么?

3:06　孟子曰:"人皆有不忍人之心①。先王有不忍人之心,斯有不忍人之政矣。以不忍人之心,行不忍人之政,治天下可运之掌上。所以谓人皆有不忍人之心者,今人乍见孺子将入于井,皆有怵惕恻隐之心②。非所以内交于孺子之父母也③,非所以要誉于乡党朋友也④,非恶其声而然也。由是观之,无恻隐之心,非人也;无羞恶之心,非人也;无辞让之心,非人也;无是非之心,非人也。恻隐之心,仁之端也;羞恶之心,义之端也;辞让之心,礼之端也;是非之心,智之端也。人之有是四端也,犹其有四体也⑤。有是四端而自谓不能者,自贼者也⑥;谓其君不能者,贼其君者也。凡有四端于我者,知皆扩而充之矣,若火之始然⑦,泉之始达。苟能充之,足以保四海;苟不充之,不足以事父母。"

【注释】

① 不忍人之心:即仁心。

② 怵(chù)惕:惊惧貌。恻隐:同情。

③ 内:同"纳",结。

④ 要:求取。乡党:乡亲。

⑤ 四体:四肢

⑥ 自贼:自害。

⑦ 然:同"燃"。

【文化史拓展】

朱熹《孟子集注》卷三云:"恻隐、羞恶、辞让、是非,情也。仁义礼智,性也。心,统性情者也。端,绪也。因其情之发,而性之本然可得而见,犹有物在中而绪见于外也。"孟子认为:人都具有美好的人性,都是以善为美,关键在于为与不为。君子为善,将固有的人性扩而充之,其美好的人性日新、日美、日大,其人可以成为"保四海"的圣人。小人虽然本来有同样美好的人性,但其不为善而为恶,这就是残害人们自己固有的美好人性。小人如果又劝君主不为善而为恶,则又是残害了君主的美好人性,当然别说治国平天下,就连孝养父母也没有办法做好了。

【文学史链接】

1. 文学技法

(所以谓人皆有不忍人之心者)苏云,就起语作一大转。……方云,一提,全神俱振。又云,孟子一生与人言,只是挑拨人不忍之心。此章是学问、政治之大本。(唐文治《孟子新读本》卷二)

【集评】

孟子云,人性无不善,于扩充尽才后见之。……夫性之为善,合下如是到底,如是扩充尽才,而非有所增也。即不加扩充尽才,而非有所减也。不为尧存,不为桀亡,得到牿仁之后,电光火石,未尝不露,才见其善,确不可移。故孟子以"孺子入井"、"呼尔"、"蹴尔"明之,正为是也。若必扩充尽才始见其善,不扩充尽才未可为善,焉知不是荀子之性恶,全凭矫揉之力,而后至于善乎?(黄宗羲《南雷文案》卷二《与陈乾初论学书》)

良心即善也,非由学而然,非拟议而然,非性善而何?故性善之旨明,而千圣之统明矣。所以开万世之蒙,而定万世论性之准者,端在于斯。(李颙《四书反身录》卷七)

盖言性恶者,乱世之治,不得不因人欲而治之,故其法检制压服为多,荀子之

说是也。言性善者,平世之法,令人人皆有平等自立,故其法进化向上为多,孟子之说是也。(康有为《孟子微》卷一)

【思考与讨论】

常人为什么无法充分地扩充"恻隐"、"羞恶"、"辞让"、"是非"此"四端"?

3:07 孟子曰:"矢人岂不仁于函人哉①? 矢人唯恐不伤人,函人唯恐伤人。巫匠亦然②,故术不可不慎也。孔子曰:'里仁为美。择不处仁,焉得智③?'夫仁,天之尊爵也④,人之安宅也⑤。莫之御而不仁,是不智也⑥。不仁、不智、无礼、无义,人役也⑦。人役而耻为役,由弓人而耻为弓⑧,矢人而耻为矢也。如耻之,莫如为仁。仁者如射⑨,射者正己而后发。发而不中,不怨胜己者,反求诸己而已矣。"

【注释】

① 矢人:造箭者。函人:造甲者。前者所造伤害人,后者所造保护人。

② 巫匠:巫师与匠人,巫师为人祷告,希望人消灾得福,匠人制棺材,有死人才有获利的机会。

③ "里仁"三句:语出《论语・里仁》。里以盛行为仁之风者为美,选择居住地时未选择盛行为仁之风者居之,哪里能称得上智呢! 里:聚居地,古代最基层的行政单位。

④ 天之尊爵:宇宙间最为尊贵的爵位。

⑤ 安宅:安乐的住宅。人为仁而心安理得,如果不为仁行,则心中难免不安。

⑥ "莫之御"二句:仁是如此的重要,什么也不能跟它相比,不为仁者,这是"不智"。

⑦ 人役:仆役。

⑧ 由:犹。

⑨ 射:射礼,一种射箭的比赛。

【文化史拓展】

择未处仁,尚是不智。不为仁,为不仁,当然更是不智。不仁不智,当然也就是不能明礼明义。不智不仁,无礼无义,是世间最为卑下的品质。仁是世间最为高贵的品质,仁者如同享有世间最为高贵的爵位,而不仁、不智、无礼、无义者,则是人间仆役而已。一尊一卑悬殊如此。人以人间仆役为耻,而以天之尊爵为荣,则当去不仁、不智、无礼、无义而为仁,使自己具有"仁"这世间最为高贵的品质。尊卑荣辱之取舍,全在每个人自己。正如《论语·颜渊》所云:"为仁由己,而由人乎哉!"

【文学史链接】

文学技法

方云,起笔用譬喻,中间又用弓人、矢人,末节又用射者。文境变幻不穷。……苏云,活泼变幻,不可端倪,若游龙,若迅雷。……"人役也",句极辣。……凡用譬喻,须不伦不类,却须不杂不赘。观此节,由"弓人"两句,可悟用譬喻之法。……(仁者如射)此节结出正意,故再用"射"字作譬,不觉其复。(唐文治《孟子新读本》卷二)

【集评】

夫射之中否在的,而所以中否在我。善射者治其在我,正立而审操之。的虽在左右上下,无不中者矣。颜渊问仁,孔子曰:"克己复礼为仁。一日克己复礼,天下归仁焉。"请问其目。曰:"非礼勿视,非礼勿听,非礼勿言,非礼勿动。"夫居于人上而一为非礼,则害之及于物者众矣!诚必由礼,虽不为仁,而仁不可胜用矣。此"仁者如射"之谓也。(苏辙《栾城后集》卷六《孟子解二十四章》)

孟子论函矢巫匠之术,而引此以质之,说者多以里为居,居以亲仁为美。予尝记一说云:函矢巫匠,皆里中之仁也。然于仁之中,有不仁存焉,则仁亦在夫择之而已矣。尝于郑景望言之,景望不以为然。予以为此特为闾巷之间所推以为仁者,固在所择,正合孟子之意。不然,仁之为道大矣,尚安所择而处哉!(洪迈《容斋随笔》卷二《里仁》)

【思考与讨论】

"天之尊爵"与"人役"的价值取向,在现代社会有什么样的意义?

3:08 孟子曰:"子路,人告之以有过则喜。禹闻善言则拜。大舜有大焉,善与人同①。舍己从人,乐取于人以为善。自耕、稼、陶、渔以至为帝,无非取于人者。取诸人以为善,是与人为善者也。故君子莫大乎与人为善②。"

【注释】

① "大舜有大焉"二句:大舜所为,有大于禹与子路处,他愿意同别人一道行善。

② 与(yǔ)人为善:助人一起为善。与,帮助。

【文化史拓展】

古圣贤之恶不善、好善如此。子路闻过则喜,喜自己知道这是过,便可以改正。"禹闻善言则拜",乃真诚感谢别人的善言,当然也一定非常乐意地采纳。舜更是"善与人同",已有不善,舍之而从人之善,见人有善,则乐取而效之,如此则固然不断完善,别人也更加乐意进于善。使大家一起为善,一起向善,这就是君子最大的善:"与人为善"。

【文学史链接】

1. **相关文学典故**

闻过则喜

清心窒欲,不作无益,闻过则喜,改无难色。(楼钥《攻媿集》卷一零七《林府君墓志铭》)

平生喜闻过,指摘真吾师。(查慎行《敬业堂诗集》卷四《玉友别后寄诗二首次韵奉答》)

2. **后世有关诗赋文**

戴良《喜闻过斋箴》(《九灵山房集》卷四)

戴表元《孟子曰子路人告之以有过则喜一章》(《剡源集》卷二十六)

3. **文学技法**

方云,此传赞体也。首四节叙三人事,末节是赞"君子莫大乎与人为善",只赞舜一笔,而子路与禹自包含在内矣。其未能大处,自在言外。太史公颇得此法。……"大舜"句一提,以下气象广阔,盖舜之度量,清明广大,故孟子叙述之文,更觉清明广大。(唐文治《孟子新读本》卷二)

【集评】

己有善,则愿以与人;人有善,则乐取于己;皆有为也,则舍己而从人。兼有三者,舜其所以为大欤!(《全宋文》卷 1690 沈括《孟子解》)

观子路告过则喜,常思大舜合人己、通天下,打成一个善,真不可及矣。试思子路与禹,"则喜"、"则拜",当下是何等了脱,何等谦光,何等愉快!再溯而追思其未告、未闻之前,何等功夫,何等心法!再推而进思其既喜、既拜之后,是何等奋发,何等力量!吾辈自不容一毫自松,一毫自满,一毫自恕矣。(颜元《颜元集》之《颜习斋先生言行录》卷下《学问》第二十)

【思考与讨论】

如何才能做到"闻过则喜"、"善与人同"?

3:09 孟子曰:"伯夷,非其君不事,非其友不友。不立于恶人之朝,不与恶人言。立于恶人之朝,与恶人言,如以朝衣朝冠坐于涂炭①。推恶恶之心,思与乡人立,其冠不正,望望然去之②,若将浼焉③。是故诸侯虽有善其辞命而至者,不受也。不受也者,是亦不屑就已④。柳下惠,不羞污君,不卑小官。进不隐贤,必以其道。遗佚而不怨⑤,阨穷而不悯⑥。故曰:'尔为尔,我为我,虽袒裼裸裎于我侧⑦,尔焉能浼我哉?'故由由然与之偕而不自失焉⑧,援而止之而止⑨。援而止之而止者,是亦不屑去已。"孟子曰:"伯夷隘⑩,柳下惠不恭。隘与不恭,君子不由也。"

【注释】

① 涂炭:烂泥和黑炭,喻极脏者。

② 望望然:去而不回头貌。

③ 浼(měi):污染。

④ 不屑就已:不以就之为洁呀。屑,清洁。已,语气词。

⑤ 遗佚:被遗弃,指不为所用。

⑥ 阨穷而不悯:困厄而不忧。悯,忧。

⑦ 袒(tǎn)裼(xī)裸裎(chéng):赤身露体,着装极不整齐。去衣或衣不整,露上身或上身

的某一部分,为袒;去外衣或外衣不整,全露或部分露出内衣或身体,为裼;裸体为裎。

⑧　由由然:自得之貌。不自失:不失自我,即不失去正人的品格。

⑨　援而止之而止:欲去,有人止之而留下不去。援,拉。

⑩　隘:狭窄。

【文化史拓展】

伯夷疾恶如仇,柳下惠宽厚不拘小节,皆是贤者,然而皆不免失之于偏颇,各自走到两个相反的极端,故一为"隘",一为"不恭"。立身行事,尽管很难做到中庸,但不应该超过一定的限度。

【文学史链接】

文学技法

方云,此《史记》合传体也。二节叙事,已将"隘"与"不恭"之神描写尽致。末一赞,神味无穷。(唐文治《孟子新读本》卷二)

【集评】

孟子称所愿学者孔子,然则君子之行,孰先于孔子? 孔子历聘七十余国,皆以道不合而去,岂非非其君不事乎? 孺悲欲见孔子,孔子辞以疾,岂非非其友不友乎? 阳虎得政于鲁,孔子不肯仕,岂非不立于恶人之朝乎? 为定、哀之臣,岂非不羞汙君乎? 为委吏,为乘田,岂非不卑小官乎? 举世莫知之,不怨天,不尤人,岂非遗佚而不怨乎? 饮水屈肱,乐在其中,岂非厄穷而不悯乎? 居乡党,恂恂似不能言,岂非由由与之偕而不自失乎? 是故,君子邦有道则见,邦无道则隐,事其大夫之贤者,友其士之仁者,非隘也。和而不同,遁世无闷,非不恭也。苟无失其中,虽孔子由之,何得云君子不由乎?(邵博《邵氏闻见后录》卷十一司马光《疑孟》)

"伯夷、叔齐不念旧恶,怨是用希",则伯夷虽恶恶而不念其旧,故被其恶者不之怨。此正宽容之德,本诸躬而验诸人者,安得谓之隘哉! 后之君子,与其学柳下惠也,毋宁学伯夷。(臧庸《拜经堂文集》卷一)

【思考与讨论】

伯夷、柳下惠所为,其间有无高下之别? 为什么? 如果不免无所偏,那么,你愿意偏向伯夷,还是偏向柳下惠?

卷四　公孙丑下

4:01　孟子曰:"天时不如地利①,地利不如人和。三里之城②,七里之郭③,环而攻之而不胜。夫环而攻之,必有得天时者矣;然而不胜者,是天时不如地利也。城非不高也,池非不深也④,兵革非不坚利也⑤,米粟非不多也;委而去之,是地利不如人和也。故曰:域民不以封疆之界⑥,固国不以山溪之险,威天下不以兵革之利。得道者多助,失道者寡助。寡助之至,亲戚畔之⑦;多助之至,天下顺之。以天下之所顺,攻亲戚之所畔;故君子有不战,战必胜矣。"

【注释】

① 天时:有利的气候条件。或云吉利的日子或时辰。地利:有利的地形条件。人和:人心之和谐。

② 城:城墙。

③ 郭:外城。

④ 池:城壕,护城河。

⑤ 兵革:泛指武器装备。兵,武器。革,甲类。

⑥ 域民:限制人民。

⑦ 畔,同"叛"。

【文化史拓展】

　　人心比天时、地利、武器装备、军事设施、军需物资等都重要。治理百姓,巩固国家,称王天下,都必须以合民心为务。得天下之民心,方能顺利得天下。

　　天下分久必合,乱必定于一。战国时代,统一战争,在所难免。但列强混战,久无结果,徒使百姓惨遭战祸。怎样使统一战争事半功倍,减少战事,减轻百姓的痛苦,顺利达到目的,是当时列强都在考虑的问题,也是当时仁人志士们考虑的问题。孟子提出,使天下民心归顺,然后再攻"亲戚畔之"的失民心者,如此则"战必胜矣"。战必胜则可减少战争,而天下也就不难统一了。

【文学史链接】

文学技法

此篇格局完整,"故曰"以下,文气尤浩然。……方云,夫环而攻之,必有得天时者矣,与"城非不高也"数句,故用挑剔反跌之笔,则"不如"二字,理乃醒,神乃足。(唐文治《孟子新读本》卷二)

【思考与讨论】

如何才能实现"人和"?

4:02　孟子将朝王,王使人来曰:"寡人如就见者也,有寒疾,不可以风。朝,将视朝,不识可使寡人得见乎?"对曰:"不幸而有疾,不能造朝。"明日出吊于东郭氏①,公孙丑曰:"昔者辞以病,今日吊,或者不可乎?"曰:"昔者疾,今日愈,如之何不吊?"

王使人问疾,医来。孟仲子对曰②:"昔者有王命,有采薪之忧③,不能造朝。今病小愈,趋造于朝,我不识能至否乎?"使数人要于路④,曰:"请必无归而造于朝!"不得已而之景丑氏宿焉⑤。

景子曰:"内则父子,外则君臣,人之大伦也。父子主恩,君臣主敬。丑见王之敬子也,未见所以敬王也。"曰:"恶! 是何言也! 齐人无以仁义与王言者,岂以仁义为不美也? 其心曰'是何足与言仁义也'云尔,则不敬莫大乎是。我非尧舜之道不敢以陈于王前,故齐人莫如我敬王也。"

景子曰:"否,非此之谓也。《礼》曰:'父召,无诺;君命召,不俟驾⑥。'固将朝也,闻王命而遂不果,宜与夫礼若不相似然。"曰:"岂谓是与? 曾子曰:'晋楚之富,不可及也。彼以其富,我以吾仁;彼以其爵,我以吾义,吾何慊乎哉⑦?'夫岂不义而曾子言之? 是或一道也。天下有达尊三:爵一,齿一,德一。朝廷莫如爵,乡党莫如齿,辅世长民莫如德。恶得有其一,以慢其二哉? 故将大有为之君,必有所不召之臣。欲有谋焉,则就之。其尊德乐道,不如是不足与有为也。故汤之于伊尹,学焉而后臣之,故不劳而王;桓公之于管仲,学焉而后臣之,故不劳而霸。今天下地丑德齐,莫能相尚⑧。无他,好臣其所教,而不好臣其所受教。汤之于伊尹,桓公之于管仲,则不敢召。管仲且犹不可召,而况不为管仲者乎⑨?"

【注释】

① 出吊于东郭氏:出门去吊慰东郭氏。东郭氏,齐大夫。

② 孟仲子:孟子的随从,也是孟子的堂兄弟,曾学于孟子。

③ 采薪之忧:有病的自称和婉称。意谓因病不能采薪,故忧。

④ 要:拦住,通"邀"。

⑤ 景丑氏:齐大夫,即下文的"景子"。朱珪《知足斋文集》卷二有《不得已而之景丑氏宿焉解》。

⑥ "父召"四句:父亲有召,还未及答应就前往。君主有召,不等车驾安排好就前往。这都是以尊命之速示敬。

⑦ 慊(qiàn):憾,恨,不满足。

⑧ "今天下地丑德齐"二句:列强疆土、德行都差不多,谁也不能胜过谁。丑,美。尚,胜。

⑨ 不为管仲者:孟子自指。

【文化史拓展】

孟子本来准备上朝,而齐王派人来传命,说他本欲前来看望孟子,因病不能来,故请孟子去朝见他。孟子遂亦以疾辞,而次日竟出吊齐大夫,以明自己拒绝上朝,并非有病,而是对齐王不礼貌所作出的反应。齐王知孟子病,派人来问候,派医来诊治,幸赖孟仲子周旋、弥缝。孟子不得已,至景丑氏家歇宿。景丑氏责难孟子,孟子遂发为君臣关系之论。

孟子认为,对臣来说,敬君莫大于向国君陈尧、舜之道,其余如"君命召,不俟驾"之类皆是小敬。对国君来说,不能以其地位之尊而骄慢贤臣,成就大业的君主,"必有所不召之臣",国君自己前去,向贤臣请教,以示尊敬。汤之于伊尹、齐桓公之于管仲,都是"学焉而后臣之"的。天下列强经过多年混战,之所以难分高下,是因为列强君主都不能尊贤而用之。管仲是齐桓公之臣,桓公尚不敢召,孟子于齐,处宾师地位,不是齐君之臣,齐君怎可召之? 又,以孟子观之,管仲辅君所成之业只是霸业,他孟子则欲辅齐君成王业,远在管仲之上,那么,管仲尚不可召,况孟子乎!朱熹《孟子集注》卷四云:"此章见宾师不以趋走承奉为恭,而以责难陈善为敬;人君不以崇高富贵为重,而以贵德尊士为贤,则上下交而德业成矣。"观此章,为政者可悟得善策良言于人之法。

【文学史链接】

1. **相关文学典故**

采薪之疾

故里服丧,重困采薪之疾。(王安石《辞参知政事表》)

以有采薪之忧,遂违不俟驾之礼,逃刑已幸,即拜更优。(杨万里《诚斋集》卷四十七《谢除特授汉章阁待制表》)

会有采薪之忧,莫施横草之报。连章累牍,罔匪由中。(魏了翁《鹤山先生大全文集》卷十三《上皇太后表》)

小弟辞家,欲诣帐下,以叙数载间阔之情,奈至河中府普救寺,忽值采薪之忧。(王实甫《西厢记》第二本《楔子》)

2. **后世有关诗赋文**

朱珪《不得已而之景丑氏宿焉解》(《知足斋文集》卷二)

3. **文学技法**

方云,此章以"有不召之臣"为主。首节"不幸而有疾"二句,微示以不当召之意,使王自悟,而不遽说明,是一腾挪。此节"昔者疾"三句,又不说明,何等忠厚!是再腾挪。三节"请必无归而造于朝"之下,是忧王终不悟,故不得已而至景丑氏宿焉,然又不说明,是三腾挪。未见所以敬王,指王召而不往也。孟子但就"敬"字辩论,而又不急明不当召之意,是四腾挪。直至"岂谓是与"下,方极情说出。文境何等纡徐,总不使一直笔,此可见孟子之于君,何等恺恻而忠厚也。……"不得已"句一转折,有千钧之力。……(故将大有为之君)一提,文境何等开拓,文气何等震荡!……此节忽又承伊尹、管仲,而自命伊尹之意自见于此。可悟错综变化之法,且可悟全篇结穴法。(唐文治《孟子新读本》卷二)

【集评】

夫君臣之义,人之大伦也。孟子之德,孰与周公?其齿之长,孰与周公之于成王?成王幼,周公负之以朝诸侯,及长而归政,北面稽首畏事之,与事文、武无异

也。岂得云彼有爵,我有齿、德,可慢彼哉?(邵博《邵氏闻见后录》卷十一司马光《疑孟》)

孔子"君命召不俟驾行矣"。则曰:孔子当仕,有官职。夫孟子为齐卿,无官职邪? 天下有达尊者三:爵一,齿一,德一。恶得有其一以慢其二? 孔子德薄且齿少邪? 君之所不臣者二,当其为尸,则弗臣也;当其为师,则弗臣也。谓讲道之顷耳,非常常然也。人君尊贤,其臣尚当辞,矧可以要之也哉? 是孟子之骄习矣,宜乎其教诸侯反天子也。(邵博《邵氏闻见后录》卷十三)

古之时,君师之统合而为一,至三王以后,君师始分而为二,然师道犹特重。《诗》所云"惟师尚父"、"尹氏太师"、"赫赫师尹"之属是也。至战国时而师道陵夷矣。《国策》郭隗告燕昭王曰:"帝者与师处……则徒隶之人至矣。"此古服道致士之法也。盖师友,所受教者也;役徒,所教者也。后世人主,长傲遂非,颐指气使,日与厮役徒隶之人处,而不知亡国之遂其后,亦可痛矣夫!(唐文治《孟子大义》卷四)

【思考与讨论】

1. 如何看待孟子之"敬王"?
2. 对领导者来说,部下中什么样的人,是"不召之臣"一类的人?

4:03 陈臻问曰①:"前日于齐,王馈兼金一百而不受②;于宋,馈七十镒而受;于薛,馈五十镒而受。前日之不受是,则今日之受非也;今日之受是,则前日之不受非也。夫子必居一于此矣。"孟子曰:"皆是也。当在宋也,予将有远行。行者必以赆③,辞曰:'馈赆。'予何为不受? 当在薛也,予有戒心④。辞曰:'闻戒。'故为兵馈之,予何为不受? 若于齐,则未有处也⑤。无处而馈之,是货之也⑥。焉有君子而可以货取乎?"

【注释】

① 陈臻:孟子弟子。

② 兼金:好金,价格是普通金的两倍。一百,此指一百镒。镒为当时金的单位。

③ 赆(jìn):临别时赠送的财物。

④ 戒心：防备之心。此指闻有危险而起戒备之心,盖当是其时有兵事。

⑤ 未有处也：没有接受的正当理由。

⑥ 货：收买。

【文化史拓展】

君子于财不苟取,当取则取之,不当取则不取。当与不当,以什么为标准? 以礼为标准。不合礼义之财,就是不义之财。不当取而取,是为苟取。没有正当理由而收人家的财物,是被人家收买。君子不收买别人,也不被人收买。未能如此者,必非君子。有钱能使鬼推磨,但是,未必能使真正的贤者效力。

【文学史链接】

文学技法

方云,叙事先齐后宋、薛,孟子答处,先宋、薛,后齐,是文法变化处,不然则板。(唐文治《孟子新读本》卷二)

【思考与讨论】

为什么说"焉有君子而可以货取乎"?

4:04 孟子之平陆①。谓其大夫曰②:"子之持戟之士,一日而三失伍③,则去之否乎?"曰:"不待三。""然则子之失伍也亦多矣④。凶年饥岁,子之民,老羸转于沟壑,壮者散而之四方者,几千人矣。"曰:"此非距心之所得为也。"曰:"今有受人之牛羊而为之牧之者,则必为之求牧与刍矣⑤。求牧与刍而不得,则反诸其人乎? 抑亦立而视其死与?"曰:"此则距心之罪也。"他日,见于王曰:"王之为都者⑥,臣知五人焉。知其罪者,惟孔距心。为王诵之⑦。"王曰:"此则寡人之罪也。"

【注释】

① 平陆：齐国的一个邑。

② 大夫：此指平陆宰孔距心,见下文。

③ 失伍:离队,掉队,落伍。

④ 子之失伍:你的失职。孟子将孔距心的失职比作士兵的失伍。

⑤ 牧与刍:牧场与草。

⑥ 为都者:为邑宰者,治理一邑者。邑有故君之庙者为都。

⑦ 为王诵之:为王讲述孔距心所说。诵,讲述。

【文化史拓展】

在当时封建专制君主制度的社会里,国家与人民的命运,几乎系于君主一身,官员能自主行政的余地很小。君主不施仁政,官员有三条路可走:一是帮助君主行不仁之政,看着百姓受苦受难;二是辞职,将官位和百姓、土地交还给"委托人"国君;三是尽量在一定程度上减轻人民的苦难。至于从根本上使人民脱离苦难,让他们安居乐业,这是不可能的。孔距心之过,不在未能帮助百姓脱离苦难,因为这是国君造成的,他孔某也没有办法。孔距心之过,在于没有辞职。百姓受苦受难,这是君主不行仁政的结果。过在君主,而不在臣下。孟子能使齐国国君知道自己的过失,敦促齐君行仁政,这当然是有进步意义的。但是他没有从政治体制上去分析,探求解决问题的根本办法。

朱熹《孟子集注》引孔氏语云:"孟子一言而齐之君臣举知其罪,固足以兴邦矣,然而齐卒不得为善国者,岂非'说而不绎,从而不改故邪?'""说而不绎,从而不改",语出《论语·子罕》,意谓欣赏对方的话而不推究其深意,听从对方的善言而不付诸实践以改掉自己的缺点。"说而不绎,从而不改",根本原因在于利益关系。

【文学史链接】

文学技法

之平陆谓其大夫,即见孔距心应负责任之意,叙法简而密。……(然则子之失伍)一语转入,极辣。……比喻不涉正事一语,特奇妙。……方云,"为王诵之",妙不说明王之罪,而王自不能辞其过。……又云,此章告王是正意,而通篇只是告平陆大夫之词。告王只用"为王诵之"一语,便有含蓄不露之意味。(唐文治《孟子新读本》卷二)

【集评】

距心之言,盖徒知事权之在上,而不知责任之在己。此孟子之所以重责之也。

（《张居正讲评孟子》卷四）

【思考与讨论】

　　五臣之中，不知其罪者，竟然有四人之多，请分析这一现象。

　　4:05　孟子谓蚳蛙曰①："子之辞灵丘而请士师②，似也，为其可以言也③。今既数月矣，未可以言与？"蚳蛙谏于王而不用，致为臣而去④。齐人曰："所以为蚳蛙，则善矣；所以自为，则吾不知也⑤。"公都子以告⑥。曰："吾闻之也：有官守者，不得其职则去；有言责者，不得其言则去。我无官守，我无言责也，则吾进退，岂不绰绰然有余裕哉⑦？"

【注释】

① 蚳（chí）蛙：齐国大夫。

② "子之"句：您辞灵丘宰职务而要求任士师。灵丘，齐邑名。士师，掌国家刑狱的官。

③ "似也"二句：这样做近于理，因为士师接近国君，可以随时进谏。

④ 致为臣而去：将官位还给国王而离去，即辞职而去。

⑤ "所以"四句：他所用来对蚳蛙说的那一套倒是对的，他所用来对自己的那一套，我们就不知道了，这是齐人讽刺孟子语，意谓孟子对蚳蛙说的这些话，当然是对的，蚳蛙这样做，也是应该的，但蚳蛙因国君未能采纳他的建议而离去，孟子却未能因为国君未能采纳他的建议而离去，则孟子不如蚳蛙多矣，且他对人对己，采取双重标准。

⑥ 公都子：孟子弟子。

⑦ 绰绰然：宽裕貌。裕，宽。

【文化史拓展】

　　此章主要言为臣之进退，而以未为臣者为对比。为臣者有官职，有权力，有俸禄，当尽其职，不能尽职或未尽职，应当辞职。但无官职者，则无职可辞，也不必离去。孟子在齐国，处于宾师地位，未任官职，也未受俸禄，故进退自如，大有余地。

【文学史链接】

后世有关诗赋文

马国翰《孟子致为臣说》(《玉函山房续集》卷三)

【思考与讨论】

评说此章中所云蚔蛙之所为。

4:06 孟子为卿于齐,出吊于滕①,王使盖大夫王驩为辅行②。王驩朝暮见③,反齐滕之路④,未尝与之言行事也⑤。公孙丑曰:"齐卿之位,不为小矣;齐滕之路,不为近矣。反之而未尝与言行事,何也?"曰:"夫既或治之⑥,予何言哉?

【注释】

① 滕:滕国。

② 盖(gě)大夫王驩(huān):盖邑大夫王驩。盖邑,齐国邑名,王驩,字子敖,宣王宠臣。
辅行:副使。

③ 见:"现"的本字,此指请见。

④ 反:同"返"。归;还。

⑤ 行事:使事。

⑥ 夫既或治之:那既然已经有人处理好了。夫(fú),指示代词。

【文化史拓展】

小人能尽其职守,与君子相安无事,君子也不能厌恶他,但也不必跟他亲密。这是孟子对待小人之道。实不仅对待小人应该如此,对待不投缘的君子,也可以如此。绅士风度,保持距离。

【文学史链接】

后世有关诗赋文

明代佚名《七十二朝人物演义》卷二十《王驩朝暮见》

【集评】

观孟子之言,盖既不肯妄与之交,以流于苟合;又不肯直斥其故,以伤于已甚。可谓不恶而严者矣。(《张居正讲评孟子》卷四)

【思考与讨论】

1. 你如果处在孟子的位置,如何与王驩相处?
2. 请设想若干种与王驩相处之道及其利弊。

4:07 孟子自齐葬于鲁^①,反于齐,止于嬴^②。充虞请曰^③:“前日不知虞之不肖,使虞敦匠事。严^④,虞不敢请。今愿窃有请也,木若以美然^⑤。”曰:“古者棺椁无度,中古棺七寸,椁称之。自天子达于庶人。非直为观美也,然后尽于人心。不得^⑥,不可以为悦;无财,不可以为悦。得之为有财^⑦,古之人皆用之,吾何为独不然?且比化者^⑧,无使土亲肤,于人心独无恔乎^⑨?吾闻之君子:不以天下俭其亲^⑩。”

【注释】

① 自齐葬于鲁:孟子在齐国任职,母卒,乃回鲁葬母。

② 嬴:齐国的一个邑。

③ 充虞:孟子弟子。孟子丧母,使充虞负责作棺之事。

④ 严:急。

⑤ 以:同“已”,太,过。

⑥ 不得:不合法度。

⑦ 为:当作“而”。

⑧ 比化者:为死者。比:为。化者,死者。

⑨ 恔(xiào):满意。

⑩ 俭其亲:在对待父母方面显得寒酸。

【文化史拓展】

此章云丧礼用棺,当尽孝子之心,合于法度。儒家倡厚葬,丧礼应隆重。朱熹

《孟子集注》卷四云:"送终之礼,所当得为而不自尽,是为天下爱惜此物,而薄于吾亲也。"

4:08 沈同以其私问曰①:"燕可伐与?"孟子曰:"可。子哙不得与人燕②,子之不得受燕于子哙。有仕于此③,而子悦之,不告于王而私与之吾子之禄爵④;夫士也⑤,亦无王命而私受之于子,则可乎?何以异于是?"齐人伐燕。或问曰:"劝齐伐燕,有诸?"曰:"未也。沈同问'燕可伐与'?吾应之曰'可',彼然而伐之也。彼如曰'孰可以伐之'?则将应之曰:'为天吏⑥,则可以伐之。'今有杀人者,或问之曰'人可杀与'?则将应之曰'可'。彼如曰'孰可以杀之'?则将应之曰:'为士师⑦,则可以杀之。'今以燕伐燕,何为劝之哉?"

【注释】

① "沈同"句:沈同,齐国大夫。以其私问:非奉王命而问。

② 子哙:燕王。他擅自让国于宰相子之,引起大乱。

③ 仕:官员。

④ 吾子:您。

⑤ 夫(fú):这个。

⑥ 天吏:奉行天命主宰天下的人。

⑦ 士师:法官。

【文化史拓展】

齐国因燕乱而伐燕,以失败告终。有人误以为孟子曾鼓动齐君伐燕。故孟子作辨白,并发为此论。孟子认为,燕君臣无道而大乱,百姓困苦,确实可伐。但是,只有有道之国,才能担当起伐燕之任。以道伐燕,解救燕民。齐国伐燕,未能吊民伐罪,却杀戮百姓,掠夺财物,使燕民更加困苦,这是以无道伐无道,"以燕伐燕",当然注定是要失败的。

这样说来,孟子是反对齐国去伐燕的。但《史记·燕召公世家》则云:"孟轲谓齐王曰:今伐燕,此文武之时也,不可失也。王因令章子将五都之兵,以因北地之众,以伐燕。"未知孰是。

【文学史链接】

文学技法

此章格局严整,曲折盘旋,又极峻厉痛快,为辩驳文之祖。(唐文治《孟子新读本》卷二)

【集评】

此为后世莽、丕、炎、裕篡位,而托名禅让者,预立一大戒。不得与,不得受,则山阳公、灵陵王之不得已,亦有罪矣。(康有为《孟子微》卷四《民同》第十)

4:09　燕人畔。王曰:"吾甚惭于孟子。"陈贾曰[1]:"王无患焉。王自以为与周公,孰仁且智?"王曰:"恶! 是何言也?"曰:"周公使管叔监殷[2],管叔以殷畔。知而使之,是不仁也;不知而使之,是不智也。仁智,周公未之尽也,而况于王乎? 贾请见而解之。"

见孟子,问曰:"周公何人也?"曰:"古圣人也。"曰:"使管叔监殷,管叔以殷畔也,有诸?"曰:"然。"曰:"周公知其将畔而使之与?"曰:"不知也。""然则圣人且有过与?"曰:"周公,弟也;管叔,兄也。周公之过,不亦宜乎? 且古之君子,过则改之;今之君子,过则顺之。古之君子,其过也,如日月之食,民皆见之;及其更也,民皆仰之。今之君子,岂徒顺之,又从为之辞。"

【注释】

① 陈贾:齐大夫。

② 管叔:名鲜,武王发弟,周公旦兄。武王克商,立纣之子武庚于殷地,以存殷祀,而使弟管叔、蔡叔、霍叔监其国。武王卒,成王尚幼,周公摄政。管叔和武庚在殷地反。周公讨而诛之。

【文化史拓展】

燕国之乱,齐伐燕,大破之,杀戮掳掠。孟子主张齐不可取燕,劝齐王"反其旄倪,止其重器,谋于燕众,置君而后去之"(见《梁惠王下》2:10、2:11)。齐王不听。燕人立太子平为王,是为燕昭王,后大破齐军。在对燕问题上,齐王有严重的决策错误,因而他很惭愧,后悔没有听孟子的话。

人即圣贤,也不免有过。"过而能改,善莫大焉。"(《左传·宣公二年》)若知过而不改,且为自己的过错辩护、文饰,原谅自己的过错,就很难取得进步。齐王为自己的过失而深为惭愧,说明他有羞恶之心,如果有人能利用他的羞恶之心,帮助他正视过失,分析过失,提高认识,在今后的决策中避免发生类似的过失,这无疑对齐王本人、对整个齐国都是件大好事。但是,陈贾却帮助齐王找了一个极好的理由文饰过失,轻易解除了齐王的羞恶之心,使齐王认为像他那样的过失,圣人不免,当然他就没有必要认真对待了。

自己文过饰非,已是大大不该,帮助别人文过饰非,当然就更不应该了。若为私利而帮助别人文过饰非,则品格之低下不待言了。为政者尤当注意此等人。

【文学史链接】

1. 后世有关诗赋文

汤显祖《周公知其》(《汤显祖全集·诗文》卷五十)

2. 文学技法

此章以"又从为之辞"为主。首节"王无患焉","贾请见而解之","然则圣人且有过与"三句是皆"从为之辞"。案至章末方点出之。(唐文治《孟子新读本》卷二)

【思考与讨论】

评析陈贾为国君文过饰非的方式。

4:10 孟子致为臣而归①。王就见孟子,曰:"前日愿见而不可得,得侍同朝,甚喜。今又弃寡人而归,不识可以继此而得见乎?"对曰:"不敢请耳,固所愿也。"他日,王谓时子曰②:"我欲中国而授孟子室③,养弟子以万钟④,使诸大夫国人皆有所矜式⑤。子盍为我言之?"时子因陈子而以告孟子⑥,陈子以时子之言告孟子。孟子曰:"然。夫时子恶知其不可也?如使予欲富,辞十万而受万,是为欲富乎?季孙曰⑦:'异哉子叔疑!

使己为政,不用,则亦已矣,又使其子弟为卿。人亦孰不欲富贵?而独于富贵之中,有私龙断焉⑧。'古之为市也,以其所有易其所无者,有司者治之耳⑨。有贱丈夫焉,必求龙断而登之,以左右望而罔市利⑩。人皆以为贱,故从而征之。征商,自此贱丈夫始矣。"

【注释】

① 致为臣:辞职。

② 时子:齐国大臣。

③ 中国:国之中心,与偏远僻野相对。

④ 万钟:万钟谷禄。钟,量器,容量单位。

⑤ 矜式:尊重效法。

⑥ 陈子:陈臻,孟子随从。

⑦ 季孙:人名,下文之子叔疑,亦人名。行事皆未详。

⑧ 龙断:断而高的冈垄,今作"垄断",引申为把持或独占。

⑨ 有司:有关职能部门的官员。

⑩ 罔:同"网",罗取。市利:交易利润。

【文化史拓展】

孟子并不是对富贵贪欲无度的人,他辞职而去,并不是为了富贵,因此,不是富贵可以把他挽留住的。仅是富贵,能使小人效命,但断断不足以使君子效力。孟子在齐,时间不可谓不久,但齐王仍是如此不了解孟子,他不采纳孟子的政治主张,也是很自然的了。不过,齐王不了解孟子,当然有他的责任,但孟子没有能让齐王了解自己,也不能说没有责任吧?

【文学史链接】

1. 后世有关诗赋文

汤显祖《人亦孰不》(《汤显祖全集·诗文》卷五十)

2. 文学技法

以下数章,文境如云水苍茫,一望无际,极呜咽淋漓之致。……此节着墨不多,而辞令委婉。《史记》秦王遗平原君书,与此相类。……(季孙曰)以下两节,奇峰特起,令人不测。此节"欲富"二字,脱卸而下。下节又因"龙断"二字,脱卸而下。此文家转捩之法,较《庄子·缮性篇》为更胜。……苏云,长于喻者,辞不迫而意独至。……苏云,但解"龙断"二字,正意已跃言外。(唐文治《孟子新读本》卷二)

【集评】

辞十万而受万,非欲富之道也。以卿为不可为,而以卿之禄而为之,何以异于是?(《全宋文》卷1690沈括《孟子解》)

此节道破千古庸俗人之思想,最为痛切。盖庸夫心理之中,不独欲己身之富贵,且欲传之子孙,富厚累世不绝。天下庸有是理乎?夫剥而必复者,道也;盛而必衰者,数也;进而必退者,几也。一昼一夜,花开者谢,一秋一春,物故者新,人惟不知安命,于是以为政不用为大戚,而又使其子弟为卿。岂知公卿者,危具也;富贵者,危机也。人人欲使子弟得高官厚禄,而使子弟不立品,不读书,性情气骨,日积于卑污,以致亡其身破其家者,比比皆是。钟鸣漏罢,兴尽悲来,此非福其子弟,实乃害其子弟。老子曰:金玉满堂,莫之能守。富贵而骄,自遗其咎。功成名遂身退,天之道。富贵,人之大欲也,而独于富贵之中,有私垄断焉,此天道之所不容也。人孰不为子孙计,然与使其辱也,无宁使之荣;与使其危也,无宁使之安;与使其灭也,无宁使之存;则与使其富贵而无耻也,无宁使之贫贱而有志。吾欲为沉酣富贵者流涕以相告也。(唐文治《孟子大义》卷四)

【思考与讨论】

1. 举历代"垄断富贵"之例评说之。
2. 招揽人才,有哪些方法?各为评说之。

4:11 孟子去齐,宿于昼①。有欲为王留行者,坐而言。不应,隐几而卧②。客不悦,曰:"弟子齐宿而后敢言③,夫子卧而不听,请勿复敢见矣。"曰:"坐!我明语子④。昔者鲁缪公无人乎子思之侧⑤,则不能安子思;泄柳、申详⑥,无人乎缪公之侧,则不能安其身。子为长者虑,而不及子思,子绝长者乎?长者绝子乎⑦?"

【注释】

① 昼:齐西南部邑。故地在今山东临淄境。

② 隐几:凭几。

③ 齐:同"斋"。

④ 明语子:明确地告诉你。

⑤ 鲁缪公:鲁国君主。子思:孔子的孙子,名伋。

⑥ 泄柳、申详:泄柳,鲁人。申详:鲁人,孔子弟子子张之子。二人皆贤者。

⑦ "子为长者虑"四句:你为我考虑,自己为齐王来留我,但你不是奉齐王命来留我,你此举比不上鲁缪公命人侍子思以安之之事,所以,是你先拒绝我呢,还是我先拒绝你?

【文化史拓展】

　　鲁缪公对子思,何等尊重。相比之下,齐王对孟子,就差多了,孟子去齐,齐王也没有派人来护送、服侍乃至挽留。当孟子快要出齐境时,终于有一个人来挽留他。但此人挽留孟子,并非奉王命,而只是出于私意。孟子伤心透了,就把一腔怒火,发泄在这个无辜的人身上。在孟子看来,此人私自为齐王挽留自己,大大降低了他的身份,是对他的侮辱。他这样身份的人,应该由齐王派来的人护送、服侍、挽留,才算够面子。低于这个规格,他孟子就掉价了。那人出于私意来挽留孟子,使孟子大为掉价,当然要挨骂了。

【文学史链接】

　　文学技法

　　方云,"我明语子"以下,全部说明不可留之故,但借穆公之事作一反证,何等含蓄!（唐文治《孟子新读本》卷二)

【思考与讨论】

　　领导者应该如何尊重将要离去的人才?

　　4:12 孟子去齐。尹士语人曰①:"不识王之不可以为汤武,则是不明也;识其不可,然且至,则是干泽也②。千里而见王,不遇故去。三宿而后出昼,是何濡滞也③? 士则兹不悦④。"高子以告⑤。曰:"夫尹士恶知予哉? 千里而见王,是予所欲也;不遇故去,岂予所欲哉? 予不得已也。予三宿而出昼,于予心犹以为速。王庶几改之⑥。王如改诸,则必反予。夫出昼而王不予追也,予然后浩然有归志⑦。予虽然,岂舍王哉? 王由足用为善。王如用予,则岂徒齐民安,天下之民举安。王庶几改之,予日望之。予岂若是小丈夫然哉? 谏于其君而不受,则怒,悻悻然见于其面⑧。去则穷日之力而后宿哉⑨?"尹士闻之曰:"士诚小人也。"

【注释】

① 尹士:齐国人。

② 干泽:求好处。

③ 濡滞:迟缓,滞留。

④ 兹:通"滋",更加。

⑤ 高子:齐国人,孟子弟子。

⑥ 庶几:可能。

⑦ 浩然:气势盛大貌。

⑧ "悻悻然"句:愤恨不平的神色在脸上表现出来。见:"现"的本字。

⑨ 穷:尽。

【文化史拓展】

朱熹《孟子集注》卷四云:"此章见圣贤行道济时汲汲之本心,爱君泽民惓惓之余意。"孟子于齐王如此恋恋不舍,不愿放弃哪怕是仅存的一线希望,希望齐王能回心转意,派人将他请回任职。如果孟子是为了一己的富贵才如此,那就鄙不足道了,但他是为了齐国之民,乃至天下之民,那就值得我们钦佩了。受挫折后"悻悻然见于其面"的人,只是为一己的荣辱计,而不是为百姓计,故是鄙陋的小丈夫。

【文学史链接】

文学技法

苏云,缠绵恳恻,《离骚》似之。……以下情意缠绵,声调抑扬,为欧文之祖。……《离骚》为千古忠臣文字之祖,然不用词藻而能以情韵胜,则尚不逮此。

（唐文治《孟子新读本》卷二）

【思考与讨论】

评说孟子之所为与孟子所说"小丈夫"之所为。

4:13　孟子去齐。充虞路问曰[1]："夫子若不豫色然[2]。前日虞闻诸夫子曰：'君子不怨天，不尤人[3]。'"曰："彼一时[4]，此一时也。五百年必有王者兴，其间必有名世者。由周而来，七百有余岁矣。以其数则过矣，以其时考之则可矣。夫天未欲平治天下也，如欲平治天下，当今之世，舍我其谁也？吾何为不豫哉？"

【注释】

① 路问：在途中问。

② 不豫色：不高兴的神色。

③ "君子"二句：《论语·宪问》："不怨天，不尤人。"

④ 时：时势。

【文化史拓展】

孟子去齐，确实有不豫之色。他又认为，道不行乃天命。天不欲使天下有道，则谁也无能为力；天欲使天下有道，则足以行道者，只有他孟子一人。因此，他又没有必要"不豫"。这不是矛盾吗？虽然矛盾，但这是"彼一时，此一时也"之故。忧时伤乱，哀道不行，岂能无不豫之色？信天知命，持道不失，又何必要有不豫之色？朱熹《孟子集注》卷四云："盖圣贤忧世之志，乐天之诚，有并行而不悖者，于此见矣。"

【文学史链接】

1. 相关文学典故

舍我其谁

父子无难言之嫌，繄公是赖；庙堂销未形之患，舍我其谁？久难其人，今得此

选。(楼钥《攻媿集》卷六十四《代贺钱枢密端礼兼提举德寿宫启》)

从吾所好万青鏊,舍我其谁双白鸥。(许月卿《先天集》卷四《中秋谢施婺源爰》)

我朝学者以顾亭林为宗,国史《儒林传》,褰然冠首。吾读其书,言及礼俗教化,则毅然有守先待后、舍我其谁之态,何其壮也。(曾国藩《曾文正公诗文集》卷二《圣哲画像记》)

2. 后世有关诗赋文

朱骏声《孟子生民以来未有孔子由周而来七百余岁考》(《传经室文集》卷一)

3. 文学技法

(五百年必有王者兴)一提,有振衣千仞岗、濯足万里流之概。(唐文治《孟子新读本》卷二)

4:14 孟子去齐,居休①。公孙丑问曰:"仕而不受禄,古之道乎?"曰:"非也。于崇②,吾得见王。退而有去志,不欲变,故不受也。继而有师命③,不可以请。久于齐,非我志也。"

【注释】

① 休:地名。

② 崇:地名。

③ 师命:军事行动。

【文化史拓展】

担任官职,领取俸禄,这是符合礼制、符合道的。孟子在齐国任官职而不领俸禄,岂不是不合于礼、不合于道吗? 因此,公孙丑有这样的疑问。孟子之所以如此,是因为他不想在齐国待下去。那么,孟子为什么又长期待在齐国呢? 这是因为齐国一直有重大的军事行动,孟子不宜提出辞呈添乱,所以,在齐国待这么久,这并不是他的本意。那么,他离开齐国时,为什么还很眼巴巴地盼望齐君派人来挽留他? 他不仅希望齐君能任用他,而且更重要的是,希望齐君能采纳他的政治主张,行仁政。齐君不采纳他的政治主张,即使给他高官厚禄,他也不愿久处之。

【集评】

　　盖孟子之志，欲行仁义之道，以比隆汤武；而齐王之志，欲窃富强之略，以效法桓文：如此方圆之不相入矣。道既不合，而乃欲以万钟之禄縻之，岂所以待孟子哉？可见君子之遭时遇主，惟精神志意之感孚，为足以尽其用，而爵禄名宠之制御，不足以系其心，此又用人者所当知也。（《张居正讲评孟子》卷四）

卷五　滕文公上

5:01　滕文公为世子^①，将之楚，过宋而见孟子。孟子道性善，言必称尧舜。世子自楚反，复见孟子。孟子曰："世子疑吾言乎？夫道一而已矣。成睍谓齐景公曰^②：'彼丈夫也，我丈夫也，吾何畏彼哉？'颜渊曰^③：'舜何人也？予何人也？有为者亦若是。'公明仪曰^④：'文王我师也^⑤，周公岂欺我哉？'今滕，绝长补短^⑥，将五十里也，犹可以为善国。《书》曰：'若药不瞑眩，厥疾不瘳^⑦。'"

【注释】

① 世子：太子。

② 成睍(jiàn)：人名。齐景公：齐国君主。

③ 颜渊：孔子弟子。

④ 公明仪：鲁贤人，复姓公明，名仪。

⑤ "文王"句：此为周公语。

⑥ 绝长补短：即"截长补短"。

⑦ "若药"二句：语出《尚书·商书·说命》，意谓如果药不猛烈，则不足以去恶疾。瞑(miàn)眩(xuàn)：头晕目眩。瘳(chōu)：病愈。

【文化史拓展】

　　孟子认为，人性本善，而且每个人的人性之间，本来没有什么差别，都是同样善的，也就是说，圣人的人性，与凡夫的人性，没有什么差别，圣人本来也是凡夫，凡夫也可以成为圣人。圣人之所以成为圣人，凡夫之所以只能是凡夫，并不是生来人性有什么不同，而是后天作为的结果。人若以与生俱来的善的人性为善，且不断致力于此，则为圣人，否则就不免为凡夫。孟子说："夫道一而已矣。"这道就是指这种思想。

　　孟子这一思想，把圣人看作是后天努力的结果，这就充分肯定了人类实践活动的价值,充分肯定了人的因素,而否定了"天生为圣人"的观点,对充分发挥人的主观能动作用,推动社会的发展,无疑具有积极的意义。此外,孟子强调人性本来皆善且无差别,那么,从天子到庶人,从贵族到奴隶,固有的人性都是一样的,没有什么不同。这可以看作是"平等"思想的萌芽。

大乘佛教认为,众生皆有佛性,都可以成佛,关键在于自己的努力与否。这一思想,与孟子的"性善"、"性同"之说,十分相似。当然也有不同。佛家认为,众生固有佛性,但由于贪欲产生愚昧,愚昧重重覆盖了固有的佛性,人们因此迷失了佛性。众生修佛道,目的是尽去愚昧,使固有的佛性得到恢复,重现光明,这样就可以成佛了。孟子所说的对象是人,并不是所有的众生。孟子认为,人应当将自己固有的善的人性推广开去,扩而大之,不断丰富,不断趋向完美,直到成为圣人。这就是说,佛教的修行是恢复完美无缺的佛性,孟子提倡的扩道,则是扩充自己固有的善性。两相比较,当然以孟子之说为优。

孟子这些话,是对滕国世子说的,他勉励世子,不要贪图安逸,而要倾力为善,以像舜那样的古贤君为楷模,奋发图强,把自己的国家治理好。

【集评】

或曰:孟子之言,诸侯奚不听也? 谓其迂阔者乎? 曰:迂阔有之矣,亦足惮也。孟子位诸侯,则能以取天下矣。位卿大夫,岂不能取一国哉? 为其君者,不亦难乎! 然滕文公尝行孟子之道矣,故许行、陈相称之曰"仁政",曰"圣人"也,其后寂寂,不闻滕侯之得天下也。孟子之言,固无验也。(邵博《邵氏闻见后录》卷十二引李觏《常语》)

盖王者以天下为一身,凡四方水旱兵荒,即是人身的病痛。远近内外许多弊端蠹政,即是人身经络府脏中致病的根源。若能听逆耳之言,怀侧身之惧,将那蠹弊的去处,一一扫除,使阴阳和顺,灾沴不作,就如用苦口之药攻去病根,使气血调畅,身体康宁一般。即此推之,尧舜之道,亦不外此。(《张居正讲评孟子》卷五)

滕文公以至善之质,可行平世之道,虽国土极小,然世界本自无尽,置大国小国于天下中则一也。但有一地一人先开其规模,太平之世自可渐演矣。(康有为《孟子微》卷一)

【思考与讨论】

评说孟子所说"夫道一而已矣"的含义。

5:02 滕定公薨①。世子谓然友曰②："昔者孟子尝与我言于宋,于心终不忘。今也不幸至于大故③,吾欲使子问于孟子,然后行事④。"

然友之邹,问于孟子。孟子曰："不亦善乎! 亲丧固所自尽也⑤。曾子曰:'生,事之以礼;死,葬之以礼,祭之以礼,可谓孝矣⑥。'诸侯之礼,吾未之学也,虽然,吾尝闻之矣。三年之丧,齐疏之服⑦,饘粥之食⑧,自天子达于庶人,三代共之⑨。"

然友反命,定为三年之丧。父兄百官皆不欲,故曰:"吾宗国鲁先君莫之行⑩,吾先君亦莫之行也,至于子之身而反之,不可。且志曰:'丧祭从先祖。'"曰:"吾有所受之也。"谓然友曰:"吾他日未尝学问,好驰马试剑。今也父兄百官不我足也⑪,恐其不能尽于大事,子为我问孟子。"

然友复之邹问孟子。孟子曰:"然。不可以他求者也。孔子曰:'君薨,听于冢宰⑫。歠粥⑬,面深墨⑭。即位而哭,百官有司,莫敢不哀,先之也。'上有好者,下必有甚焉者矣。'君子之德,风也;小人之德,草也。草尚之风,必偃⑮。'是在世子。"

然友反命。世子曰:"然。是诚在我。"五月居庐⑯,未有命戒⑰。百官族人可,谓曰知⑱。及至葬,四方来观之,颜色之戚,哭泣之哀,吊者大悦。

【注释】

① 滕定公:滕国国君,文公之父。

② 世子:此指文公。然友:滕国大臣,文公为世子时的师傅。

③ 大故:此指丧事。

④ 事:此指丧礼。

⑤ 自尽:此指自己竭尽心力。

⑥ "生"下五句:语出《论语·为政》。

⑦ 齐疏之服:粗质布制成的丧服。齐(zī):衣的下摆。丧服有齐衰、斩衰等。缉边的粗麻布丧服叫齐衰,不缉边的叫斩衰。衰,同"缞",丧服。疏,粗劣。

⑧ 饘(zhān):粥。古丧礼,三日始食粥,既葬乃食粗食。

⑨ 三代:夏、商、周。

⑩ 吾宗国:滕与鲁都是周文王之后,而鲁国最早的国君长于滕国最早的国君,故滕谓

鲁为宗国。

⑪ 不我足：对我不满意。

⑫ 冢宰：宰相。

⑬ 歠（chuò）：喝。

⑭ 深墨：深黑色。

⑮ "草尚"句：草被风吹必倒。语出《论语·颜渊》。尚，加。偃，倒。

⑯ 居庐：父或母亡后，另居一室守丧。

⑰ 未有命戒：未发布任何命令、教戒。指未行政事。

⑱ "百官族人"二句：百官族人认可，认为世子知礼。

【文化史拓展】

　　此章云滕文公接受孟子的建议，恢复古礼，行三年之丧。后世士大夫至少在形式上行三年之丧。在居官期间丧父或丧母，必须去官回乡服丧。变通"夺情"不去官的事极少，贪恋官位隐匿父母之丧的，要受到严厉的惩罚。这对国事民政，当然妨碍极大。即使是平民百姓，居三年之丧，也对个人、社会的发展很不利，因为在居丧期间，有许多事不能做，例如，青年人不能参加科举考试。如果国君也行三年之丧，恐怕对国家机器的正常运转，妨碍更大，因此，后世国君无行三年之丧之礼。很明显，孟子主张恢复自天子至庶人皆行三年之丧的古礼，是阻碍社会的发展的。后世除天子之外普遍行三年之丧之礼，至清不衰，所起消极作用很大，对此，孟子不能没有责任。

　　君主行三年之丧，不合理，百官族人反对，但国君坚持行之，百官族人竟然转而赞同，四方之人也受到感染。在上者行不合理的举措，尚且能使在下者接受，行合理的举措，当然也就更容易为在下者接受。在上者的行动举措，所关甚大，故在上者不可不慎。

【文学史链接】

后世有关诗赋文

张锡恭《鲁先君不行三年丧说》(《茹荼轩文集》卷十一)

【思考与讨论】

认识领导者的表率作用在实践中的意义。

5:03 滕文公问为国①。孟子曰："民事不可缓也。《诗》云：'昼尔于茅，宵尔索绹；亟其乘屋，其始播百谷②。'民之为道也，有恒产者有恒心，无恒产者无恒心。苟无恒心，放僻邪侈，无不为已。及陷乎罪，然后从而刑之，是罔民也。焉有仁人在位，罔民而可为也？是故贤君必恭俭礼下，取于民有制③。阳虎曰④：'为富不仁矣，为仁不富矣。'夏后氏五十而贡，殷人七十而助，周人百亩而彻，其实皆什一也。彻者，彻也；助者，藉也⑤。龙子曰⑥：'治地莫善于助，莫不善于贡。贡者，校数岁之中以为常⑦。乐岁，粒米狼戾⑧，多取之而不为虐，则寡取之；凶年，粪其田而不足⑨，则必取盈焉。为民父母，使民盻盻然⑩，将终岁勤动⑪，不得以养其父母，又称贷而益之。使老稚转乎沟壑⑫，恶在其为民父母也？'夫世禄⑬，滕固行之矣。《诗》云：'雨我公田，遂及我私。'惟助为有公田⑭。由此观之，虽周亦助也。设为庠序学校以教之⑮：庠者，养也；校者，教也；序者，射也。夏曰校，殷曰序，周曰庠，学则三代共之，皆所以明人伦也。人伦明于上，小民亲于下。有王者起，必来取法，是为王者师也。《诗》云'周虽旧邦，其命惟新⑯'，文王之谓也。子力行之，亦以新子之国。"

使毕战⑰问井地。孟子曰："子之君将行仁政，选择而使子，子必勉之！夫仁政，必自经界始。经界不正，井地不钧⑱，谷禄不平。是故暴君污吏必慢其经界⑲。经界既正，分田制禄可坐而定也⑳。夫滕壤地褊小㉑，将为君子焉，将为野人焉㉒。无君子莫治野人，无野人莫养君子。请野九一而助，国中什一使自赋㉓。卿以下必有圭田㉔，圭田五十亩。余夫二十五亩㉕。死徙无出乡㉖，乡田同井㉗。出入相友，守望相助㉘，疾病相扶持，则百姓亲睦。方里而井，井九百亩，其中为公田。八家皆私百亩，同养公田。公事毕，然后敢治私事，所以别野人也。此其大略也。若夫润泽之㉙，则在君与子矣。"

【注释】

① 为国：治国。

② "昼尔于茅"四句：语出《诗经·豳风·七月》，意谓白天去打草，晚上制绳索，抓紧时间整修房屋，播种百谷的季节到来了。

③ "民之为道也"以下数句:见 1:07。

④ 阳虎:春秋时鲁国权臣季孙氏的家臣,即阳货。

⑤ "夏后氏五十而贡"八句:夏时五十亩地,上交五亩之粮。商时八家各种七十亩地,
而共种七十亩公田。公田粮食上交,其余则不必交,这类似于后世的"劳役地租"。
周制则抽取农民十分之一的粮食为税。"彻"有"取"的意思,为周时税法。藉,借。
谓借民之力种公田。

⑥ 龙子:古贤人。

⑦ 校:核定。

⑧ 狼戾:狼藉,形容其多而不为人们所珍惜。

⑨ 粪:施肥。

⑩ 盻(xì)盻然:恨视貌。

⑪ 勤动:劳苦貌。

⑫ 转乎沟壑:挣扎在死亡线上。

⑬ 世禄:士大夫之子孙虽不为官,国家也发给俸禄。

⑭ 助:此指助法,助公田劳作而不交粮税。

⑮ "设为"句:庠以养老为义,校以教民为义,序以习射为义。庠、校、序,皆乡学。夏商
周三代之乡学,名称不同,都是根据其某一功用而名之。学即国学,三代皆有之,且
都称学。

⑯ "周虽旧邦"二句:语出《诗经·大雅·文王》,云周虽历史悠久,但它充满了生命力。
此言文王时的周室。

⑰ 毕战:滕国大臣。

⑱ 井地不钧:井田划分不均。钧,同"均"。

⑲ 慢:同"漫"。诸侯、大夫等故意使经界不分明,他们可以浑水摸鱼。

⑳ 分田制禄:确定土地和利益。

㉑ 褊小:狭小。

㉒ 将:或。君子、野人,皆以社会地位而言。士大夫以上为君子,体力劳动者,特别是
长年在田野中劳作的人为野人。

㉓ "请野九一而助"二句:郊外之地,实行助法,种九助一。郊门之内,则用贡法,十收
其一为税。

㉔ 圭田:卿大夫用于供祭祀祖先开支的田,祭田。圭,洁也。

㉕ 余夫:一家中除了一位主要男劳力外,尚未结婚而已能像成人一样参加劳作的男
子,或云在十六岁以上者。

㉖ 死徙：死亡和迁居。

㉗ 同井：处于同一井田。

㉘ 守望：例如防盗寇之类。

㉙ 润泽：加工，使尽可能完美。

【文化史拓展】

孟子所云为国之法，其核心在于行仁政，行仁政的主要内容，在于轻赋税。轻赋税之顺利实行，关键在于实行井田制。井田未能规划好，轻赋税之政就难以奏效。孟子的这些政治规划，都是不切合实际的幻想。但是，乡人"出入相友，守望相助，疾病相扶持，则百姓亲睦"，这种人与人之间互助协作的精神，是每个社会都应该提倡的。

唐文治《孟子大义》卷四论"为富不仁矣，为仁不富矣"云："为仁不富矣，斯言也，吾辈所当自决者也，不富奚害也。为富不仁矣，苟存此心，则亦何所不为乎？然既不仁矣，安能长保其富乎？"

【文学史链接】

1. 相关文学典故

为富不仁

山谷诗云："能与贫人共年谷，必有明月生蚌胎。"为富不仁者可以警。（王应麟《困学纪闻·评诗》）

予读君所作《通济仓记》，叹仰久之，谨书其后，以警世之为富不仁者，俾知希荣于万一云。（真德秀《西山先生真文忠公文集》卷三十六《跋曹唐弼通济仓记》）

你为富不仁，心肠忒狠。（王铚《寻亲纪·告贷》）

2. 后世有关诗赋文

董丰垣《周礼封疆孟子王制天地说》（《识小编》卷上）

朱骏声《夏五十而贡殷七十而助周百亩而彻说》（《传经室文集》卷一）

朱骏声《什一说》（《传经室文集》卷一）

陆陇其《贡助彻论》（《三鱼堂文集》卷一）

陆陇其《始经界论》（《三鱼堂文集》卷三）

俞正燮《彻足用议》（《癸巳类稿》卷三）

金鹗《周彻法名义解》（《求古录礼说》卷十一）

黄以周《释彻》(《儆季群经说》卷三)

3. 文学技法

方云,"民事不可缓"一句是主,故首章提明,以含通章。又云,此章论治法,即《尽心章》《不忍章》之意,而加详焉。盖齐、梁二君,利欲熏心,故须歆动警戒之词多拨动其良心,直陈其利害,而后可告以王政之大略。滕文质仁而好善,无利欲之汨,所以不用如此烦言,而但详告以教养之制,因人而立言,所以为圣贤之文也。……苏云,君与子,子之君,虽非著意语,自相始终。(唐文治《孟子新读本》卷三)

【集评】

何特贡也?作法者必始于粗,终于精。……古之不为此,非不智也,势未及也。寝于泥途者,置之于陆而安矣。自陆而后有稿秸,自稿秸而后有莞簟。舍其不安而获其所安,足矣。方其未有贡也,以贡为善矣。及其既助,而后知贡之未善也。法非圣人之所为,世之所安也。圣人者,善因世而已。今世之所安,圣人何易焉?此夏之所以贡也。(苏辙《栾城后集》卷六《孟子解二十四章》)

然则恒产有无所系甚重,为人君者,诚不可不以民事为急急也。……阳虎本是不仁之人,其意主于求富。然就这两句言语来看,有国家的,若罔民而取之无制,便是为富不仁。若能制民恒产,取之有法,便是为仁不富。为仁固非以求富,然民足而君亦足,又岂至于独贫?此则不以利为利,而以仁为利,又孟子未发之旨也。……按此一段即《周礼·比闾族党》之法,后世保甲乡约,其意多出于此。但古人以分田为务,使其情意相联,自无涣散。后世不均田制产,使有乐生之具,而欲以一切之法束离散之民,宜其徒为文具而不可行也。……按井田之制,最为良法,成周所以体国经野,厚下安民,皆本于此。时至春秋战国,如李悝之尽地力,商鞅之开阡陌,尽取先王之法而更张之。后虽有明君贤相,慨然欲行古法,亦无自而考其详矣。惟是什一而赋,使百姓足而君亦足,则井田之遗意在焉。善用法者,不师其迹,而师其意可也。(《张居正讲评孟子》卷五)

【思考与讨论】

1. 什么叫"罔民"?"罔民"有哪些表现?举古代社会中的例证说明之。
2. "富"与"仁"之间的关系如何?如何使"富"与"仁"两全并相互促进?
3. 当"富"与"仁"无法两全之际,你会如何选择?为什么?

5:04 有为神农之言者许行①,自楚之滕,踵门而告文公曰②:"远方之人,闻君行仁政,愿受一廛而为氓③。"文公与之处。其徒数十人,皆衣褐,捆屦、织席以为食④。陈良之徒陈相与其弟辛⑤,负耒耜而自宋之滕⑥,曰:"闻君行圣人之政,是亦圣人也,愿为圣人氓。"陈相见许行而大悦,尽弃其学而学焉。

陈相见孟子,道许行之言曰:"滕君,则诚贤君也;虽然,未闻道也。贤者与民并耕而食,饔飧而治⑦。今也滕有仓廪府库,则是厉民而以自养也⑧,恶得贤?"孟子曰:"许子必种粟而后食乎?"曰:"然。""许子必织布然后衣乎?"曰:"否。许子衣褐。""许子冠乎?"曰:"冠。"曰:"奚冠?"曰:"冠素。"曰:"自织之与?"曰:"否。以粟易之。"曰:"许子奚为不自织?"曰:"害于耕⑨。"曰:"许子以釜甑爨⑩,以铁耕乎?"曰:"然。""自为之与?"曰:"否。以粟易之。""以粟易械器者,不为厉陶冶⑪;陶冶亦以其械器易粟者,岂为厉农夫哉?且许子何不为陶冶,舍皆取诸其宫中而用之⑫?何为纷纷然与百工交易?何许子之不惮烦⑬?"曰:"百工之事,固不可耕且为也。""然则治天下独可耕且为与?有大人之事,有小人之事。且一人之身,而百工之所为备。如必自为而后用之,是率天下而路也⑭。故曰:或劳心,或劳力;劳心者治人,劳力者治于人;治于人者食人,治人者食于人:天下之通义也⑮。当尧之时,天下犹未平,洪水横流,泛滥于天下。草木畅茂,禽兽繁殖,五谷不登⑯,禽兽偪人。兽蹄鸟迹之道,交于中国。尧独忧之,举舜而敷治焉⑰。舜使益掌火⑱,益烈山泽而焚之⑲,禽兽逃匿。禹疏九河,瀹济漯⑳,而注诸海;决汝汉,排淮泗,而注之江,然后中国可得而食也㉑。当是时也,禹八年于外,三过其门而不入,虽欲耕,得乎?后稷教民稼穑㉒,树艺五谷,五谷熟而民人育。人之有道也,饱食、暖衣、逸居而无教,则近于禽兽。圣人有忧之,使契为司徒㉓,教以人伦:父子有亲,君臣有义,夫妇有别,长幼有序,朋友有信。放勋曰㉔:'劳之来之,匡之直之,辅之翼之,使自得之,又从而振德之㉕。'圣人之忧民如此,而暇耕乎?尧以不得舜为己忧,舜以不得禹、皋陶为己忧㉖。夫以百亩之不易为己忧者㉗,农夫也。分人以财谓之惠,教人以善谓之忠,为天下得人者谓之仁。是故以天下与人易，为天下得人难。孔子曰：'大哉尧之为君！惟天为大，惟尧则之，荡荡乎民无能名焉！君哉舜也！巍巍乎有天下而不与焉㉘！'尧舜之治天下，岂无所用其心哉？亦不用于耕耳。"

"吾闻用夏变夷者㉙，未闻变于夷者也。陈良，楚产也。悦周公、仲尼之道，北学于中国。北方之学者，未能或之先也。彼所谓豪杰之士也。子之兄弟事之数十年，师死而遂倍之㉚。昔者孔子没，三年之外，门人治任将归㉛，入揖于子贡㉜，相向而哭，皆失声，然后归。子贡反，筑室于场㉝，独居三年，然后归。他日，子夏、子张、子游以有若似圣人，欲以所事孔子事之，强曾子㉞。曾子曰：'不可。江汉以濯之，秋阳以暴之，皜皜乎不可尚已㉟。'今也南蛮𫖮舌之人㊱，非先王之道，子倍子之师而学之，亦异于曾子矣。吾闻出于幽谷迁于乔木者，未闻下乔木而入于幽谷者㊲。《鲁颂》曰：'戎狄是膺，荆舒是惩㊳。'周公方且膺之，子是之学，亦为不善变矣。"

"从许子之道，则市贾不贰㊴，国中无伪。虽使五尺之童适市，莫之或欺。布帛长短同，则贾相若；麻缕丝絮轻重同，则贾相若；五谷多寡同，则贾相若；屦大小同，则贾相若。"曰："夫物之不齐，物之情也；或相倍蓰㊵，或相什伯㊶，或相千万。子比而同之，是乱天下也。巨屦小屦同贾，人岂为之哉？从许子之道，相率而为伪者也，恶能治国家？"

【注释】

① 神农：即神农氏，传说中最早的农事专家。为神农氏之言，即行神农氏之道。这一学派，乃战国时的农家。许行，人名。

② 踵(zhǒng)门：亲至其门。踵，至，到。

③ 廛(chán)：古一家所居之地。氓(méng)：流亡之民，或云草野之民，皆可通。

④ 褐(hè)：粗毛或粗麻短衣，贫贱者之服。捆屦(jù)：制鞋。屦，麻鞋。捆，屦织成后，用木槌敲之，使定型和坚固。

⑤ 陈良：楚国儒士。

⑥ 耒耜：农具。

⑦ 饔(yōng)飧(sūn)而治:一边自营生计,一边治理社会。饔飧,指谋食。饔,早餐。飧,晚餐。

⑧ 厉:害。

⑨ 害:妨碍。

⑩ 釜(fǔ)甑(zèng):炊具。釜,锅子。甑,瓦质煮器。

⑪ 陶冶:陶工、冶工。

⑫ 舍:啥,什么。

⑬ 惮(dàn):怕。

⑭ 路:奔走于道路,整天忙碌,不得安生。

⑮ 通义:公理。

⑯ 登:登场,指收获。

⑰ 敷治:治理。

⑱ 益:尧时大臣。

⑲ 烈:烧。

⑳ 瀹(yuè):疏通。漯(tà):水名。

㉑ 中国:此指内陆地区。

㉒ 后稷:古官名,负责农事。稼穑:农事。

㉓ 契:人名。传说中商人始祖帝喾氏之子。司徒:官名,职掌教化。

㉔ 放勋:尧的别名。

㉕ "劳之来之"五句:慰劳百姓,使远方的百姓来归附。使邪恶的人归于正,使他们被扭曲的思想归于直,帮助他们,保护他们,使他们自立于世,然后使他们振奋精神而知德。

㉖ 皋陶:舜之贤臣,掌刑狱之事。

㉗ 易:修治。此指耕种整治。

㉘ "大哉"六句:语出《论语·泰伯》。荡荡,大貌。巍巍,高貌。

㉙ 用夏变夷:用诸夏文化教育非诸夏之人,使他们接受诸夏文化而改变原来的文化。诸夏:黄河流域诸个诸侯国。

㉚ 倍:通"背"。

㉛ 治任:整治行李。任,担子。

㉜ 子贡:与下文的子夏、子张、子游、有若、曾子,皆孔子弟子。

㉝ 场:坟场。

㉞ 强曾子:强迫曾子同意。

㉟ "江汉"三句:此为曾子赞孔子语。孔子如江汉能濯洗万物,如秋阳能以强烈的光芒
照耀大地,光明伟大,无以复加。江,长江。汉,汉水。暴,同"曝"。皞(hào)皞乎,
光明貌。

㊱ 南蛮鴃舌:南蛮,古中原人对南方的蔑称。鴃(jué),鸟名,即伯劳。鴃舌,在古中原
人看来,南方人说话快而难懂,其舌如鴃舌,其音如鴃音。

㊲ "吾闻"二句:幽谷,很深的山谷。《诗经·小雅·伐木》:"伐木丁丁,鸟鸣嘤嘤;出自
幽谷,迁于乔木。"此乃是当用夏变夷而不能由夏变于夷之意。

㊳ "戎狄"二句:语出《诗经·鲁颂·閟宫》。戎狄,北方少数民族。荆舒:南方少数民
族。膺,击。惩,惩罚。

㊳ 贾:通"价",下同。

㊴ 蓰(xǐ):五倍。

㊵ 什(shí)伯(bó):十倍,百倍。什,十。伯,百。

【文化史拓展】

《汉书·艺文志》云:"六国时,诸子疾时怠于农业,道耕农事,托之神农。"是为
战国时的一个学派——农家。农家主张"君臣并耕",各自食其力,如此则不用刑
罚政令而天下太平,大家安居乐业。这当然是不可能的,因为如此则否定了社会
分工,而社会的进步是与分工分不开的。社会不可能倒退到没有分工的阶段去,
更何况有些动物尚有分工,没有分工的人类社会是不可能存在的!

脑力劳动与体力劳动的分工,是社会的一大进步。管理者与被管理者的分
化,君子与小人的分化,又何尝不是社会的进步!孟子明确指出君子与小人共同
存在、各有所司、相互依存的合理性,这是一个很重要的发现。如果撇开"君子"、
"小人"是否具有褒贬意义这一问题,脑力劳动者与体力劳动者、管理者与被管理
者共同存在、各有所司、相互依存,是社会发展的必然现象,不管何种社会制度的
社会,这种现象都是普遍存在的。所不同的只是脑力劳动者与体力劳动者、管理
者与被管理者之间的利益关系如何,这倒是由社会制度决定的,不过孟子并没有
涉及这一问题。

这一章中,孟子还提出了规格、数量不同的商品,必须有不同的价格分别。这
一规律,能指导人们的生产活动。如果人们违反了这一规律,社会生产就会发生
混乱。

【文学史链接】

1. 后世有关诗赋文

王义山《孟子曰人之有道也饱食暖衣》(《稼村类稿》卷十六)

孙星衍《分淮注江论》(《平津馆文稿》卷上)

陈澧《与潘聘之书》(《东塾集》卷四)

郑珍《与周叔绩汉勋书》(《巢经巢文集》卷三)

汪士铎《决汝汉排淮泗而注之江解》(《汪梅村先生集》卷二)

王舟瑶《辨排淮注江》(《默庵集》卷二)

陈玉澍《后稷教民稼穑义》(《后乐堂文钞续编》卷二)

汪之昌《放勋曰解》(《青学斋集》卷十一)

王棻《劳之来之解》(《柔桥文钞》卷一)

2. 文学技法

方云,此章只是辨许行、陈相两大段。首节叙许行,加"有为神农之言者"七字,所以为下"并耕"立案。此节叙陈相,加"陈良之徒"四字,所以为下"倍师"立案。"陈相见许行"节,将二人纽合作一句,以许行并耕之邪说,为通篇作一提。孟子曰"许行必种粟"以下,是辨许子并耕之邪说。"吾闻用夏变夷"以下,是辨陈相之惑于邪说,而倍师,正意至此尽矣。"从许子之道"二节,又于"不贰价"作一翻澜于山穷水尽处,特开一境界。章末"从许子之道,相率而为伪者也,恶能治国家",虽是辨"不贰价",而语气浑涵,连"并耕之不可从"亦包裹得住。虽是辨许行,而陈相之不当从亦包在裹,所以为神完气固也。……(许子必种粟)方云,前段辨许行,于"恶得贤"之下,即直入"有大人之事"数节,亦可,然觉平直,无势力,少精采,故先用种粟、织布、釜甑诸喻挑剔诘难,腾挪顿挫,以逼出陈相"百工之事,不可耕且为也"一句,然后出"治天下独可耕且为与"?乃有力。以下畅发,乃有势有神。故文字必先蓄势。……(治天下独可耕且为与)前两节曲折盘旋,如鹰隼之摩空,然则"治天下"句,乃斩关直入。……(当尧之时)苏云,以卜反复考证,以见"人人之事"。方云,"当尧"以下数节,虽畅发,然每节下必有停蓄顿挫。下文又提起,又停顿,无一直说,下之理,于此可悟。(唐文治《孟子新读本》卷三)

纾按孟子此章,洒洒千余言,把定指南针,一秒不曾走失。势若峰峦起伏,绵亘千里。然脉络照应极灵。惟其有脉络,故虽隔不断;惟其有照应,故虽挺不突,气聚神完。不止道高千古,即论文字,亦非诸子所及。劈头书"有为神农之言者"七字,神农即制末耜之人,已伏下并耕而食主意。然其人高亢不轻接孟子。故疾入陈相来见一篇,大文字遂由之入手。两三行中,所叙者,下文皆在在都有用处。尤以"并耕而食"四字为万矢之的。许行意主"厉民"非治之法。孟子一闻即打点先驳倒"厉民",则并耕之断不可行处,即由"厉民"带出。然一发吻间至闲暇,若为问讯远人之语。不知其中皆有关窍。因其有并耕之言,即曰:"许子必种粟而后食乎?"此句以本位为闲笔。紧接衣、冠两项,奚不自织。逼他吐出"害耕"一语。陈相一认自织"害耕",孟子已得胜着,且不说破,犹将器械易粟,厚蓄其势。陈相自认"害耕",犹不算数,必逼他更认"不可并耕"。且自将"并耕"两字折倒,然后顺势驳以"治天下亦不可耕且为"。不特画龙点睛,真有一折千丈之势,读之令人挢舌不下。论文至此,似可收煞。然孟子与人论道,非与斗胜者,"劳心"、"劳力",正是发明救世之意。更引出尧舜益禹之功德,尤不必以耕见长。唯中间夹一后稷,却脱不了一个耕字。即立时以"教"字抵他,见得教民之益,尤益于并耕。闲闲将后稷掩过,更归功于尧舜。盖有尧舜之用心天下,自然不用心于耕。而耕者自有人,不必并也。至此始将"并耕"二字,驳得干净。然后斥他"倍师",斥他师事异端,堂堂正正,教训一番。而陈相犹复倔强。于是因其自矜无伪,即以伪还之。此归结陈相。因许行之捆屦,即以大小屦同价之不可为。此归结许行也。文前后节节关锁,一步紧一步。天然以道理为文章,此文方为千古之至文。(林纾《左孟庄骚精华录》卷下)

【思考与讨论】

1. 你如何看待社会分工?
2. 你如何看待人类中分化出领导者与被领导者这一现象?

5:05　墨者夷之[①],因徐辟而求见孟子。孟子曰:"吾固愿见,今吾尚病,病愈,我且往见,夷子不来!"他日又求见孟子。孟子曰:"吾今则可以见矣。不直,则道不见[②];我且直之。吾闻夷子墨者。墨之治丧也,以薄为其道也。夷子思以易天下,岂以为非是而不贵也?然而夷子葬其亲厚,则是以所贱事亲也。"徐子以告夷子。夷子曰:"儒者之道,古之人'若保赤子[③]',此言何谓也?之则以为爱无差等,施由亲始。"

徐子以告孟子。孟子曰:"夫夷子,信以为人之亲其兄之子,为若亲其邻之赤子乎？彼有取尔也。赤子匍匐将入井，非赤子之罪也。且天之生物也，使之一本④，而夷子二本故也。盖上世尝有不葬其亲者。其亲死，则举而委之于壑。他日过之，狐狸食之，蝇蚋姑嘬之⑤。其颡有泚⑥，睨而不视⑦。夫泚也，非为人泚，中心达于面目。盖归反蘽梩而掩之⑧。掩之诚是也，则孝子仁人之掩其亲，亦必有道矣。"徐子以告夷子。夷子怃然为间曰⑨："命之矣⑩。"

【注释】

① 墨者夷之：行墨家之道的夷之。墨家，春秋时墨翟开创的学派。夷之，人名。徐辟，孟子弟子。

② 直：尽言以表达其观点。见，同"现"。

③ 若保赤子：语出《尚书·商书·康诰》，云爱民如保护婴儿。赤子，婴儿。

④ 一本：一个本原。

⑤ "蝇蚋（ruì）"句：苍蝇、蚊虫、蝼蛄等叮咬。蚋，蚊虫。姑，蝼蛄。嘬（chuài），叮咬。

⑥ 颡（sǎng）：额，脑门。泚（cǐ）：出汗。

⑦ 睨（nì）：斜视。

⑧ 蘽（léi）梩（lí）：盛土器具。一云梩音 sì，耜的异体字，一种挖土工具。

⑨ 怃然：茫然有所失貌。为间，片刻。

⑩ 命之矣：教我矣。

【文化史拓展】

墨家尚节俭，提倡薄葬。这样说来，墨家是以薄葬为贵而以厚葬为贱。可是，夷子作为墨者，却厚葬其亲，这不是"以所贱事亲"吗？夷子所持"薄葬"之说遂破。于是，夷子又提出"爱无差等，施由亲始"之说。墨家倡兼爱，儒家则讲亲亲，然后推而广之及于他人。夷子想把这二者调和起来，并且引《尚书》"若保赤子"之语，以证明儒家之爱人，爱亲人，爱他人，同样至诚。孟子认为，人对他自己的亲侄子和对邻人之子，真的会一样爱吗？这恐怕连夷子自己也不相信。至于"若保赤子"，不过是取以为比喻罢了，说的是婴儿爬入井，非婴儿之罪，比喻民不知法而犯法，非民之罪。且人之生，必本于父母，故爱人之心，从此而立，人也很自然地最爱自己的父母。如果"爱无差等"，则爱既本于父母而立，又本于他人而立，这不是

"二本"吗？而"二本"又明显是不能成立的。又，既然是"施由亲始"，知道施爱的先后有所选择，这显然就不是"爱无差等"了。既然人最爱的是自己的父母，当然人们就不忍心使自己父母的尸体暴露荒野让动物昆虫糟蹋，于是，葬礼就有人性方面的充分依据，孝子为尽其爱父母之情，厚葬父母，也自然就合情合理了。

【文学史链接】

文学技法

方云，孟子文，最善于记事。见梁襄王，只记"出，语人曰"四字，将许多问答，尽作追述之词。所谓化板为活也。此章孟子与夷子并未相见，许多论难之言，只是"徐子以告夷子"、"徐子以告孟子"、"徐子以告夷子"数笔，空灵之至，记事极有线索。……（儒者之道）此节辩驳语，诘屈有致。……（盖上世）此节文境，特沉郁深痛。……（结尾）以三字作收，神远而逸。（唐文治《孟子新读本》卷三）

【集评】

墨翟以兼爱无父之故，孟子辞而辟之，至比于禽兽，然一时之论。迨于汉世，往往以配孔子。《列子》载惠盎见宋康王曰："孔丘、墨翟，无地而为君，无官而为长，天下丈夫女子，莫不延颈举踵而愿安利之。"邹阳上书于梁孝王曰："鲁听季孙之说逐孔子，宋任子冉之计囚墨翟，以孔、墨之辩，不能自免于谗谀。"贾谊《过秦》云："非有仲尼、墨翟之知。"徐乐云："非有孔、曾、墨子之贤。"是皆以孔、墨为一等，列、邹之书不足议，而谊亦如此。韩文公最为发明孟子之学，以为功不在禹下者，正以辟杨、墨耳。而著《读墨子》一篇，云："儒、墨同是尧舜，同非桀纣，同修身正心以治天下国家。孔子必用墨子，墨子必用孔子。不相用，不足为孔、墨。"此又何也？魏郑公《南史·梁论》，亦有"抑扬孔、墨"之语。（洪迈《容斋续笔》卷十四《孔墨》）

通章"重本"二字，全是挑剔他良心，不是攻击墨学。佛未入中国而墨先之，孔墨并称，自战国迄两汉无有改者，此天下所以多效佛者。（孙逢奇《四书近指》卷十四）

【思考与讨论】

如何看待墨家的"爱无差等，施由亲始"之说？

卷六　滕文公下

6:01　陈代曰①："不见诸侯,宜若小然②;今一见之,大则以王,小则以霸。且《志》曰③:'枉尺而直寻④',宜若可为也。"孟子曰:"昔齐景公田,招虞人以旌,不至,将杀之⑤。志士不忘在沟壑,勇士不忘丧其元⑥。孔子奚取焉?取非其招不往也,如不待其招而往,何哉?且夫枉尺而直寻者,以利言也。如以利,则枉寻直尺而利,亦可为与?昔者赵简子使王良与嬖奚乘⑦,终日而不获一禽。嬖奚反命曰:'天下之贱工也。'或以告王良。良曰:'请复之。'强而后可,一朝而获十禽。嬖奚反命曰:'天下之良工也。'简子曰:'我使掌与女乘。'谓王良,良不可,曰:'吾为之范我驰驱⑧,终日不获一;为之诡遇⑨,一朝而获十。《诗》云:"不失其驰,舍矢如破⑩。"我不贯与小人乘⑪,请辞。'御者且羞与射者比⑫。比而得禽兽,虽若丘陵,弗为也。如枉道而从彼,何也?且子过矣,枉己者,未有能直人者也。"

【注释】

① 陈代:孟子弟子。

② 宜若小然:宜其为小节。

③《志》:古书。

④ 枉尺而直寻:小段弯曲大段直,喻不拘小节而坚持大节。寻,八尺。

⑤ "昔齐景公"四句:若齐景公至苑囿打猎,以旌招守苑囿之吏而此吏不至,景公欲杀之。古礼,招大夫用旌,招虞人则以皮冠。田,猎。虞人,守苑囿之吏。

⑥ "志士"二句:志士怀大志,常念死弃沟壑而无所恨。勇士好勇轻生,常念掉脑袋而不顾惜。此乃孔子赞叹那虞人守礼而不惜死,堪称志士、勇士。元,头。

⑦ 赵简子:晋大夫赵鞅。王良:晋国一善于驾车者。嬖奚:赵简子宠信之臣。嬖,获主人宠信之人。奚,此人之姓。与……乘:为……驾车。

⑧ 范:规范之使合法度。

⑨　诡遇：不以正道而遇、而得。

⑩　"不失其驰"二句：语出《诗经·小雅·车功》，意谓御者不失其驰驱之法，射者发矢皆中而有力。

⑪　贯：同"惯"。

⑫　比：勾结。

【文化史拓展】

　　陈代认为，诸侯不招而不往，固然不屈小节，但不可能有什么成就。诸侯未招而往，虽屈小节，但可以成大业。只要大节不屈，小节即使有屈，也无妨。因此，他建议孟子屈己去见诸侯，不必待诸侯之招。孟子举了两个例子，一是齐国虞人宁死而"非其招不往"，二是晋国御者王良不肯失驰驱之正以迎合小人。前者直接表现孟子"非招不往"之志。虞人卑官，尚能如此，况孟子乎？后者说明虽然利之所在，但决不以不正手段去获取。御者卑贱之职，尚且如此，况孟子乎？

　　此外，孟子还强调了两个观点，说明虽小节亦不可屈。一是所谓屈小节不屈大节者，无非是为了利而屈于节。为了利可屈小节，则为了利屈大节，不也可以干了吗？大节小节，大利小利，很难有绝对的标准。二是尽管是屈小节，毕竟是屈，毕竟是不正。"己不正，焉能正人"？不能正人，又怎能行正道就大业？当节与利发生尖锐矛盾时，当如何取舍？这是人生无法回避的问题。

【文学史链接】

文学技法

　　（昔齐景公）此节为闲顿法。如此闲闲一顿，下节"且夫"一提，便有高峰直耸之势。……（昔者赵简子）上节词严义正，此节却又极诙诡之趣。《史记》中有庄谐相间法，又有用谐为庄、化庄为谐法，实本于此。……（御者且羞于射者比）此节极似《战国策》文字。（唐文治《孟子新读本》卷三）

【集评】

　　后之用人者，诚以进退出处之际，观其大节，则枉直不淆，而举措无不当矣。（《张居正讲评孟子》卷六）

　　此明不可枉己求利。世之奔走容悦以求仕宦者，佞虽得官，五经扫地，应愧汗于斯文。进身不正，而欲以治人，发言先恶，岂能行其志哉？王旦以斗珠钳口，不

敢谏天书,至死犹愧。固知士人立身当磊落轩天地,不可少有所屈,以累平生也。(康有为《孟子微》卷八《辟异》十八)

【思考与讨论】

如何看待"小节"与"大业"之间的关系?

6:02 景春曰①:"公孙衍、张仪岂不诚大丈夫哉②?一怒而诸侯惧,安居而天下熄。"孟子曰:"是焉得为大丈夫乎?子未学礼乎?丈夫之冠也③,父命之;女子之嫁也,母命之,往送之门,戒之曰:'往之女家,必敬必戒,无违夫子④!'以顺为正者,妾妇之道也。居天下之广居⑤,立天下之正位⑥,行天下之大道⑦。得志,与民由之⑧;不得志,独行其道。富贵不能淫⑨,贫贱不能移⑩,威武不能屈⑪。此之谓大丈夫。"

【注释】

① 景春:人名。

② 公孙衍、张仪:皆战国时策士,能游说诸侯,挑起争端,使诸侯相互攻伐,他们从中获富贵。

③ 丈夫之冠:男子行成年礼。丈夫,男子。冠,冠礼,古代男子的成年礼。

④ 夫子:丈夫。

⑤ 广居:大屋,此喻仁。仁如无所不容的大屋,人居之而安。

⑥ 正位:比喻礼。人立身行事皆按礼,如居正位而不偏。

⑦ 大道:比喻义。

⑧ 由之:行之,沿着大道走。由,沿。之,指大道。

⑨ 淫:其心惑乱而失道。

⑩ 移:改变其节操而失道。

⑪ 威武不能屈:权势不能挫其志。屈,其志遭挫损而失道。

【文化史拓展】

朱熹《孟子集注》卷六引何叔京语云:"战国之时,圣贤道否,天下不复见其德业之盛,但见妒巧之徒,得志横行,气焰可畏,遂以为大丈夫。不知由君子观之,是乃妾妇之道耳,何足道哉!"公孙衍、张仪之流,皆仅仅是顺从君主的私欲而行事,没有博大的思想、高尚的节操和坚强的意志,他们虽然能量不小,但所行皆是"以顺为正"的"妾妇之道",非大丈夫。孟子又从正面提出了大丈夫的标准。真正的大丈夫,当处心于仁,立身以礼,行事以义,得志与民共行其义,不得志则独行其义,任何情况下都不惑乱、不变节、不屈服。比起真正的大丈夫来,顺从君主私欲以获私利的公孙衍、张仪们,多么不足道!

【文学史链接】

1. 后世有关诗赋文

汤显祖《一怒而诸侯惧》(《汤显祖全集·诗文》卷五十)

孙漠《丈夫之冠也父命之说》(《诂经精舍四集》卷八)

2. 文学技法

方云,此章以"道"字为主,"是焉得为大丈夫"句,已驳倒,"子未学礼乎",忽宕开境界,笔意灵幻。"以顺为正"、"妾妇之道",言丈夫之不如,何况大丈夫? 是加倍讥贬。笔笔有锋芒。末节正言大丈夫实际,气焰光昌,读之可生浩然之气。(唐文治《孟子新读本》卷三)

【思考与讨论】

什么样的人,才是孟子所说的"大丈夫"? 如何评价"大丈夫"?

6:03　周霄问曰①:"古之君子仕乎?"孟子曰:"仕。《传》曰②:'孔子三月无君,则皇皇如也③,出疆必载质④。'公明仪曰:'古之人三月无君则吊⑤。'""三月无君则吊,不以急乎?"曰:"士之失位也,犹诸侯之失国家也。《礼》曰:'诸侯耕助,以供粢盛;夫人蚕缫,以为衣服。牺牲不成,粢盛不洁,衣服不备,不敢以祭。惟士无田,则亦不祭⑥。'牺牲、器皿、衣服不备,不敢以祭,则不敢以宴,亦不足吊乎?""出疆必载质,何也?"曰:"士之仕也,犹农夫之耕也,农夫岂为出疆舍其耒耜哉?"曰:"晋国亦仕国也⑦,未尝闻仕如此其急。仕如此其急也,君子之难仕,何也?"曰:"丈夫生而愿为之有室,女子生而愿为之有家。父母之心,人皆有之。不待父母之命、媒妁之言⑧，钻穴隙相窥，逾墙相从，则父母国人皆贱之。古之人未尝不欲仕也，又恶不由其道⑨。不由其道而往者，与钻穴隙之类也。"

【注释】

① 周霄：魏国人。

②《传》：古书。

③ 无君：不得为官事君。皇皇如：心不能安貌。皇皇，同"惶惶"。

④ 出疆必载质：乘车出国境，车上必载为见他国国君准备的见面礼。

⑤ 吊：悲伤。

⑥ "《礼》曰"十一句：此乃概括《礼记·祭义》中有关部分语。诸侯有藉田百亩，亲自下地耕种，庶人助之，完成农事。藉田所产粮食，用于祭祀，以表诸侯之敬祖宗、鬼神。藉田，借民力耕种之田。其夫人亲自为蚕桑之事，用以制成礼服供祭祀时用。粢盛：祭品，指盛在祭器中的黍、稷之类。士有田则祭，无田则荐。荐，简单的祭祀。

⑦ 晋国：魏本为晋国的一部分，故人常以晋称魏。仕国：君子可仕之国。

⑧ 媒妁（shuò）：媒人。

⑨ 不由其道：不通过正常、正当的途径。

【文化史拓展】

君子既然急于出仕，为什么难以出仕呢？当时各国都非常需要人才。关键在于：君子之出仕，必由其道，不肯苟且，苟且虽能得官，但已不是君子了。男子希望自己能有妻子，女子希望自己能有丈夫，但必由父母之命、媒妁之言而后得妻、得夫。父母之命、媒妁之言，是古代社会婚姻的正道，如果不由此正道，虽也能得妻、得夫，但就不是好男子、好女子了，就要受到当时社会的鄙视。君子求仕，也是如此。后世卖官之门大开，然试看历史上买官而成名臣者、成就大事业者有几人哉？凡有为官之志者，不可不慎。

【文学史链接】

文学技法

方云，周霄原是疑孟子难仕，而先不说明，故意将仕之急挑剔腾挪，反逼反敲，作数波澜，然后突出君子之难仕何也，有势有力有步骤。……（士之失位也）方云，三节俱用三喻，文境变化亦奇整。……（晋国亦仕国也）苏云，三段后方折入本意。

"欲"字从上"愿"字生来,"恶"字从上"贱"字生来,以"欲"字引起"恶"字。(唐文治《孟子新读本》卷三)

【集评】

然则君子之欲仕而不轻仕,周霄可以自悟矣。……世之为君者,知士之欲仕,而遂其致君泽民之心;又知仕之有礼,而全其直己守道之志,斯上下交而德业成矣。(《张居正讲评孟子》卷六)

【思考与讨论】

1. 为什么古代士人那么热衷于做官?
2. "恶不由其道"之"道"的内涵如何?

6:04 彭更问曰①:"后车数十乘,从者数百人,以传食于诸侯②,不以泰乎③?"孟子曰:"非其道,则一箪食不可受于人;如其道,则舜受尧之天下,不以为泰,子以为泰乎?"曰:"否。士无事而食,不可也。"曰:"子不通功易事④,以羡补不足⑤,则农有余粟,女有余布;子如通之,则梓匠轮舆皆得食于子⑥。于此有人焉,入则孝,出则悌,守先王之道,以待后之学者,而不得食于子。子何尊梓匠轮舆而轻为仁义者哉?"曰:"梓匠轮舆,其志将以求食也;君子之为道也,其志亦将以求食与?"曰:"子何以其志为哉?其有功于子,可食而食之矣⑦。且子食志乎⑧?食功乎⑨?"曰:"食志。"曰:"有人于此,毁瓦画墁⑩,其志将以求食也,则子食之乎?"曰:"否。"曰:"然则子非食志也,食功也。"

【注释】

① 彭更:孟子弟子。

② 传食:辗转受人之食。一云传音 zhuàn,客舍,传食乃居于诸侯国宾馆而受其国饮食之供。又云,传为驿站之车,传食乃乘公车往来于诸侯之间受供养。

③ 泰:奢侈。

④ 通功易事:交换劳动成果或有效劳动,互通有无。

⑤ 羡:多余。

⑥ 梓匠轮舆:泛指各种手艺人。梓匠,木匠。轮舆,制车匠。

⑦ 可食(sì)而食(sì)之:可以给他食而给他食。食,给……食。

⑧ 食(sì)志:按其志给他食。

⑨ 食功:按其功给他食。

⑩ 墁(màn):粉刷过的墙壁。毁瓦画墁,指所为事无功而反为有害。

【文化史拓展】

"通功易事"反映了生产的社会性,"功"、"事"即是劳动成果或有效劳动。人们必须互相交换劳动成果或有效劳动,才能实现自己的劳动价值,才能生存。要交换,首先自己得有劳动成果和有效劳动,如果没有,就不能进行交换,自己也就无法获得所需要的东西。当然,"功"、"事"有大小,有显晦,但是,每个人必须有其事,必须成其功,按其"功"、"事"才能获得相应的待遇。无"功"、"事"而得,"功"、"事"小而所得大,都是"非其道而得之",违背道义。这不是"按劳分配"、"不劳动者不得食"的理论么?

【文学史链接】

文学技法

苏云,转换如走丸。……方云,此章彭更之言,凡三波,皆翻得有理,难以立言。须观孟子转身处,何等开阔正大,皆由天理烂熟,非善辩也。……(梓匠轮舆,其志将以求食也)苏云,至此难倒,用"志"字,倒而复起,似溪回路转。(唐文治《孟子新读本》卷三)

纾按此章神妙,直到秋毫之巅。彭更之问,极冷隽,意在奚落。孟子应之以道,语极诚实。彭更却责孟子以事,并不信孟子以道,直是当面抢白。而孟子词令工夫,全在"通功易事"四字。知彭更不必折之以理,但当折之以事势。梓匠轮舆之食于人,通功也。功有大小之判,通之则同。彭更尤不之服,舍功言志,狡狯已极。孟子答言,上半则堂堂之阵,言有功即可食,语极和平,其下伏以奇兵。叩以食志、食功。而彭更已走入窘乡,强颜答曰"食志",直是无理取闹。毁瓦画墁,亦事之无理者,即以无理钩取其当理之言。彭更势不能更作倔强之语,孟子始闲闲还他"食功,非食志",为主篇之结束,醒极快极。文有道理,自然百折不挠。"通功易事"四字,已立全篇之干。主脑既得,随方答应,断不至于词穷也。(林纾《左孟

庄骚精华录》卷下）

【集评】

独行先王之道,勉遵圣人之法,严拒异端而不污,孤立无徒而不耻,如孟子"守先王之道,以待后之学者",吾志之学之,而未逮也,庶其勉焉。（颜元《颜元集》之《颜习斋先生言行录》卷上《言卜》第五）

【思考与讨论】

什么叫"通功易事"？

6:05　万章问曰："宋,小国也。今将行王政,齐楚恶而伐之,则如之何?"孟子曰："汤居亳①,与葛为邻②,葛伯放而不祀③。汤使人问之曰:'何为不祀?''无以供牺牲也。'汤使遗之牛羊。葛伯食之,又不以祀。汤又使人问之曰:'何为不祀?'曰:'无以供粢盛也。'汤使亳众往为之耕,老弱馈食。葛伯率其民,要其有酒食黍稻者夺之④,不授者杀之。有童子以黍肉饷,杀而夺之。《书》曰:'葛伯仇饷⑤。'此之谓也。为其杀是童子而征之,四海之内皆曰:'非富天下也⑥,为匹夫匹妇复雠也。''汤始征,自葛载⑦',十一征而无敌于天下。东面而征,西夷怨;南面而征,北狄怨,曰:'奚为后我⑧?'民之望之,若大旱之望雨也。归市者弗止⑨,芸者不变⑩,诛其君,吊其民,如时雨降。民大悦。《书》曰:'徯我后⑪,后来其无罚。''有攸不惟臣,东征,绥厥士女,匪厥玄黄,绍我周王见休,惟臣附于大邑周⑫。'其君子实玄黄于匪以迎其君子,其小人箪食壶浆以迎其小人,救民于水火之中,取其残而已矣⑬。《太誓》曰:'我武惟扬,侵于之疆,则取于残,杀伐用张,于汤有光⑭。'不行王政云尔,苟行王政,四海之内皆举首而望之,欲以为君。齐楚虽大,何畏焉?"

【注释】

① 亳(bó):地名,商汤的首都,故地在今河南商丘北。

② 葛:古诸侯国名,其君为葛伯。

③ 放:放肆为非。

④ 要(yāo):拦截。

⑤ 葛伯仇饷:葛伯以饷者为仇。语出《尚书·商书·仲虺之诰》。饷:馈送食物等。

⑥ 非富天下:非以天下为富而取之。

⑦ 载:始。

⑧ 奚为后我:为什么不先来解放我,而是先解放人家后解放我?

⑨ 归市者:至市贸易者。

⑩ 芸者:在田里除草者。

⑪ 徯我后:等待我的君主来。徯,等待。后,君主。

⑫ "有攸不惟臣"六句:此乃从《尚书·周书·武成》节简而出。大意是,有不肯向周称臣的,周遂东征,安百姓。百姓以筐盛彩色的丝帛,来献给周王,感谢他使他们安宁,并请归附于周。匪,同"筐",一种竹制容器。玄黄,黑色与黄色,此指彩色丝帛。绍,事。

⑬ 取其残:取其残民者。

⑭ "《太誓》"六句:语出《尚书·周书·泰誓》。《太誓》即《泰誓》,相传为武王伐纣至孟津时所作誓言。此数句与今本《尚书》稍异,大意为:武王威武奋扬,侵商纣王之疆土,则取其残害百姓之人。杀伐之功,由此更大,较之于汤,又有广大。杀为救民,故少杀而杀伐之功大。

【文化史拓展】

朱熹《孟子集注》卷六引尹氏语云:"为国者能自治而得民心,则天下皆将归往之,恨其征伐之不早也。尚何强国之足畏哉! 苟不自治,而以强弱之势言之,是可畏而已矣!"小国行仁政,想成就王业,会不会招来大国的进攻呢? 这是万章所担心的。孟子则认为,小国行王政,则包括大国在内的天下之民归心,因此,不仅根本就不用担心会招来大国的进攻,而且还会受到天下人民的拥戴和欢迎,顺利地诛杀他国残民之君,救他国之民于水火之中,成就王业。万章的担心不是没有道理的,孟子的观点也未必切合当时的实际,但是,在强敌环伺的情况下,小国不行以仁政为中心的王政,还有什么图强的道路可以走呢?

【文学史链接】

1. 后世有关诗赋文

汤显祖《其君子实》(《汤显祖全集·诗文》卷五十)

孙诒让《绍我周王见休义》(《籀斋述林》卷三)

2. 文学技法

方云,此章先引汤武两证,是文章大开局。末用"不行王政云尔"一笔逆转入宋,是文字大转局。开处须玩其恣肆,转处须玩其灵快。……(为其杀是童子)一提,全神俱振。……(有攸不惟臣)"匪厥玄黄"句生辣,即此句可悟造句宜放胆,宜避熟就生。……方云,末句"于汤有光",由武王抱回成汤,一笔束两人,更为神化之境。……(不行王政云尔)苏云,一折有千钧之力。(唐文治《孟子新读本》卷三)

6:06 孟子谓戴不胜曰①:"子欲子之王之善与? 我明告子。有楚大夫于此,欲其子之齐语也,则使齐人傅诸②? 使楚人傅诸?"曰:"使齐人傅之。"曰:"一齐人傅之,众楚人咻之③,虽日挞而求其齐也,不可得矣;引而置之庄岳之间数年④,虽日挞而求其楚,亦不可得矣。子谓薛居州⑤,善士也。使之居于王所。在于王所者,长幼卑尊,皆薛居州也,王谁与为不善? 在王所者,长幼卑尊,皆非薛居州也,王谁与为善? 一薛居州,独如宋王何?"

【注释】

① 戴不胜:宋国臣。

② 傅:教。

③ 咻(xiū):喧嚷。

④ 庄岳:齐街里名。

⑤ 薛居州:宋国贤臣。

【文化史拓展】

此章云环境对人影响之大。良好的人文环境能使人为善,不良的人文环境,能使人为不善。可见营造良好的人文环境,是多么重要。此君主之所以必须远小人、亲贤臣也,然岂独君主须如此哉!

【思考与讨论】

理解此章中比喻的意义。

6:07 公孙丑问曰："不见诸侯,何义?"孟子曰："古者不为臣不见。段干木踰垣而辟之①,泄柳闭门而不内②,是皆已甚。迫③,斯可以见矣。阳货欲见孔子而恶无礼,大夫有赐于士,不得受于其家,则往拜其门。阳货瞰孔子之亡也④,而馈孔子蒸豚⑤;孔子亦瞰其亡也,而往拜之。当是时,阳货先,岂得不见? 曾子曰:'胁肩谄笑⑥,病于夏畦⑦。'子路曰:'未同而言,观其色赧赧然,非由之所知也⑧。'由是观之,则君子之所养可知已矣⑨。"

【注释】

① 段干木:战国时魏国贤人,有道而不仕。魏文侯亲至其门,踰墙避之。文侯请为相,不受,终待以客礼。垣:墙。辟:同"避"。

② 泄柳:春秋时鲁国贤人,鲁穆公就见之,柳闭门不纳。内,同"纳"。

③ 迫:迫切。指君主迫切见之。

④ 阳货欲见孔子而恶无礼:阳货欲使孔子来见自己,而畏人以己无礼。瞰(kàn):窥,伺。亡,不在家。

⑤ 蒸豚:蒸乳猪。

⑥ 胁肩谄笑:耸起肩膀,装出笑脸谄媚别人,形容阿谀谄媚的丑态。胁,收敛,通"翕"。

⑦ 夏畦:夏天的农田。在夏天的农田里劳作,极为累人。这两句是说,阿谀谄媚,比在夏天的农田里劳作还累人。

⑧ "未同而言"三句:意见并不与人相同而强与之言,以讨对方欢心者,看他那副惭愧面赤的窘相,我真不理解那种人! 赧赧(nǎn)然:惭愧面赤貌。由:子路姓仲,名由。古人自称名。

⑨ 所养:指所培养的气节、操守、品格等等。

【文化史拓展】

古者不为臣不见其君,但君主求见之礼至,则当见之。段干木、泄柳太过,君主求见之礼至也不见之。许多小人则不及,他们求见君主,一味迎合其所欲以求富贵,当时大量的策士就是如此。孔子以礼待阳货而不苟同,曾子、子路皆恶阿谀谄媚之人。他们所守,乃是古礼。孟子之不主动求见诸侯,也正是守古礼,而与当时世风完全不同。

【文学史链接】

后世有关诗赋文

明代佚名《七十二朝人物演义》卷二十一《段干木踰垣而辟之》

【集评】

行者也,不知所贵于士者,岂必以隐为高,往而不返,然后为贤哉? 惟君无下贤之诚,故士高不见之节耳。今二君求见之意,既如此其迫切,则二子见之,不为枉道,何必逾垣而避、闭门不纳哉? 是二子者,执礼义而失之太过,君子所不由也。(《张居正讲评孟子》卷六)

6:08 戴盈之曰①:"什一②,去关市之征③,今兹未能。请轻之,以待来年,然后已,何如?"孟子曰:"今有人日攘其邻之鸡者④,或告之曰:'是非君子之道。'曰:'请损之,月攘一鸡,以待来年,然后已。'如知其非义,斯速已矣,何待来年。"

【注释】

① 戴盈之:宋国大夫。

② 什一:(实行)十抽一之税。

③ 关市之征:关卡税、市场税。

④ 攘(rǎng):偷。

【文化史拓展】

焦循《孟子正义》卷十三引赵岐语曰:"言从善改非,坐而待旦,知而为之,罪重于故。譬犹攘鸡,多少同盗。变恶自新,速然后可也。"后之论者,皆如是说。就攘鸡而论,孟子、赵岐等所云,皆为至确,而以攘鸡比喻税收,则未必恰当。

明明知道某种政策不合理,但考虑到各方面的因素,不宜马上废止,则逐步减弱它的不合理性,慢慢废除。废除一种不合理的政策,实行一种好的政策,不能只看到政策本身,还应考虑各方面的因素,不然,则可能产生消极作用。因此,戴盈之之法,也未尝不是良法。他是政府官员,大约有一定的政治经验。孟子虽然做过官,但就本质而言,他实际上只是一个坐而论道的文士,不是个有丰富政治经验的实干家。坐而论道,慷慨激昂,犀利刻薄,议论滔滔,甚至偏执一端,夸大其词也无妨,但实际为政,就不可能如此潇洒。文士与官员之别,往往如此。

不过,如果知道自己有过失,当尽快改正。若知道不速改,旧过固然未改,此又生一过。旧过会继续产生不良后果,甚至越来越严重的后果,新过"知过不改",更是贻害无穷。从这个意义上说,"如知其非义,斯速已矣,何待来年",当然也是完全准确的。凡事应该根据客观情况而论,不能执一。

【文学史链接】

文学技法

方云,设喻奇幻,有锋芒。(唐文治《孟子新读本》卷三)

6:09 公都子曰:"外人皆称夫子好辩,敢问何也?"孟子曰:"予岂好辩哉? 予不得已也。天下之生久矣,一治一乱。当尧之时,水逆行泛滥于中国,蛇龙居之,民无所定,下者为巢,上者为营窟。《书》曰:'洚水警余①。'洚水者,洪水也。使禹治之。禹掘地而注之海,驱蛇龙而放之菹②,水由地中行,江、淮、河、汉是也。险阻既远,鸟兽之害人者消,然后人得平土而居之。尧舜既没,圣人之道衰,暴君代作,坏宫室以为汙池,民无所安息,弃田以为园囿,使民不得衣食,邪说暴行又作,园囿汙池,沛泽多而禽兽至③,及纣之身,天下又大乱。周公相武王,诛纣伐奄④,三年讨其君,驱飞廉于海隅而戮之⑤,灭国者五十,驱虎豹犀象而远之,天下大悦。《书》曰:'丕显哉,文王谟,丕承哉,武王烈,佑启我后人,咸以正无缺⑥。'世衰道微,邪说暴行有作⑦,臣弑其君者有之,子弑其父者有之。孔子惧,作《春秋》。《春秋》,天子之事也⑧,是故孔子曰:'知我者,其惟

《春秋》乎;罪我者,其惟《春秋》乎。'圣王不作,诸侯放恣,处士横议,杨朱、墨翟之言盈天下⑨,天下之言,不归杨则归墨。杨氏为我,是无君也;墨氏兼爱,是无父也。无父无君,是禽兽也。公明仪曰:'庖有肥肉,厩有肥马,民有饥色,野有饿莩,此率兽而食人也。'杨墨之道不息,孔子之道不著,是邪说诬民⑩,充塞仁义也。仁义充塞,则率兽食人,人将相食。吾为此惧。闲先圣之道⑪,距杨墨,放淫辞⑫。邪说者,不得作,作于其心,害于其事,作于其事,害于其政。圣人复起,不易吾言矣。昔者禹抑洪水,而天下平;周公兼夷狄,驱猛兽,而百姓宁;孔子成《春秋》,而乱臣贼子惧。《诗》云:'戎狄是膺,荆舒是惩,则莫我敢承⑬。'无父无君,是周公所膺也。我亦欲正人心,息邪说,距诐行⑭,放淫辞,以承三圣者⑮。岂好辩哉? 予不得已也。能言距杨墨者,圣人之徒也。"

【注释】

① "洚(jiàng,又读 hóng)水警余":洪水引起我的警戒。语出《尚书·虞书·大禹谟》。洚水,洪水。

② 菹(jù):多水草的沼泽地。

③ 沛泽:沼泽。

④ 奄:商时我国东部一诸侯国,当时助纣者。

⑤ 飞廉:纣之宠臣。

⑥ "丕显哉"六句:丕,大。显,显赫。谟,谋。承,继承。烈,功业。启,开。语出《尚书·周书·君牙》。

⑦ 有:又。

⑧ 天子之事:天子统治天下之法。

⑨ 杨朱:字子居,战国时人。其学主"为我",云古之人损一毫利天下而不为,悉天下奉一身不取也。墨翟(dí):即墨子,墨家的创始人。

⑩ 诬:欺骗。

⑪ 闲:保卫。

⑫ 放:驱而远之。

⑬ "戎狄是膺"三句:见前注。

⑭ 诐(bì)行:偏颇不正之行为。

⑮ 三圣：大禹、周公、孔子。

【文化史拓展】

天下一治一乱。由乱反治，极为艰难，且必有伟人兴方能实现。孟子之时，天下大乱，各种学说流行，其中最为流行的，除儒家学说外，是墨子、杨朱之说。孟子认为，是墨子、杨朱等人的"邪说"惑乱了天下。他以继承禹、周公、孔子之道自任，欲清除"邪说"，平天下而安百姓。因此，他抨击"邪说"，不遗余力，遂由此得了"好辩"之名。

唐文治《孟子大义》卷六论"知我者其惟《春秋》乎"二句云："世道之所以常存，人心之所以不泯者，是非而已矣。世治则是非与赏罚合而为一，世乱则是非与赏罚分而为二。至是非赏罚相背而驰，于是圣人者出，遂发明天下之公是公非，以行其私赏私罚之权。历代著作之儒，皆寓此志，不独《春秋》为然，惟《春秋》可为万世之标准尔。天下之乱，是非为先兆。邪说而以为非邪，暴行而以为非暴，臣弑其君，子弑其父而以为非弑。是非既乱而人心随之。此自古以来兴亡之大较也。是非正则世道正，是非明则人心明。'知我者其惟《春秋》乎'，知其明是非也；'罪我者其惟《春秋》乎'，罪其僭天子之事也。""发明天下之公是公非"，不是一件容易的事。即使有人在某个方面确实发明了"天下之公是公非"，还要得到社会的理解和承认，才能发挥作用。另一方面，全社会的每一个人，都有发明"公是公非"的权利和义务，特别是知识分子，尤其如此。真正的"公是公非"，只有在全社会的共同追求中才能获得，才能为全社会理解、承认，进而发挥作用。若是认为"公是公非"只有出于天子或者某些人，是天子或者某些人的专利，其他人染指就是"僭"，那是非常危险的。

【文学史链接】

1. 后世有关诗赋文

汤显祖《驱虎豹犀象而远之》（《汤显祖全集·诗文》卷五十）

汪之昌《浑水者洪水也解》（《青学斋集》卷十一）

马国翰《周公灭国五十考》（《玉函山房文集》卷五）

汪之昌《武王灭国五十考》（《青学斋集》卷十一）

2. 文学技法

方云，"予岂好辩哉"二句提通章，将己好辩之心思，开口一声，深情如揭。"天下之生久矣"二句提下八节,明己好辩缘故,只是欲拨乱而反治。"禹、周、孔子"六节是宾,"圣王不作"二节是主,皆承明一治一乱也。"昔者禹抑洪水"节,又将三圣人拨乱反正之功作一顿挫,以引起自己好辩之不得已。局势至此,如百川之汇大海,茫无津涯。"岂好辩哉,予不得已也"二句一束,与章首回应,情韵已无穷矣。又以"能言距杨墨"二句放开作收,文境文情,更觉与天无际。……(吾为此惧)四字有镇压千钧之势。……(昔者禹抑洪水)此为总结总提,以结为提法。(唐文治《孟子新读本》卷三)

【集评】

夫由治而乱,虽圣贤不能止其来,然拨乱而反治,在圣贤岂得辞其责? 故虽至艰至大之事,亦有不得已而为者,而况于言乎? ……大抵异端之害,在于学术之偏,而其本始于心术。心术既坏,则发于言语,皆淫邪之辞,施为政事,皆偏私之举,而天下之乱,实基于是矣。孟子之辟杨墨,正为此也。挽回世道者,当以正人心为急。……夫当时纵横名法之学害圣人之道者,不知其几,而孟子独辟杨墨者,盖百家之言,害在政治,浅而易见,杨墨之说,害在心术,深而难知,使非孟子极力辟之,则世道之沦溺,亦不知其所至矣。后人以孟子之功不在禹下,正为此也。(《张居正讲评孟子》卷六)

盖天下归往谓之王,今天下所归往者莫如孔子。佛称法王,耶称天主,盖教主皆为人王也,天下同之。天下不往墨子,故不得为王。既天下归往孔子,安得不为王乎? 此道德之王,王有万世。若当世人主,以力服人,只可称为霸,如秦始皇、汉高祖、亚历山大、成吉思汗、拿破仑皆然,不得称为王也。后世人不知道,误以为人主为王,则不知力服德服之分,王霸之别,反疑教主之称王,此则大惑者。(康有为《孟子微》卷一)

【思考与讨论】

1. 孟子为什么要抨击杨墨学说? 怎样评价孟子对杨墨学说的抨击?
2. "公是公非"是如何形成的? 如何发挥"公是公非"应有的作用?
3. 如何对待不属于"公是公非"的思想观点?

6:10　匡章曰[①]:"陈仲子岂不诚廉士哉[②]? 居於陵[③],三日不食,耳无闻,目无见也。井上有李,螬食实者过半矣^④,匍匐往,将食之,三咽,然后耳有闻,目有见。"孟子曰:"于齐国之士,吾必以仲子为巨擘焉^⑤。虽然,仲子恶能廉? 充仲子之操,则蚓而后可者也^⑥。夫蚓,上食槁壤^⑦,下饮黄泉。仲子所居之室,伯夷之所筑与^⑧? 抑亦盗跖之所筑与^⑨? 所食之粟,伯夷之所树与? 抑亦盗跖之所树与? 是未可知也。"曰:"是何伤哉? 彼身织屦,妻辟纑^⑩,以易之也。"曰:"仲子,齐之世家也。兄戴,盖禄万钟^⑪。以兄之禄为不义之禄而不食也,以兄之室为不义之室而不居也,辟兄离母,处于於陵。他日归,则有馈其兄生鹅者,己频顣曰^⑫:'恶用是鶂鶂者为哉^⑬?'他日,其母杀是鹅也,与之食之。其兄自外至,曰:'是鶂鶂之肉也。'出而哇之^⑭。以母则不食,以妻则食之;以兄之室则弗居,以於陵则居之。是尚为能充其类也乎^⑮? 若仲子者,蚓而后充其操者也。"

【注释】

① 匡章:齐人。

② 陈仲子:齐人。廉士:不妄取、不苟取之人。

③ 於(wū)陵:地名。

④ 螬(cáo):一种虫。

⑤ 巨擘(bò):大拇指。此指了不起的人物。

⑥ "充仲子之操"二句:满足陈仲子所提倡的操守,要成了蚯蚓才可能。

⑦ 槁(gǎo)壤:干枯之土。

⑧ 伯夷:此指贤人。

⑨ 盗跖(zhí):此指恶人。

⑩ 辟纑(lú):析麻搓线为辟,漂洗生麻为纑。

⑪ "兄戴"二句:陈仲子之兄戴,食采于盖邑,其收入有万钟粟。盖(gě),齐邑名。

⑫ 频顣(cù):即"颦蹙",紧皱眉头,不悦貌。

⑬ 鶂(yì)鶂:鹅鸣声。

⑭ 哇:哇的一声吐出来。

⑮ 是尚为能充其类也乎:这还能满足他自己提倡的操守之类吗? 意指他所食未必不是恶人所种,所居未必不是恶人所造。

【文化史拓展】

焦循《孟子正义》卷十三引赵岐语云："言圣人之道,亲亲尚和,志士之操,耿介特立,可以激浊,不可以常法。是以孟子喻以蚯蚓,比诸巨擘也。"恐未尽其旨。唐文治《孟子大义》卷六云:"此章实系辨义之学,而'非义'二字,乃就仲子心中揭出。孟子辨学之奇如此。己则不义,而转谓兄之不义者,矫廉之过,好名之过,遂至迷惑而不能辨义。此孟子所深惜也。""义"之为义,极为广泛。此章实还是就"廉士"着手,辨"廉"之义。

什么叫廉? 廉就是不妄取、不苟取,也就是不取不义之财。某财物是不是不义之财,这跟此财物本身并没有什么关系。同一财物,可能是不义之财,也可能不是不义之财。判定一财物是不是不义之财,应当超越财物本身,从这财物被占有所反映的占有者与原占有者、与社会之间的关系来判定。如果这种关系是合理的,则不是不义之财,否则就是不义之财。用这个标准来判断,陈仲子之妻用自己的劳动成果合法交易(不是非法)换来的粮食、住房,即使这粮食是恶人所种、这房子是恶人所造,合法交易后到了陈仲子妻手中,也就不是不义之财了。陈仲子之兄正常的俸禄,当然也不能算是不义之财。俸禄以外的不正当收入,例如贪污、受贿所得,当然是不义之财。如果根据财物是否曾经与恶人有关,是否曾出入恶人之手,来判别是否是不义之财,将所有曾与恶人有关、曾出入恶人之手的财物都作为不义之财而弃之,则只有蚯蚓才能算真正的廉洁之士了。严格来说,连蚯蚓也不能算,因为土地也是有过许多主人的,这些主人中,难保没有恶人!

【文学史链接】

1. 后世有关诗赋文

明代佚名《七十二朝人物演义》卷二十三《陈仲子岂不诚廉士哉》

2. 文学技法

(开头)此节已极诙诡。……(于齐国之士)此节出一"蚓"字,极诙诡。……方云,"仲子操"数句,可谓奇想天开。若于首节之下径接"仲子,齐之世家"一段,则平板不奇纵矣。……(夫蚓)此节尤极诙诡。……(是何伤哉)方云,此节忽然就上文一翻,波澜恣纵。……(仲子,齐之世家)此节尤诙诡之极。"出而哇之"句,伪态尽露矣。……(以母则不食)苏云,四句断仲子之罪。……此章辨学极精,而中间均用著色,极诙诡之致。于此见《孟子》文体之无所不备。又余尝谓凡圣贤之文,多用馀意作结。如《论语·八佾篇》以木铎、韶舞结可矣,乃偏加"居上不宽"一章;

《公冶长篇》以"各言尔志"结可矣,乃偏加"内自讼"两章;《泰伯篇》以周至德结可矣,乃偏加"禹吾无间"一章;《微子篇》以太师适齐结可矣,乃偏加周公、鲁公两章。此篇以好辩结可矣,乃偏以仲子章作结。又如上章,以"不得已也"作结可矣,乃偏加"圣人之徒"节。大抵圣贤之言有余,不敢尽,而为文亦常使其有余,于此可见。又如《国策》聂政刺韩隗,以其姊作结。《史记》列传中多用此法。可悟文章结穴用奇法,并可悟结穴包余味法。(唐文治《孟子新读本》卷三)

纾按:匡章发口用一"诚"字,大有意思。对孟子说话,以"诚"字归仲子,一似当世之士,无论何等,皆属不诚。其下引仲子槁饿状态,证实其廉,即证实其诚廉。孟子诋之为"蚓",与"诚"字作反对。孟子平时说话,亦无此等激烈,见得此等不近人情之人,若虚与委蛇,却费无尽唇舌。斥之为"蚓",直不值一钱,立可嗫遏其口。又恐匡章不解"蚓"字之义,槁壤黄泉,又将"蚓"字之身分抬高,说仲子必能为"蚓",方是天然之廉。今仲子非蚓,所居必室,所食必粟。室与粟之来处,正自难说。在仲子所期,自然必伯夷而后可,安知其不为盗跖?正以蚓类无伯夷、盗跖之分。身既为人,须居须食,又何能辨其来源之善恶,何必沾沾如是。语气似尽,不必再加驳辩,乃匡章复以织屦、辟纑,拈来搪塞。孟子因他拈出"妻辟纑"三字,遂指示以人伦大义。母之分际,高于妻也;兄为骨肉,亲于妻也。离母决兄,已大伤伦理。即区区一廉,亦何用处。妙在不当面说破,只拈仲子家事来演。以母、兄之情,感悟仲子。当仲子回家朝母,意不能不兼省兄,竟以食鹅之故,矫廉之意复生,状如风狂,立时将孝弟之情,消灭无有。孟子不于理上折之,而于形状之不类处折之。提出一妻一母,两两比较,则仲子之背亲徇私,不言自见。"充"字亦有讲究。明明斥他"蚓"之身分,尚做不到,必待"充"其所至,方能几极。中间词令之妙,于简举中却极巉刻。无一语放松,筋摇脉动。熟读之,自无沈塞壅滞之病。(林纾《左孟庄骚精华录》卷下)

【集评】

君子之责人,当探其情,仲子之避兄离母,岂所愿邪?若仲子者,诚非中行,亦狷者有所不为也。孟子过之,何其甚欤?(邵博《邵氏闻见后录》卷十一司马光《疑孟》)

君子充其类而极其义,则仲子之兄犹盗也。仲子之兄犹盗也,则天下之人皆犹盗也。以天下之人皆犹盗而无所答,则谁与立乎天下?故君子不受于盗而尤盗者,有所不问而后可以立于世。若仲子者,蚓而后充其操也。(苏辙《栾城后集》卷

六《孟子解二十四章》）

【思考与讨论】

评说陈仲子之所为。

卷七　离娄上

7:01　孟子曰："离娄之明①，公输子之巧，不以规矩，不能成方员②；师旷之聪③，不以六律④，不能正五音；尧舜之道，不以仁政，不能平治天下。今有仁心仁闻而民不被其泽⑤，不可法于后世者，不行先王之道也。故曰，徒善不足以为政，徒法不能以自行。《诗》云：'不愆不忘，率由旧章⑥。'遵先王之法而过者，未之有也。圣人既竭目力焉，继之以规矩准绳，以为方员平直，不可胜用也；既竭耳力焉，继之以六律，正五音，不可胜用也；既竭心思焉，继之以不忍人之政，而仁覆天下矣。故曰，为高必因丘陵，为下必因川泽。为政不因先王之道，可谓智乎？是以惟仁者宜在高位。不仁而在高位，是播其恶于众也。上无道揆也，下无法守也⑦，朝不信道⑧，工不信度⑨，君子犯义，小人犯刑，国之所存者幸也。故曰：城郭不完，兵甲不多，非国之灾也；田野不辟⑩，货财不聚，非国之害也。上无礼，下无学，贼民兴⑪，丧无日矣。《诗》曰：'天之方蹶，无然泄泄⑫。'泄泄，犹沓沓也。事君无义，进退无礼，言则非先王之道者⑬，犹沓沓也。故曰：责难于君谓之恭⑭，陈善闭邪谓之敬⑮，'吾君不能'谓之贼。"

【注释】

① 离娄：古代一个以目力好著名的人。

② 公输子：鲁人，古代有名的巧匠，即鲁班。规：画圆形的工具。矩：画直角或正方形、矩形的工具，曲尺。员：同"圆"。

③ 师旷：晋国乐师，古代有名的音乐家、精于辨音。

④ 六律：定音之器，相传黄帝时的音乐家伶伦截竹为管，以管之长短，分别声音的高低清浊，乐器的音调都以它为准则。乐律共有十二，阴阳各六。阳为律，阴为吕。五音：宫、商、角、徵、羽。

⑤ 仁闻：仁的名声。被其泽：受其恩泽。

⑥ "不愆(qiān)不忘"二句：语出《诗经·大雅·假乐》，不失不忘，遵循原来的章程。

愆：过失。率：循。旧章：此指先王之道。

⑦ 道揆：按道衡量事物之制。法守：按法度行其职守。

⑧ 朝：朝廷。

⑨ 工：百工之人。

⑩ 辟：开发。

⑪ 贼民：犯上作乱之民。

⑫ "天之方蹶"二句：语出《诗经·大雅·板》。上天正颠覆周室，群臣不得怠惰偷安。

　　蹶：颠覆。泄（yì）泄：怠惰迟缓为悦貌。

⑬ 非：诋毁。

⑭ 责难于君：向君主提出责难。

⑮ 陈善闭邪：陈述善道而闭君之邪心。

【文化史拓展】

　　此章中，孟子提出行仁政必须法先王。对行仁政来说，先王之道如规矩之于画方圆，如六律之于正五音。君臣上下皆按先王之道行事，则仁政行而国家兴。

　　"法先王"对不对呢？这要看对"先王之道"这一概念如何理解。"先王之道"的概念不同，回答也就不同。如果把"先王之道"理解为爱民、任贤、重教化等治国平天下的基本原则，以及尚适用的某些成功经验，那么，"法先王"是完全正确的。如果把"先王之道"理解为包括古圣贤君主处理问题的具体方法，以及只适用于先王之世的某些政策在内的所有思想观念、礼法制度和政治举措，那么，"法先王"就不足取了。以"先王之道"为准则"划线"定是非，必须先明确它的概念。先秦儒家内部、儒法之间在"法先王"、"法后王"问题上的许多争论，不少是双方概念不一造成的。

　　其实，法先王也好，法后王也好，都要建立在对先王之道、后王之道和当时现实的深入研究的基础上，根据当时现实，创造性地为政，才能取得成功。如果先王后王都不法，现实也不好好研究，依仗着自己的天才或经验，拍拍脑袋为政，则几乎注定要失败的。不仅为政，做其他的事，道理也相通。唐文治《孟子大义》卷七，所论则进一步："王者徒恃一心之仁，无益也，必措之于事事物物，又悉得其当而后民被其泽。此学问之所以必须求实，政治之所以必须求实也。先王之道，措施之方也，然而因时变通者，尤宜考之于事实也。"又云："徒善不足以为政，则心未可恃；徒法不能以自行，则法不足恃。必心与法合而为一，而后可以有为，可以能行。

此'为'字'行'字,皆当重读。不能为,不能行,则徒有文告空言而已矣。"唐老先生是笔者的太老师,他不愧为理学家兼政治家,故所言尤其切合实际。

【文学史链接】

1. 后世有关诗赋文

刘将孙《责难陈善闭邪如何论》(《养吾斋集》卷二十三)

汤显祖《故曰徒善》(《汤显祖全集·诗文》卷五十)

明代佚名《七十二朝人物演义》卷二十四《公输子之巧》

明代佚名《七十二朝人物演义》卷二十五《师旷之聪》

2. 文学技法

(离娄之明)此节引起"道"、"政"二字,注重在仁政。……(徒善不足以为政)此节又提"法"、"政"二字。方云,四段俱以"故曰"作结局,甚整。……(不愆不忘)此节又注重"法"字。上言徒法不能以自行。此言遵先王之法而过者,未之有也。二节宜参看。……(圣人既竭目力焉)此节应首节"仁政"二字,见为政在于竭其心思之诚。……(是以惟仁者)方云,上二段空论其理,下二段方贴当时君臣实说。此前虚后实法也。……此节又特重"仁"字。……(上无道揆)此节应上"道"、"法"二字,而又发生出"度"、"义"、"刑"等字。……(城郭不完)此节又发生出"礼"、"学"二字。……(事君无义)此节应上"义"字、"礼"字,又遥应第二、第六节先王之道。统观前后,极参差错落之妙。……(责难于君)此章文法,全在"各"字发生穿插,当细玩之。(唐文治《孟子新读本》卷四)

【集评】

通章重在法古,责臣所以责君也。真正仁人,有心即有政矣,如何住手? 得"继"字与"竭"字相应,盖从此心中引续出来。不继不成其竭,惟其有见成规矩榜样,则后来者可继续而行,是作者为述者之地,而圣人之后于是有圣人矣。"方蹶"二字,有不止于蹶,亦有不至于蹶。天心仁爱,警戒之所自始,亦君与臣吉凶悔吝之所以转也。泄泄如水之流,续续不已然者,后如前之所为,一人如人人之所为,举朝不以为戒,而诗戒之,闻者宁不悚然! (孙逢奇《四书近指》卷十五)

人谓任心者逸,讲求法度者劳,不知此说正与圣贤之说相反。人心虽至明,亦止一人之明,若法度,则自从前许多圣人积攒下来,以一人而较多人之智,以未经历人而较已过来人之智,其劳逸可不辨而明也。良知者欲奋其私智,而废从古圣人之道,谓周公制作,尧舜何不先尽为,而待周公? 必遇其时,方有其事,故但须心明,不须讲求。不知周公若不曾讲求尧舜之道,虽遇其时,心仍不明,如何制作? 故夫子曰:"周监于二代,郁郁乎文哉!"周公之逸于制作者,正以其能监前古也。黄老清净,与良知者恶讲求,惧是舍逸而取劳,其所为皆苟简灭裂,而酿乱无穷,安能治天下哉!(吕留良《吕晚村先生四书讲义》卷三十六)

孟子又言,"不以六律,不能正五音",此则心法相须不可偏废。圣人既因神而存之,又托器以传之,盖以此也。今欲持聪明不逮之资而自师其心,灭裂古法,固为不可,然当数千有余年,制度残缺、器数沦亡之日,而规规于比较分寸以求与古合,是犹寻周公之阡陌以制产,摹帝舜之绘画以作衣也,何可得哉?(李光地《古乐经传》之《声律篇馀论》)

孟子引《诗》,为当日人臣不助君行先王之道者,皆不知畏"天之方蹶",而甘沓沓也。卒之六国君臣胥为秦屠戮,无一幸免者,乃知天运之蹶也,亦晚矣。吾观近世学者,高者禅宗,卑者训诂,尤卑者帖括,居身无义,进退无礼,言行皆背尧舜三事、周孔三物之道者,犹沓沓也。天命方将取儒运而蹶之,秦人之祸已著,而沓沓者曾不知醒。(颜元《颜元集》之《四书正误》卷六《孟子下》)

【思考与讨论】

如何评价"法先王"之说?

7:02 孟子曰:"规矩,方员之至也;圣人,人伦之至也。欲为君尽君道,欲为臣尽臣道,二者皆法尧舜而已矣。不以舜之所以事尧事君,不敬其君者也;不以尧之所以治民治民,贼其民者也。孔子曰:'道二:仁与不仁而已矣。'暴其民甚,则身弑国亡;不甚,则身危国削。名之曰'幽'、'厉'①,虽孝子慈孙,百世不能改也。《诗》云'殷鉴不远,在夏后之世②',此之谓也。"

【注释】

① 幽、厉:都是谥号中示贬义的字。幽为暗,厉为虐。君主昏庸谥幽,暴虐谥厉。如周幽王、周厉王,一是昏君,一是暴君。

② "殷鉴不远"二句:语出《诗经·大雅·荡》。供商引以为鉴戒的史实并不远,只是在夏桀之世。孟子引此,云当世君主,须引周幽王、周厉王为鉴戒。鉴:原意为镜子,此指教训。

【文化史拓展】

此章云人当以圣人为榜样,以恶人为鉴戒。一则以劝,一则以戒。

【文学史链接】

文学技法

方云,此章重在"仁"字,首二节言当以尧舜为法,末二节当以幽厉为鉴,中间以仁不仁作关锁,局甚奇整。(唐文治《孟子新读本》卷四)

【思考与讨论】

"孝子慈孙"无法掩盖祖先的恶名,这能给我们什么样的启示?

7:03 孟子曰:"三代之得天下也以仁①,其失天下也以不仁。国之所以废兴存亡者亦然。天子不仁,不保四海;诸侯不仁,不保社稷②;卿大夫不仁,不保宗庙③;士、庶人不仁,不保四体④。今恶死亡而乐不仁,是犹恶醉而强酒⑤。"

【注释】

① 三代:夏商周。

② 社稷:此指国家政权。

③ 宗庙:卿大夫于封地立有宗庙,失去宗庙,就是失去封地。

④ 不保四体:不保其身。

⑤ 强酒:勉力喝酒。

【文化史拓展】

仁与不仁,效果截然相反,且悬殊若此。铺陈不仁恶果,突出警戒意义,劝人弃不仁而为仁。位越高者,所负责任越大,因此越应该有更高的仁德修养并付诸实践。因此,当道者在予人高位的时候,就要充分考虑到这一点。当然,仅仅有仁德,还是远远不够的。

【集评】

　　孟子看透夏商周得失之故,断定"得天下也以仁,其失天下也以不仁"。愚续之曰:"汉唐宋之得天下也以智,失天下也以不智。元明二国之得天下也以勇,失天下也以不勇。"(颜元《颜元集》之《四书正误》卷六《孟子下》)

　　7:04　孟子曰:"爱人不亲反其仁,治人不治反其智,礼人不答反其敬。行有不得者,皆反求诸己,其身正而天下归之。《诗》云:'永言配命,自求多福①。'"

【注释】

① "《诗》云"三句:见 3:04 注。

【文化史拓展】

　　孟子认为,我爱人而人不与我亲,则我当回到自己身上找原因,是不是我的仁还没有到足以使人亲近我的程度? 我管理人而未能管理好,则回到自己身上找原因:是不是我的智还不足以管理他人? 我向人致敬而人不理我,我还是到自己身上找原因:是不是我的敬还不足以使人理我? 总之,有什么不成功,统统到自己身上找原因并加以修正,自己成为一个完美的人,天下人心就归向我了。"君子求诸己,小人求诸人。"当然,实际上,自己有什么不成功,固然有自身的原因,但也会有客观的原因、别人的原因。不过,就全社会而言,每个人都尽力做好自己能做的,都严格要求自己,追求内在修养的完美,社会总体的文化、道德水平,就会很快地提高了。

【文学史链接】

　　文学技法

　　"其身正"总结一句,力重千钧。(唐文治《孟子新读本》卷四)

【集评】

平生大欠借人证己工夫,只妄谓吾尽其在我,或云吾可自信,或见人负己,或谓人顽梗,不可以情感理动。读《孟子》三"反"字,乃怃然,"爱人"、"治人"、"礼人",而不见"亲"、不见"治"、不见"答"者,必是吾原不曾真爱之、治之、礼之,而妄自以为己爱之、治之、礼之,或用爱、用智、用礼之不当,而反致其怨恶欺侮,须皆"反求诸己"。(颜元《颜元集》之《四书正误》卷六《孟子下》)

【思考与讨论】

评说这种"反求诸己"的思想方法。

7:05 孟子曰:"人有恒言①,皆曰'天下国家'。天下之本在国,国之本在家,家之本在身。"

【注释】

① 恒言:常言。

【文化史拓展】

天下的根本,当然在人。社会正是由人组成的。全社会每个人都从自己做起,立身行事,以高尚的道德标准要求自己,那么,天下自然就太平、兴旺了。朱熹《孟子集注》卷七认为,这就是《大学》"自天子至于庶人,壹是皆以修身为本"的意思。

7:06 孟子曰:"为政不难,不得罪于巨室①。巨室之所慕,一国慕之;一国之所慕,天下慕之;故沛然德教溢乎四海②。"

【注释】

① 巨室:世代出高官的有影响的大家族。
② 沛然:盛大强劲的流行貌。

【文化史拓展】

　　"不得罪于巨室"之说,最为人诟病。《红楼梦》中的护官符,其旨正是使官员为政时"不得罪于巨室"。为政是不是应该"不得罪于巨室",这个问题相当复杂,应当作具体分析。人家没有罪,不管巨室也好,草民也好,为政者都不能得罪。巨室有罪,为政者要不要不惜得罪巨室而秉公办理? 这也要看具体情况而定。为政者所凭借的正义力量足以胜之,自然不怕得罪巨室! 若不足以胜之:或舍官舍命一搏,事之成否,则非所考虑,但为义所当为;或行韬晦之计虚与周旋,待时机成熟,再从容收拾;或以德化之,使知罪改过。此数者,皆可行之。当然,巨室所犯之罪是重是轻,巨室的总体品质如何,也是要充分考虑到的。至于与巨室同流合污,当然是卑下不足道了,君子决不为。

　　朱熹《孟子集注》卷七引林氏语云:"战国之世,诸侯失德,巨室擅权,为患甚矣。然或者不修其本而遽欲胜之,则必未能胜而适取祸。故孟子推本而言,惟务修德以服其心。彼既悦服,则吾之德教无留碍,可以及乎天下矣。裴度所谓'韩弘舆疾讨贼,承宗敛手削地,非朝廷之力能制其死命,特以处置得宜,能服其心故尔',正类此。"孟子此章的意思是,在当时巨室政治的情况下,为政者当与巨室搞好关系,使他们心悦诚服地接受自己的主张,取得了他们的支持,为政也就不难了。

【集评】

　　然提纲举要,固在巨室之心服,而端本澄源,又在君之慎修。此为政者尤当反求诸身也。(《张居正讲评孟子》卷七)

【思考与讨论】

　　评析"不得罪于巨室"之说。

　　7:07　孟子曰:"天下有道,小德役大德,小贤役大贤[①];天下无道,小役大,弱役强[②]。斯二者天也。顺天者存,逆天者亡。齐景公曰:'既不能令,又不受命,是绝物也。'涕出而女于吴[③]。今也小国师大国而耻受命焉[④],是犹弟子而耻受命于先师也[⑤]。如耻之[⑥],莫若师文王。师文王,大国五年,小国七年,必为政于天下矣。《诗》云:'商之孙子,其丽不亿。上帝既命,侯于周服。侯服于周,天命靡常。殷士肤敏,裸将于京⑦。'孔子曰:'仁不可为众也⑧。夫国君好仁,天下无敌。'今也欲无敌于天下而不以仁,是犹执热而不以濯也。《诗》云:'谁能执热,逝不以濯⑨?'"

【注释】

① "小德役大德"二句:小德者为大德者服务,小贤为大贤服务。

② "小役大"二句:小役于大,弱役于强,即小国为大国服务,力量弱的为力量强的服务。

③ "齐景公"五句:既不能出令使他国听命,又不甘听命于他国,这是断绝与人交往。吴国为蛮夷之国,齐国是诸夏之国。吴国向齐国求婚,景公羞于将女儿嫁给吴国,但他畏吴之强,不得不将女儿送往吴国成婚。于是,他发为如此感慨。

④ "今也"句:意谓小国不修政自强,而效法大国骄奢淫逸、残忍暴虐等所为,但又耻于听命于大国。可是,既然效法大国而不能自强,即使耻于听命于大国,也不得不听命于大国。

⑤ 先师:先前的老师。

⑥ 如耻之:此下利用小国耻于听命于大国的心理,勉励小国行仁政奋发图强。

⑦ "商之子孙"八句:语出《诗经·大雅·文王》。大意是:商的子孙人数众多。天帝既命周有天下,商之子孙虽是众多,但也甘心臣服于周。为什么? 因为天命无常,天下归于有德者。故商之子孙中的优秀人才,皆执裸献之礼,助周王祭祀于周之京师。"其丽不亿":其数不下亿,形容其多。侯:为侯。周武王封纣之子武庚为诸侯,以存殷祀。靡,无。肤敏:品德美,言行敏捷。裸(guàn),古代帝王以酒祭祀祖先或赐宾客饮之礼。

⑧ 仁不可为众:不可把"仁"理解为人数众多。

⑨ "谁能执热"二句:语出《诗经·大雅·桑柔》。谁能执烫手之物而不去用冷水洗手,以解除烫的痛苦呢? 逝,语气词。

【文化史拓展】

　　有道之世,按德、贤之大小定地位之高下,定谁为谁服务。无道之世,以地盘之大小,力量之强弱,定地位之高下,定谁为谁服务。当时,弱国效法强国不行德政,而又耻于听命于强国,但又不得不听命于强国。弱小国家如何才能摆脱这种耻辱的地位呢？孟子认为，弱小国家的君主，应当效法周文王行仁政。商之子孙虽多，也甘心臣服于周，这说明关键在于有仁德，而不在于人多势众力量强大。有仁德者天下归心，天命所归实乃民心所归，如此则有仁德者乃天命所归，故能有天下无敌之强。可是，当时列国都想有天下无敌之强，却都不行仁政，这真像手持热物烫得受不了而不用冷水解烫一样没有道理。列国尚力而不尚德，以力量强弱定地位高下，定谁是奴役者、谁是被奴役者，因此就谁也不能成为天命所归而无敌于天下之强国，无道之世，将无穷期。若有一国行仁政而成为天命所归，无敌于天下，取得有天下的地位，则就是以德定地位高下，天下也就返于道了。秦始皇统一中国，以力而不是以德，这还是以力定地位，因此秦朝还不是有道之世。

【文学史链接】

1. 后世有关诗赋文

陈寿祺《女吴考》(《左海经辨》卷上)

2. 文学技法

方云，此章以"仁"字为主，只两段。前引景公事，以激励人君之耻心，后引文王事，以歆动人君之仁心。前以"是犹弟子而耻受命"一喻，后以"是犹执热而不以濯"一喻，两节相配，章法完整。……(齐景公)上节气象极俊伟，此节则瑟缩可怜，下节又作诙谐一喻，文境绝妙。……(今也)方云，恶死亡、耻受命，是不仁之君一点微明未烬，故孟子就此点。(唐文治《孟子新读本》卷四)

【集评】

战国时满天下都是杀机，只欠的是个"仁"字，孟子故就其欲无敌于天下的心点醒他。今日满天下都是个虚局，宋儒却还向静坐、章句上做，是欲无敌于天下而不以实，几于抱薪救火矣，岂止"执热不以濯"哉！(颜元《颜元集》之《四书正误》卷六《孟子下》)

【思考与讨论】

如何理解"德"与"力"之间的关系？

7:08　孟子曰："不仁者可与言哉①？安其危而利其菑，乐其所以亡者^②。不仁而可与言，则何亡国败家之有？有孺子歌曰^③：'沧浪之水清兮^④，可以濯我缨^⑤；沧浪之水浊兮，可以濯我足。'孔子曰：'小子听之！清斯濯缨^⑥，浊斯濯足矣，自取之也。'夫人必自侮，然后人侮之；家必自毁，而后人毁之；国必自伐，而后人伐之。《太甲》曰：'天作孽，犹可违；自作孽，不可活^⑦。'此之谓也。"

【注释】

① 可与言：指可与言而起作用，值得与之言。

② "安其危"二句：以其险的处境为安，以其灾难为利，以荒淫暴虐致败亡之道为乐事。菑，同"灾"。

③ 孺子：小孩。

④ 沧浪：水名。

⑤ 缨：帽子的带子。

⑥ 斯：乃。

⑦ "《太甲》"五句：见前注。

【文化史拓展】

不仁者若能接受正确意见痛改前非而为仁，就不会至于败亡了。朱熹《孟子集注》卷七云："祸福之来，皆自取之。"因此，人要避灾趋福，就应该修身正己。

【文学史链接】

1. 后世有关诗赋文

戴表元《有孺子歌曰沧浪之水清兮》(《剡源集》卷二十六)

2. 文学技法

方云，起得沉痛。……(孺子歌)文气至紧急，中忽来飘渺之笔，此孟子特有之境。……(小子听之)此节引孔子语入，"自取"二字，极灵快，令人不测。以下二节，乃专发挥"自"字。(唐文治《孟子新读本》卷四)

【思考与讨论】

评析"人必自侮，然后人侮之；家必自毁，而后人毁之；国必自伐，而后人伐之"之说。

7:09　孟子曰:"桀纣之失天下也,失其民也;失其民者,失其心也。得天下有道:得其民,斯得天下矣;得其民有道:得其心,斯得民矣;得其心有道:所欲与之聚之,所恶勿施尔也。民之归仁也,犹水之就下、兽之走圹也①。故为渊驱鱼者,獭也;为丛驱爵者②,鹯也③;为汤武驱民者,桀与纣也。今天下之君有好仁者,则诸侯皆为之驱矣。虽欲无王,不可得已。今之欲王者,犹七年之病求三年之艾也。苟为不畜,终身不得。苟不志于仁,终身忧辱,以陷于死亡。《诗》云'其何能淑,载胥及溺④',此之谓也。"

【注释】

① 圹(kuàng):旷野。

② 丛:树林。爵:同"雀"。

③ 鹯(zhān):一种猛禽。

④ "其何能淑"二句:语出《诗经·大雅·桑柔》。大意是:今世当道者所作所为怎么能善,则相引走向乱亡而已。淑,善。载,则。胥,相。

【文化史拓展】

　　天下得失皆系民心。民心之得失在于当道者是否为仁。为仁即"所欲与之聚之,所恶勿尔也"。民心背离不为仁者而归向为仁者,是非常自然的事。不为仁者乃帮为仁者得民心。当时,天下不为仁者多,而为仁者无。若有为仁者出,则得民心极为容易,成就王业当然也就不难。因此,当时实在是行仁政、实现王业的大好时机,求三年之艾治病,若以三年时间长而年年不取艾叶存放,则其病终身不愈。若以行仁政不能马上见效而不行,则不免"终身忧辱,以陷于死亡"。为仁之利若彼,不为仁之弊若此,两相对照,劝人为仁。

【文学史链接】

1. 相关文学典故

为渊驱鱼,为丛驱雀

　　萧王汉中兴,四海以为重。谁为渊驱鱼,一呼百万众。(陈渊《默堂先生文集》卷五《用令德韵题严陵祠》)

朝夕而絮聒之,是为丛驱雀,其离滋甚耳。(蒲松龄《聊斋志异·恒娘》)

奸胥劣绅,且得窥其罅以资扰累,为渊驱鱼,为丛驱雀,甚非计也。(薛福成《请豁除旧禁招徕华民疏》)

大小文武官员,都是助纣为虐,为渊驱鱼,为丛驱雀,立意藉端,陷害良民。(新广东武生《黄萧养回头》)

三年艾

探囊已足三年艾,补衮那无五色丝。(刘克庄《后村先生大全集》卷十六《七和》)

九年病,三年艾,以身事而付医生;百亩田,五亩桑,愿力耕于而奉上。(刘克庄《后村先生大全集》卷一百二十《致仕谢丞相》)

胸藏医国三年艾,天与传家一角麟。(袁桷《清容居士集》卷十一《寄王参议》)

锄荒如去病,快得三年艾。(查慎行《敬业堂诗集》卷四《麦无秋行》)

2. 后世有关诗赋文

汤显祖《民之归仁》(《汤显祖全集·诗文》卷五十)

3. 文学技法

(民之归仁也)方云,两节设喻恣肆。……(七年之病)两节词气抑扬,归结至"仁"字,仁者不过顺民之欲恶,与上文相应。(唐文治《孟子新读本》卷四)

【集评】

或曰:然则汤武不为轼?曰:汤武不得已也。契、相土之时,讵知有桀哉?后稷、公刘、古公之时,讵知有纣哉?夫所以世世树德,以善其身,以及其国家而已。汤武之生,不幸而遭桀纣,放之杀之,而莅天下,岂汤武之愿哉?仰畏天,俯畏人,欲遂其为臣而不可得也。由孟子之言,则是汤武修仁行义,以取桀纣耳。呜呼,吾乃不知仁义之为篡器也。(邵博《邵氏闻见后录》卷十二引李觏《常语》)

得其民有道,得吾之心,斯得民矣。我之所欲者,与之聚之;我之所不欲者,勿施之也。扬雄曰:"天地之得斯民也,斯民之得一人也,一人之得心矣。天下之心虽众,一人之心是也。一人之心,吾心是也。知吾之与人同也,安知人之不与天下同哉?"《诗》云:"执柯伐柯,其则不远。"(《全宋文》卷1690沈括《孟子解》)

【思考与讨论】

1. 辨析"为渊驱鱼,为丛驱爵"的喻义。

2. 评说"七年之病求三年之艾也。苟为不畜,终身不得"的喻义。

7:10　孟子曰:"自暴者^①,不可与有言也;自弃者,不可与有为也。言非礼义,谓之自暴也;吾身不能居仁由义^②,谓之自弃也。仁,人之安宅也;义,人之正路也。旷安宅而弗居,舍正路而不由,哀哉!"

【注释】

① 暴:害。
② 居仁由义:立身处仁,行事循义。与下文仁为"安宅"、义为"正路"的比喻相一致,人应居"安宅",应由"正路"。由,沿,引申为遵循,按照。

【文化史拓展】

朱熹《孟子集注》卷七云:"自害其身者,不知礼义之美而非毁之。虽与之言,必不见信也。自弃其身者,犹知仁义之为美,但溺于怠惰,自谓必不能行,与之有为,必不能勉也。"又引程颐语云:"人苟以善自治,则无不可移者,虽昏愚之至,皆可渐磨而进也。惟自暴者拒之以不信,自弃者绝之以不为,虽圣人与居,不能化而入也。此所谓下愚之不可移也。"自暴自弃者,即使圣人也拿他没有办法! 为什么? 外因要通过内因才能起作用!

【集评】

学者让第一等人不做,做第二等,便是自暴自弃。(汤斌《汤潜庵集》卷上《寄孙徵君先生书》)

【思考与讨论】

什么叫"自暴自弃"? "自暴自弃"有哪些害处?

7:11　孟子曰:"道在迩而求诸远^①,事在易而求之难。人人亲其亲、长其长而天下平。"

【注释】

① 迩(ěr):近也。

【文化史拓展】

　　天下太平,这在乱世中人看来,何等遥远。何等艰难!"亲其亲、长其长"是何等切近、何等容易!但是,如果天下每一个人都"亲其亲、长其长",天下不就太平了么?事贵在脚踏实地从近做起,若好高骛远,则多所不成。佛家云佛在心中,求佛不必上西天,当然拜佛也不必跋山涉水上大寺名刹,正是道在迩而不必求诸远,事在易而不必求诸难也。难易也是相对的,有些平凡的事情看起来容易,但是干起来其实就不容易,坚持下去更难。

【集评】

　　要之三代而降,学术坏于门户之多,政体隳于聪明之乱。有维世觉民之责者,不可不三复此章之旨,识其渐而亟反之矣。(《张居正讲评孟子》卷七)

　　"尔"字即指人当身而言,下二"其"字自明,近意自在,不必作"迩"通用也。(颜元《颜元集》之《四书正误》卷六《孟子下》)

　　7:12　孟子曰:"居下位而不获于上①,民不可得而治也。获于上有道:不信于友,弗获于上矣;信于友有道:事亲弗悦②,弗信于友矣;悦亲有道:反身不诚③,不悦于亲矣;诚身有道:不明乎善,不诚其身矣④。是故诚者,天之道也;思诚者,人之道也⑤。至诚而不动者,未之有也;不诚,未有能动者也。"

【注释】

① 获于上:得到上级的信任。

② 事亲弗悦:服侍父母而不能使父母高兴。

③ 反身不诚:返求之于自身而为善之心不实。

④ "不明乎善"二句:朱熹《孟子集注》卷七云:"不明乎善,不能即事以穷理,无以真知善之所在也。"不知善之所在,则真实的为善之心,也就无从谈起。

⑤ "是故诚者"四句:朱熹《孟子集注》卷七云:"诚者,理之在我者皆实而无伪,天道之
　本然也;思诚者,欲此理之在我者皆实而无伪,人道之当然也。"

【文化史拓展】

　　此将"明善"、"思诚"作为悦亲、信友、获上、治民的根本所在。朱熹《孟子集
注》卷七引游氏语曰:"欲诚其意,先致其知;不明乎善,不诚乎身矣。""明善"是明
白善恶是非的标准,"思诚"是通达事物的道理。事物的道理是客观存在,当然是
实而无伪的。人力求准确把握客观事物的道理,使自己所认识的这些事物和道
理,与客观存在相一致,同样实而无伪,这就是"思诚"。客观存在的道理,都是实
而无伪的,都是诚的,故诚是"天之道"。一个人,如不明善恶之分,被种种邪恶的
欲望所蔽,就不能准确地把握事物的客观道理。因此,"明善"是"思诚"的前提,未
明善者,不足以思诚。

　　一个人对某些事物的认识,还没有与这些事物的道理相一致,尚未达到"诚"
的境界,那么,他做与这些事物有关的事,就很难取得成功,反之,一个人对某些事
物的认识,已完全与这些事物的道理相一致,达到了"至诚"的境界,那么,他做与
这些事物有关的事,就容易成功。根据孟子的观点,人们如果做一件事而没有成
功,就要回过头来好好地在自己身上找原因:我们有没有充分地、准确地把握了与
此事有关的道理并且切实施行?

【文学史链接】

文学技法

　　(至诚而不动者)此孟子引《中庸》之言,而加以按语,盖为当时诸侯不诚者而
发。(唐文治《孟子新读本》卷四)

【思考与讨论】

　　"明善"、"思诚"在人生实践中的作用如何?

　　7:13　孟子曰:"伯夷辟纣①,居北海之滨,闻文王作②,兴曰③:'盍归
乎来! 吾闻西伯善养老者。'太公辟纣④,居东海之滨,闻文王作,兴曰:

'盍归乎来！吾闻西伯善养老者⑤。'二老者，天下之大老也⑥，而归之，是天下之父归之也。天下之父归之，其子焉往？诸侯有行文王之政者，七年之内，必为政于天下矣。"

【注释】

① 伯夷：见3:02B注。

② 作：兴。

③ 兴：起。

④ 太公：即姜太公吕尚。辟，同"避"。

⑤ 西伯：文王。

⑥ 大老：年高望重者。

【文化史拓展】

　　得天下在于得民心。为仁政达到使人们所尊重的人物归心的程度，天下的民心也就跟着归向为仁政者了。这些受到人们尊重的人物，代表了民心，他们的去就，是民心向背的标志。明白了这一点，民心的向背，也就不难测知了。但这些代表民心的人物，是在长期的社会生活中产生的，不是任何人或某几个人封的，更不是自封的。

【集评】

　　"二老"明是孟子自寓，谓今诸侯有如文王者，我便归之。（颜元《颜元集》之《四书正误》卷六《孟子下》）

【思考与讨论】

　　什么样的人物才真正代表民心？

　　7:14 孟子曰："求也为季氏宰，无能改于其德，而赋粟倍他日。孔子曰：'求非我徒也，小子鸣鼓而攻之可也①。'由此观之，君不行仁政而富之，皆弃于孔子者也。况于为之强战②？争地以战，杀人盈野；争城以战,杀人盈城。此所谓率土地而食人肉^③,罪不容于死。故善战者服上刑^④,连诸侯者次之^⑤,辟草莱、任土地者次之^⑥。"

【注释】

① "求也"六句:孔子的学生冉求任鲁国权臣三桓之首季孙氏的家臣之首,未能用"仁"
的思想使季孙氏改过归善,却帮助季孙氏横征暴敛,故孔子声言,冉求已不再是他
的学生,并命门人声讨其罪。赋粟:取粟为税。小子,门人,弟子。

② 强战:勉力从事战争。

③ 率土地而食人肉:为了土地之故而使人惨遭残害、杀戮。

④ 善战者:如孙子、吴起之类。上刑:重刑。

⑤ 连诸侯者:使诸侯结盟者,如苏秦、张仪等。观春秋、战国史可知,结盟虽然避免了
一些战争,但往往又挑起战争。

⑥ 辟草莱、任土地者:组织开垦荒地,将土地交给农民耕种而责以沉重赋税的人,如李
悝、商鞅等。重赋非仁政。

【文化史拓展】

冉求帮助季孙氏聚敛,他的这种不仁之政,遭到了孔子的猛烈抨击。冉求增
加了一倍的赋税(当然,这已经是很严重了),尚为孔子所弃,更何况,战国时种种
严重不仁乃至极端不仁的政治?所以,孟子站在仁政的立场上指出,那些必须对
不仁政治负责的人,应当受到法律的制裁!当然,他们所受刑的轻重,也应按照他
们不仁政治给人民所造成苦难的大小来决定。

【文学史链接】

1. 后世有关诗赋文

唐文治《孟子善战者服上刑论,丁巳》(《茹经堂文集初编》卷一)

2. 文学技法

"此所谓"二语,言之切齿。(唐文治《孟子新读本》卷四)

【集评】

就三者而论,纵横之徒固不必言矣,至于行师理财,虽三代亦不能废,而概以
为罪,何也?盖王者之用兵,主于定乱,而善战者以多杀为功;王者之制富,主于惠

民,而言利者以多取为富。此义利之辨,而治乱之所由分也。用人者可不审哉!(《张居正讲评孟子》卷七)

吾读《论语》,见此事而凛然惧也。冉有亲受圣人之教,在七十二贤之选,而骨力不坚,操守不定,为孔子之所深恶,为后贤之讥评,作万世之鉴戒。未必感季氏之私恩,忘君民之大义,只因抱政事之才、多艺之能,便有自恃其长、要夸逞的念头,遂做出聚敛底事。况我辈无他才能,不得圣人陶镕,又无七十子切磋,倘有自恃一念,岂不一败涂地乎?可惧。……草莱自是合当辟得。孟子恨他贪土地、佐军兴,便欲加次刑。又云孟子定三项人罪案矣。予则曰,善战者加上赏,连诸侯者次之,辟草莱、任土地者又次之。且以为孟子与予易地则皆然。盖七国皆周先王伯叔甥舅也,若非三等人启诱搬唆,便不至于争城争地,致杀人盈野之惨也。近世之祸,则在辽金元夏。倘有三等人,生民不犹受干城之福哉!(颜元《颜元集》之《四书正误》卷六《孟子下》)

【思考与讨论】

在当时的社会环境中,如何才能避免此章中孟子否定的那些现象?

7:15 孟子曰:"存乎人者,莫良于眸子①。眸子不能掩其恶。胸中正,则眸子瞭焉②;胸中不正,则眸子眊焉③。听其言也,观其眸子,人焉廋哉④?"

【注释】

① 眸(móu)子:目瞳子。

② 瞭:明亮无邪貌。

③ 眊(mào):目昏昏不明貌。

④ 廋(sōu):隐匿。

【文化史拓展】

此明孟子的观人之法。"眼睛是心灵的窗户",通过眼睛可以窥见心灵。曾国藩精于识人,亦云人之邪正在于其目。盖其他的动作尚可作伪,眼睛的活动及神态不易作伪。

【思考与讨论】

如何通过看一个人的眼睛观察其为人？

7：16　孟子曰："恭者不侮人，俭者不夺人。侮夺人之君，惟恐不顺焉①，恶得为恭俭？恭俭，岂可以声音笑貌为哉？"

【注释】

① 惟恐不顺焉：唯恐人民不听顺自己。

【文化史拓展】

一个人是否恭、俭，不能只是根据他的声音笑貌来判断，更重要的是根据他与别人在利益关系上的态度来判断。因为声音笑貌可以作伪，在与别人利益关系上的态度和行为，则是实质性的表现。

【集评】

言人君恭俭，率下移风；人臣恭俭，明其廉忠。侮夺之恶，何由干之而错其心？（赵岐《孟子章指》卷下）

【思考与讨论】

评说恭、俭在与人相处中的重要性。

7：17　淳于髡曰①："男女授受不亲②，礼与？"孟子曰："礼也。"曰："嫂溺，则援之以手乎③？"曰："嫂溺不援，是豺狼也。男女授受不亲，礼也；嫂溺援之以手者，权也④。"曰："今天下溺矣，夫子之不援，何也？"曰："天下溺，援之以道；嫂溺，援之以手。子欲手援天下乎？"

【注释】

① 淳于髡（kūn）：齐国的辩士，好滑稽。淳于，复姓。

② 授受不亲：不亲手将东西送到对方手里，也不亲手从对方手里接受东西。授：给。
　　受：接受。

③ 援：救。

④ 权：权宜，变通。

【文化史拓展】

　　当时天下大乱，你孟子为什么不救？因为救天下不比救嫂，救嫂只要用手，救天下则要用道。孟子当然是有道之士，但他守道而道不得行，因为他没有行道的机会，并不是他不想行道救天下。为什么他没有行道的机会？因为当时天下无有道之君，无道之君又与有道的孟子不合，所以，孟子不可能得到行道的机会。如果孟子迎合无道之君以谋取高位，那他就得放弃或者改变自己的道，如果这样，他的道就不是原来的道了，也就不足以行之了！朱熹《孟子集注》卷七云："此章言直己守道，所以济时；枉道殉人，徒为失己。"

【文学史链接】

　　文学技法

　　方云，首节凭借嫂溺手援引入，是反逼法。今天下溺矣，夫子之不援，何也？以下直难转身，与周霄章用笔同，须观孟子答得何等爽快。（唐文治《孟子新读本》卷四）

【思考与讨论】

　　1. 此章中的"权"是什么意思？

　　2. 评说"天下溺，援之以道"。

　　7：18 公孙丑曰："君子之不教子①，何也？"孟子曰："势不行也。教者必以正②。以正不行，继之以怒。继之以怒，则反夷矣③。'夫子教我以正④，夫子未出于正也'，则是父子相夷也。父子相夷，则恶矣。古者易子而教之。父子之间不责善⑤。责善则离，离则不祥莫大焉。"

【注释】

① 不教：此指不亲身教。

② 正：正道。

③ 夷：伤。

④ 夫子：大人，此指父亲。

⑤ 责善：要求（对方）完美。

【文化史拓展】

　　此章之旨，在于保全父子之情。然则父子之间劝善规过，不是能共同提高道德修养么？父子共同提高道德修养，父子之情就可以建立在更高的基础之上，不是更好吗？

【文学史链接】

　　文学技法

　　（古者易子而教）此句结束上节，有力，下文乃更有远势。……（父子之间）苏云，"正"字变"善"字，"夷"字变"离"字，"恶"字变"不祥"字。（唐文治《孟子新读本》卷四）

【集评】

　　《经》云："当不义，则子不可不争于父。"《传》云："爱子教之以义方。"孟子云父子之间不责善。不责善，是不谏不教也。可乎？（邵博《邵氏闻见后录》卷十一司马光《疑孟》）

【思考与讨论】

　　评析"父子之间不责善"之说。

　　7:19　孟子曰："事孰为大？事亲为大；守孰为大？守身为大①。不失其身而能事其亲者，吾闻之矣；失其身而能事其亲者，吾未之闻也。孰不为事？事亲，事之本也②；孰不为守？守身，守之本也。曾子养曾晳，必有酒肉③。将彻,必请所与④。问有余,必曰'有'。曾晳死,曾元养曾子⑤,必有酒肉。将彻,不请所与。问有余,曰:'亡矣。'将以复进也⑥。此所谓养口体者也。若曾子,则可谓养志也⑦。事亲若曾子者,可也。"

【注释】

① 守身:保持自己的清白正直。

② "孰不"三句:谁不做事情呢? 事亲乃事中最根本者。

③ 曾子:曾参,孔子弟子,以孝闻。曾晳:曾参父,孔子弟子。

④ 彻:同"撤",此指将吃剩的酒肉端下桌去。必请所与:必请示将这些剩余酒肉予谁。

⑤ 曾元:曾参之子。

⑥ 将以复进:将以这些剩余酒肉供曾参下一顿食用。

⑦ 养志:此指使父母内心高兴。

【文化史拓展】

　　孟子认为,所有事中,事亲之事为最大。事亲之要有二,一是守身。能守身者才是善事亲者,不能守身者不足以事亲。一个作奸犯科的人,受刑受辱,给父母带来耻辱和痛苦,怎么能称得上孝呢? 二是养志。孟子举曾参父子养亲之例来说明养志与养体之别。人除了物质上的需求以外,还有精神上的需求,这是人与动物的重要区别之一。孝养父母,不仅要满足他们物质上的需求,而且要满足他们精神上的需求,后者更为重要。如果只是让父母吃好穿好住好,而不注意满足他们精神上的需求,那么,孝养父母与畜养宠物有什么区别呢? 曾国藩云养亲要以得亲欢为本,大概就是从孟子"养志"而来的。

【思考与讨论】

　　"养口体"与"养志"有什么区别? 其间高下如何?

　　7:20　孟子曰:"人不足与適也①,政不足与间也②。惟大人为能格君心之非③。君仁莫不仁,君义莫不义,君正莫不正。一正君而国定矣。"

【注释】

① 適(zhé)：通"谪"，谴责。

② 间(jiàn)：批评。

③ 大人：大德之人。格：正。

【文化史拓展】

孟子认为，国家之兴衰，关键在于国君。因此，要使一个国家安定、兴旺，就应该在国君身上下功夫，使他不断地改正错误，归于仁义，而不必忙于责罚百官、批评时政。只要国君归于仁义，百官也就会纯正，也就会各尽其职，政治也就自然会上轨道，然而，使君主改正错误归于仁义，并不是一件容易的事，并不是每个人都能做到的，只有大德之人才能为之。因此，一个人只有注意自己的内在修养，使自己成为一个有大德之人，才能辅助君主安邦定国。此乃所以治国平天下要从修身始也。

然而，将国家的命运系于国君一人，是件十分危险的事，在封建社会里，如果国君是昏君、暴君，不受贤者之化，贤者内在修养再完美，又有什么办法，使他的国家转危为安？唐文治《孟子正义》卷七曰："古之大臣，有悱恻缠绵痛哭流涕以谏其君而卒不悟者，由其不足为善也。"其实，不独"古之大臣"，唐老夫子本人，也肯定有类似的经历。况且，国君虽是政治中的重要因素，但他的重要性究竟如何，还要看具体情况。"君仁莫不仁，君义莫不义，君正莫不正。一正君而国定矣"，只是一种空想政治而已。

【集评】

此明格君心之义。盖古者专制，君有专权，一能发明君心，引之志仁当道，则余事皆破竹而解。若不能从君心直截下手，而弹劾一二小人以鸣风节，谏除一二弊政，兴举一二善举，以为兴利除害，皆枝枝节节之为，于治国全体无当也。陆敬舆之多陈封事，不若朱子之告君以诚意正心矣。此为据乱世专制特言之，若平世有民权，则异是。（康有为《孟子微》卷六《贵耻》第十四）

【思考与讨论】

"君"的力量，果真有那么强大吗？为什么？

7:21 孟子曰：“有不虞之誉①，有求全之毁②。”

【注释】

① 不虞之誉：出于以常理预料的赞誉，指不恰当的赞誉。

② 求全之毁：以完美的标准衡量人或事物而作的诋毁，也就是吹毛求疵式的诋毁。

【文化史拓展】

不虞之誉、求全之毁都无法正确、全面地评价人或事物。作不虞之誉、求全之毁的人，一定是出于某种私欲。因此，一个正直的人，评论人或事物，是不应该行不虞之誉和求全之毁的，那么，我们又应该怎样来对待不虞之誉和求全之毁呢？朱熹《孟子集注》卷七引吕氏语云：“毁誉之言，未必皆实，修己者不可以是遽为忧喜，观人者不可以是轻为进退。”

【文学史链接】

后世有关诗赋文

段玉裁《补孟子疏一则补有不虞之誉有求全之毁一章》（《经韵楼集》卷四）

【集评】

言不虞获誉，不可为戒；求全受毁，未足惩咎。君子正行，不由斯二者也。（赵岐《孟子章指》卷）

【思考与讨论】

我们如何正确对待“不虞之誉”与“求全之毁”？

7:22 孟子曰：“人之易其言也，无责耳矣。”

【文化史拓展】

有的人之所以说话不慎重，乱发表意见，是因为他还没有因失言而受到非难，还没有尝到失言之苦。也可以这样理解：其人“易其言”，是因为他没有相应的责任,因而他发表意见,可以如此轻松。北方俗语"站着说话不腰疼"也是这样的意思。总之,这是儒家一贯倡导的"慎言",《论语》中,孔子屡次谈到这一点。

7:23　孟子曰:"人之患在好为人师。"

【文化史拓展】

好为人师则易以导师身份自居,减弱上进心。这与"诲人不倦"大不相同,诲人不倦重在人之进益,好为人师则重在自己师位之尊,自己优越感之强。

【集评】

教学之道,来学焉,则吾所以教也;有问焉,则吾所以告也。今于其教也,不待其来学;于其告也,不待其有问,非教学之道也,好为人师也。(《全宋文》卷1690沈括《孟子解》)

【思考与讨论】

"好为人师"与"诲人不倦",区别何在?

7:24　乐正子从于子敖之齐①。乐正子见孟子。孟子曰:"子亦来见我乎?"曰:"先生何为出此言也?"曰:"子来几日矣?"曰:"昔者②。"曰:"昔者,则我出此言也,不亦宜乎?"曰:"舍馆未定③。"曰:"子闻之也,舍馆定,然后求见长者乎?"曰:"克有罪。"

【注释】

① 乐正子:名克,孟子弟子。子敖:王骥,字子敖,齐国盖邑大夫,齐宣王宠幸之臣。
② 昔者:前日。
③ 舍馆:所住旅馆,下榻处。

【文化史拓展】

王驩乃一得志小人罢了，乐正子从之，大是不该，又不及时见老师孟子，则更是不该，故孟子以此责之。

【文学史链接】

文学技法

方云，此章责问处，俱用讽刺含蓄之笔，不直说破，令其自悟。（唐文治《孟子新读本》卷四）

【集评】

孟子讥之，责贤者备也。（赵岐《孟子章指》卷下）

乐正子固不能无罪矣，然其勇于受责如此，非好善而笃信之，其能若是乎？世有强辩饰非，闻谏愈甚者，又乐正子之罪人也。（朱熹《孟子集注》引陈氏语）

【思考与讨论】

评说此章中乐正子之所为与孟子之所责。

7:25　孟子谓乐正子曰："子之从于子敖来，徒餔啜也①。我不意子学古之道，而以餔啜也。"

【注释】

① 餔（bū）啜（chuò）：饮食。餔，吃。啜，饮。

【文化史拓展】

乐正子知道自己跟王驩那样的人，大为不该，但他跟王驩，不是与王驩志同道合，而只是为了混饭吃。照这样说来，他跟孟子学先王之道，也只是为了混饭吃？故孟子指出他的错误而切责之。

【文学史链接】

文学技法

方云,此章仍不说子敖之为人,只责乐正子"徒铺啜",一"徒"字,见得他无所取,而又含蓄。又云,"而以铺啜也","以"字尤刺骨。(唐文治《孟子新读本》卷四)

【集评】

可见士君子立身行己,自有法度,未有交权纳幸,而不辱其身者。孟子于王骥未尝略假词色,即门人弟子少有濡足,必切戒而预远之,若将浼焉。圣贤出处交游,光明正大,真后世所当法也。(《张居正讲评孟子》卷七)

李斯将至秦,往见荀卿曰:"诟莫大于卑贱,悲莫甚于困穷。"设此言对于孟子,必严辞训诫,而荀卿无一言正之。是以李斯营缘吕不韦,揣摩苟合,人第见其焚坑之酷,抑知其媚骨为害,遂致天下被其毒。然而后世更有饰为气节者,叫嚣隳突,意气纷洳。有识者曰:此脆骨也,訑訑之声音颜色,不久即折。吾悲夫近世人士之骨,非化即折,亟思有以救之,辑《孟子气节学第九》。(唐文治《孟子气节学题辞》、《茹经堂文集》四编卷四)

【思考与讨论】

如何避免此章中孟子所批评的乐正子之所为?

7:26　孟子曰:"不孝有三,无后为大。舜不告而娶①,为无后也,君子以为犹告也②。"

【注释】

① 舜不告而娶:舜不得父母之爱,若娶妻前去求父母同意,必不能得,故舜不告父母而自作主张娶妻。

② 犹告:虽未告而跟告一样。

【文化史拓展】

赵岐《孟子章指》卷上云:"于礼有不孝者三事。谓阿意曲从,陷亲不义,一也;家贫亲老,不为禄仕,二也;不娶无子,绝先祖祀,三也。三者之中,无后为大。"我国传统文化中，极重子嗣，不重生女重生男，孟子此"不孝有三，无后为大"之说，起了推波助澜的作用。这是封建思想，固不足道。然舜不告而娶，乃明于大小轻重缓急，知权宜通变而不执一死守，其处事之法，实足资参考。

【文学史链接】

后世有关诗赋文

汪士铎《无后为大解》(《汪梅村先生集》卷二)

【思考与讨论】

评说"不孝有三，无后为大"之说及其对后世的影响。

7:27 孟子曰："仁之实①，事亲是也；义之实，从兄是也。智之实，知斯二者弗去是也；礼之实，节文斯二者是也；乐之实，乐斯二者，乐则生矣；生则恶可已也②，恶可已，则不知足之蹈之、手之舞之。"

【注释】

① 实：实质，根本。

② 已：结束。

【文化史拓展】

朱熹《孟子集注》卷七云："仁主于爱，而爱莫切于事亲；义主于敬，而敬莫先于从兄。故仁义之道，其用至广，而其实不越于事亲从兄之间。盖良心之发，最为切近而精实者。"将爱父母之心推广开去，这就是仁。将从兄长之心推广开去，这就是义。因此，事亲是仁的实质和根本，从兄是义的实质和根本。明白这样的道理而笃行之，这就是"智"的实质和根本。礼的作用是节制和文饰，而节制和文饰事亲、从兄，是礼的实质和根本。事亲、从兄做得好，是最为值得高兴的事，因此，事亲、从兄又是乐的实质和根本。

7:28　孟子曰:"天下大悦而将归己,视天下悦而归己,犹草芥也,惟舜为然。不得乎亲,不可以为人;不顺乎亲,不可以为子。舜尽事亲之道而瞽瞍厎豫①,瞽瞍厎豫而天下化,瞽瞍厎豫而天下之为父子者定,此之谓大孝。"

【注释】

① 瞽瞍厎(zhǐ)豫:瞽瞍,舜父。或云舜父有眼却不能别好坏,故时人谓之瞽,配其字瞍,为瞽瞍。瞍,没有眼珠的盲人。厎豫,同"厎豫",从不高兴到高兴。厎,引至,到达。豫,快乐。

【文化史拓展】

瞽瞍至顽至不善如此,待舜凶狠如此,但是,在舜的努力下,他能去恶向善,复以慈善之心待舜。那么,天下还有什么凶顽不慈之人,不能被感化呢? 只是在于做儿子的努力与否罢了。因此,舜对父亲的孝,成了天下为人子者学习的榜样。天下为人子者皆效法舜,则天下之为人父者皆以慈爱待其子。于是天下父子都父慈子孝。舜之事父,其功如此伟大,他当然是大孝子了。朱熹《孟子集注》卷七云:"是以天下之为子者,知天下无不可事之亲,顾吾所以事之者未若舜耳,于是无不勉而为孝,至于其亲亦厎豫焉,则天下之为父者,亦莫不慈,所谓化也。子慈父孝,各止其所,而无不安其位之意,所谓定也。为法于天下,可传于后世,非止一身一家之孝而已,此所以为大孝也。"

【文学史链接】

文学技法

文法之奇特,无有过于此章者。"天下大悦"句,破空而来,"视天下悦而归己"两句,犹不知其言何指也。下始接曰"惟舜为然",奇甚。以下文法,又宕出"不得乎亲"四句,是舜心中之语,而万世为人子者,皆当以舜之心为心也。(唐文治《孟子新读本》卷四)

【思考与讨论】

评说此章中孟子所说舜之"大孝"。

卷八　离娄下

8:01　孟子曰:"舜生于诸冯,迁于负夏,卒于鸣条,东夷之人也①。文王生于岐周②,卒于毕郢③,西夷之人也④。地之相去也,千有余里;世之相后也,千有余岁。得志行乎中国⑤,若合符节⑥。先圣后圣,其揆一也⑦。"

【注释】

① "舜生"四句:诸冯、负夏、鸣条,皆诸夏部落以东的非诸夏部落东夷所居之地。

② 岐周:岐山之下周之旧邑。

③ 毕郢(yǐng):地名,故地在今陕西咸阳市东。

④ 西夷:居住在诸夏部落以西的非诸夏部落。

⑤ 中国:此指以黄河流域为中心的诸夏所居之地。

⑥ 符节:古代朝廷用作凭证的信物,以玉或金属制成,上面有文字,而中分为二。双方各执其一,可合而为验。

⑦ 揆(kuí):度,道。

【文化史拓展】

　　人有古今东西南北中之别,道则无别,放之四海而皆准。舜与文王,时代、地域皆相去甚远,但所行都合于道,都取得了成功。孟子意在以此勉励当时的国君们效法舜、文王等,行先王之道。

　　此章进一步证明,所谓诸夏者,亦为众多部落的融合体,且有一个发展变化的过程。

【文学史链接】

1. 后世有关诗赋文

金鹗《舜崩鸣条考》(《求古录礼说》卷三)

2. 文学技法

方云,二句是指舜、文,而不仅指舜、文也,言有远神。(唐文治《孟子新读本》卷四)

【集评】

夫在常人,则生于其地者,即囿于风气之中而不能振拔,若圣人则间气所钟,旷世而一见,有非地之所能限者。孟子欲明二圣之同道,故先发其端如此。(《张居正讲评孟子》卷八)

其生自东西夷,不必其为中国也;其相去千余岁,不必同时也。虽迹不同,而与民同乐之意则同。孟子所称仁心仁政,皆法舜、文王,故此总称之。后世有华盛顿其人,虽生不必中国,而苟合符舜、文,固圣人所心许也。(康有为《孟子微》卷一)

8:02 子产听郑国之政①,以其乘舆济人于溱洧②。孟子曰:"惠而不知为政。岁十一月徒杠成③,十二月舆梁成④,民未病涉也。君子平其政,行辟人可也⑤。焉得人人而济之? 故为政者,每人而悦之,日亦不足矣。"

【注释】

① 子产:即公孙侨,春秋时郑国著名政治家。听,主持。
② 乘(shèng)舆:马车。济:渡。溱(zhēn)、洧(wěi):皆水名。
③ 十一月:此指周历十一月,夏历九月。下文十二月类推。徒杠:可供人徒步行走的桥梁。
④ 舆梁:可通马车的桥梁。
⑤ 辟人:使人避开。

【文化史拓展】

子产主郑国国政时,见人徒涉溱洧,就用自己的马车渡人过河。孟子认为,子产如此,只是给老百姓小恩小惠,而未知为政之大体。若在农闲时组织人力修了桥,人们就没有涉水之患了!九十月,秋收毕而农民有闲,天将寒而涉水更冷,不是修桥的好时节么!为政者若能将政事办得妥妥帖帖,出行时令人回避尚且不过分,怎么去做以车渡人之类的事!更何况,怎能用他的车渡每一个想过河的人呢!为政者如果是向一个个人施恩惠,则哪里来得及!诸葛亮说过,"治世以大德,不以小惠"。朱熹《孟子集注》卷七认为此语深得孟子此章之意。利用行政手段兴利除弊,包括改善交通状况,才是子产们最应该做的事。子产德有余而才尚欠缺,此亦是一例。为官者若既无济世之大德,又乏施民之小惠,则不足道矣。

【集评】

子产为郑,作封洫,立谤政,铸刑书,其死也,教太叔以猛,其用法深,其为政严,有及人之近利,而无经国之远猷,故浑罕、叔向皆讥之,而孔子以为惠人,不以为仁,盖小之也。孟子曰,子产以乘舆济人于溱洧,惠而不知其政。盖因孔子之言而失之也。子产之于政,整齐其民赋,完治其城郭道路,而以时修其桥梁,则有余矣。岂以乘舆济人者哉?《礼》曰:"子产,人之母也,能食之而不能教。"此又因孔子之言而失之也。(邵博《邵氏闻见后录》卷十二引李觏《常语》)

"君子平其政,行辟人可也。焉得人人而济之?"辟,法也。政,政事。行德行,平其政,平其行,示人以法而已。杠梁不时,有司之责也。《诗》云:"尹氏大师,维周之氏。秉国之钧,天子是毗,俾民不迷。"平其政也。"仪刑文王,万邦作孚",平其行也。(《全宋文》卷 1690 沈括《孟子解》)

子产之才之学,于先王之政,虽有所未尽,然其于桥梁之修,盖有余力,而其惠之及人,亦有大于乘舆之济者矣。意者此时偶有故而未就,又不忍乎冬涉之艰,而为是耳。然暴其小惠,以悦于人,人亦悦而称之。孟子虑夫后之为政者,或又悦而效之,则其流必将有废公道以示私恩,违正理而干虚誉者,故极语而深讥之,以警其微,亦拔本塞源之意也。(朱熹《孟子或问》卷八)

即此一端,可见先王之政,不必人人问其疾苦,而为之拊摩,只须事事立有规模,而贻之以安逸,此所谓纲纪法度之施,而不失为公平、正大之体也。使子产而知此道,则郑国之民,自无有病涉者矣,何用以乘舆济之哉?……夫行小惠而伤大体,则理所不可;穷日力以徇物情,则势所不能。甚哉,子产之不知为政也。汉臣诸葛亮有言:"治世以大德,不以小惠。"(《张居正讲评孟子》卷八)

【思考与讨论】

如何看待孟子对子产"惠而不知为政"的评价？

8:03　孟子告齐宣王曰："君之视臣如手足，则臣视君如腹心；君之视臣如犬马，则臣视君如国人；君之视臣如土芥^①，则臣视君如寇雠。"王曰："礼，为旧君有服^②，何如斯可为服矣？"曰："谏行言听，膏泽下于民^③；有故而去，则使人导之出疆，又先于其所往^④；去三年不反，然后收其田里^⑤。此之谓三有礼焉。如此，则为之服矣。今也为臣，谏则不行，言则不听；膏泽不下于民；有故而去，则君搏执之，又极之于其所往^⑥；去之日，遂收其田里。此之谓寇雠。寇雠，何服之有？"

【注释】

① 土芥：泥土和草芥，喻极轻贱之物，可任意践踏，任意斩割。
② 服：丧服。
③ 膏泽：为……造福。
④ "有故而去"三句：臣下因故去职离国，国君派人护送出境，并先此臣到他欲赴之地，为他在新的地方任职和生活提供方便。
⑤ "去三年不反"二句：臣去职离国三年不返，乃将先前国家给他的禄田和里居收回，此前则一直予以保留，意在希望他回来任职。
⑥ "有故而去"三句：臣下因故去职离国，君主百般阻挠，又到此臣欲赴之地作不利于此臣的活动，堵死他在那些地方发展的道路。

【文化史拓展】

此章讲君臣关系。一般说来，君是君臣关系的主导方面，起决定作用。君主要使臣下忠于自己，就必须善待臣下。君主不能善待臣下，臣下也必不能善待君主。古有为君服丧之礼，但首先此君必须"三有礼"。若君无此"三有礼"，则是臣下的"寇雠"，当然没有为"寇雠"服丧的道理。这"三有礼"的核心是尊贤爱民。不能做到这"三有礼"的君主，也是百姓的寇雠。

【文学史链接】

后世有关诗赋文

王植《土芥寇雠之喻论》(《崇德堂稿》卷一)

【集评】

言君臣之道,以义为表,以恩为里。表里相应,犹若影响。(赵岐《孟子章指》卷下)

孔子曰"君君臣臣",君不君,臣不臣,理也。……盖孔子不忍言者,孟子尽言之矣。(邵博《邵氏闻见后录》卷三)

君臣以义合,合则为君臣,不合则可去,与朋友之伦同道,非父子兄弟比也。不合亦不必到嫌隙疾恶,但志不同,道不行,便可去。去即是君臣之礼,非君臣之变也。只为后世封建废为郡县,天下统于一君,遂但有进退而无去就。嬴秦无道,创为尊君卑臣之礼,上下相隔悬绝,并进退亦制于君,而无所逃,而千古君臣之义,为之一变,但以权法相制,而君子行义之道,几亡矣。其有言及去字者,谐臣媚子,辄以二心大逆律之,不知古君臣相接之礼当然也。后世人臣,只多与十万缗,塞破屋子,便称身荷国恩矣。谏行言听,膏泽下民,与彼却无干涉。有礼是旧君自尽之道,其情文笃至如此,所以起为之服义。若说做规例故事,即成虚套。若说惟恐天下人议其薄,即成矫饰。若说所以劝诱招致,即成权术。如何能感人为服哉!大概人才说著礼,便多摆设在外面。自晋人以后,读书人眼孔,只得如此。(吕留良《吕晚村先生四书讲义》卷三十七)

孟子曰:"君之视臣如土芥,则臣视君如寇雠。"明太祖意思有误,恶其言之不善,竟欲出之孔子之门外,不知孟子之言,有所传授,非一人之私言也。《檀弓》穆公问子思论旧君反服之礼,即孟子之言所自出。当日廷臣如此以言折之,我不知明太祖将何以对?天生民而立之君,民为贵,君为轻,古之为君者深明此义。其自视也如朽索,其视臣也如肱股,是以民安而国治。降至春秋,卫人出君,师旷以为其君实甚,昌言于晋君之前,与孟子告宣王,同一警戒之意。至秦始皇尊君卑臣,君恣睢于上,臣谀佞于下,是以民乱而国亡。汉高帝定天下,叔孙通定朝仪,不能法三代典礼,一切参用秦制。帝曰:吾乃今日知帝王之贵也。此言一出,古圣王欲然自视之心,无复存矣。人君皆喜叔孙通之言,恶闻孟子之言。晋侯能容师旷,齐王能容孟子,皆并世之臣也。明太祖不能容两千年前之亚圣,愚亦甚矣!(郑板桥《郑板桥集》之《书札》部分《范县答鲍匡溪》)

【思考与讨论】

如果你是个领导者,此章对你有哪些启示?

8:04　孟子曰:"无罪而杀士,则大夫可以去;无罪而戮民,则士可以徙。"

【文化史拓展】

君臣以义合,不合则臣当辞职而去。《论语·季氏》云:"陈力就列,不能则止。"士人应当施展自己的才能以与其官职相符,如果不能,则应当辞职。君主杀戮无辜百姓,这表明他已经是无道之君,已非士所能匡正,这时士就可以离他而去了。君主杀戮无辜的士,这说明他已经更加无道,已非大夫所能匡正,这时大夫也可以离他而去了。士、大夫如果无力匡正无道君主,说明他们已经无法履行自己的职责,继续担任其官职,已毫无意义。再说,无道之君,喜怒无常,且祸患必作,士、大夫如果不辞职而去,很可能会成为他的杀戮对象,或者是他的殉葬品。因此,孟子认为,见君主无道到某种程度而又无法匡救,还是应该辞职而去。朱熹《孟子集注》卷七所云:"言君子当见几而作,祸已迫则不能去矣。"只讲了此章的部分含义。

8:05　孟子曰:"君仁莫不仁,君义莫不义。"

【文化史拓展】

见 7:20。

【文学史链接】

文学技法

《论语》文法,所以与《孟子》繁简迥异者,盖《论语》只摘精要之语、《孟子》兼载敷陈之辞故也。此章于《格心》章中摘出精要二语,故章法遂短,而玩其意义,确系自成一章。以下短章,皆摘精要语法也。(唐文治《孟子新读本》卷四)

8:06 孟子曰:"非礼之礼,非义之义,大人弗为。"

【文化史拓展】

"非礼之礼,非义之义",都是似是而实非者,如种种所谓"潜规则"即是。似是而实非者,使人极难辨别,往往将非作是,因此较明明白白的非义、非礼危害尤大。道德学问修养不足的人,力不足以辨识似是而非者,容易将非礼作礼、将非义作义。道德学问修养高深的人,力足以明辨之,故不会行非礼之礼、非义之义。

【集评】

言礼义,人之所折中履其正者,乃可为中。是以大人不行疑礼。(赵岐《孟子章指》卷下)

"非礼之礼,非义之义",但非时中者皆是也。大率时措之宜者即时中也。时中非易得,谓非时中而行礼义为非礼之礼、非义之义。(张载《张载集》载《张子语录》下)

流俗亦自有礼,乱世亦自有义,所谓非礼之礼,非义之义也。大人正己而物正,拨乱世而反之正,改陋俗而还之清,安有俯从流俗者乎?(康有为《孟子微》卷六《贵耻》第十四)

非礼之礼、非义之义,盖非礼中之礼、非义中之义也。或者曰,借口于父子异宫,而亲生别居;借口于自由结婚,而羞恶道丧;借口于贫富平均,而垄断罔利;借口于侠士不平,而白日寻仇:是也。不知此皆非礼而贼夫礼、非义而贼夫义者也。宁独大人不为耶?自好者皆痛绝之矣。孟子所谓非礼之礼、非义之义者,礼以节性而过乎性也;义以合宜而过乎宜也;恭以行礼而过乎恭也;俭以行义而过乎俭也。可以取、可以无取,可以与、可以无与,而犹取之与之也。冠昏丧祭之从俗,而遂流于野也;织屦辟纑以易食,而不免于矫也:皆所谓非礼中之礼,非义中之义也。大人者,负人心风俗之责,而俾人自至其中者也。其学之本原安在?曰:穷理。(唐文治《孟子大义》卷八)

【思考与讨论】

为什么"非礼之礼,非义之义,大人弗为"?

8：07　孟子曰："中也养不中^①，才也养不才^②，故人乐有贤父兄也。如中也弃不中，才也弃不才，则贤不肖之相去^③，其间不能以寸。"

【注释】

① 中：合度，无"过"与"不及"之患，正好合适。养：培养、熏陶。

② 才：有能力者。不才：缺乏能力者。

③ 贤：兼"中"和"才"的人。

【文化史拓展】

　　贤者有责任将不贤者培养成贤者。善于将不贤者培养成贤者的人，才是真正的贤者。孟子认为，贤者如果因为子弟、后辈不肖而弃之，他就不是贤者，与不肖者实在是相差无几。这种观点，虽失之于偏，然而，不能把不肖的子弟、后辈培养成材，总是一大遗憾。因此，贤者不是孤立的人，不是自私的人，他必须承担比别人更多的社会义务，包括教育后进，教化百姓等。育贤之贤，贤于效贤之贤。若干年前，社会竞言"无农不稳，无工不富，无商不活"时，冰心老人云："无士则如何？"其意深矣。

【集评】

　　贤不肖之间，相去不能以寸，为父兄言也。所以乐有贤父兄者，以其"中也养不中，才也养不才"也。如中也弃不中，才也弃不才，则其父兄之贤与不肖相去不能一间。（《全宋文》卷 1690 沈括《孟子解》）

【思考与讨论】

　　如何认识士人在教化社会中的作用？

8：08　孟子曰："人有不为也，而后可以有为。"

【文化史拓展】

　　人的时间、精力有限，对于想要做的事情，必须有所选择。有选择，则一定"有所不为"。有大量的事情不去做,这样才能做好所选择的事情,即"有所为"。

【思考与讨论】

结合自身的情况,体会此章的含义。

8:09　孟子曰:"言人之不善,当如后患何?"

【文化史拓展】

孔子反复强调要"慎言"。说别人不好的话,当然就更要谨慎,特别要考虑到这些话会造成什么影响。在上者居高声远,如果不负责任地"言人之不善",对人的伤害会更大,因此,越是在上者,越是有影响力的人,就越要注意这一点。古人尚"口不道人过"、"不臧否人物"的敦厚之风,正与孟子此语相合。但是,绝口不谈人过,是老好人,是孔子所说的"乡愿",是"德之贼",而不是与人为善,从动机到效果,都是不可取的。只是谈到别人过失的时候,动机要正确,所言要实事求是,时机、分寸和方式也都要得宜。

8:10　孟子曰:"仲尼不为已甚者。"

【文化史拓展】

孔子尚中庸之道,为事无"过"、"不及"之患,不会过分。当然,对待不仁之人、不仁之事,也是如此。《论语·泰伯》曰:"人而不仁,疾之已甚,乱也。"

【集评】

后世学圣人者,或持论太深,以玄虚为理奥;或处己太峻,以矫激为名高:皆叛于仲尼之道者。(《张居正讲评孟子》卷八)

8:11　孟子曰:"大人者,言不必信①,行不必果②,惟义所在。"

【注释】

① 言不必信:说话不必都要笃实。

② 行不必果:行事不必都要兑现。

【文化史拓展】

《论语·子路》中,孔子所云"言必信,行必果,硁硁然小人哉",是第三等士的作风。一个人言行符合道义,必能笃守真诚,付诸实践。反之,笃守真诚、付诸实践的言行,则未必合于道义。片面信守诺言而不顾道义的人,乃守小而失大。匹夫匹妇之信,往往如此。

【集评】

此则非孔子所谓大人也。大人者,不立然诺而未尝不信,不犯患难而未尝不果。今也以不必信为大,是开废信之渐,非孔子去兵、去食之意。(邵博《邵氏闻见后录》卷十二引李觏《常语》)

慈母之抚啼儿,多方以诱之,不限一术,要之能止儿啼而已。大人之治生民,多方以济之,不限一道,要于能乐利群生而已。(康有为《孟子微》卷六《贵耻》第十四)

【思考与讨论】

如何理解"诚信"与此章所说之间的不同?

8:12 孟子曰:"大人者,不失其赤子之心者也。"

【文化史拓展】

朱熹《孟子集注》卷八云:"大人之心,通达万变。赤子之心,则纯一无伪而已。然大人之所以为大人,正以其不为物诱,而有以全其纯一无伪之本然,是以扩而充之,则无所不知,无所不能,而极其大也。"孟子主"性善",赤子之心,纯善无恶。道德修养至为高深的人,其心也是纯善无恶。至于朱熹所云"无所不知,无所不能",则太玄乎了。

【文学史链接】

1. 相关文学典故

赤子之心

木讷赤子心，百巧令人老。（黄庭坚《山谷外集》卷三《古意赠郑彦能》）

籍甚青箱学，醇乎赤子心。（楼钥《攻媿集》卷十三《王提刑正功挽词》）

臣愿朝廷亟加之意，以收中原赤子之心。（真德秀《西山先生真文忠公文集》卷三《直前奏事剳子二》）

2. 后世有关诗赋文

顾震福《赤子解》（《隶经杂著乙编》卷下）

【集评】

纯任天性，不加人为，赤子之心也。凿破浑沌而诈谋出，广张机械而智术生。世之号为大人者，任智术，逞诈谋，日舞愈深，与接为搆，日以心斗，缦者窖者，小恐惴惴，大恐缦缦，近死之心，莫使复阳，魂灵日亏，神明不完，永永隳坏，无可救援。岂知大人者，葆其真，全其性，不以华汨其本，不以交扰其天，不以俗乱其和，不以伪乱其质，神明完固纯和，固未离乎赤子之心者也。孟子以扩充性善为学，荀子以文饰质朴为学，道各不同。孟子主直养，故本原深厚，气力完实，光焰飞扬，宜其光大也。（康有为《孟子微》卷六《贵耻》第十四）

【思考与讨论】

阐述此章中孟子所说"大人"所具有的"赤子之心"的内涵。

8:13 孟子曰："养生者不足以当大事，惟送死可以当大事。"

【文化史拓展】

孟子认为，孝养父母，是极为平常的事，算不得特别。父母之丧礼，乃父母一生的最后一站，也是儿子尽孝的最后责任。如果完成得好，说明此人对父母能始终如一，成就其孝行。因此，仅是孝养父母，还不足以证明此人是孝子，此人还不具备当大事的资格；到妥然办完父母的丧事，他才被证明成就了孝行，能当大事了。当然，成就了孝行的人，也未必能当大事，因为还有其人能力等的因素。但是,一般来说,人们是不大会把大事托付给一个不孝之人的,治国安邦之事尤其如此,在封建社会尤其如此。

8:14　孟子曰:"君子深造之以道①,欲其自得之也。自得之,则居之安;居之安,则资之深②;资之深,则取之左右逢其原③,故君子欲其自得之也。"

【注释】

① 造:到。

② 资:凭借,用作资本。

③ 原:同"源"。

【文化史拓展】

道德修养乃人生立身行事之资,故越深厚越好。达到"左右逢源"的境界,大到治国平天下,小到日常生活,都无所往而不适了。

【集评】

学者皆学圣人。学圣人者,不如学道。圣人之所是而吾是之,其所非而吾非之,是以貌从圣人也。以貌从圣人,名近而实非,有不察焉,故不如学道之必信。(苏辙《栾城后集》卷六《孟子解二十四章》)

凡从口耳入者皆非自得,故居之不安。居安则静,静乃太极,本体与天地万物同居,故曰深。(孙逢奇《四书近指》卷十五)

8:15　孟子曰:"博学而详说之,将以反说约也。"

【文化史拓展】

学问之道,当由博返约,方能大成。无博不足以返约,不返约则放而无所归。返约的要求,至少有二。一是将所学融会贯通,形成一核心思想,统师所学各个方面;二是能将其复杂、丰富的内容,用简单的语言表述出来。

【思考与讨论】

"博"与"约"之间的关系如何?

8:16 孟子曰:"以善服人者,未有能服人者也;以善养人,然后能服天下。天下不心服而王者,未之有也。"

【文化史拓展】

"以善服人",目的是使人服于己,是出于私欲;"以善养人",则是出于爱人之心。欲使天下人服于己,私欲莫大于此,有这样大的私欲,怎么能得民心而王天下? 欲以善养天下人,爱人之心莫大于此,有这样博大的爱心的人,自然就容易得民心而王天下了。以善服人,尚且不可必得,遑论以权、以势、以横蛮、以奸巧了。

【思考与讨论】

阐述"以善服人"与"以善养人"各自的内涵。

8:17 孟子曰:"言无实,不祥。不祥之实,蔽贤者当之①。"

【注释】

① 蔽贤:压制贤者,不让贤者得大用。

【文化史拓展】

言而无其实者,虚假邪僻,惑人败事,故为不祥之言。奸邪之辈虚言欺君,不让贤者得大用,可称得上"不祥之实"。朱熹《孟子集注》卷八云:"或曰:天下之言无有实不祥者,惟蔽贤为不祥之实。或曰:言而无实者不祥,故蔽贤为不祥之实。二说不同,未知孰是,疑或有阙文焉。"第一种理解将"言"作为主语,"无"作谓语,"实不祥"作宾语。但好像很难理解。当以第二种理解为好。

【集评】

　　权臣专国,必忌才贤,恐居其右,则夺其柄也。故士无贤不肖,入朝见嫉。李德裕尚不能容白居易,何况其他? 故《书》贵"休休有容",而恶"媢嫉以妒"。……孟子斥以不祥,恶之至也。(康有为《孟子微》卷七《辨说》第十六)

【思考与讨论】

　　举历史上若干"蔽贤"的例证,作评说。

　　8：18　徐子曰:"仲尼亟称于水^①,曰:'水哉,水哉!'何取于水也?"孟子曰:"原泉混混^②,不舍昼夜^③。盈科而后进^④,放乎四海^⑤,有本者如是,是之取尔。苟为无本^⑥,七八月之间雨集,沟浍皆盈^⑦;其涸也,可立而待也。故声闻过情^⑧,君子耻之。"

【注释】

① 亟:屡次,一再。

② 原泉:源泉。混混:源流貌。

③ 不舍昼夜:昼夜不停。舍(shě):放弃。

④ 盈科:流满坑坑洼洼。盈,满。科,坎。

⑤ 放:至。

⑥ 本:本源。

⑦ 浍(kuài):田间水道。

⑧ 声闻过情:声誉过其实。

【文化史拓展】

　　此贵"有本"而薄"无本"。有本者不竭,无本者难久。有其名而有其实,其名有实为本,故流布不衰。有其名而无其实,其名也可能会大盛一时,但不待久而消矣。故君子当务其实,实至而名归,实大而名盛。孔子之称水,是不是取其"有本",不得而知。孟子由此发挥出"有本"、"无本"之论,或是借以告诫徐子当务本。

【文学史链接】

文学技法

方云,此章就水指点学问,后来曾子固《墨池记》之类祖此。又云,"有本者如是,是之取尔",文笔极妙。是说水,意却不是说水。如此指点,通体与工夫,方活泼泼地。……"涸"字比喻得妙。水之涸可耻也,学之涸不尤可耻乎?(唐文治《孟子新读本》卷四)

【集评】

言有本不竭,无本则涸。虚声过实,君子耻之。是以仲尼川上曰"逝者如斯"。(赵岐《孟子章指》卷下)

孟子言水之有本无本者,以况学者有所止也。大学之道在止于至善,此是有本也。思天下之善无不自此始,然后定止,于此发源立本。乐正子,有本者也,日月而至焉,是亦有本者也。声闻过情,是无本而有声闻者也,向后伪迹俱辨则都无也。(张载《张载集》载《张子语录》下)

【思考与讨论】

1. 理解"有本"的含义。

2. 什么叫"声闻过情"? 为什么"君子耻之"?

8:19 孟子曰:"人之所以异于禽兽者几希①,庶民去之,君子存之。舜明于庶物,察于人伦,由仁义行,非行仁义也。"

【注释】

① 几希:少。

【文化史拓展】

孟子认为,人与禽兽之所以不同,不过是因为人有仁义之性,而禽兽没有罢了。庶人为了满足物欲,失却仁义之性,名虽为人,但为利而全不讲仁义,实与禽兽相差无几。君子则时时警戒,力图保存并扩充仁义之性,进退取舍,以仁义为准则,故不失为君子。舜为圣人,明察万物之理和各种人际关系之理,他行事遵循仁义,并不是有意地如此做,而是因为仁义之性充盈于他的心中,他的所有言行,都是由心而发,即由仁义而发,也就皆能自然而然地合于仁义了。禽兽无仁义之性,庶人去仁义之性,君子保存并扩充仁义之性,圣人充盈仁义之性。仁义之性,所关如此之大。

【文学史链接】

文学技法

方云,此下四章是一事,首章形容道体,只一语,简明精奥,中间叙古圣用功极包括,末节入自己,意远神长。又云,此数章俱发前圣之所未发。(唐文治《孟子新读本》卷四)

【集评】

人之异禽兽,尽人知之。其所以异禽兽者是何物事,君子之"存之"者是何工夫?人不尽知也。若出宋儒口,一派禅宗矣。而孟子历叙舜禹汤文武周公,则即在明伦、察物,恶酒、好善,以至兼三、施四云云也。(颜元《颜元集》之《四书正误》卷六《孟子下》)

【思考与讨论】

理解此章中所说仁义于人之重要。

8:20　孟子曰:"禹恶旨酒而好善言①。汤执中②,立贤无方③。文王视民如伤,望道而未之见④。武王不泄迩,不忘远⑤。周公思兼三王⑥,以施四事⑦;其有不合者,仰而思之,夜以继日;幸而得之,坐以待旦⑧。"

【注释】

① 禹恶旨酒而好善言:相传仪狄作酒,进于禹,禹尝而甘之,曰:"后世必有以酒亡国者。"遂疏仪狄而绝甘旨。见《战国策·魏策二》。又《尚书·大禹谟》、《皋陶谟》皆云:"禹拜昌言。"昌言:善言。

② 汤执中：商汤处事，能执其中，无"过"、"不及"之患。

③ 立贤无方：任用贤人，不拘一格。

④ "文王视民如伤"二句：朱熹《孟子集注》云："民已安矣，而视之犹若有伤；道已至矣，而望之犹若未见。圣人之爱民深、而求道切如此。"

⑤ "武王不泄迩"二句：不轻慢近者，不遗忘远者，使远近皆被其恩泽。朱熹《孟子集注》云："迩者人所易狎而不泄，远者人所易忘而不忘，德之盛，仁之至也。"

⑥ 三王：禹（夏）、汤（商）、文、武（周）。

⑦ 四事：指上所举禹汤文武四事。

⑧ "其有不合者"五句：朱熹《孟子集注》卷八云："时异势殊，故其事或有所不合，思而得之，则其理初不异矣。坐以待旦，急于行也。"夜有所得，则坐待天亮而行之，其行之之心切可知。

【文化史拓展】

众圣皆以好道、爱民为务，其执著勤勉，皆非常人所及，故所成事业，也非常人所能成。孟子以此勉当时国君。

【文学史链接】

后世有关诗赋文

汤显祖《禹恶旨酒而好善言》(《汤显祖全集·诗文》卷五十)

【思考与讨论】

评说此章中所云诸人之所为。

8:21 孟子曰："王者之迹熄，而《诗》亡①，《诗》亡然后《春秋》作。晋之《乘》②，楚之《梼杌》③，鲁之《春秋》，一也。其事则齐桓、晋文，其文则史④。孔子曰：'其义则丘窃取之矣⑤。'"

【注释】

① 王者之迹熄：指周平王东迁，政教号令不行于天下，周朝王业实际上已经消亡。《诗》亡：《诗》不兴，不盛行于世。

②《乘》：晋国史书。

③《梼杌》：楚国史书。

④ 史：史书之文，史笔。

⑤ 窃取：私取。此为孔子谦辞。

【文化史拓展】

"王者之迹熄"和"《诗》亡"如何理解？日人安井衡《孟子定本》（台北广文书局1963年7月版，《四书集说》本）卷八云："迹熄，犹言泽斩。王泽未斩，世虽已乱，人犹知廉耻，讽咏讥刺，足以格其非心。《诗》亡，谓《国风》止于《株林》。至此，王泽既斩，世风亦降，横暴淫佚之行，非复讽咏讥刺所能止。于是孔子修《春秋》，因先王赏罚之法，以贬褒之。是'《诗》亡然后《春秋》作'之义也。诸家解'王者之迹'为王者之政，所以不得此章之义也。"愚以为，"王者之迹"当包括王者之政与王者之泽而言，乃周王朝作为王者之作用与影响也。而"《诗》亡"是什么意思呢？《诗三百》当然没有亡，还存在于世，今天犹然。安井衡的意思是说，当时不再有像《诗三百》中的那些诗出现，故"《国风》止于陈《株林》"。这当然是不错的。焦循《孟子正义》卷十六引赵岐语云："言诗可以言，颂咏太平。时无所咏，《春秋》乃兴，假史记之文，孔子正之以匡邪也。""无所咏"，是指无可咏之社会现象，还是指无可咏之诗歌？似乎都不是。夏朝末年，人们还咏"及尔偕亡"之诗呢！因此，"《诗》亡"当是指像《诗三百》中那样的诗歌不行于社会。

平王东迁以后，天下纷乱，周天子名存实亡。王者之政固然不行，王者之泽亦已消亡。《诗经》中那些歌颂太平的诗，因此不行于社会，当然更加不会产生新的类似的作品；那些以救统治者失政为目的的变风变雅之类的诗，也不行于社会，当然更加不会产生新的类似的作品；因为人们对周王室已完全失去了信心。这只要看孔子、孟子等周游列国而从未到周天子那里去谋求发展，就可以明白这一点。诗或刺或美，都维系和传播社会道德和正义。诗不行后，社会道德和正义，靠什么来维系、来传播呢？于是，一些诸侯国的国史就出现了。《乘》和《梼杌》早已亡佚，我们无法知其内容宗旨。鲁之《春秋》，记春秋史事，其观点，则是孔子所持。孔子用他那来自尧舜禹汤文武周公并代表社会道德、正义的观点，评论春秋史事，贬褒人物，如此来维系、传播并弘扬社会道德和正义。其思想系于实际史事，较诗歌之系于感情，更加明切，更加容易流传并为人所接受，对当道者所起作用也更大。

【文学史链接】

1. **后世有关诗赋文**

傅维森《孟子诗亡然后春秋作解》(《缺斋遗稿》卷一)

2. **文学技法**

不言孔子修《春秋》以继周公,而但引孔子一语作结,神远意长,化工之笔。(唐文治《孟子新读本》卷四)

【集评】

此又承上章历叙群圣,因以孔子之事继之。而孔子之事莫大于《春秋》,故特言之。(朱熹《孟子集注》卷八)

为人君者,不可以不知《春秋》,前有谗而不见,后有贼而不知。为人臣者,不可以不知《春秋》,处经事而不知其宜,遭变事而不知其权。然则《春秋》之作,不止一代之典章,真万世之权衡也。(《张居正讲评孟子》卷八)

孟子曰:"《诗》亡然后《春秋》作。"是诗之与史,向为表里者也。(黄宗羲《南雷文案》卷一《姚江逸诗序》)

【思考与讨论】

诗歌、史书各有哪些社会作用?

8:22 孟子曰:"君子之泽五世而斩[1],小人之泽五世而斩。予未得为孔子徒也,予私淑诸人也[2]。"

【注释】

[1] 泽:恩泽或流风余韵。世:父子相承为一世。

[2] 私淑:未能身受其教而心中宗仰之,奉以为师。私,窃,私下,心中。淑,善。

【文化史拓展】

人之流风余韵,五世而绝。孟子与孔子之间,相距还未过五世,孔子之流风余韵尚存,故孟子虽然未能亲身承孔子之教,却能私淑那些得孔子之流风余韵者,以承孔子之道。很明显,孟子树起大旗,以继承孔子之道、得儒道正宗自居,以弘扬儒道自任。朱熹《孟子集注》卷八云:"此又承上三章,历叙舜、禹至于周、孔,而以是终之。其辞虽谦,然其所以自任之重,亦有不得而辞者矣。"大道从先王到周、孔,又从孔子到他孟子。当时,孟子自负大道就在他身上,因此,就免不了要说"舍我其谁"之类的大话了。

【文学史链接】

文学技法

传道不必明言,而其意自在言外,故曰圣人之情见乎辞。(唐文治《孟子新读本》卷四)

【思考与讨论】

如何理解"君子之泽五世而斩,小人之泽五世而斩"?

8:23　孟子曰:"可以取,可以无取,取,伤廉;可以与,可以无与,与,伤惠;可以死,可以无死,死,伤勇。"

【文化史拓展】

在取得利益时,当取则取,不当取则不取,这就是廉。若不当取而取之,则有损于廉。为了确保其廉,在可取与不可取之间,应当选择不取。如此之人,在不当取时,就决不会苟取了。在给别人利益时,当给则给,这就是惠。不当给则不能给,否则就有损于惠。为了确保其惠,在可给可不给之间,应当选择不给。当死则死,这当然是勇。当死不死是贪生怕死,是苟活,其勇全无。然而,如果一个人不当死时亦死,并以此为勇,则违背了勇的意义。因此,孟子认为,在可死可不死之间,应当选择不死。在许多情况下,生比死确实需要更大的勇气。

【文学史链接】

文学技法

简要而诘屈。(唐文治《孟子新读本》卷四)

【集评】

道有权衡,义有至当,非独妄取不可,即博施不吝,舍生不怯,其害惠与勇尤甚也。此为当时四公子之养士、游侠之报仇者言也。然圣人自有正道,固非好高徇名者可能知矣。(康有为《孟子微》卷七《师友》第十五)

【思考与讨论】

孟子所作这些判断的依据是什么?

8:24 逢蒙学射于羿①,尽羿之道,思天下惟羿为愈己,于是杀羿。孟子曰:"是亦羿有罪焉。"公明仪曰:"宜若无罪焉。"曰:"薄乎云尔②,恶得无罪? 郑人使子濯孺子侵卫③,卫使庾公之斯追之④。子濯孺子曰:'今日我疾作,不可以执弓,吾死矣夫!'问其仆曰:'追我者谁也?'其仆曰:'庾公之斯也。'曰:'吾生矣。'其仆曰:'庾公之斯,卫之善射者也,夫子曰"吾生",何谓也?'曰:'庾公之斯学射于尹公之他⑤,尹公之他学射于我。夫尹公之他,端人也⑥,其取友必端矣。'庾公之斯至,曰:'夫子何为不执弓⑦?'曰:'今日我疾作,不可以执弓。'曰:'小人学射于尹公之他,尹公之他学射于夫子。我不忍以夫子之道反害夫子。虽然,今日之事,君事也,我不敢废。'抽矢扣轮,去其金⑧,发乘矢而后反⑨。"

【注释】

① 羿:上古有穷氏的首领,善射。逢蒙是他的学生。逢(páng):姓。

② 薄乎云尔:只是轻罢了。

③ 子濯孺子:人名,一善射者。

④ 庾公之斯:人名,卫国之善射者。

⑤ 尹公之他:人名。一善射者。

⑥ 端人:正人君子。

⑦ 夫子:先生。此指孺子。

⑧ 金:此指箭的金属头,即箭镞。

⑨ 乘(shèng)矢:四枝箭。

【文化史拓展】

羿择徒不能分邪正,教徒弟不能使邪恶者归正道,他的悲剧,固然是逢蒙所犯罪恶,但他自己负有不可推卸的责任,故当公孙仪认为羿"宜若无罪"时,孟子云"薄乎云尔,恶得无罪"。如果羿能像子濯孺子一样择徒教徒,怎么会有那样的悲剧呢? 子濯孺子择徒,不仅能确保所择徒弟也是正人君子,而且能确保徒弟所择徒弟也是正人君子。同是善射者,子濯孺子确实要比羿高明多了。朱熹《孟子集注》卷八云:"然夷羿篡弑之贼,蒙乃逆俦,庾斯虽全私恩,亦废公义,其事皆无足论者。孟子盖特取友而言耳。"孟子只是举此二事说明择人须具眼光,明辨邪正罢了。

【文学史链接】

1. **后世有关诗赋文**

明代佚名《七十二朝人物演义》卷二十八《逢蒙学射于羿,尽羿之道,思天下惟羿为愈己,于是杀羿》

2. **文学技法**

(逢蒙学射)方云,此章论逢蒙而推原其罪,归之于羿,是苏子瞻《荀卿论》《韩非论》之所本也。断制处如神龙,不可方物。……(郑人使子濯孺子)苏云,文势至此欲绝,而文情正尔踊跃。下文引取友之端,此证"恶得无罪"之语。不须联络,呼吸自应,与《龙断》章同。此只引"学射",更为得当。盖长于喻者,不迫而切。方云,取友不端,意只在尹公他反面上道出,不必另发议论。简古之至。(唐文治《孟子新读本》卷四)

【思考与讨论】

全面理解教师的责任。

8:25　孟子曰:"西子蒙不洁①,则人皆掩鼻而过之。虽有恶人,齐戒沐浴②,则可以祀上帝。"

【注释】

① 西子:西施。

② 齐:通"斋"。

【文化史拓展】

朱熹《孟子集注》卷八引君氏曰:"此章戒人之丧善,而勉人之自新也。"孔子见互乡之童子,也是此意。

【集评】

此明美质无可恃,而罪恶皆可改。华歆以明德而执伏后,则千载羞之;子张以驵侩而事孔子,则后世尊焉。周处以无赖而折节,戴渊由劫盗而改行,皆为名臣。扬雄之误莽伪命,王祥之为晋三公,不可改也。恶人可祀上帝,则当时民间人人皆祀上帝,可知此大地通行之礼。(康有为《孟子微》卷七《辨说》第十六)

8:26 孟子曰:"天下之言性也,则故而已矣①。故者以利为本②。所恶于智者,为其凿也③。如智者,若禹之行水也,则无恶于智矣。禹之行水也,行其所无事也。如智者亦行其所无事,则智亦大矣。天之高也,星辰之远也,苟求其故,千岁之日至④,可坐而致也。"

【注释】

① 故:故常之道。
② 利:顺。
③ 凿:穿凿不顺,违反自然规律。
④ 日至:冬至和夏至,此指日历。

【文化史拓展】

万物各有其性,其性都有常道,各有所顺,如水性润下、火性炎上等等。人们利用万物,必须顺万物之性,方能成功。例如,禹之治水,就是顺着水往低流之性,用疏导之法,故取得了成功。人们顺着日月星辰运行之性,即使一千年的日历,也都能一一推算出来。若是违背物性,师心自用,则必然枉用功夫,这当然不是智者所为。

【文学史链接】

文学技法

方云,首节一提,二节申明"利"字,三节申明"故"字。(唐文治《孟子新读本》卷四)

【集评】

利者,对不利而言也。在人也,顺之者为之利,逆之者谓之不利。在器也,铦者谓之利,棰者谓之不利。在水也,行者谓之利,壅者谓之不利。在动也,便者谓之利,违者谓之不利。孟子曰:"天下之言性也,则故而已矣。故者以利为本。"故,犹常也。役于物者,非其本性也。顺利而无所凿者,天命也。故禹之行水也,行其所无事也。行其所无事者,水之利也。动而莫不顺利者,尽其性也。舜由仁义行,孔子从心所欲,不逾矩,顺利之至也。行而不失其贞者,尽其情也。喜怒哀乐之未发,谓之中。发而皆中节,谓之和,贞之至也。故《易》曰:"利贞者,性情也。"然则性情之尽者,利与贞而已矣。小人之为不善,非便之也,役于物而不知也。君子之于义,未必皆便之也。至于便之,而后出于性。(《全宋文》卷1690沈括《孟子解》)

惟以顺理应事为大智,然必先有随事精察之小心,而后有顺事无情之妙用,不然则徒慕无事之名,而深居高拱,适己自便,兢业之念或少疏焉,未有不至于懈弛者。(《张居正讲评孟子》卷八)

8:27　公行子有子之丧①,右师往吊②,入门,有进而与右师言者,有就右师之位而与右师言者。孟子不与右师言,右师不悦,曰:"诸君子皆与骥言,孟子独不与骥言,是简骥也③。"孟子闻之,曰:"礼,朝廷不历位而相与言④,不踰阶而相揖也。我欲行礼,子敖以我为简,不亦异乎?"

【注释】

① 公行子:齐大夫。
② 右师:官名,此指王骥。骥字子敖。
③ 简:怠慢。
④ 历位:越过他人之位。

【文化史拓展】

孟子守礼,不像别人那样越礼与王驩言。然而,王驩不知是不知礼,还是不以礼为重,认为孟子这样做是怠慢了他。守礼之人与不知礼或不重礼的人交往,其言行举止往往引起对方的误会。如果后者是个心肠狭窄的有权有势者,其后果就很难预料了。那么,面对这样一个不知礼或不重礼的有权势者,知礼之人是否还应当守礼呢?

【文学史链接】

文学技法

方云,首节叙小人卑鄙情状如画。二节叙右师骄泰声口如画。三节观孟子处,得极平和。"礼"字是主意。(唐文治《孟子新读本》卷四)

【思考与讨论】

如何与王驩这样的人在这样的场合相处?

8:28 孟子曰:"君子所以异于人者,以其存心也。君子以仁存心,以礼存心。仁者爱人,有礼者敬人。爱人者人常爱之,敬人者人常敬之。有人于此,其待我以横逆①,则君子必自反也:我必不仁也,必无礼也,此物奚宜至哉②?其自反而仁矣,自反而有礼矣,其横逆由是也,君子必自反也:我必不忠③。自反而忠矣,其横逆由是也,君子曰:'此亦妄人也已矣。如此则与禽兽奚择哉④?于禽兽又何难焉⑤?'是故君子有终身之忧,无一朝之患也。乃若所忧则有之:舜人也,我亦人也。舜为法于天下,可传于后世,我由未免为乡人也,是则可忧也。忧之如何?如舜而已矣。若夫君子所患则亡矣。非仁无为也⑥,非礼无行也。如有一朝之患,则君子不患矣⑦。"

【注释】

① 横逆:横暴不讲理。

② 物:事。

③ 忠:尽己之谓忠,亦即为对方尽自己的一切力量。

④ 奚择:何异。

⑤ 难(nàn):责难。

⑥ 无:同"毋"。下句同。

⑦ 不患:不以为患。

【文化史拓展】

　　君子有终身之忧而无一朝之患。终身之忧,忧未能像舜一样成为圣人,人有此忧而必勤加努力,勤加努力则进于道。君子无一朝之患,并不是说君子不会有一朝之患,而是说君子不以此患为患。别人待我以横道,这不是患吗? 但君子遇此患则反身求诸己。反身求诸己,其事全在自己,当然就不难,也就不以为患了。反身求己,觉得自己确实已经尽心尽力,待人已经仁至义尽,可别人还是以横道待我,这不是患吗? 但是,君子遇此,则把那人当成禽兽,不和他计较,当然也就不以为患了。

【文学史链接】

　　文学技法

　　此章通体不言孝,而处处皆含孝字。中间插入"有人于此"三节,特为诙诡。末节"是故"一顿,始结出本旨。末以舜作结,文境尤飘渺。学者得我言,再将原文细读,自有会悟。(唐文治《孟子新读本》卷四)

【思考与讨论】

　　君子为何"有终身之忧而无一朝之患"?

　　8:29　禹、稷当平世,三过其门而不入,孔子贤之。颜子当乱世,居于陋巷,一箪食,一瓢饮。人不堪其忧,颜子不改其乐,孔子贤之。孟子曰:"禹、稷、颜回同道。禹思天下有溺者,由己溺之也;稷思天下有饥者,由己饥之也,是以如是其急也。禹、稷、颜子易地则皆然。今有同室之人斗者①,救之,虽被发缨冠而救之②,可也。乡邻有斗者,被发缨冠而往救之,则惑也,虽闭户可也。"

【注释】

① 同室之人:亲人。

② 被发缨冠:披头散发而戴帽结缨。戴帽结缨,本应该梳理好头发,事急,来不及梳理头发,但不戴帽前往又有失体统,故只好如此。缨,帽带,将帽固定在头上的带子。

【文化史拓展】

　　颜回独善其身而已,禹、稷则急急以民为务。在禹、稷看来,百姓有什么不幸,好像是他们造成的一样忙着解救。圣贤所处地位不同,所遭时势不同,因而他们的所作所为也就不同。然而,他们的所作所为,都合于道,他们所持之道、所怀之心是相同的。朱熹《孟子集注》卷八引尹氏语云:"当其可之谓时,前圣后圣,其心一也,故所遇皆尽善。"

【文学史链接】

　　文学技法

　　方云,首二节叙事,以下论赞,"同道"二字是主。只说禹、稷之所以急,而颜子一面自见,此文之高简处也。正论已毕,收忽设二喻,奇恣变化不可测。……(今有同室之人斗者)引喻结束,更不回应。本文飘忽奇横,苏文中常用此法。(唐文治《孟子新读本》卷四)

【思考与讨论】

　　评说此章中所说诸人之所为。

　　8:30 公都子曰:"匡章①,通国皆称不孝焉②。夫子与之游,又从而礼貌之,敢问何也?"孟子曰:"世俗所谓不孝者五:惰其四支③,不顾父母之养,一不孝也;博弈好饮酒④,不顾父母之养,二不孝也;好货财,私妻子,不顾父母之养,三不孝也;从耳目之欲,以为父母戮⑤,四不孝也;好勇斗很⑥,以危父母,五不孝也。章子有一于是乎⑦?夫章子,子父责善而不相遇也⑧。责善，朋友之道也；父子责善，贼恩之大者⑨。夫章子，岂不欲有夫妻子母之属哉？为得罪于父，不得近。出妻屏子⑩，终身不养焉⑪。其设心以为不若是，是则罪之大者⑫，是则章子已矣。"

【注释】

① 匡章：齐国人。

② 通国：全国。

③ 四支：四肢。

④ 博弈：赌钱下棋之类。

⑤ 戮：羞辱。

⑥ 很：通"狠"。

⑦ 章子：即匡章。

⑧ 子父责善而不相遇：父子之间相互督促对方为善而意见不合。

⑨ 贼：害。

⑩ 出妻屏子：让妻子和儿子离开他。

⑪ 不养：不受妻子儿女的供养。

⑫ "其设心"二句：匡章认为，如果他不这样自己惩罚自己，他的罪就更大。

【文化史拓展】

　　匡章是"通国皆称不孝"的人物，但孟子仍是敬他几分。孟子自有他的道理。父子关系不好，并非都是儿子"不孝"所至，儿子在父子关系问题上的过失，也并非都是"不孝"。不孝有五种表现形式，匡章无一焉，所以他并不是不孝。匡章在父子关系问题上的过错，在于父子之间相互督促对方为善（很可能是匡章督促他父亲为善），父子意见不合，终致关系受到损害。相互督促为善，若意见不合，则关系确实容易受到损害，故相互督促为善是朋友之道，不能用于父子。朋友合则合，不合则去，朋友关系可以解除。父子则不同，父子关系的基础是血缘，血缘关系是无法解除的，因此父子关系是人伦中最为重要的。正因为如此，父子之间不宜督促为善，以免关系可能受到损害。匡章与他父亲的关系受到损害，正是相互督促为善之故。匡章获罪于他的父亲，不得尽其孝道，心里很内疚，但是又无法弥补，于是只好用不接受儿女孝养的方式来惩罚自己。自己不得孝养父亲，自己也不接受儿女孝养，这样心里也许就好受些。如果不这样做，他就会觉得更加对不起父亲了。对匡章可以下这样的结论:匡章虽然在父子关系问题上有错,但并不是不孝,国人称他不孝,是定性不当。他为无法尽孝十分痛苦,自我惩罚,可见他在心里是很孝敬父亲的。因此,匡章应当得到人们的礼遇和同情。朱熹《孟子集注》卷八云:"此章之旨,于众所恶而必察焉,可以见圣贤至公至仁之心矣。"遇事必须冷静细致地作具体分析,不能只是以舆论为取舍。

【文学史链接】

1. 后世有关诗赋文

明代佚名《七十二朝人物演义》卷二十九《匡章,通国皆称不孝焉》

2. 文学技法

(夫章子)方云,两"夫章子"作提笔,一"是则章子已矣"作结尾。笔意开合自如。(唐文治《孟子新读本》卷四)

【思考与讨论】

评说匡章之所为。

8:31 曾子居武城[①],有越寇[②]。或曰:"寇至,盍去诸[③]?"曰:"无寓人于我室,毁伤其薪木。"寇退,则曰:"修我墙屋,我将反。"寇退,曾子反。左右曰:"待先生,如此其忠且敬也。寇至则先去以为民望[④],寇退则反,殆于不可。"沈犹行曰[⑤]:"是非汝所知也。昔沈犹有负刍之祸,从先生者七十人,未有与焉[⑥]。"子思居于卫,有齐寇。或曰:"寇至,盍去诸?"子思曰:"如伋去[⑦],君谁与守?"孟子曰:"曾子、子思同道。曾子,师也,父兄也;子思,臣也,微也[⑧]。曾子、子思易地则皆然。"

【注释】

① 武城:鲁国邑名。

② 越寇:越国人入侵。

③ 盍:何不。

④ 为民望:使民望而效之。

⑤ 沈犹行：曾子弟子，姓沈犹，名行。

⑥ "昔沈犹有负刍之祸"三句：曾子在沈犹家作客时，有打柴人作乱，攻沈犹氏，曾子及弟子离去，一个也没有伤着。负刍：担柴人，一说人名。

⑦ 伋：孔伋，字子思，孔子的孙子。

⑧ 微：地位不尊。

【文化史拓展】

作为老师，作为长者，当客居之地遭到攻击时，他没有义务参加抗敌活动。作为当地的官员，在当地遭攻击时，则有义务领导或参加抗敌，不能逃避。曾子、子思，虽然他们的行为截然相反，但都合于道。朱熹《孟子集注》卷八引尹氏语云："或远害，或死难，其事不同者，所处之地不同也。君子之心，不系于利害，惟其是而已，故易地则皆能为之。"又引孔氏语云："古之圣贤，言行不同，事业亦异，而其道未始不同也。学者知此，则因所遇而应之。若权衡之称物，低昂屡变，而不害其为同也。"向古圣贤学习，要在学习他们的处世之道，而不是某些具体做法。古人之学圣贤，往往失之于此。

【文学史链接】

文学技法

方云，亦传论体也。文格与《禹稷章》同，而论赞少为变化。又云，《诸冯》《禹稷》及此章，皆就古人行事之不同者以指点道之一，以示学者不可执一也。俱是明君子时中之道。……方云，此篇多发挥道一之说，如舜、文同揆，禹、稷、颜子同道，曾子、子思同道，皆指点道一而已。此章"何以异于人哉""尧舜与人同耳"，又所以明己之道与尧舜无异。尧舜之道，固人人所固有，人人所共由，无二道也。可谓深切著明矣。（唐文治《孟子新读本》卷四）

【思考与讨论】

评析曾子、子思各自之所为。

8:32 储子曰①："王使人瞷夫子②，果有以异于人乎？"孟子曰："何以异于人哉？尧舜与人同耳。"

【注释】

① 储子:齐人。

② 睍(jiàn):窥视。

【文化史拓展】

朱熹《孟子集注》卷八云:"圣人亦人耳,岂有异于人哉!"圣人异于人之处,在于他的道德修养深于常人,而不在于他的形貌上有什么特别之处或者有什么"特异功能"。深厚的道德修养可以通过努力获得,因此,普通人只要努力,也都可以成为圣人。

【思考与讨论】

为什么孟子说"尧舜与人同"? 此说有什么积极意义?

8:33 齐人有一妻一妾而处室者,其良人出①,则必餍酒肉而后反②。其妻问所与饮食者,则尽富贵也。其妻告其妾曰:"良人出,则必餍酒肉而后反;问其与饮食者,尽富贵也,而未尝有显者来,吾将睍良人之所之也。"蚤起③,施从良人之所之④,遍国中无与立谈者。卒之东郭墦间之祭者⑤,乞其余;不足,又顾而之他:此其为餍足之道也。其妻归,告其妾曰:"良人者,所仰望而终身也。今若此。"与其妾讪其良人⑥,而相泣于中庭。而良人未之知也,施施从外来⑦,骄其妻妾⑧。由君子观之,则人之所以求富贵利达者,其妻妾不羞也,而不相泣者,几希矣⑨。

【注释】

① 良人:丈夫。

② 餍(yàn):饱。

③ 蚤:同"早"。

④ 施(yí):逶迤行进。

⑤ 郭:外城。墦(fán):坟墓。

⑥ 讪(shàn):怨骂。

⑦ 施施:喜悦自得貌,一说徐行貌。

⑧ 骄其妻妾：在他的妻妾面前夸耀他自己。

⑨ 几希：稀少。希：同"稀"。

【文化史拓展】

吕留良《吕晚村先生四书讲义》（台北广文书局 1978 年影印清刊本）卷三十七云："骂至乞人而尚不是骂，必如何而谓之骂耶？昔人问乞恩例，程子曰：只为如今士大夫道得个乞字，惯动不动又是乞也。以是观之，其不以乞为骂也亦久远矣。"唐文治《孟子大义》卷八云："孟子所以恶齐人者，恶其乞耳。"其实，孟子之所以恶齐人者，不仅为齐人之乞也。

此齐人求醉饱而以如此卑下的手段，当然可耻。他用虚构的情节掩盖其卑下行迹以骄其妻妾，更为可耻，然犹知乞食行迹卑下，尚有是非、羞恶之心，行虽无耻而心尚知耻，无耻而尚不足以被称为无耻之尤。求富贵利达而不以其道，与此齐人墦间行乞而致醉饱，其耻相同。若以其富贵或虚构的正大堂皇的得富贵之道骄人，而掩盖其得富贵的真相，其所为也一如此齐人。如果于其得富贵之道毫不掩饰而反以此为能、以此为荣，则其是非之心、羞恶之心全无，尤在此齐人之下了。若社会认同此齐人所为甚至欣羡其得富贵之道而竞效之，则恐为此齐人妻妾所鄙，其社会道德之堕落、政治之腐败可知矣。

唐文治《孟子大义》卷八又云："齐人曰：'天下人皆乞，我何为独不乞？人皆餍酒肉，我独不得醉饱也？人皆富贵显者，而我曾不得效颦也？乞者非我之所倡也，倡之而我学之也！'呜呼，唯如是，故天下皆齐人，夫天下无人不乞，则乞之途愈穷，而富贵显者必不能得。天下皆齐人，则人人不知自立，而皆至于饿死。君子曰：是乞之终不可为也。"天下皆齐人的社会是没有出路的，但使齐人之道穷而人不为齐人，实在不是容易的事。

或以为此文为中国古代第一篇小说，盖其结构完整，情节自足且曲折跌宕，人物形象鲜明，主题甚为深刻。小说诸要素，皆备焉。

【文学史链接】

1. 相关文学典故

乞墦

乞墦何足羡，负米可忘艰。（苏轼《集注分类东坡先生诗》卷二《伯父送先人下第归蜀诗……因以为韵》）

道边醉饱休相避，作吏堪羞甚乞墦。（陆游《精选陆放翁诗集前集》卷七《寒食

临川道中》）

不敢怨夫子，徒悲恨妾身。安知同穴者，乃是乞墦人！（刘克庄《后村先生大全集》卷十四《齐人妻》）

但知题墓好，不觉乞墦非。（同上卷三十三《寒食清明》）

2. 后世有关诗赋文

杨维桢《乞墦词》（《铁崖古乐府诗》卷五）

3. 文学技法

《左传》："叔孙武叔……使如之。"《孟子》载："齐人有一妻一妾而处室者……今若此。"此二事反复数十百语，而但以"使如之"及"今若此"各三字结之。（洪迈《容斋随笔》卷九《文字结尾》）

此章孟子大刺时人之枉己求富贵者，全用齐人写出，于本事却未狠说，已是形容不尽，发人深省。（张沐《孟子疏略》第一篇）

方云，"餍酒肉而后反""则尽富贵也"，将小人情状张大口气形容得出。"而未尝有显者来"，更将女子聪明语气画出。"遍国中无与立谈者"，是国中人鄙薄情状。"此其为餍足之道也"，是恍然大悟语气。"今若此"，是含蓄愤恨语气。"施施从外来"，是昏浊情状，无不描写如生。……文章有点缀法，有描写法，有心目中之点缀法，有加倍描写法。"遍国中无与立谈者，卒之东郭墦间之祭者"，心目中点缀法也。"施施从外来"，骄其妻妾，加倍描写法也。……"今若此"三字顿挫，无限烟波。……苏云，转作断语，简洁。韩柳诸传皆如此。（唐文治《孟子新读本》卷四）

【集评】

夫齐人乞墦之为，已为妻妾之所窥，而犹作骄人之气象，是诚足羞已。盖人之常情，每粉饰于昭昭之地，而苟且于冥冥之中；或致饰于稠人广众之时，而难掩于妻妾居室之际。往往不知自耻，而人耻之；不暇自悲，而人悲之。……夫以丈夫而至为妻妾所羞，岂不可耻之甚哉？此士君子立身当以齐人为鉴也。故孔子论士大节，只在行己有耻，孟子教人精义，只在充其羞恶之心，盖能充其羞恶之心，斯能养其刚大之气，而不为富贵利达所摇夺。彼无所用其耻者，降志辱身，其降何所不至哉！司世教者，宜以厉士节为本。（《张居正讲评孟子》卷八）

【思考与讨论】

从小说的角度研究此章。

卷九　万章上

9:01　万章问曰:"舜往于田,号泣于旻天①,何为其号泣也?"孟子曰:"怨慕也②。"万章曰:"父母爱之,喜而不忘;父母恶之,劳而不怨。然则舜怨乎?"曰:"长息问于公明高曰③:'舜往于田,则吾既得闻命矣;号泣于旻天,于父母,则吾不知也。'公明高曰:'是非尔所知也。'夫公明高以孝子之心,为不若是恝④,我竭力耕田,共为子职而已矣⑤,父母之不我爱,于我何哉⑥?帝使其子九男二女⑦,百官牛羊仓廪备,以事舜于畎亩之中⑧。天下之士多就之者,帝将胥天下而迁之焉⑨。为不顺于父母⑩,如穷人无所归。天下之士悦之,人之所欲也,而不足以解忧;好色,人之所欲,妻帝之二女,而不足以解忧;富,人之所欲,富有天下,而不足以解忧;贵,人之所欲,贵为天子,而不足以解忧。人悦之、好色、富贵,无足以解忧者,惟顺于父母,可以解忧。人少,则慕父母;知好色,则慕少艾⑪;有妻子,则慕妻子;仕则慕君,不得于君则热中⑫。大孝终身慕父母。五十而慕者,予于大舜见之矣。"

【注释】

① "舜往"二句:舜往农田耕作,呼天、呼父母而号泣。事见《尚书·虞书·大禹谟》。旻(mín)天,泛指天。

② 慕:思慕。

③ 长息:公明高之弟子。公明高:曾参之弟子。

④ 恝(jiá):无愁貌。

⑤ 共:通"恭"。

⑥ 于我何哉:即"于我有何哉"。我尽我之所当为而安,父母不爱我,这于我心迹行事都没有关系,故我对此达观无愁。

⑦ 帝:此指尧。

⑧ 畎(quǎn)亩:田间。畎,田间水沟。亩,田埂。

⑨ 胥:视。迁:移交。此指将天下移交给舜。

⑩ 为:因为。

⑪ 少艾:美貌的少女。

⑫ 热中:急躁,浮躁。

【文化史拓展】

此章乃孟子推测舜不得父母欢心的心情,以表现孟子对孝的某些见解。孝不仅包括某些外在行为,如为父母干些什么,而且包括对父母深厚的感情。在不得父母欢心的情况下,儿子已经尽力做好了作为儿子应该为父母做的一切,已经尽了最大努力,但仍未能得到父母的欢心,这时,如果他泰然处之,也是可以理解的,因为他已无愧于父母,父母不爱他,这完全是父母的事,他已无法再为此作什么努力了。一个人以这样的方法与态度处理他与别人的关系,固无不可,但如果用以处理与父母的关系,则有所不足。作为一个孝子,失欢于父母,尽管不是他的错,尽管他已尽了自己的最大努力,尽管爱不爱他全在父母,他自己已无能为力,但是,他仍无法泰然处之,仍以此为深忧。父母一日不爱他,此忧一日不解。舜就是如此。富有天下,贵为天子,天下人的景仰,美女的爱情,都无法使他解此忧。其对父母的感情深厚可知。

【文学史链接】

1. 后世有关诗赋文

朱琦《少艾解》(《小万卷楼文稿》卷四)

陈栎《人少则慕父母》(《定宇集》卷七)

2. 文学技法

(舜往于田)方云,怨是自怨,万章误认作怨父母,故下文作一翻澜。……(人少则慕父母)此节推本性情,可歌可泣。(唐文治《孟子新读本》卷五)

【思考与讨论】

评析此章所云舜之孝心、孝行。

9:02 万章问曰:“《诗》云:‘娶妻如之何? 必告父母①。’信斯言也,宜莫如舜。舜之不告而娶，何也？"孟子曰："告则不得娶。男女居室②，人之大伦也。如告，则废人之大伦，以怼父母③，是以不告也。"万章曰："舜之不告而娶，则吾既得闻命矣。帝之妻舜而不告④，何也？"曰："帝亦知告焉则不得妻也。"万章曰："父母使舜完廪⑤，捐阶⑥，瞽瞍焚廪⑦。使浚井，出，从而揜之。象曰：'谟盖都君咸我绩。牛羊父母，仓廪父母，干戈朕，琴朕，弤朕，二嫂使治朕栖⑧。'象往入舜宫，舜在床琴⑨。象曰：'郁陶思君尔⑩。'忸怩⑪。舜曰：'惟兹臣庶，汝其于予治⑫。'不识舜不知象之将杀己与？"曰："奚而不知也？象忧亦忧，象喜亦喜。"曰："然则舜伪喜者与？"曰："否。昔者有馈生鱼于郑子产，子产使校人畜之池⑬。校人烹之，反命曰：'始舍之，圉圉焉⑭，少则洋洋焉⑮，攸然而逝。'子产曰'得其所哉！得其所哉！'校人出，曰：'孰谓子产智？予既烹而食之，曰："得其所哉，得其所哉。"'故君子可欺以其方⑯，难罔以非其道⑰。彼以爱兄之道来，故诚信而喜之，奚伪焉？"

【注释】

① "娶妻"二句：语出《诗经·齐风·南山》。

② 居室：此指婚姻。

③ 怼(duì)：怨恨。

④ 妻舜：嫁女子给舜，使舜有妻。

⑤ 完廪：修粮仓。完，修缮。廪，粮仓。

⑥ 捐阶：撤掉梯子。捐，撤。阶，梯子。

⑦ 瞽瞍：舜父。

⑧ "象曰"八句：象：舜异母弟。谟：谋。盖，盖井。都君，舜所居三年成都，奉舜为长，故谓舜为都君。成：都。绩：功劳。象以为害舜成功，故云。朕：我。弤(dǐ)：朱漆之弓，珥弓。使治朕栖：叫她们整理我的床铺，意谓让她们作我的妻子。栖，床。

⑨ 琴：此指弹琴。

⑩ 郁陶：忧思郁积貌。

⑪ 忸怩：惭愧貌。

⑫ "惟兹"二句：官员众多，你协助我管理他们。

⑬ 校人：管理池沼的小官吏。

⑭ 圉(yǔ)圉焉:困而未舒貌。

⑮ 洋洋焉:舒缓貌。

⑯ 欺以其方:朱熹《孟子集注》卷九云:"诳之以理之所有。"方,此指正确的方法。

⑰ 罔以非其道:朱熹《孟子集注》卷九云:"谓昧之以理之所无。"罔:蒙骗。

【文化史拓展】

　　娶妻必告父母,尧时是否如此,不得而知。孟子认为,在"告则不得娶"的情况下,可以不告而娶,这比后儒通达多了。但孟子所说"不告而娶"只是为了实现婚姻这一"人之大伦",与自由择偶,仍有所不同。

　　象本不进舜宫。他盖井害舜后,以为舜已死,进宫证实,不料舜正在抚琴,象只得说是因思兄而来探望。尽管舜知道象害他,但他居然还是相信了象的话,可见他笃于兄弟之情。历史上的所谓圣人,大多经过后人的不断美化。这就是美化圣人之一例。

【文学史链接】

1. 相关文学典故

校人烹鱼

　　舒王得请金陵,门下有人卖鱼。一日放鱼,有门生献诗云:"直须自向池边看,今日谁非郑校人。"公诵久之。(阮阅《增修诗话总龟前集》卷一)

　　塞沼增基大厦成,群鲜亦免校人烹。洋洋圉圉诸公赐,要与吾君广好生。(王十朋《梅溪王先生文集后集》卷十七《贡院车水筑基诸公惧鱼鳖活之别沼》)

　　无谓予能,人莫敢欺。校人烹鱼,子产弗知。立事唯公,烛诈唯诚。(刘基《诚意伯刘文成公文集》卷八《官箴下》)

2. 后世有关诗赋文

　　汤显祖《使浚井》(《汤显祖全集·诗文》卷五十)

　　徐彝舟《使舜完廪节非虚设之词说》(《未灰斋文集》卷六)

3. 文学技法

　　(父母使舜)二节均极诙诡,而归于正。……方云,此章以诚信而喜为主。《怨慕章》主意先提出,此章主意在章末始出,局又不同。(唐文治《孟子新读本》卷五)

【集评】

象犹能忧，则谓二嫂者，帝女也，夺而妻之，可乎？尧有百官牛羊仓廪备，以事于畎亩之中，而不能卫其女乎？虽其见夺，又无吏士、无刑法以治之乎？舜以父母之不爱，号泣于旻天，父母欲杀之，幸而得脱，而遽鼓琴，何其乐也？是皆委巷之说，而孟子之听不聪也。（邵博《邵氏闻见后录》卷十二引李觏《常语》）

观于此章之言，可见舜值父子之变，而能尽孝道之常；处兄弟之变而不失友于之爱。天理人情，于斯曲尽，此所以为人伦之至，而万世为父子兄弟者所当法也。（张居正《张居正讲评孟子》卷九）

惟以大孝友遇大顽傲，受之者愈天然，施之者愈不感动，积而久之，驯而致之，焚廪掩井，视为允当，视为功绩，盖由来者渐也，盖难为常人道也。（颜元《颜元集》之《四书正误》卷六《孟子下》）

【思考与讨论】

评说"校人烹鱼"的故事。

9:03　万章问曰："象日以杀舜为事，立为天子，则放之，何也？"孟子曰："封之也，或曰放焉①。"万章曰："舜流共工于幽州，放驩兜于崇山，杀三苗于三危，殛鲧于羽山，四罪而天下咸服，诛不仁也②。象至不仁，封之有庳③。有庳之人奚罪焉？仁人固如是乎？在他人则诛之，在弟则封之。"曰："仁人之于弟也，不藏怒焉④，不宿怨焉⑤，亲爱之而已矣。亲之欲其贵也，爱之欲其富也。封之有庳，富贵之也。身为天子，弟为匹夫，可谓亲爱之乎？""敢问或曰放者，何谓也？"曰："象不得有为于其国，天子使吏治其国，而纳其贡税焉，故谓之放，岂得暴彼民哉⑥？虽然，欲常常而见之，故源源而来⑦。'不及贡，以政接于有庳⑧'，此之谓也。"

【注释】

① 放：流放。

② "舜流共工"六句：共工、驩兜，皆人名，都是舜的反对派。三苗：此指三苗部落的首领。三苗部落与舜领导的诸部落之间，长期存在尖锐的矛盾。鲧（gǔn）：禹之父，治

水无功。幽州、崇山、三危、羽山,皆地名。

③ 有庳(bì):地名。

④ 不藏怒:不蓄怒于心中。

⑤ 不宿怨:不存旧怨。

⑥ 暴:残害,施暴于。

⑦ 源源而来:形容有庳君臣使者来见舜之多,似水之不绝。

⑧ "不及贡"二句:不待及诸侯朝贡之期,而以政事接见有庳君臣或使者。此为古书之语,孟子用以印证"常常而见之"、"源源而来",体现兄弟间的亲爱。

【文化史拓展】

舜当了天子,如何对待象,确实是个棘手的问题。"身为天子,弟为匹夫,可谓亲爱之乎?"更不要说把象作为"杀人未遂"的罪犯处以刑罚了。让他当官,他又无德无才,不能胜任。给他封地,他又会作威作福,胡作非为,残害封地百姓。于是,舜就采取了一个很稳妥的办法:给象封地,但象只能享受封地的贡税,而没有对该地的管理权。该地的管理,由天子直接委派的官吏负责。这样,既能使象享受富贵尊荣,又确保他不能残害封地百姓,更不可能以封地为基地作乱。汉吴楚七国之乱以后,中国历史上帝王封王,常采用此法。

"不及贡,以政接于有庳",乃古书上语,孟子以此印证舜常见象,朱熹《孟子集注》顺其说。恐未尽然。此云天子所接见者,还是以有庳官吏为多。有庳官吏,由天子直接委派,直接对天子负责,故常就有庳政事,向天子请示汇报,故云"以政接于有庳"。其他封地则不然。象坐享贡税,当没有什么政事。

有必要郑重指出的是,舜这样对待象的做法,只有在"家天下"的政治格局下,才能实行。在现代政治理念中,任何利用公共权力为亲人谋取利益的行为,都是必须坚决否定的。

【文学史链接】

1. 后世有关诗赋文

秦瀛《有庳说》(《小岘山人文集》卷一)

2. 文学技法

(舜流共工于幽州)方云,常人遇父母之不慈,心中一"怨"字最难去。不怨者又多是忍。遇兄弟之不友不弟,心中一"伪"字最难去,不伪者又多是不知。故万章之问,曲尽人情,学者最当体察。圣人于父母,只是一个"慕"字,于兄弟,只是一个"亲爱"字。孟子之答,曲尽天理,学者最要体察。(唐文治《孟子新读本》卷五)

【集评】

时文动云:"仁人之心无怒也,何藏? 无怨也,何宿?"此不知仁人者也。仁人遇弟骂一句,较平人骂之更怒,但转眼便忘,不匿于怀也。(颜元《颜元集》之《四书正误》卷六《孟子下》)

9:04 咸丘蒙问曰①:"语云②:'盛德之士,君不得而臣,父不得而子。'舜南面而立,尧帅诸侯北面而朝之③,瞽瞍亦北面而朝之。舜见瞽瞍,其容有蹙④。孔子曰:'于斯时也,天下殆哉,岌岌乎⑤!'不识此语诚然乎哉?"孟子曰:"否。此非君子之言,齐东野人之语也⑥。尧老而舜摄也⑦。《尧典》曰:'二十有八载,放勋乃徂落⑧,百姓如丧考妣,三年,四海遏密八音⑨。'孔子曰:'天无二日,民无二王。'舜既为天子矣,又帅天下诸侯以为尧三年丧,是二天子矣。"咸丘蒙曰:"舜之不臣尧⑩,则吾既得闻命矣。《诗》云:'普天之下,莫非王土;率土之滨,莫非王臣⑪。'而舜既为天子矣,敢问瞽瞍之非臣,如何?"曰:"是诗也,非是之谓也;劳于王事,而不得养父母也。曰:'此莫非王事,我独贤劳也。'故说诗者,不以文害辞,不以辞害志。以意逆志,是为得之⑫。如以辞而已矣,《云汉》之诗曰:'周余黎民,靡有孑遗⑬。'信斯言也,是周无遗民也。孝子之至,莫大乎尊亲;尊亲之至,莫大乎以天下养。为天子父,尊之至也;以天下养,养之至也。《诗》曰:'永言孝思,孝思惟则⑭。'此之谓也。《书》曰:'祗载见瞽瞍,夔夔斋栗,瞽瞍亦允若⑮。'是为父不得而子也。"

【注释】

① 咸丘蒙:孟子弟子。

② 语:古语。

③ 朝:朝见。

④ 蹙:恭敬不安貌。

⑤ "于斯时也"三句:云人伦将乱,天下将危。殆:危。岌岌:危貌。

⑥ 齐东:齐国东部(乡村)。

⑦ 摄:代理。

⑧ 《尧典》曰"三句:舜摄政二十八年,尧乃去世。放勋,尧名。徂落,去世。《尧典》,《尚书·虞书》篇名。按,后二句今见于《舜典》,而非《尧典》。

⑨ "四海"句:全国停止音乐活动。四海,此指四海之内,即全国。遏,绝。密,静。八音,金、石、丝、竹、匏、土、革、木八类乐器之音。

⑩ 不臣尧:不以尧为臣。

⑪ "普天之下"四句:语出《诗经·小雅·北山》。此诗下文又有"大夫不均,我从事独贤"等语,作者抱怨臣子们劳逸不均:天下的人都是天子的臣下,为什么偏偏我以贤能而多劳呢?主旨在此,而不在突出天下人都是天子的臣下。言天下人都是天子的臣下,正是为了抱怨"大夫不均,我从事独贤"而极言之。

⑫ "不以文害辞"以下四句:不因文字妨碍对词语、语句的理解,不因词语、语句妨碍对全诗思想感情的理解。读者以自己的知识储备和生活经验逆探作者的思想感情,这样才能把握它。

⑬ "周余"二句:语出《诗经·大雅·云汉》。周余下来的百姓,没有残存的了。孑(jié)遗:唯一遗留下来的。

⑭ "永言"二句:语出《诗经·大雅·下武》。意为"永恒的孝,孝乃准则"。言、思,皆助词。

⑮ "祗(zhī)载"三句:语出《尚书·大禹谟》。大意是,恭恭敬敬见瞽瞍,敬谨恐惧,瞽瞍也顺从。祗:恭敬。夔夔,恐惧貌。斋栗,敬谨恐惧。

【文化史拓展】

盛德之士,君不得而臣,父不得而子,盖以其德盛,君受其感,不敢以臣待之,父受其感,不敢以子待之,然而,他本人,在君面前,仍恪守臣道,在父面前,仍恪守子道。

"不以文害辞,不以辞害志。以意逆志,是为得之",乃解读文学作品的方法,而于诗尤为重要。文学作品好用修辞,若拘于词语,则往往会无法准确把握其内容。

【文学史链接】

文学技法

（舜之不臣尧）方云，信斯言也，是周无遗民也，驳得有趣。昌黎《讳辩》，语意本此。（唐文治《孟子新读本》卷五）

【集评】

所谓君不得而臣，即此亦可以类推矣。考之太甲之于伊尹，成王之于周公，皆赖于臣以成其德，亦若不得而臣者，而伊、周称为大忠，太甲、成王，并为商周令主，君道亦有光焉。则知君臣之相临者，分也；其相成者，道也。使人主自恃其南面之尊，而卿大夫莫敢矫其非，虽普天率土皆臣仆焉，犹为孤立于上耳。（张居正《张居正讲评孟子》卷九）

【思考与讨论】

评说此章中孟子说诗之法。

9：05 万章曰："尧以天下与舜，有诸？"孟子曰："否。天子不能以天下与人。""然则舜有天下也，孰与之？"曰："天与之。""天与之者，谆谆然命之乎①？"曰："否。天不言，以行与事示之而已矣。"曰："以行与事示之者如之何？"曰："天子能荐人于天，不能使天与之天下；诸侯能荐人于天子，不能使天子与之诸侯；大夫能荐人于诸侯，不能使诸侯与之大夫。昔者尧荐舜于天而天受之，暴之于民而民受之②，故曰：天不言，以行与事示之而已矣。"曰："敢问荐之于天而天受之，暴之于民而民受之，如何？"曰："使之主祭而百神享之，是天受之；使之主事而事治③，百姓安之，是民受之也。天与之，人与之，故曰：天子不能以天下与人。舜相尧二十有八载，非人之所能为也，天也。尧崩，三年之丧毕，舜避尧之子于南河之南④。天下诸侯朝觐者⑤，不之尧之子而之舜；讼狱者，不之尧之子而之舜；讴歌者，不讴歌尧之子而讴歌舜，故曰天也。夫然后之中国⑥，践天子位焉。而居尧之宫，逼尧之子，是篡也，非天与也。《泰誓》曰：'天视自我民视，天听自我民听'，此之谓也⑦。"

【注释】

① 谆（zhūn）谆：教导不倦貌。

② 暴：显示。

③ 治：成。

④ 南河：黄河自潼关以下西东流向的一段。

⑤ 朝觐（jìn）：臣子朝见君主。

⑥ 中国：此指政治中心地区。

⑦《泰誓》：《尚书》篇名。自：从。

【文化史拓展】

　　"天受之"的表现是"使之主祭而百神享之"，这实在是无法作科学的验证的。"民受之"的表现"使之主事而事治，百姓安之"则是显而易见的。因此，"天受之"，实际上就是"民受之"，"天与之"实际上就是"人与之"。"天子不能以天下与人"，哪个人当天子，是天与人选择的结果，归根到底，是人选择的结果，人心所向者为天子。这已包含了初步的民主思想。

【文学史链接】

　　1. 后世有关诗赋文

　　俞正燮《舜之中国义》（《癸巳类稿》卷三）

　　2. 文学技法

　　（天不言，以行与事示之）一语断定，以下数节，雄奇恣肆。（唐文治《孟子新读本》卷五）

【集评】

　　观此则舜之有天下，不但尧不能容心于与，而舜亦未尝有心于得，徒泥其禅授之迹者，则亦未明乎天道矣。（张居正《张居正讲评孟子》卷九）

　　此明民主之义。民主不能以国授人，当听人之公举。（康有为《孟子微》卷四《民同》第十）

【思考与讨论】

　　1. 评说"天子不能以天下与人"之说。

2. 什么叫"天与之"？

9:06 万章问曰："人有言：'至于禹而德衰，不传于贤而传于子。'有诸？"孟子曰："否，不然也。天与贤，则与贤；天与子，则与子。昔者舜荐禹于天，十有七年，舜崩。三年之丧毕，禹避舜之子于阳城。天下之民从之，若尧崩之后，不从尧之子而从舜也。禹荐益于天，七年，禹崩。三年之丧毕，益避禹之子于箕山之阴。朝觐讼狱者不之益而之启，曰：'吾君之子也。'讴歌者不讴歌益而讴歌启，曰：'吾君之子也。'丹朱之不肖①，舜之子亦不肖。舜之相尧，禹之相舜也，历年多，施泽于民久。启贤，能敬承继禹之道。益之相禹也，历年少，施泽于民未久。舜、禹、益相去久远，其子之贤不肖，皆天也，非人之所能为也。莫之为而为者，天也；莫之致而至者，命也。匹夫而有天下者，德必若舜禹，而又有天子荐之者，故仲尼不有天下。继世而有天下，天之所废，必若桀纣者也，故益、伊尹、周公不有天下。伊尹相汤以王于天下。汤崩，太丁未立，外丙二年，仲壬四年。太甲颠覆汤之典刑，伊尹放之于桐。三年，太甲悔过，自怨自艾，于桐处仁迁义；三年，以听伊尹之训己也，复归于亳②。周公之不有天下，犹益之于夏，伊尹之于殷也。孔子曰：'唐虞禅，夏后殷、周继，其义一也。'"

【注释】

① 丹朱：尧之子。

② "汤崩"十三句：太丁、外丙、仲壬、太甲，皆汤的后代。太甲为天子，破坏汤的法度，被宰辅伊尹流放于汤墓所在桐地三年，太甲彻底改过自新后，伊尹又使他回商都亳，复为天子。

【文化史拓展】

这一章体现出孟子思想的保守之处，可以说是上一章的补充，这种补充，使上一章的思想大大倒退了。上一章说，"天子不能以天下与人"，这当然是对的，但是,这一章又肯定了世袭的合理性。那么,"天子不能以天下与人"中的"人",就明显不包括天子的子弟和王室成员。也就是说,天子不能以天下与别人,但能与其子弟或王室成员。那么,怎样解释舜继尧而有天下、禹继舜而有天下呢? 匹夫有天下,要有两个条件。一是其德表现若舜、禹,二是要由天子推荐。舜、禹都是儒家理想化了的圣人,"德若舜禹",几乎没有这样的可能,而且由谁来认定? 如何认定? 程序又如何? 有夏以后,天子视天下为己有,所谓"家天下"是也。要"天子荐之",无异于与虎谋皮。若天子已失势,不得不"荐"人而"禅让"天下,其所"荐"之人,必非"德若舜禹"者。总之,"德若舜禹"、"天子荐之"这两个条件兼而有之,在中国封建社会中,是不可能的。先世有大功大德于民的贤者有天下,其条件是当时的天子必若桀纣,天废之,如此则先世有大功大德的贤者方能取而代之为天子。桀纣是世人将"众恶归之"的恶人,身为天子者是否恶到桀纣的程度,谁来判定,又如何判定? 孟子的这种理论,完全是为了维护封建世袭制度、维护封建政治秩序服务的。

【文学史链接】

1. 后世有关诗赋文

洪亮吉《伯益考二篇》(《卷施阁文甲集》卷九)

马国翰《伯益考》(《玉函山房文集》卷五)

徐鼎勋《伯益柏翳考》(《诂经精舍四集》卷二)

张澍《伯益伯翳是否一人考》(《镕经室集》卷一)

王昶《外丙仲壬辨》(《春融堂集》卷三十四)

郑珍《外丙二年仲壬四年》(《巢经巢文集》卷一)

孙葆田《外丙二年仲壬四年说》(《校经室文集》卷一)

2. 文学技法

方云,此章以"天"字为主。"天与贤则与贤,天与子则与子"二句一提,下叙与贤、与子事,以分承之而归于"皆天也,非人之所能为也"数句,正意已尽矣。"匹夫而有天下"以下,乃推开以发明之,局阵恣肆。东坡《隐公论》《平王论》,因一人而杂论古事,皆本此。又云,此章合上章为一篇观之,文境尤阔。至于禹而德衰,特因上文又兴一大波耳。上章是论"天与贤",此章是论"天与子",而以此二句在中间作关键,文境奇横。末节唐虞禅收束上章,夏后殷周继收束此章,何等整齐。……(继世以有天下)方云,故益、伊尹、周公不有天下,是因益而并论伊、周也。下文申明伊尹之不有天下，而周公之不有天下，只说犹益于夏，伊尹之于殷，不必细说，文极简古。若复将周公事叙一番，则繁冗矣。（唐文治《孟子新读本》卷五）

【集评】

故禹可以传启，启可以承家，非有意于私天下。天意在子，不能违天而与贤也。夫以帝位相传，一听于天若此。则与贤者，其德固为至盛，与子者，其德亦非独衰。人乃执尧舜以议禹，何其所见之陋哉？……盖人力可以荐贤于天，而不能使为相之皆久；人力可以传位于子，而不能使其子之必贤。其有久、近、贤、不肖者，皆天意之所为。（张居正《张居正讲评孟子》卷九）

【思考与讨论】

1. 评说此章中所说帝王之位归属的递变。
2. 评说此章中所体现的孟子的政治思想。

9:07　万章问曰："人有言'伊尹以割烹要汤'①，有诸？"孟子曰："否，不然。伊尹耕于有莘之野②，而乐尧舜之道焉。非其义也，非其道也，禄之以天下，弗顾也；系马千驷，弗视也。非其义也，非其道也，一介不以与人③，一介不以取诸人，汤使人以币聘之，嚣嚣然曰④：'我何以汤之聘币为哉？我岂若处畎亩之中，由是以乐尧舜之道哉？'汤三使往聘之，既而幡然改曰⑤：'与我处畎亩之中，由是以乐尧舜之道，吾岂若使是君为尧舜之君哉？吾岂若使是民为尧舜之民哉？吾岂若于吾身亲见之哉？天之生此民也，使先知觉后知，使先觉觉后觉也。予，天民之先觉者也；予将以斯道觉斯民也。非予觉之，而谁也？'思天下之民匹夫匹妇有不被尧舜之泽者，若己推而内之沟中。其自任以天下之重如此，故就汤而说之以伐夏救民。吾未闻枉己而正人者也，况辱己以正天下者乎？圣人之行不同也，或远或近，或去或不去，归洁其身而已矣。吾闻其以尧舜之道要汤，未闻以割烹也。《伊训》曰：'天诛造攻自牧宫，朕载自亳⑥。'"

【注释】

① 要（yāo）汤：此指求得汤的宠信。

② 莘（shēn）：古国名。

③ 介：同"芥"。

④ 嚣嚣然：无欲自得貌。

⑤ 幡然：变动貌。幡：同"翻"。

⑥ "《伊训》"三句：大意是：伊尹云，伐桀之役始于牧宫，然其谋划，则由我始于商都亳。《伊训》，《尚书·商书》篇名。造，始。牧宫，地名，今《尚书》作"鸣条"，汤败桀之处。载，始。

【文化史拓展】

此章值得注意者有二。一是先觉觉后觉。士人永远是社会中最先觉悟的阶层。未觉悟者，不必论。已觉悟者，如果仅仅以自身的觉悟为满足，便无法实现他的社会价值，其觉悟的意义也就十分有限。已觉悟者，应当负起"觉后觉"的社会责任，宣传真理，觉悟民众，建功立业，泽被苍生。觉悟民众、泽被苍生，是一个永恒的、无限的过程。已觉悟者负起这样重大的社会责任，其自身的价值便也具有永恒的、无限的意义。伊尹即是其人。于佛教中求之，菩萨亦是其例，然是神而非人。

二是进身须以正道。宣传真理、觉悟民众，不存在进身问题，讲学著文，亦可为之。建功立业，泽被苍生，则无官位职权者不能办。求官位职权与求学问不同，求学问只要自己努力即可，官位职权，则在当道之手，变量甚多。世之求得官位职权者，或以正道，或不以正道。建功立业，泽被苍生，此志何等堂皇正大，为实现此志而求官位职权，当以正道，否则便难以行此志。

【文学史链接】

1. 后世有关诗赋文

王义山《伊尹曰天之生此民也》（《稼村类稿》卷十八）

刘师培《伊尹为庖说》（《左庵集》卷五）

明代佚名《七十二朝人物演义》卷三十《伊尹相汤》

2. 文学技法

（汤三使往聘之）以下数节，气象何等开阔，有此等胸襟，此等志气，此等学问，方有此等文章。……(天之生此民也)此节忽插入伊尹平日之言,文特奇突。……(思天下之民)此节忽插入伊尹本心之志,文更奇突。(唐文治《孟子新读本》卷五)

【集评】

盖独善一身,不若兼善天下之为大;远宗其道,不若躬逢其盛之为真。(张居正《张居正讲评孟子》卷九)

孟子称伊尹为先觉。其言曰,予,天民之先觉者也;予将以斯道觉斯民也。乐尧舜之道学也,而就汤伐夏以救民。则其觉也,觉桀之当诛,觉汤之可佐,故幡然曰,使是君为尧舜之君,尧舜汤也。尧舜汤者,杀桀乃所以尧舜也。是觉也,谁能效之? 谁敢效之? 不能效之,而文之曰非其时也。(傅山《霜红龛全集》卷十四《学解》)

天生人耳目手足与物殊,便当尽人之任。天生我聪明才力过于常人,岂天之私我哉? 令我为斯民计耳。故圣人吉凶与民同患。若自私其才力聪明,则是负天生我之厚恩。故人当以伊尹之任为法,若其非道非义,天下弗顾,千驷弗视,一介弗取,一介弗与。或远或近,或去或不去,要皆以仁洁身,要于行尧舜之道,以觉民救民而止。(康有为《孟子微》卷一引朱次琦语)

【思考与讨论】

评说此章中孟子所云"先觉"者的社会责任。

9:08 万章问曰:"或谓孔子于卫主痈疽①,于齐主侍人瘠环②,有诸乎?"孟子曰:"否,不然也。好事者为之也。于卫主颜雠由③。弥子之妻与子路之妻④,兄弟也⑤。弥子谓子路曰:'孔子主我,卫卿可得也。'子路以告。孔子曰:'有命。'孔子进以礼,退以义,得之不得曰'有命'。而主痈疽与侍人瘠环,是无义无命也。孔子不悦于鲁卫,遭宋桓司马⑥,将要而杀之⑦,微服而过宋。是时孔子当阸⑧,主司城贞子⑨,为陈侯周臣⑩。吾闻观近臣,以其所为主;观远臣,以其所主。若孔子主痈疽与侍人瘠环,何以为孔子?"

【注释】

① 主痈疽：以痈疽为主人，即住在痈疽家。痈疽，一医生，与卫君关系密切。

② 侍人：太监。瘠环：人名。

③ 颜雠由：卫国一贤大夫。《史记》作"颜浊邹"。

④ 弥子：弥子瑕，卫灵公之幸臣。

⑤ 兄弟：此指姊妹。

⑥ 桓司马：指宋司马桓魋（tuí）。

⑦ 要：拦截。

⑧ 阸：困厄。

⑨ 司城贞子：陈国官员，乃一贤者，佚其名，贞子为其谥号。

⑩ 周：陈侯名。

【文化史拓展】

　　当弥子瑕主动提出"孔子主我，卫卿可得也"时，孔子尚且置之不理，遭厄难时，尚且择贤者主之，怎么会主痈疽、瘠环那样的人呢？孔子通过弥子瑕，定能得富贵，但此非得富贵之正道。官职权位不以正道得之，君子耻之。此其一。其二，不以正道所得官位职权，很难用以行正道。故尽管君子很想获得官位职权，但坚决拒绝以歪门邪道得之。在以歪门邪道得官职权位的现象尚存的社会，想以官职权位行正道建功立业的人，求官职权位时，一定要注意这一点。

【文学史链接】

文学技法

　　（或问孔子于卫）方云，此章以"义"、"命"二字为主，不主痈疽与侍人，无可佐证。故以不主弥子事观之，可见矣。以主司城贞子事观之，可推矣。末节以"观远臣，以其所主"一句结，明观人之法，以定俗语之诬。文境整饬。（唐文治《孟子新读本》卷五）

【思考与讨论】

　　评说此章中的辩论艺术。

9:09 万章问曰："或曰：'百里奚自鬻于秦养牲者①，五羊之皮，食牛②，以要秦穆公③。'信乎？"孟子曰："否，不然。好事者为之也。百里奚，虞人也。晋人以垂棘之璧与屈产之乘④，假道于虞以伐虢。宫之奇谏，百里奚不谏。知虞公之不可谏而去，之秦，年已七十矣，曾不知以食牛干秦穆公之为汙也⑤，可谓智乎？不可谏而不谏，可谓不智乎？知虞公之将亡而先去之，不可谓不智也。时举于秦，知穆公之可与有行也而相之⑥，可谓不智乎？相秦而显其君于天下，可传于后世，不贤而能之乎？自鬻以成其君，乡党自好者不为⑦，而谓贤者为之乎？"

【注释】

① 百里奚：春秋时虞国大夫，后为秦国名相。鬻(yù)：卖。

② 食(sì)牛：喂牛。

③ 要(yāo)：干求。

④ 垂棘：地名。屈产之乘(shèng)：屈地所产良马四匹。乘：此指四匹马。

⑤ 曾：怎。

⑥ 可与有行：可与有作为。

⑦ 乡党：乡亲，此指村民。自好：自爱。

【文化史拓展】

春秋时，晋国送璧和良马给虞君，求假道于虞以伐虢国。虞公欲答应晋国要求，大夫宫之奇谏，虞公不听。宫之奇遂携全家隐去。大夫百里奚知虞公不可谏，不谏而去，后为楚人所获。秦缪公闻其贤，以五张羊皮购之，授以国政。百里奚相秦七年而秦霸。百里奚贤人，断然不会以自鬻为奴之法干求秦君。

此章亦云出处大节，贤者必不能苟且。

当时士人追求富贵者多，追求富贵之心切，目的为重而手段为轻。不择手段之事，多而且甚。他们为自己的行为找依据，故有关汤、孔子、百里奚等先贤以非礼干求富贵的传说，就产生并流传于士林了。又，这几章万章所问，多道听途说者，可见征信文献之难。

【文学史链接】

1. 后世有关诗赋文

明代佚名《七十二朝人物演义》卷三十一《百里奚自鬻于秦养牲者，五羊之皮，食牛，以要秦穆公》

2. 文学技法

柳子厚《复杜温夫书》云："生用助字，不当律令，所谓乎、欤、耶、哉、夫也者，疑辞也。矣、耳、焉也者，决辞也。今生则一之。宜考前闻人所使用，与吾言类且异，精思之则益也。"予读《孟子》"百里奚"一章曰："曾不知以食牛干秦穆公之为汙也，可谓智乎？不可谏而不谏，可谓不智乎？知虞公之将亡而先去之，不可谓不智也。时举于秦，知穆公之可与有行也而相之，可谓不智乎？"味其所用助字，开阖变化，使人之意飞动，此难以为温夫辈言也。（洪迈《容斋随笔》卷七《孟子书百里奚》）

（或曰百里奚）方云，此章以"贤"、"智"二字为主。百里奚不要秦穆公，无佐证，只有就不谏虞公一事反复推明，以见其贤、智。既是贤者，则必无此事，纯是空中楼阁。真灵妙之文也。……（知虞公）屈曲盘旋，纯用诘难法，折出一贤字，笔锋凌厉无前。（唐文治《孟子新读本》卷五）

此明为贤者辨无自鬻之事。反复于智不智、贤不贤，义理既明，文尤妙。（康有为《孟子微》卷六《贵耻》第十四）

【思考与讨论】

评说此章中的辩论艺术。

卷十　万章下

　　10：01　孟子曰："伯夷，目不视恶色，耳不听恶声。非其君不事，非其民不使。治则进，乱则退。横政之所出①，横民之所止②，不忍居也。思与乡人处，如以朝衣朝冠坐于涂炭也③。当纣之时，居北海之滨，以待天下之清也。故闻伯夷之风者，顽夫廉④，懦夫有立志⑤。伊尹曰：'何事非君？何使非民？'治亦进，乱亦进。曰：'天之生斯民也，使先知觉后知，使先觉觉后觉。予，天民之先觉者也⑥；予将以此道觉此民也。'思天下之民匹夫匹妇有不与被尧舜之泽者，若己推而内之沟中，其自任以天下之重也。柳下惠，不羞污君，不辞小官。进不隐贤，必以其道。遗佚而不怨，阨穷而不悯。与乡人处，由由然不忍去也。'尔为尔，我为我，虽袒裼裸裎于我侧，尔焉能浼我哉⑦？'故闻柳下惠之风者，鄙夫宽⑧，薄夫敦⑨。孔子之去齐，接淅而行⑩；去鲁，曰：'迟迟吾行也。'去父母国之道也。可以速而速，可以久而久，可以处而处，可以仕而仕，孔子也。"孟子曰："伯夷，圣之清者也⑪；伊尹，圣之任者也⑫；柳下惠，圣之和者也⑬；孔子，圣之时者也⑭。孔子之谓集大成。集大成也者，金声而玉振之也⑮。金声也者，始条理也；玉振之也者，终条理也。始条理者，智之事也；终条理者，圣之事也。智，譬则巧也；圣，譬则力也。由射于百步之外也，其至，尔力也；其中，非尔力也。"

【注释】

① 横(hèng)政：暴虐之政。

② 横(hèng)民：暴民。

③ "如以朝衣朝冠"句：见3：09注。

④ 顽夫：贪婪之人。

⑤ 立志：此指立见义勇为之志。

⑥ 天民:人民。

⑦ "柳下惠"至"尔焉能浼我哉?":见 3:09 注。

⑧ 鄙夫宽:鄙陋浅狭之人变得宽厚。

⑨ 薄夫敦:刻薄之人变得敦厚。

⑩ 接淅:接取已淘好的米。米已淘好,来不及做饭吃了再走,只好携之而行,喻行色
　 匆忙。

⑪ 清者:清高者。

⑫ 任者:担大任者。

⑬ 和者:随和者。

⑭ 时者:合时宜者。

⑮ 金声而玉振:作音乐,先撞钟,以宣发众声。乐将止,击磬以收众音。此用以喻孔子
　 之德。金,钟类乐器。声,宣发。玉,磬类乐器。振,收也。

【文化史拓展】

　　圣贤之处世为人,出处进退,都不必相同。为什么? 各人才性有别,所处社会
环境、地位等也不相同,因此,处世为人、出处进退,也就不同。虽是如此,孟子认
为,伯夷等几位圣贤之中,以孔子之所为为最佳。为什么? 孔子之所为,皆能合于
世之所宜,他总是能就具体情况,作出最为明智的选择,此乃集诸贤长处之大成而
臻于化境。但是,做到这一点,又谈何容易?

【文学史链接】

文学技法

　　方云,此合传体也,孔子为主,故论赞处专重孔子。……(圣之清者也)以上皆
古书之文,而孟子引之,故论断别加"孟子曰"三字,犹《公孙丑篇》"伯夷隘"一节之
例。(唐文治《孟子新读本》卷五)

【集评】

　　思之而尽其义,始条理也。行之而尽其道,终条理也。知及之而不能胜其任
者,力不足也。力足以至于古人,而义未必尽人者,知不足也。宰我、子贡、有若,
其智皆足以知圣人矣。柳下惠、伊尹则皆能任圣人之事者也。盖皆有所不足,此
孔子之所以集大成也。(《全宋文》卷 1690 沈括《孟子解》)

【思考与讨论】

评说此章中所云诸人之所为。

10:02　北宫锜问曰①:"周室班爵禄也②,如之何?"孟子曰:"其详不可得闻也。诸侯恶其害已也③,而皆去其籍。然而轲也,尝闻其略也。天子一位,公一位,侯一位,伯一位,子、男同一位,凡五等也。君一位,卿一位,大夫一位,上士一位,中士一位,下士一位,凡六等。天子之制,地方千里,公侯皆方百里,伯七十里,子、男五十里,凡四等。不能五十里,不达于天子,附于诸侯,曰附庸。天子之卿受地视侯④,大夫受地视伯,元士受地视子、男。大国地方百里,君十卿禄,卿禄四大夫,大夫倍上士,上士倍中士,中士倍下士,下士与庶人在官者同禄,禄足以代其耕也。次国地方七十里,君十卿禄,卿禄三大夫,大夫倍上士,上士倍中士,中士倍下士,下士与庶人在官者同禄,禄足以代其耕也。小国地方五十里,君十卿禄,卿禄二大夫,大夫倍上士,上士倍中士,中士倍下士,下士与庶人在官者同禄,禄足以代其耕也。耕者之所获,一夫百亩。百亩之粪,上农夫食九人,上次食八人,中食七人,中次食六人,下食五人。庶人在官者,其禄以是为差⑤。"

【注释】

① 北宫锜(qí):卫国人。北宫为姓,锜为名。锜,有足之釜,或一种兵器。或读 yǐ,兵器架,或姓。朱熹《孟子集注》卷十云,此当读 yǐ。

② 班:列。

③ "诸侯"句:当时诸侯多不守礼,巧取豪夺,另搞一套,嫌周爵禄制度损害他们的利益,便弃有关文件不得流传。恶(wù),讨厌,恨。

④ 视:同。

⑤ 差:差等,等级。

【文化史拓展】

周朝爵禄制度,孟子时就已难详。孟子所记,也只是"闻其略",不一定有可靠的根据。其所记与《周礼》等所载不同。孰是孰非,实际情况情形到底如何,已很难考证了。

10:03 万章问曰:"敢问友。"孟子曰:"不挟长①,不挟贵,不挟兄弟而友。友也者,友其德也,不可以有挟也。孟献子②,百乘之家也③,有友五人焉:乐正裘、牧仲,其三人,则予忘之矣。献子之与此五人者友也,无献子之家者也。此五人者,亦有献子之家,则不与之友矣④。非惟百乘之家为然也。虽小国之君亦有之。费惠公曰⑤:'吾于子思,则师之矣;吾于颜般⑥,则友之矣;王顺、长息,则事我者也。'非惟小国之君为然也,虽大国之君亦有之。晋平公于亥唐也⑦,入云则入,坐云则坐,食云则食。虽疏食菜羹,未尝不饱,盖不敢不饱也。然终于此而已矣。弗与共天位也⑧,弗与治天职也,弗与食天禄也,士之尊贤者也,非王公尊贤也。舜尚见帝⑨,帝馆甥于贰室⑩,亦飨舜⑪,迭为宾主,是天子而友匹夫也。用下敬上,谓之贵贵;用上敬下,谓之尊贤。贵贵、尊贤,其义一也。"

【注释】

① 挟:有所依仗。

② 孟献子:鲁国的贤大夫仲孙蔑。

③ 百乘之家:当时势力较大的大夫之家。

④ "献子"五句:献子与此五人为友,心中不存自己的权势;此五人与献子为友,心中亦不存献子的权势。

⑤ 费惠公:费邑的首脑。费,旧读 bì,今读 fèi。今山东费县。

⑥ 颜般:及下文的王顺、长息,皆人名。

⑦ 晋平公:晋国国君。亥唐:晋国贤者。

⑧ 天位:天设之位。下文天禄、天职分别为天设之禄、天设之职。天位、天禄、天职皆指平公的位、禄、职。

⑨ 舜尚见帝:舜拜见尧。尚,上。

⑩ 甥:此指舜。古妻父曰外舅,故女婿可曰甥。贰室:副宫。

⑪ 飨(xiǎng):设食招待。

【文化史拓展】

与人交时，自有权势而不凭，已是难能，若忘却自己的权势，则更加难了。不为对方的权势而与对方交往，已是难能，若忘却对方的权势，就更加难了。因对方的权势而与对方为友，当然是不可取的，但若是只因对方有权势而不与对方交往，也是不可取的。二者所为截然相反，但有一点是相同的：都将对方的权势看得很重，以至作为是否与对方交往的取舍标准。

大概不论在什么社会中，以下敬上者多，而以上敬下者少，可知以上敬下较以下敬上难得多。为什么？人们难忘权势。可见忘权势之难。在朋友交往中，有权势者忘其权势难，还是无权势者忘对方的权势难？这个问题就难以回答了。

人为什么会成朋友？义合则为朋友。义是朋友关系的基础，义合则合，义不合则离。当然，除了相互切磋、共同进步外，朋友间也要互相帮助，但这种帮助，必须以不损害道义为前提，此其一。其二，必须是真诚的帮助，而不是相互利用。为相互利用而成朋友，其基础是相互利用，一旦一方失去了被对方利用的价值，朋友基础就不复存在，他们就不再是朋友了。

【文学史链接】

文学技法

方云，此章文境，首一提，后一束，中间引证，如一波未平一波又起，真神乎文者也。……方云，盖不敢不饱也，下若说"非惟大国之君为然也，虽天子亦有之。舜尝见帝"云云亦可，只是文境平板，无变化，忽接以"然终于此而已矣"云云，异样气势，异样生动。（唐文治《孟子新读本》卷五）

【集评】

贵贵尊贤，皆事理之宜，义本一而无少异。不知后世何遂异视之？贵贵而不尊贤。朋友之一伦，竟以挟之一字废矣。孟子所以急言之耳。（张沐《孟子疏略》第一篇）

【思考与讨论】

评析此章中孟子所说交友之道。

10·04 万章曰:"敢问交际何心也①?"孟子曰:"恭也。"曰:"却之却之为不恭,何哉?"曰:"尊者赐之,曰'其所取之者,义乎,不义乎',而后受之,以是为不恭,故弗却也。"曰:"请无以辞却之,以心却之,曰'其取诸民之不义也',而以他辞无受,不可乎?"曰:"其交也以道,其接也以礼,斯孔子受之矣。"万章曰:"今有御人于国门之外者②,其交也以道,其馈也以礼,斯可受御与?"曰:"不可。《康诰》曰'杀越人于货,闵不畏死,凡民罔不譈③。'是不待教而诛者也。殷受夏,周受殷,所不辞也④。于今为烈⑤,如之何其受之?"曰:"今之诸侯取之于民也,犹御也。苟善其礼际矣,斯君子受之,敢问何说也?"曰:"子以为有王者作,将比今之诸侯而诛之乎⑥?其教之不改而后诛之乎?夫谓非其有而取之者盗也,充类至义之尽也⑦。孔子之仕于鲁也,鲁人猎较⑧,孔子亦猎较。猎较犹可,而况受其赐乎?"曰:"然则孔子之仕也,非事道与⑨?"曰:"事道也。""事道奚猎较也?"曰:"孔子先簿正祭器,不以四方之食供簿正⑩。"曰:"奚不去也?"曰:"为之兆也⑪。兆足以行矣,而不行,而后去,是以未尝有所终三年淹也⑫。孔子有见行可之仕⑬,有际可之仕⑭,有公养之仕⑮。于季桓子⑯,见行可之仕也;于卫灵公⑰,际可之仕也;于卫孝公⑱,公养之仕也。"

【注释】

① 交际:此指礼物往来。

② 御人于国门之外:在都门之外冷僻处劫道。御,止,此指拦截、劫道。

③ 《康诰》四句:《尚书·周书》篇名。越:颠越。闵:昏昧。譈(duì):憎恨。

④ "殷受夏"三句:意谓夏商周三代,对这个问题一直不作议论,明确而无异辞。

⑤ 于今为烈:此类事今天更为严重。

⑥ 比:连排。

⑦ 充类至义之尽:类推到事理之极,乃极言之。说取不该取的东西为盗,这是就事理而极言之,未必能真的确认这种行为为盗。

⑧ 猎较:打猎时争夺猎物,以所得用于祭祀。

⑨ 事道:以行道为事。

⑩ "簿正祭器"二句:书面规范祭器之制,而对祭品之来源不作书面规范。

⑪ 兆:苗头,征兆。

⑫ 淹：留。

⑬ 行可之仕：感当道的政治行为而参与治理社会。

⑭ 际可之仕：感当道的接待而参与治理社会。

⑮ 公养之仕：受当道的养贤之礼而参与治理社会。

⑯ 季桓子：鲁国巨卿季孙斯，鲁国的实权人物，"三桓"之首。

⑰ 卫灵公：春秋时卫国国君。孔子周游列国时，曾长期在卫，与灵公关系较密切。

⑱ 卫孝公：卫国国君。

【文化史拓展】

　　一个人面对尊长所赐，不必考虑尊长是如何获得这些东西、这些东西是不是尊长的不义之财之类的问题，接受下来就是，否则，就是"不恭"。不过，有两点应该注意，一是与对方的交往应该是按照道义，二是接受礼物过程中应该恪守礼，亦即"其交也以道，其接也以礼"。阳货趁孔子不在的时候前去拜访，送给孔子一只乳猪。阳货是僭窃政柄、多行不义的权臣，自然有许多不义之财。他送给孔子的乳猪，是不是不义之财，当然是无法确定的，也不必去确定。孔子对待阳货，完全是待之以道，接之以礼，收阳货的乳猪，完全是合乎礼的，不受，倒反而不合乎礼了。

　　但是，拦路抢劫得来的财物，凶手送给你，尽管"其交也以道，其馈也以礼"，还是不能收的，因为性质实在太严重了。当时的诸侯们，对外相互攻伐，对内巧取豪夺，聚敛不义之财，跟拦路抢劫一样。但是，君子为什么还接受他们的礼物或俸禄呢？因为，说这些诸侯是盗，乃推其类而极言之，实际上，他们与强盗的性质还是有所不同的。再者，拦路抢劫行凶杀人者，"不待教而诛者也"，必杀无疑，但这些诸侯，是不可能因他们聚敛不义之财而将他们一一杀尽的。因此，君子仍不妨在这些诸侯或当政者处做官或作宾客。只有当这些诸侯或当政者的不义行为发展到一定阶段时，君子认为不宜待下去，然后离开，这也是完全可以的。孔子就是如此。

　　在现代社会中，是礼是贿，往往不易分清。对方所送礼物是不是不义之财，这并不重要，而且也很难确认。所须注意者，仍然是"其交也以道，其接也以礼"。交以道，则授受之间，并无违反道义之事；接以礼，不仅是授受本身符合于礼，而且包括往来也应符合礼，"投桃报李"、"礼尚往来"也，"来而不往非礼也"。贿之授受，既违反道义，且不合于礼。

【文学史链接】

　　文学技法

　　方云，"交以道"三句，正意已尽。"交以道"，"接以礼"，即下文所谓"兆足以行也"，"斯孔子受之"，即所谓为之兆也，特语意浑涵。万章曰"今有御人"以下，连作数波，如掀天大浪而来，其驳杂处，气皆汹涌。须看孟子说得心平气和，至"为之兆也"，方将孔子"斯受之"心事说出。说孔子即所以明己之心也。……忽起奇喻，辣甚。……（今之诸侯）诛心笔法。（唐文治《孟子新读本》卷五）

【思考与讨论】

　　如何理解社会交往中的"交以道"与"接以礼"？

　　10:05　孟子曰："仕非为贫也，而有时乎为贫；娶妻非为养也①，而有时乎为养。为贫者，辞尊居卑，辞富居贫。辞尊居卑，辞富居贫，恶乎宜乎？抱关击柝②。孔子尝为委吏矣③，曰'会计当而已矣'。尝为乘田矣，曰'牛羊茁壮，长而已矣'。位卑而言高，罪也；立乎人之本朝，而道不行，耻也。"

【注释】

① 为养：出于谋取物质生活资料的原因。

② 抱关击柝：看门、打更。

③ 委吏：古代负责仓库保管、会计事务的小官吏。

【文化史拓展】

　　为"脱贫"而出仕，为什么辞高位而就低位、辞厚禄之位而就薄禄之位呢？出仕最重要的目的是什么？当然是行道，是建功立业。至于自身"脱贫"，最多只能算是次要的目的。居其位而无法行其道，尸位素餐，君子耻之，"立乎人之本朝，而道不行，耻也"。既然可耻，君子就不当居其位。但是，如果不出仕，就无法解决生活问题，因生活贫困，不得不出仕，怎么办呢？既然居其位不能行其事是可耻之事，即使有机会，这样的官职也不能居之，那么，就只能选择位卑禄薄的官职了，例如抱关击柝之类，没有行道的责任，不存在行道问题，容易称职，而生活问题也就能解决了。朱熹《孟子集注》卷十云："以出位为罪，则无行道之责；以废道为耻，则非窃禄之官：此为贫者之所以必辞尊、富而宁处贫、贱也。"又引尹氏语云："言为贫者不可以居尊，居尊者必欲以行道。""位卑而言高，罪也"，与孔子"君子思不出位"、"不在其位，不谋其政"相通。

【文学史链接】

1. 后世有关诗赋文

孙星衍《委吏解示同舍生》(《平津馆文稿》卷上)

2. 文学技法

文境渊懿怡适，欧曾文之祖。(唐文治《孟子新读本》卷五)

【思考与讨论】

如何理解此章中的"为贫者，辞尊居卑，辞富居贫"之说？

10:06 万章曰："士之不托诸侯①，何也？"孟子曰："不敢也。诸侯失国，而后托于诸侯，礼也；士之托于诸侯，非礼也。"万章曰："君馈之粟，则受之乎？"曰："受之。""受之何义也？"曰："君之于氓也②，固周之。"曰："周之则受，赐之则不受，何也？"曰："不敢也。"曰："敢问其不敢何也？"曰："抱关击柝者，皆有常职以食于上。无常职而赐于上者，以为不恭也。"曰："君馈之，则受之，不识可常继乎？"曰："缪公之于子思也，亟问，亟馈鼎肉③。子思不悦。于卒也④，摽使者出诸大门之外⑤，北面稽首再拜而不受。曰：'今而后知君之犬马畜伋⑥。'盖自是台无馈也⑦。悦贤不能举，又不能养也，可谓悦贤乎？"曰："敢问国君欲养君子，如何斯可谓养矣？"曰："以君命将之，再拜稽首而受⑧。其后廪人继粟⑨，庖人继肉⑩，不以君命将之。子思以为鼎肉使己仆仆尔亟拜也⑪，非养君子之道也。尧之于舜也，使其子九男事之，二女女焉⑫，百官牛羊仓廪备，以养舜于畎亩之中，后举而加诸上位。故曰：'王公之尊贤者也。'"

【注释】

① 托:依附,指不仕而食其禄。

② 氓:百姓。

③ "缪公"三句:缪公屡次(派人)慰问子思,屡次送他鼎肉。

④ 卒:最后。

⑤ 摽(biāo):挥去。

⑥ 犬马畜伋:将我当犬马收留。伋,子思名。古人自称名。

⑦ 台:贱官,负责杂役。朱熹《孟子集注》卷十云:"盖缪公愧悟,自此不复令台来致馈也。"

⑧ "以君命"二句:送者奉国君之命携财物至,受者当再拜稽首而受之。

⑨ 廪人:管理粮仓的人。

⑩ 庖人:管理厨房的人。

⑪ 仆仆尔:烦扰劳顿貌。

⑫ 二女女焉:二女嫁之。

【文化史拓展】

此章言君主当尊贤,士人当有其自尊心。同样是国君或当道者给以财物,馈之则受,赐之则不受。为什么? 馈是赠予,赐是居高临下的施予。接受施予,这是有自尊心的士人所不能忍受的,如子思就是如此。国君尊贤养君子,当馈以财物,而不是赐以财物。前者是尊敬贤者,后者则迹同侮辱贤者。作为士人,君主之馈可以接受,君主之赐则当拒绝,以保持人格尊严。君主之赐尚应拒绝,何况他人之赐! 当然,尊长以礼之赐则另当别论,要保持人格尊严。

【文学史链接】

文学技法

方云,此章以"礼义"二字为主。"无常职而赐于上,以为不恭也"以上,正意已尽,后乃推拓言之。余谓不然,此章以"举"字作主,故以后"举而加诸上位"与"悦贤不能举",遥遥相应。盖孟子固以天位为尊贤之规则也。(唐文治《孟子新读本》卷五)

【集评】

然则人君欲尽养贤之道,诚不可不知所以用贤矣。养之而无以用之,贤者尚

不可以虚拘,而况于并废养贤之礼者乎!(张居正《张居正讲评孟子》卷十)

【思考与讨论】

评说孟子关于士人如何处理与诸侯关系的观点。

　　10:07　万章曰:"敢问不见诸侯,何义也?"孟子曰:"在国曰市井之臣,在野曰草莽之臣,皆谓庶人。庶人不传质为臣①,不敢见于诸侯,礼也。"万章曰:"庶人,召之役,则往役;君欲见之,召之,则不往见之,何也?"曰:"往役,义也;往见,不义也。且君之欲见之也,何为也哉?"曰:"为其多闻也,为其贤也。"曰:"为其多闻也,则天子不召师,而况诸侯乎?为其贤也,则吾未闻欲见贤而召之也。缪公亟见于子思②,曰:'古千乘之国以友士,何如?'子思不悦,曰:'古之人有言:曰事之云乎,岂曰友之云乎?'子思之不悦也,岂不曰:'以位,则子,君也;我,臣也。何敢与君友也?以德,则子事我者也。奚可以与我友?'千乘之君求与之友,而不可得也,而况可召与?齐景公田③,招虞人以旌④,不至,将杀之。志士不忘在沟壑,勇士不忘丧其元⑤。孔子奚取焉?取非其招不往也。"

　　曰:"敢问招虞人何以?"曰:"以皮冠。庶人以旃⑥,士以旂⑦,大夫以旌⑧。以大夫之招招虞人,虞人死不敢往。以士之招招庶人,庶人岂敢往哉?况乎以不贤人之招招贤人乎?欲见贤人而不以其道,犹欲其入而闭之门也。夫义,路也;礼,门也。惟君子能由是路,出入是门也。《诗》云:'周道如厎⑨,其直如矢;君子所履,小人所视⑩。'"万章曰:"孔子,君命召,不俟驾而行⑪。然则孔子非与?"曰:"孔子当仕有官职,而以其官召之也。"

【注释】

① 传质:以贽自通。给对方见面礼,让对方知道而已,进而与对方建立联系。传,通。
　　质,同"贽",见面礼。
② 亟(qì):屡次。

③ 田:打猎。

④ 虞人:管理山泽之官。

⑤ 元:头。

⑥ 旃(zhān):赤色曲柄的旗。《左传·昭公二十年》:"旃以招大夫。"与此异。

⑦ 旂:上画龙形、杆头系铃的旗。

⑧ 旌:用牦牛尾和彩色羽毛作杆饰的旗。

⑨ 厎:同"砥",磨刀石。

⑩ 视:取以为法。

⑪ 不俟驾而行:不待准备好车驾而先行。俟:待。

【文化史拓展】

　　庶人不主动求见诸侯。诸侯可以命庶人为他服役任事,但不能令庶人去见他。如果诸侯认为某人贤而想向他请教,或是讨论政事,他就应该去拜见对方,而不能令对方来见自己。令对方来为自己服务,这是上下关系所定,理当如此。然而,向对方请教,乃是以对方为师,上下关系倒了过来,因此理当去拜见对方。想向对方请教而召对方来见自己,是以下待上,以待为己服务之人的方法待自己请教的对象,此非尊敬贤人之道。

　　就地位而论,贤人也是国君的臣民;就德才而论,贤人可以作国君的老师。缪公以千乘之国诸侯之尊,欲与子思为友而不可得,若以待臣下之道待之,欲其召之即来、挥之即去,就更加不可了。此足为无官位的贤者吐气。后世贤者,大多不主动求见当道。能尊贤之当道,则能主动拜访贤者,此类佳话极多,如"三顾茅庐"等是也。然而贤者以其贤而百计拒绝当道之拜访,则属不情,非真正贤者所为。

【文学史链接】

文学技法

　　(且君之欲见之也)方云,以下文势激昂,引子思、虞人两证、两怕,仍归到不见上而以礼门、义路四字作收,气象光明正大,并与首二节"礼"、"义"字相应。……(孔子君命召)为臣可见,不为臣不见。以孔子事以为结束,神回气合。(唐文治《孟子新读本》卷五)

【思考与讨论】

评说孟子"非其招不往"之说。

10:08　孟子谓万章曰："一乡之善士,斯友一乡之善士;一国之善士,斯友一国之善士;天下之善士,斯友天下之善士。以友天下之善士为未足,又尚论古之人^①。颂其诗,读其书,不知其人,可乎? 是以论其世也,是尚友也^②。"

【注释】

① 尚:上。

② 尚友:上与古人为友。

【文化史拓展】

《论语·卫灵公》中,子贡问为仁,孔子曰:"工欲善其事,必先利其器。居是邦也,事其大夫之贤者,友其士之仁者。"以贤者之利器,修自己之仁德,自然易于成就。友天下之善士还未足,而更上与古人为友。求仁之心益盛,取法益广,而所成益大。如何上以古人为友? 除了读其著述、知其言行以外,还应该知其人、知其世。"知人论世",直到今天,仍是文史研究最重要的方法。

【文学史链接】

1. 后世有关诗赋文

陈栎《一乡之善士一章》(《定宇集》卷十三)

2. 文学技法

方云,此章一层进一层,读之令人气奋。余谓非独气奋已也,高山流水,置身唐虞之间,其品不凡,其志更偶乎远矣。读古人书,须时时存此意。(唐文治《孟子新读本》卷五)

【集评】

高贤名士,人中俊杰,学者宜多友而多识,故过其地不交其贤,君子耻之。然

过而不交，与交而不能使其人重，一也。（颜元《颜元集》之《颜习斋先生言行录》卷下《不为》第十八）

【思考与讨论】

评说"知人"、"论世"对读书的重要性。

10:09 齐宣王问卿。孟子曰："王何卿之问也？"王曰："卿不同乎？"曰："不同。有贵戚之卿，有异姓之卿。"王曰："请问贵戚之卿。"曰："君有大过则谏，反覆之而不听，则易位。"王勃然变乎色。曰："王勿异也。王问臣，臣不敢不以正对。"王色定，然后请问异姓之卿。曰："君有过则谏，反覆之而不听，则去。"

【文化史拓展】

从这一章可以看出，在孟子的思想中，国家是一家的国家。在君有大过、屡谏不听的情况下，贵戚之卿可以撤换国君。当然，继任国君仍是出于原国君家族。贵戚之卿这样做，乃是对家族负责，对国家负责，不能逃避责任，他是国家的"大股东"。君有大过，异姓之卿也有诤谏的责任，但在屡谏不听的情况下，他可以辞职。他不属于国君家族，因而不可以参与国君的废立事宜——那是国君家族的事，"大股东"们的事。他是"高管"，与国君及其家族的关系，不过是雇佣关系，合则留，不合则去，去则关系解除，不必再对国家负什么责任。

当然，实际情形，要比孟子所说复杂得多。朱熹《孟子集注》卷十云："三仁贵戚，不能行之于纣；而霍光异姓，乃能行之于昌邑。此又委任权力之不同，不可以执一论也。""三仁"指箕子、微子、比干，他们都是纣的近亲，但未能行废纣之事。汉霍光以外戚居高位，但能废昌邑王刘贺而立汉宣帝刘询。朱熹所云"委任权力"云云，实际上不过是所拥有的实际权势，未必都来自于"委任"。在历史上的政治实践中，有无资格参与废立之事，不在于是否贵戚之卿，而在于其权势之强弱。被废者未必昏庸残暴，被立者也未必贤明仁义。君主之废立，很大程度上取决于废立者的利益。

【集评】

《礼》：“君不与同姓同车，与异姓同车。”嫌其偪也。为卿者，无贵戚异姓同姓，皆人臣也。人臣之义，谏于君而不听，去之可也，死之可也，若之何以贵戚之故，敢易位而处也？孟子之言过矣。君有大过无若纣，纣之卿士莫若王子比干、箕子、微子之亲且贵也。微子去之，箕子为之奴，比干谏而死。孔子曰商有三仁焉。夫以纣之过大，而三子之贤，犹且不敢易位也，况过不及纣而贤不及三子者乎？必也使后世有贵戚之臣，谏其君而不听，遂废而代之，曰：“吾用孟子之言也，非篡也，义也。”其可乎？或曰：孟子之志，欲以惧齐王也。是又不然。齐王若闻孟子之言而惧，则将愈忌恶其贵戚，闻谏而诛之；贵戚闻孟子之言，又将起而蹈之，则孟子之言，不足以格骄君之非，而适足以为篡乱之资也。其可乎？（邵博《邵氏闻见后录》卷十一司马光《疑孟》）

“易位”句，如闻霹雳声。（唐文治《孟子新读本》卷五）

【思考与讨论】

评析孟子关于“贵戚之卿”、“异姓之卿”之区分和论述。

卷十一　告子上

11:01　告子曰："性，犹杞柳也^①；义，犹桮棬也^②。以人性为仁义，犹以杞柳为桮棬。"孟子曰："子能顺杞柳之性而以为桮棬乎？将戕贼杞柳而后以为桮棬也^③？如将戕贼杞柳而以为桮棬，则亦将戕贼人以为仁义与？率天下之人而祸仁义者，必子之言夫！"

【注释】

① 杞柳：柜柳，一种树。

② 桮（bēi）棬（quān）：杯盘一类的东西。桮，同"杯"。

③ 戕贼：残害。

【文化史拓展】

告子认为，以人的本性成就仁义，正如以柜柳制成杯盘一样。人性本身并不是仁义，必须经过一番功夫，乃可以成就仁义。这就有两种可能：一是顺着人性的内在趋向发展成仁义；二是对人性进行加工改造，砍削截斫，使之合于仁义。孟子认为，若是后一种情况，那是危险的，会导致天下人害仁义。为什么？它将仁义与完整的人性对立起来，要成就仁义，就得对人性进行砍削截斫。人性被砍削截斫便不完整。也就是说，成就仁义的代价是损害完整的人性。那么，谁还愿意成就仁义呢？孟子认为，人性本来就是善的，成就仁义，是因人性之善为之，并不是损害人性。

唐文治《孟子大义》卷十一论告子之说云："此即庄子以仁义易其性之说也（见《骈拇篇》）。如是则人皆仁义，故孟子斥之欲祸仁义。"

【文学史链接】

文学技法

（子能顺杞柳）直辟其说，灵敏痛快。（唐文治《孟子新读本》卷六）

【集评】

　　至杞柳杯棬之辨,孟子之意谓戕贼杞柳以为杯棬可、戕贼人以为仁义不可。此因告子不善措辞,致受此难。如易其语云性犹金铁也,义犹刀剑也;以人性为仁义,犹以金铁为刀剑,则孟子不能谓之戕贼矣。(章太炎《诸子略说》)

【思考与讨论】

　　评说孟子关于"仁义"与"人性"之间关系的观点。

　　11:02　告子曰:"性犹湍水也①,决诸东方则东流,决诸西方则西流。人性之无分于善不善也,犹水之无分于东西也。"孟子曰:"水信无分于东西,无分于上下乎? 人性之善也,犹水之就下也。人无有不善,水无有不下。今夫水,搏而跃之②,可使过颡③;激而行之,可使在山。是岂水之性哉? 其势则然也。人之可使为不善,其性亦犹是也。"

【注释】

① 湍(tuān)水:激流。

② 搏而跃之:击之使飞溅起来。

③ 颡(sǎng):额头。

【文化史拓展】

　　告子认为,人性本来就无所谓善,也无所谓恶,人为善便善,人为恶便恶,如急水一样,引它东流便东流,引它西流便西流。孟子认为,人性是善的,正如水本性是向下一样。水有时向上,是外力作用的结果。人性本善,反人性的外力作用,才使人为恶。

【文学史链接】

　　文学技法

　　(性犹湍水)方云,此章辨"无分"二字,以"人无有不善"为主。先说人无有不善,犹水无有不下,明性之本然,止是善;次说为不善是物欲激之而然,非性之本能

也。文用指点法,极明晰。……(今夫水)方云此段笔意尤陡峭飞动。(唐文治《孟子新读本》卷六)

【集评】

子曰:"性相近也,习相远也。"又曰:"唯上智与下愚不移。"性可乱也,而不可灭。可灭,非性也。人之叛其性,至于桀纣盗跖至矣。然其恶必自其所喜怒,其所不喜怒,未尝为恶也。故木之性上,水之性下,木抑之可以轮囷,抑者穷,未尝不上也。水激之,可使澎涌上达,激者衰,未尝不下也。此孟子所见也。孟子有见于性,而离于善。《易》曰:"一阴一阳谓之道,继之者善也,成之者性也。"成道者性,而善继之耳,非性也。性如阴阳,善如万物,万物无非阴阳者,而以万物为阴阳则不可。故阴阳者,视之不见,听之不闻,而非无也。今以其非无即有而命之,则凡有者皆物矣,非阴阳也。故天一为水,而水非天一也;地二为火,而火非地二也。为善而善非性也,使性而可以谓之善,则孔子言之矣。苟可以谓之善,亦可以谓之恶,故荀卿之所谓性恶者,盖生于孟子。而扬雄之所谓善恶混者,盖生于二子也。性其不可以善恶命之,故孔子之言曰"性相近也,习相远也"而已。夫苟相近,则上智与下愚,曷为不可移? 曰:有可移之理,无可移之资也。若夫吾弟子由之论也,曰:雨于天者,水也;流于江河、蓄于坎井,亦水也;积而为泥途者,亦水也。指泥途而告人曰:是有水之性,可也。曰:吾将使其清而饮之,则不可。是之谓上智与下愚不移也。苏东坡云:予为《论语》说,与孟子辩者八。(邵博《邵氏闻见后录》卷十二引李觏《常语》)

丹朱、商均自幼及长,日所见者尧、舜也,不能移其恶,岂人之性无有不善乎?(邵博《邵氏闻见后录》卷十一司马光《疑孟》)

朱子曰:"孟子道性善,性字重,善字轻,非对言也。"此语可诧! 性善二字,如何分轻重? 谁说是对言? 若必分轻重,则孟子时人竞言性,但不知性善耳。孟子道之之意,似更重善字。(颜元《颜元集》之《存性编》卷一《性理评》)

至于性善、性恶之辩,以二人为学入门不同,故立论各异。荀子隆礼乐而杀《诗》、《书》,孟子则长于《诗》、《书》。孟子由诗入,荀子由礼入。诗以道性情,故云人性本善;礼以立节制,故云人性本恶。又,孟子邹人,邹鲁之间,儒者所居,人习礼让,所见无非善人,故云性善;荀子赵人,燕赵之俗,杯酒失意,白刃相雠,人习凶暴,所见无非恶人,故云性恶。且孟母知胎教,教子三迁,孟子习于善,遂推之人性,以为皆善;荀子幼时教育殆不如孟子,自见性恶,故推之人性,以为尽恶。……

告子谓性无善、无不善,语本不谬,阳明亦以为然。又谓生之谓性,亦合古训。此所谓性,即阿赖耶识。佛法释阿赖耶为无记性(无善无恶),而阿赖耶之义即生理也。古人常借生为性字。《孝经》"毁不灭性",《左传》"民力凋尽,莫保其性"皆是。《庄子》云"性者生之质也",则明言生即性矣。故"生之谓性"一语,实无可驳。而孟子强词相夺,驳之曰:"犬之性犹牛之性,牛之性犹人之性欤?"若循其本,性即生理,则犬之生与牛之生,有何异哉?(章太炎《诸子略说》)

【思考与讨论】

结合前后几章,评析孟子"性善说"。

11:03　告子曰:"生之谓性。"孟子曰:"生之谓性也,犹白之谓白与?"曰:"然。""白羽之白也,犹白雪之白;白雪之白,犹白玉之白与?"曰:"然。""然则犬之性,犹牛之性;牛之性,犹人之性与?"

【文化史拓展】

告子认为,生命活动就是性。他所着眼的,是人与动物的共同性,也就是将人的动物性当作人性。人性确实包括动物性,例如,动物的基本行为——争斗行为、觅食行为、防御行为、繁殖行为,人类一项都不缺。但是,人性却不为动物性所限,还有比动物性层次更高的许多内容。告子之失在于此。

【文学史链接】

文学技法

(然则犬之性)上设喻回翔,下即用急攫法,此孟子文特擅长处。(唐文治《孟子新读本》卷六)

【集评】

告子当应之云:"色则同矣,性殊也。"羽性轻,雪性弱,玉性坚,而告子亦皆然之,此所以来犬牛羊人之难也。孟子亦可谓以辩胜人矣。(邵博《邵氏闻见后录》卷十一司马光《疑孟》)

释氏之说所以陷为小人者,以其待天下万物之性为一,犹告子"生之谓性"。今之言性者,汗漫无所执守,所以临事不精。学者先须立本。(张载《张载集》载《张子语录》中)

东原以孟子举犬性、牛性、人性驳告子,故谓孟子性善之说,据人与禽兽比较而为言。余谓此非孟子本旨,但一时口给耳。后人视告子如外道,或曰异端,或曰异学。其实儒家论性,各有不同。赵邠卿注《孟子》,言告子兼治儒墨之学。邠卿见《墨子》书亦载告子(《墨子》书中之告子,与孟子所见未必为一人,以既与墨子同时,不得复与孟子同时也),故为是言。不知《墨子》书中之告子,本与墨子异趣,不得云兼治儒墨之学也。宋儒以告子为异端,东原亦目之为异端,此其疏也。(章太炎《诸子略说》)

【思考与讨论】

评析此章的辩论艺术。

11:04 告子曰:"食色,性也。仁,内也,非外也;义,外也,非内也。"孟子曰:"何以谓仁内义外也?"曰:"彼长而我长之①,非有长于我也;犹彼白而我白之,从其白于外也,故谓之外也。"曰:"异于白马之白也②,无以异于白人之白也;不识长马之长也,无以异于长人之长与? 且谓长者义乎? 长之者义乎?"曰:"吾弟则爱之,秦人之弟则不爱也,是以我为悦者也,故谓之内。长楚人之长,亦长吾之长,是以长为悦者也,故谓之外也。"曰:"耆秦人之炙③,无以异于耆吾炙。夫物则亦有然者也,然则耆炙亦有外与?"

【注释】

① 我长之:我以对待长于我之人的方式对待他。

② 异于:此二字疑为衍文。

③ 耆:同"嗜"。

【文化史拓展】

告子认为，仁内义外。仁者，爱人，发自内心，故在内。义者，事之所宜，事在外，故义亦在外。仁在内，可以把握，可以修养。义在外，外者千变万化，难以用力修养。他说一个人年纪长于我，我就以他为长，这就是义。长在于对方，而不是我。一样东西是白的，我认为他是白的，这就是义。白是那东西白，而不是我白。孟子则认为，仁义都是内在的。正确地对待一匹老马，这是义，正确地对待一个人，这也是义。但是，对待老马与老人，心情和方式都是大不相同的，这种不同，也体现出义。因此，义也是内在的，更何况，义不在于长者之长，而是在我尊敬长者之心。尊敬长者之心，当然是内在的。

告子又说，我的弟弟则爱，别人的弟弟则不爱，爱的出发点在于我，因此，仁爱是内在的。我的长者则尊敬，楚人的长者我也尊敬，我尊敬长者，是因为他们年长，不是因为他们跟我有什么关系。也就是说，不是从我自身考虑才尊敬他们。年长是外在的，故尊敬也是外在的。孟子则认为，喜欢吃别人的烧烤肉，跟喜欢吃我的烧烤肉，这种喜欢，也不会有什么差别，难道这"喜欢"也是外在的么？以此说明，尊敬我的长者，尊敬楚人的长者，这"尊敬"也是内在的，告子知"食色，性也"，故孟子就食言之。食乃性，对肉的喜欢，不是内在的么？

"义"乃"事之所宜"。事是外在的，"宜"（义）有一定之规，具有客观性，非个人的意志所能左右。但是把握这"义"，把握这一定之规，则在于人自身，待人接物，立身行事，处处得宜，皆发之于自身。因此，义也是内在的。例如，尊老是社会规范，具有客观性，对某个人说来，是外在的规定。但某人尊老，虽是遵守社会规范，但也是出之于他自身，出于他的尊老之心。

【文学史链接】

1. 后世有关诗赋文

朱骏声《书孟子告子篇食色章简端》（《传经室文集》卷一）

2. 文学技法

（异于白马之白）方云，"不识长马之长也，无以异于长人之长与？""然则嗜炙亦有外与？"韩退之《讳辨》学此。（唐文治《孟子新读本》卷六）

【思考与讨论】

评析此章的辩论艺术。

11:05 孟季子问公都子曰:"何以谓义内也?"曰:"行吾敬,故谓之内也。""乡人长于伯兄一岁,则谁敬?"曰:"敬兄。""酌则谁先?"曰:"先酌乡人。""所敬在此,所长在彼,果在外,非由内也。"公都子不能答,以告孟子。孟子曰:"敬叔父乎?敬弟乎?彼将曰'敬叔父'。曰:'弟为尸①,则谁敬?'彼将曰'敬弟'。子曰:'恶在其敬叔父也?'彼将曰:'在位故也。'子亦曰:'在位故也②。庸敬在兄③,斯须之敬在乡人④。'"季子闻之曰:"敬叔父则敬,敬弟则敬,果在外,非由内也。"公都子曰:"冬日则饮汤,夏日则饮水,然则饮食亦在外也?"

【注释】

① 尸:祭祀时,以一少儿饰为受祭之神受祭,此儿便是"尸"。

② 在位:在受祭之位,代表受祭神灵。

③ 庸敬:常敬。庸,常也。

④ 斯须:同"须臾",一会儿。

【文化史拓展】

仅一"敬"字,何等复杂,当随客观环境变化而变化,但这并不能证明敬是外在的,因为归根到底,敬还是发之于行敬者,行敬者据客观环境而发。饮食爱好随环境变化而变化,但难道说饮食爱好是外在的么?

【文学史链接】

1. 后世有关诗赋文

宋文蔚《孟季子即季任说》(《诂经精舍六集》卷九)

汪之昌《先酌乡人解》(《青学斋集》卷十一)

2. 文学技法

(公都子不能答)方云,"敬叔父乎"以下将公都子驳难。孟季子之答,尽在孟子口中代为问答,到下文只记"季子闻之"四字,何等空灵便捷。若再述一遍,则赘冗矣。(唐文治《孟子新读本》卷六)

纾按:诘驳之文,多强词夺理,未有据理以折人、复能便捷经利如此者。通篇眼目,全在"庸敬"与"斯须之敬"六字。知"庸敬"在兄,是天经地义;知"斯须之敬",是周旋晋接之礼。此等关轴,通是由内主裁。孟季子认定敬由外生,大抵以为不见乡人,便无敬意,是敬字由见乡人以生。不知敬生在中,不过藉乡人以发端。发固由乡人,而所以能发之苗,仍由心出。孟季子抵死不悟。公都子固已明白。饮汤、饮水之喻,是临时聪明。见得断无思饮不辨时候,不择冷暖者。能择即由心出,不能因汤水在前,便冷暖无择,而冒饮之。孟子辨理,全在以人之矛,攻人之盾。因其有乡人、伯兄一义,即应他以叔父及弟一义。因弟之在尸位,便使他认出乡人之在宾位。在宾位即是"斯须之敬",则万万无久久长敬乡人之理。此因时制宜。正是"义由内出"之正面。妙在不肯词费,但俯拾即是,所以为难尔。(林纾《左孟庄骚精华录》卷下)

【思考与讨论】

评析此章的辩论艺术。

11:06　公都子曰:"告子曰:'性无善无不善也。'或曰:'性可以为善,可以为不善;是故文武兴①,则民好善;幽厉兴②,则民好暴。'或曰:'有性善,有性不善;是故以尧为君而有象,以瞽瞍为父而有舜;以纣为兄之子且以为君,而有微子启、王子比干③。'今曰'性善',然则彼皆非与?"孟子曰:"乃若其情④,则可以为善矣,乃所谓善也。若夫为不善⑤,非才之罪也。恻隐之心,人皆有之;羞恶之心,人皆有之;恭敬之心,人皆有之;是非之心,人皆有之。恻隐之心,仁也;羞恶之心,义也;恭敬之心,礼也;是非之心,智也。仁义礼智,非由外铄我也⑥,我固有之也,弗思耳矣。故曰:'求则得之,舍则失之。'或相倍蓰而无算者⑦,不能尽其才者也。《诗》曰:'天生蒸民,有物有则。民之秉彝,好是懿德⑧。'孔子曰:'为此诗者,其知道乎! 故有物必有则,民之秉彝也,故好是懿德。'"

【注释】

① 文武:周文王、武王。

② 幽、厉:周幽王、厉王,前者为昏君,后者为暴君。

③ 微子启、王子比干:二人都是纣之近亲,都是贤者。

④ 乃若：至于。

⑤ 若夫：至于。

⑥ 铄(shuò)：炼。

⑦ 或相倍蓰(xǐ)：人与人之间在道德方面有种种差距，正是不能充分利用其人性之故。倍，一倍。蓰：五倍。

⑧ "天生"四句：语出《诗经·大雅·蒸民》。蒸民：同"丞民"，人民。丞，众多。有物有则：有一物便有其法则义理。秉：执持。彝，常，指万物通常的法则义理。懿德：美德。

【文化史拓展】

"性无善无不善"，"性可以为善，可以为不善"，"有性善，有性不善"，这些都与孟子的"性善说"相违。孟子认为，情可以为善，情来自性，因此性是善的。如果情不为善，则不能归咎于性，因为在违反性的外力的作用下，情才为不善的。情为不善，或者不为善，只能归咎于违反性的外力的作用。

孟子还认为，仁义礼智这些属于"性"的内容，是人所固有的。人个体间在道德方面的种种差距，是个体发挥"性"的作用程度的差别所造成的。有人发挥得比较充分，道德水平就高，反之，则相反。

人性之善恶或无善无恶，非常复杂。但孟子认为仁义礼智等内容是固有的人性，则明显是不妥的。仁义礼智是社会的规范，只能后天学习而得。正因为如此，生活在不同社会中的人，道德观念也会有不同。不同的社会，道德规范是不同的。

【文学史链接】

1. 后世有关诗赋文

戴表元《恻隐之心仁也》(《剡源集》卷二十六)

廖燕《性论二》(《廖燕集》卷一)

廖燕《性相近辩略》(《廖燕集》卷一)

2. 文学技法

解释经旨，贵于简明，惟孟子独然。……其释《烝民》之诗"天生烝民，有物有则，民之秉夷，好是懿德。"而引孔子之语以释之，但曰："故有物必有则，民之秉彝也，故好是懿德。"用两"故"字，一"必"字，一"也"字，而四句之义昭然。彼训"曰若稽古"三万言，真可覆酱瓿也。(洪迈《容斋随笔》卷一《解释经旨》)

方云，此章是论性善，"乃若其情"三句，即情以明性。"若夫为不善"二句，即才以明性。此二节为通章提笔。"恻隐之心"以下，是申明情可为善与为不善，"非才之罪"之意。"诗曰"一节，引证以明性善。……以上六章合之，是一大篇文字。首五章是辨告子论性是非，后一章是发明性善之旨，首五章用喻说，后一章用正说。中间波澜壮阔，风趣横生。（唐文治《孟子新读本》卷六）

【集评】

夫性之于人也，可得而知之，不可得而言也。遇物而后形，应物而后动。方其无物也，性也。及其有物，则物之报也。惟其与物相遇而物不能夺，则行其所安而废其所不安，则谓之善。与物相遇而物夺之，则置其所可而从其所不可，则谓之恶。皆非性也，性之所有事也。譬如水火，能下者水也，能上者亦水也；能熟物者火也，能焚物者亦火也。天下之人好其能下而恶其能上，利其能熟而害其能焚也，而以能下能熟者谓之水火，能上能焚者为非水火也，可乎？夫是四者，非水火也，水火之所有事也。奈何或以为是，或以为非哉？孔子曰："性相近也，习相远也。"夫虽尧桀而均有是性，是谓相近；及其与物相遇，而尧以为善，桀以为恶，是谓相远。习者性之所有事也，自是而后相远，则善恶果非性也。（苏辙《栾城后集》卷六《孟子解二十四章》）

知人之质可以定善恶，而质之善恶不可以定性。（廖燕《廖燕集》卷一《性论一》）

予尝谓性非无善恶，但不可以善恶名之。盖善恶为情，性发而为情。譬如农人种谷成秧，则谓之秧矣，犹谓秧为谷，可乎？故谓性能生善生恶则可，谓善恶为性则不可。（廖燕《廖燕集》卷一《性善辩略》）

孟子言才、情之善，即所以言气质之善也。归恶于才、情、气质，是孟子所深恶，是孟子所呕辩也。宋儒所自恃以为备于孟子、密于孟子，发前圣所未发者，不知蹈告子、二或人之故智，为孟子所诃而辟之者也。（颜元《颜元集》上册《存性编》卷一《性理评》）

孟子明言其情可以为善，宋儒却说情恶，甚至论气质之性，并性亦谓有恶。非孟子之罪人与？（颜元《四书正误》卷六）

孟子论性有四端：恻隐为仁之端、羞恶为义之端、辞让为礼之端、是非为智之端。然四端中独辞让之心为孩提之童所不具，野蛮人亦无之。荀子隆礼，有见于辞让之心，性所不具，故云性恶，以此攻击孟子，孟子当无以自解。然荀子谓礼义辞让,圣人所为。圣人亦人耳,圣人之性亦本恶,试问何以能化性起伪? 此荀子不能自圆其说者也。反观孟子既云性善,亦何必重视教育,即政治亦何所用之。是故二家之说俱偏,惟孔子"性相近、习相远"之语为中道也。(章太炎《诸子略说》)

【思考与讨论】

评析此章的辩论艺术。

11:07 孟子曰:"富岁,子弟多赖①;凶岁,子弟多暴。非天之降才尔殊也②,其所以陷溺其心者然也③。今夫麰麦④,播种而耰之⑤,其地同,树之时又同,浡然而生,至于日至之时,皆熟矣。虽有不同,则地有肥硗⑥,雨露之养,人事之不齐也。故凡同类者,举相似也,何独至于人而疑之? 圣人与我同类者。故龙子曰:'不知足而为屦,我知其不为蒉也⑦。'屦之相似,天下之足同也。口之于味,有同耆也⑧。易牙先得我口之所耆者也⑨。如使口之于味也,其性与人殊,若犬马之与我不同类也,则天下何耆皆从易牙之于味也? 至于味,天下期于易牙,是天下之口相似也。惟耳亦然,至于声,天下期于师旷⑩,是天下之耳相似也。惟目亦然,至于子都⑪,天下莫不知其姣也⑫。不知子都之姣者,无目者也。故曰:口之于味也,有同耆焉;耳之于声也,有同听焉;目之于色也,有同美焉。至于心,独无所同然乎? 心之所同然者何也? 谓理也,义也。圣人先得我心之所同然耳。故理义之悦我心,犹刍豢之悦我口⑬。"

【注释】

① 赖:善。

② 尔:如此。

③ "其所以"句:陷溺其心的环境如此。

④ 麰(móu):大麦。

⑤ 耰(yōu):古农具,此指耕种。

⑥ 硗(qiāo):多石贫瘠的土地。

⑦ 蒉(kuì):草编的筐子。不知足之大小而制鞋,所制鞋尽管不一定合足,但定然不会

　　编成筐子。

⑧ 耆:同"嗜",下同。

⑨ 易牙:古代著名的烹调家、美食家。

⑩ 师旷:晋乐师,著名音乐家。

⑪ 子都:古代美男子。

⑫ 姣:美。

⑬ 刍豢:食草曰刍,食谷曰豢。刍,此指牛羊。豢,此指猪、鸡、鸭等食谷动物。

【文化史拓展】

　　此章进一步说明人性本同,善恶差异在于后天环境使然。孟子认为,人性本同,则圣人之人性,与常人之人性,甚至恶人之人性,都是相同的。人性为什么如此相同?因为义理是相同的,人性即是义理,所以人性是相同的。圣人之所以为圣人,是因为圣人较常人先认识义理,亦即先认识人性。

【文学史链接】

　　1. 后世有关诗赋文

　　汤显祖《圣人先得》(《汤显祖全集·诗文》卷五十)

　　明代佚名《七十二朝人物演义》卷三十二《易牙先得我口之所耆者也》

　　2. 文学技法

　　(富岁子弟)首节先将"心"字一提,"今夫麰麦"二节,显出圣人与我同类,故"龙子曰"以下,设喻蓄势,末节归结到"心"字,何等有力!"圣人先得我心之所同然",益见其与我同类矣。"故理义"二句,则示人以学道之方也。……(今夫麰麦)方云,此节以下,文气恣纵,"何独至于人"二句,一擒,"故龙子曰"以下,更纵横开宕。"至于心"一句,又擒住。真生龙活虎之文。(唐文治《孟子新读本》卷六)

【集评】

　　心之所同然者,理也,义也,东海、西海、南海、北海,千百世之上,千百世之下,无弗同者,理义同也。若舍理义而言心,则心为无矩之心,不是狂率恣肆,便是昏冥虚无。故圣、狂之分,吾儒、异端之分,全在于此。必也循理蹈义,而不为欲所蔽,斯俯仰无怍,而中心悦无涯。(李颙《四书反身录》卷七)

　　昔少时观阳明书,有云:"以土打狗,狗狂,只理会土。若以土打狮子,狮子便来扑人。"兹读此节"理"字而忽有慨也。前圣鲜有说"理"者,孟子忽发出,宋人遂一切废弃而倡为明理之学。不知孟子之所谓"理义悦心",有自己注脚,曰仁义忠信,乐善不倦。仁义又有许多注脚:未有仁遗亲、义后君,居天下广居,立正位,行大道,井田,学校。今一切抹杀,而心头玩弄,曰"孔颜乐处",曰"理义悦心",使前后贤豪,皆笼盖于释氏极乐世界中,不几舍人而理会土乎?(颜元《颜元集》之《四书正误》卷六《孟子下》)

心之所同然始谓之理,谓之义。则未至于同然,存乎其人之意见,非理也,非义也。凡一人以为然,天下万世皆曰是不可易也,此之谓同然。……人莫患乎蔽而自智,任其意见,执之为理义。吾惧求。(戴震《孟子字义疏证》卷上)

性善之说奚昉乎?《易》曰:继之者善,非性也,性之本也。然性所以善,实肇诸此。孟子既没,荀子首反其说,曰性恶。扬子曰善恶混。韩子曰性有三品。皆思角胜。(吴定《紫石泉山庄文集》卷一《孟子性论》)

【思考与讨论】

评析此章的文学技法。

11:08 孟子曰:"牛山之木尝美矣①,以其郊于大国也②,斧斤伐之,可以为美乎?是其日夜之所息③,雨露之所润,非无萌蘖之生焉④,牛羊又从而牧之,是以若彼濯濯也⑤。人见其濯濯也,以为未尝有材焉,此岂山之性也哉?虽存乎人者,岂无仁义之心哉?其所以放其良心者,亦犹斧斤之于木也,旦旦而伐之,可为美乎?其日夜之所息,平旦之气,其好恶与人相近也者几希,则其旦昼之所为,有梏亡之矣⑥。梏之反覆,则其夜气不足以存;夜气不足以存,则其违禽兽不远矣⑦。人见其禽兽也,而以为未尝有才焉者,是岂人之情也哉⑧?故苟得其养,无物不长;苟失其养,无物不消。孔子曰:'操则存,舍则亡;出入无时,莫知其乡⑨。'惟心之谓与?"

【注释】

① 牛山:山名。

② 郊于大国:大国之郊。国,此指都市。

③ 息:生长。

④ 萌蘖(niè):旁出的芽,此指树林被砍伐后旁生的枝条。

⑤ 濯濯:光秃貌。

⑥ 梏(gù)亡:此指为利欲所梏而亡失其本心(善心)。

⑦ 违:去,离。

⑧ 情:真实情况。

⑨ "操则存"四句:运用它它就存在,放下它它就丢失。来去出入无定时、无定处。孟子引孔子语,以明理义之心(善性)难守易失。乡,同"向",方向。

【文化史拓展】

　　牛山上本来有茂盛的树林,后来砍伐、放牧过甚,遂无树木。人们见其无树木,就以为此山本无树木,就以为此山之性根本不能长树木。这当然是不对的。人本有仁义之心(善性),但人时时为世俗所迷而损其仁义之心,其仁义之心当然就很难蓬蓬勃勃了。夜间安寝,暂时脱离名利纷争,仁义之心便生长,至清晨,人又加入世俗纷争,夜间所养之气就不复存在。久而久之,其人就完全迷失了仁义之心,离禽兽不远。人们见他像禽兽,就以为他本来就不是个有仁义之心的人,这当然不是实情。因此,仁义之心(善性)虽为人们所固有,但还要注意养护,才能蓬蓬勃勃,而不失为仁义之人。

【文学史链接】

1. 后世有关诗赋文

朱琦《梏亡解》(《小万卷斋文稿》卷四)

赵士麟《夜气说》(《读书堂綵衣全集》卷二十)

陈栎《问虚谷云西山夜气箴亦是偏见》(《定宇集》卷七)

2. 文学技法

(牛山之木)此章两节用譬喻引起,韩文中多用此法。……苏云,"郊"字,"牧"字,"梏"字,皆死字活用法。(唐文治《孟子新读本》卷六)

【集评】

　　人自有生以来,俗根习气,渐染日久,时俗乖正,抵挡最难;一事有失,终身莫救;一念不谨,遂成堕落。尔室有槐,梦寐难安。《孟子·牛山》诸篇,真令人如冷水浇背也。(汤斌《汤潜庵集》卷上《寄孙徵君先生书》)

钱绪山德洪曰:"操则存。操字几千百年说不明矣。识得出入无时,是心操之之功,始有下落。操如操舟之操。操舟之妙在舵,舵不是死操的。又如操军、操国柄之操。操军必要坐作进退如法,操国柄必要运转得天下。今要操心,却只把持一个死寂,如何谓之操?"予尝如此解"操"字,不意绪山已先得我心。(颜元《颜元集》之《四书正误》卷六《孟子下》)

【思考与讨论】

颜元引用钱绪山之说,强调思想修养要与实践相结合,对此作评说。

11:09 孟子曰:"无或乎王之不智也①,虽有天下易生之物也②,一日暴之③,十日寒之。未有能生者也。吾见亦罕矣,吾退而寒之者至矣。吾如有萌焉何哉!今夫弈之为数,小数也④;不专心致志,则不得也。弈秋⑤,通国之善弈者也。使弈秋诲二人弈,其一人专心致志,惟弈秋之为听。一人虽听之,一心以为有鸿鹄将至,思援弓缴而射之⑥,虽与之俱学,弗若之矣。为是其智弗若与⑦?曰:非然也。"

【注释】

① 或:同"惑"。

② 易生:容易生长。

③ 暴:同"曝",晒。

④ "今夫(fú)"二句:下棋作为一种技艺,只是小技艺而已。今夫,此指表示设例。夫,这。

⑤ 弈秋:古之善弈者,名秋。

⑥ 援弓缴(zhuó):操起弓箭。缴,射鸟时系在箭上的生丝线绳。

⑦ 为是:是因为。为,去声。

【文化史拓展】

　　一曝十寒,虽天下易生之物也不能生长,更何况难守易失的仁义之心? 使仁义之心长足,客观环境和自身的努力都是至关重要的。齐王并非不智,但处于那样的环境中,又缺乏心向仁义的诚意和专注,时时舍仁义而思获侥幸之利,其仁义之心自然就无法生长了。小小技能如下棋者,非专心致志者,就是有好老师如弈秋者教之,也不可能学会,更何况养护难守易失的仁义之心,岂三心二意能办?

【文学史链接】

　　1. 相关文学典故

　　一暴十寒

　　近时朋友漫说为学,然读书尚不能记得本文,讲说尚不能通得训诂,因循苟且,一暴十寒,日往月来,渐次老大。(朱熹《晦庵先生朱文公文集》卷四十五)

　　本院又以八寨进兵,前往贵州等处调度,则兴起诸生,未免又有一暴十寒之患。(王守仁《王文成公全书・别录》卷十八《牌行南宁府延师设教》)

　　弈秋

　　不害则败,不诈则亡,不争则失,不伪则乱,是弈之必然也。虽弈秋荐出,必用吾言焉。(皮日休《皮子文薮》卷三《原弈》)

　　公庭无事吏人休,垂箔寒厅对弈秋。(黄庭坚《山谷外集诗注》卷十三《次韵喜陈吉老还家》)

　　笑弈秋,着着争先,居然钝置。(王夫之《姜斋诗文集・鼓棹初集》之《玉连环》)

　　2. 后世有关诗赋文

　　明代佚名《七十二朝人物演义》卷三十三《弈秋,通国之善弈者也》

　　3. 文学技法

　　(王之不智也)孟子文章,最善设喻,此章与《为巨室章》尤奇。《为巨室章》两节,皆设喻,正文不过"幼学"、"壮行"三句藏在中间。此章亦两节设喻,正文不过"无或乎"一句,却系破空而来。下两节文法变换之妙,自不待言,而"吾如有萌焉何哉"句及"为是其智弗若与"句,感叹意俱在言外,可谓化工之笔。……心极其幻,而鸿鹄之喻,乃更奇幻,有趣味。……方云,"为是其智弗若与? 曰非然也",应首句"智"字,而语意含毫渺然。(唐文治《孟子新读本》卷六)

【集评】

此放心而不知求者也。然但知求放心而未尝穷中鹄之方,悉雁行之势,亦必不能从事于弈。(顾炎武《日知录》卷七《求其放心》)

【思考与讨论】

评说环境对人的影响作用。

11:10 孟子曰:"鱼,我所欲也;熊掌,亦我所欲也,二者不可得兼,舍鱼而取熊掌者也。生,亦我所欲也;义,亦我所欲也,二者不可得兼,舍生而取义者也①。生亦我所欲,所欲有甚于生者,故不为苟得也;死亦我所恶,所恶有甚于死者,故患有所不辟也②。如使人之所欲莫甚于生,则凡可以得生者,何不用也③?使人之所恶莫甚于死者,则凡可以辟患者,何不为也④?由是则生而有不用也,由是则可以辟患而有不为也。是故所欲有甚于生者,所恶有甚于死者,非独贤者有是心也,人皆有之,贤者能勿丧耳。一箪食⑤,一豆羹⑥,得之则生,弗得则死。嘑尔而与之⑦,行道之人弗受;蹴尔而与之⑧,乞人不屑也。万钟则不辨礼义而受之。万钟于我何加焉?为宫室之美、妻妾之奉、所识穷乏者得我与⑨?乡为身死而不受⑩,今为宫室之美为之;乡为身死而不受,今为妻妾之奉为之;乡为身死而不受,今为所识穷乏者得我而为之,是亦不可以已乎?此之谓失其本心。"

【注释】

① "生,亦我所欲也"数句:生是我们所求的,但我们所要求的还有比生更重要的东西,在不可兼得的情况下,我就会取此重要的东西而舍去生,不为苟生。

② "死亦我所恶"三句:死亡是我们所厌恶的,但我们所厌恶的,还有比死亡更可恶的东西,在二者只能避开一样的情况下,我就不避死亡。

③ "如使人"三句:如果使一个人的欲望莫过于生存,为了生存,他什么样的事也能干出来。

④ "使人之所恶"三句:如果使一个人最厌恶的莫过于死亡,那么,为了避免死亡,他什

么样的事都能干出来。

⑤ 箪:盛饭的竹制器具。

⑥ 豆:盘类餐具。

⑦ 嘑(hū)尔:呵斥状。嘑,通"呼"。

⑧ 蹴(cù)尔:践踏状。

⑨ 得:通"德"。德我,感谢我。

⑩ 乡:同"向",以往。

【文化史拓展】

孟子认为,舍生取义之心,乃人性所固有,故人人有之。文中所云"行道之人""乞人"也都有之。贤者不仅不失此心,且能推广此心,用于处世立身行事之种种取舍。一个人若于取舍之际失去此心,则为不肖者。孟子欲使人们明白这一点,知道失去舍生取义之心的可耻,不能推广此心于重要取舍的荒谬。

舍生取义,前提是置义于生之上。

【文学史链接】

1. 相关文学典故

鱼与熊掌

裹粮坐甲,轻死等于鸿毛;投袂冲冠,重义均于熊掌。(王勃《王子安集》卷十六《常州刺史平原郡开国公行状》)

惟实与名,既清且要。熊掌兼鱼飨之美,自古为难;羔裘加豹饰之华,于今盖寡。(秦观《淮海集》卷二十九《贺钱学士启》)

取舍一熊掌,得丧两蜗角。(范成大《石湖居士诗集》卷二十八《重送伯卿》)

古人舍鱼而取熊掌者,正于大小轻重之疑而决之以从其一也。(杨万里《诚斋集》卷六十六《答王季海丞相问为嫡子报服书》)

2. 文学技法

(鱼我所欲)此章上五节注重"义"字,用盘旋法。下三节注重"心"字,用直下法。而"义"字"心"字,不过参差两见。文法之峭,文境之奇,冠绝诸子。……(如使人之所欲)以下六节,极笔墨翻澜之妙。……(此之谓失其本心)鹰隼盘空,至此而下,一句镇压,有千钧之力。(唐文治《孟子新读本》卷六)

【思考与讨论】

1. 评析此章的文学技法。
2. 探索赖以决定如此取舍的价值观。

11:11 孟子曰:"仁,人心也;义,人路也。舍其路而弗由,放其心而不知求,哀哉!人有鸡犬放,则知求之;有放心,而不知求。学问之道无他,求其放心而已矣。"

【文化史拓展】

仁德是一个人的心。心主一个人的所作所为。无仁德之心为主之人,则所作所为为必悖谬。义乃行事之宜。处理事情,必当其宜,这就叫做由义而行。出入往来,必当由其路;立身行事,必当由其义。

孟子认为,人性本善,包含了一切美好的道德和万事万物的义理,只是由于世俗的干扰、名利的诱惑,使人逐渐失其本性。学问修养之道,乃是认识其迷失了的本性。当然,这还是不够的,还要进而推广、扩充其善性,努力使之弥满充盈。

【文学史链接】

1. 后世有关诗赋文

汤显祖《仁人心也》(《汤显祖全集·诗文》卷五十)

2. 文学技法

方云,"仁人心也"二句,写本体最亲切。"舍其路"二句,叹人丧本体,极沉痛。"人有鸡犬放"三句,因人所明处使之察识,挑得极醒豁。"学问"二句,写功夫极斩截了当。皆前圣所未发。(唐文治《孟子新读本》卷六)

【集评】

禅家存心,虽与孟子求放心、操则存相似,而实不同。孟子只是不敢放纵其心,所谓操者,只约束收敛,使内有主而已。岂如释氏常看管一个心,光光明明如一物在此?夫既收敛有主,则心体昭然,遇事时,鉴察必精;守着一个光明底心,则只了与此心打搅,内自相持既熟,割舍不去,人伦世事都不管。又以为道无不在,

随其所之,只要不失此光明之心,不拘中节不中节,皆是道也。(胡居仁《居业录》)

学问之道无他,求其放心而已矣。然则但求放心,可不必于学问乎?……夫仁与礼,未有不学问而能明者也。孟子之意,盖曰能求放心,然后可以学问。(顾炎武《日知录》卷七《求其放心》)

孟子传子思之学者也,其言曰"居仁由义",曰"求放心"。其曰"持其志无暴其气"者,即"求放心"之谓也。"求放心"则《中庸》戒慎恐惧之谓,而《论语》日省其身,如临深渊、如履薄冰之旨也。(张履祥《杨园先生全集》卷五《与何商隐书》)

所谓求放心者,非纳其放心聚于学之谓,放心,即孟子所谓放其良心、失其本心者也。(吴定《紫石泉山庄文集》卷一《求放心》)

【思考与讨论】

评析此章的类比推理。

11:12　孟子曰:"今有无名之指,屈而不信①,非疾痛害事也,如有能信之者,则不远秦楚之路,为指之不若人也②。指不若人,则知恶之;心不若人,则不知恶:此之谓不知类也③。"

【注释】

① 信:同"伸"。

② 为:因为。

③ 不知类:不知类比。

【文化史拓展】

物之不若人易见,心之不若人难知。衡量物的标准很明确,衡量心的标准则未必相同,甚至截然相反。在标准明确并确知自己心不若人的情况下,一般人也未必会致力于改变自己的心灵。例如,我们确实从心底里钦佩那些牺牲小我、成就大我的人,也确实会为自己的道德水平不如他们而羞愧,但是,落实到行动上也会有所考虑。为什么?因为人会受到利益的驱动,会考虑利益关系!

【文学史链接】

文学技法

（无名指）苏云，结得斩截。（唐文治《孟子新读本》卷六）

【思考与讨论】

评析此章的类比推理。

11：13 孟子曰："拱把之桐梓①，人苟欲生之，皆知所以养之者。至于身②，而不知所以养之者，岂爱身不若桐梓哉？弗思甚也。"

【注释】

① 拱把之桐梓：拱把粗的桐树、梓树。拱，两手相合为拱。把，一手所握为把。

② 身：此不仅是指身体，而是指整体的自我，社会意义上的自我，主要是指道德品格的自我。

【文化史拓展】

爱自身当然胜过爱桐树梓树。知道养桐、梓之法，当然就不可不寻求养身之法。养拱把之桐、梓的方法，极为简单，而自身道德修养之法，何等复杂，确实不易知。但是，人们不能因为其法不易知而不求。

【文学史链接】

文学技法

（拱把之桐）方云，此亦挑剔人，使之察识而扩充，重在"所以养"三字。（唐文治《孟子新读本》卷六）

【思考与讨论】

评析此章的类比推理。

11:14　孟子曰："人之于身也,兼所爱。兼所爱,则兼所养也。无尺寸之肤不爱焉,则无尺寸之肤不养也。所以考其善不善者,岂有他哉?于己取之而已矣①。体有贵贱,有小大②。无以小害大,无以贱害贵。养其小者为小人,养其大者为大人。今有场师③,舍其梧槚④,养其樲棘⑤,则为贱场师焉。养其一指而失其肩背,而不知也,则为狼疾人也⑥。饮食之人,则人贱之矣,为其养小以失大也。饮食之人无有失也⑦,则口腹岂适为尺寸之肤哉?"

【注释】

① "于己"句:检验自身而已。

② "体有贵贱"二句:就一个人来说,他自身诸部分、诸方面的等级和重要性,各有差等,并非完全相同。例如,小手指与头,重要性就不同。又如,口腹是比较初级的,思想品格则是比较高级的等等。

③ 场师:园艺师。

④ 梧槚(jiǎ):美材之木。梧,梧桐。槚,梓树。

⑤ 樲(èr)棘:酸枣树,并非美材之木。

⑥ 狼疾:昏愦。

⑦ 饮食之人:专为口腹生存者。

【文化史拓展】

　　人跟动物的重要区别之一,就是人有思想品格,而动物则没有。若专务口体之养,舍弃思想品格之养,则仅是发挥了人的动物性,务小失大,蠢蠢一物而已。

　　如果为口体之养而不惜损害自己思想品德修养,则又等而下之了。例如,为了口体之养,贪污受贿、道德堕落者,又出动物之下了。当然口体之养也还是必要的,不仅仅是为了享受,也是为了养生,但是,不能专务口体之养而忽视道德修养,更不能为了口体之养而不惜道德堕落。

【文学史链接】

文学技法

　　(人之于身)方云,此意以"养其大体"为主。自首至"养其大者为大人",正意已尽。"今有场师"以下,复就物指点,奇恣变化,意味无穷。……此章曲折盘旋,专注在养心,而始终不露出"心"字。文境如匣剑帷灯,奇妙之至。(唐文治《孟子新读本》卷六)

【思考与讨论】

评析此章的类比推理。

11:15 公都子问曰:"钧是人也①,或为大人,或为小人,何也?"孟子曰:"从其大体为大人②,从其小体为小人。"曰:"钧是人也,或从其大体,或从其小体,何也?"曰:"耳目之官不思,而蔽于物,物交物,则引之而已矣。心之官则思,思则得之,不思则不得也。此天之所与我者,先立乎其大者,则其小者弗能夺也。此为大人而已矣。"

【注释】

① 钧:同"均"。

② 从:顺从,服从。

【文化史拓展】

什么是大体,什么是小体? 大体就是上一章说的思想品格,包括道德准则、义理、礼制等等。小体就是口体。从大体者为大人,从小体者为小人。为什么有人从大体、有人从小体呢? 孟子认为,区别在于思与不思罢了。耳目没有思维功能,它们与外界的关系,只是物与物的关系。物相合者,就自然吸引,例如,耳于声、目于色、口于食物等等,耳、目、口不会思考,当然也不会想到该不该享受的问题。人如果不思,遇美声则听、遇美色则视、遇美食则吃,就是"从其小体",就是小人。作为思维器官的"心",是天独赋予人类的。人如果常思仁爱义理礼制等等,遇美声、美色、美食等,就会想到该不该享用的问题,从其仁爱义理礼制等道德品格之大体,而不从耳、目、口等小体,便成大人。

然而,问题不在于"思"与"不思"。那些贪污受贿、巧取豪夺者,难道不知道他们的所作所为不道德吗? 问题乃在于"从其大体"还是"从其小体"的抉择。从大体,遂得大体,从小体,遂得小体。怎样才能在抉择中从大体而不从小体? 使欲从大体的力量压倒欲从小体的欲望? 答曰:平时加强思想道德修养,舍此别无他法。

【文学史链接】

文学技法

(钧是人也)方云,此章以"先立乎其大者"为主,是孟子为学之主脑也。学者当日三复之。(唐文治《孟子新读本》卷六)

【集评】

耳目能受,而不能择。择之者,心也。故物交物,则引之而已。心则不然,是则受,非则辞,此其所以为大也。从耳目口体而役其心者,小人之道也。(《全宋文》卷 1690 沈括《孟子解》)

俨问:"则引之而已矣",非引其心乎? 岂惟耳目? 予曰:形性不二,孔门一片工夫。故告颜子非礼勿视、听、言、动,治耳目即治心思也。孟子先立其大,似与孔门微别。后象山之学,这正是如此。想他资性高,直向根本上提定。然颜子岂资性庸下者乎? 孔子亦只是从博文约礼诱他。要之,学教之旨,微异孔门。(颜元《四书正误》卷六)

【思考与讨论】

如何才能在"从其大体"还是"从其小体"的抉择中不至于迷乱而作出错误的抉择?

11:16　孟子曰:"有天爵者①,有人爵者②。仁义忠信,乐善不倦,此天爵也;公卿大夫,此人爵也。古之人修其天爵,而人爵从之。今之人修其天爵,以要人爵;既得人爵,而弃其天爵,则惑之甚者也,终亦必亡而已矣。"

【注释】

① 天爵:指仁义忠信等高尚道德。

② 人爵:君主或当道给人的爵位。

【文化史拓展】

仁义忠信等高尚道德,天理所体现,自然尊贵,故谓之天爵。一个人道德修养到一定的境界,天爵已备,足以教化百姓,治理社会,便可以出仕。天爵对于每一个人来说,都是至关重要的,无论为官与为民,人都应该修其天爵,有高尚的道德境界。从理论上说,公卿大夫等官员,都必须有高尚的道德境界,因此,天爵是为官的一个重要条件。尽管有天爵者未必为官,但为官者应该有天爵。人生不必做官,也不必不做官。人修其天爵,有意识地为出仕作准备,未尝不是佳事。然而,孟子所云"今之人"以天爵为入仕途的敲门砖,修天爵以邀人爵,一旦人爵到手,便弃其天爵。至于根本无天爵可言而取重权高位者,则又下此数等,且授其重权高位者,亦必无天爵。有道社会,未必无其例,然而不当有其风。

尽管如孟子所说,那些以天爵为敲门砖的人必无好下场,但他们毕竟会给社会造成危害。怎样有效地对治这些官员,将他们的危害减少到最小程度? 及时罢免或惩处已丧(或本无)天爵的官员,是一有效办法。在封建社会中,虽然君主和当道可以随时罢免官员,但是,君主或当道失察或处置不力,丧天爵(或本无天爵)者照样安享人爵行其不义,给社会造成危害。如果君主或当道或纠察官员的官员丧其天爵,则益不可问了。

【文学史链接】

1. 后世有关诗赋文

陆文圭《天爵赋》,《墙东类稿》卷十一

王恽《天人爵》,《秋涧集》卷四十四

陶安《天爵赋》,《陶学士集》卷十

林似祖《天爵赋》,《青云梯》卷中

林温《天爵赋》,《青云梯》卷中

2. 文学技法

(天爵)方云,此章是指示弃天爵之人,收局冷峭,令要人爵而弃天爵之人想之,真是无谓。(唐文治《孟子新读本》卷六)

【集评】

言古修天爵，自乐之也；今要人爵，以诱时也。得人弃天，道之忌也。惑以招亡，小人事也。（赵岐《孟子章指》卷下）

学者不识得天字，凭他英雄才智，压倒在气数之命下矣。气数之命，即人爵也。不知上边还有个天命之性在，此是气数，没奈何他，何底圣贤只争遮些子耳？孟子特提个天爵，已将气数之命，俯视在百尺楼下，然是实理，非虚气也。请看孔孟程朱，今日又何尝无人爵？故曰大德者必受命。天爵二字，是孟子自撰语，然却是真实意，非寓言名目也。天位、天禄、天秩、天叙、天讨，无非天者。天即理也。目天字不明，异端横起，其最下者，袁黄了凡，造为感应功过格，附会太上不根之语，谓以此求科名、年寿、子女、货殖之类，无不应愿而得者。云是劝人为善。夫所为善者何？公也，义也；恶者何？私也，利也。以自私自利之心，而伪行善事，此劝人为恶，非为善也。即使尽如袁黄所劝，正孟子所谓要弃必亡者耳。三代以上，未尝有此劝法，而为善者众。自汉以来，为因果报应之劝者，日益精工，而人心益下，不可谓非彼说之罪也。今日虽极聪明长厚人，无不为所惑乱矣。为孔孟之徒者，不亟起而正之，更谁望耶？乐善不倦，似是修字中来，如何说人天爵？不知民之秉彝，故好是懿德，是天理合下当如此，古人修而不要也，只还他固有耳。为要人爵而修，便已不乐，哪得不倦！此弃字病根，早已生成也。今人读书作文，何尝有所乐在焉，只为富贵利达由此，不得不然耳，则是初上学时，早已弃绝天爵矣。故先儒每教人寻孔颜乐处。成弘以前人，尚立品，即科举亦寻他出来，故其人尚可观，不似而今一班乞儿相。真读书而科名至，尚是修从中事。自万历末年揣摩之说兴，士人目时文为敲门砖，言得隽即弃之也。试问敲门欲何为？取美官，多得钱，广田园，长子孙耳。然则修敲门砖时，已习成盗贼之心，安得复有人品事业哉！故凡为揣摩墨裁之人，不独其文丑恶，其人必下流鄙夫也。有志者可不戒与？由其可弃，知其修时是要，由其为要，则其所修亦非真仁义忠信矣。朱子谓孟子时尚有修天爵以要人爵者，今直接废天爵以要人爵。如五霸假仁义，今之诸侯，并不假矣。就时文言之。隆万以前，先辈崇尚实学，视制义极重。自万历末年至今日，视制义日益轻，士大夫无不以时文为烂恶不堪之物，当其开笔试草时，已弃之惟恐不速矣，只缘要公卿大夫，在此不得不为耳。此岂非要弃实证乎！于是有归咎时文不善者。不知先辈时文，何尝如此烂恶不堪哉！故做好文字与丑文字，其立心便有人禽之分。此便是两修字不同处。（吕留良《吕晚村先生史书讲义》卷四十）

"今之人修天爵以要人爵",孟子叹世道之衰也,而吾正因修之、要之者,服周公法制之善。"修天爵以要人爵",虽文、武盛时,不能保无其人,修之久则习与性成,功名之事皆性命之事矣。虽至春秋、战国,周道衰微之极,人犹"修其天爵以要人爵",即此一修、一要,其存天理、成人才者不浅,此所以战国之人才犹盛后世。今世求一修之、要之者,何可得哉!(颜元《颜元集》之《颜习斋先生言行录》卷下《杜生》第十五)

【思考与讨论】

充分理解"天爵"的含义及其与"人爵"的关系。

11:17 孟子曰:"欲贵者,人之同心也。人人有贵于己者①,弗思耳矣。人之所贵者②,非良贵也③。赵孟之所贵④,赵孟能贱之。《诗》云:'既醉以酒,既饱以德⑤。'言饱乎仁义也,所以不愿人之膏粱之味也⑥;令闻广誉施于身⑦,所以不愿人之文绣也。"

【注释】

① 贵于己者:指天爵,仁义忠信等。

② 人之所贵:人加给的贵。

③ 良贵:此指人自己所具有的美好品质之贵。

④ 赵孟:晋国大夫,一度为晋实权人物。他能给某人官位使之贵,也可以夺某人官位使之贱。

⑤ 诗:语出《诗经·大雅·既醉》。

⑥ 愿:希望。下同。

⑦ 令闻广誉:传播范围很广的好名声。

【文化史拓展】

贵,有美好的品质之贵,有官位爵禄之贵。前者是内在的贵;后者是外在的贵。前者只能自致,是任何人也无法给予的,当然也是任何人也无法取走的。后者是别人给予的,当然别人也可以取走。

官位爵禄并非掌握在自己的手里,且并不是每个人都能得到的,但美好的品质,则是掌握在自己手里,每个人都能修得,且其贵胜过官位爵禄之贵。那么,我们为什么不在品德修养方面下功夫呢?

当然,官位爵禄之贵与美好的品质之贵,并不矛盾。对有官位爵禄者来说,是可以兼得的,也是应该兼得的。

【文学史链接】

1. 相关文学典故

赵孟之所贵,赵孟能贱之

而天下之士,以晋楚之富为无竭,以赵孟之贵为有祗。(杨万里《诚斋集》卷四十三《月晕赋》)

余以此愧公独往,敬公高致。意公轻赵孟之贵,必享松乔之寿,俄而仙逝。(刘克庄《后村先生大全集》卷一百四十三《宝学颜尚书》)

斯文天地英精之气,必间世而后得;富贵倘来之物,赵孟之所能贱者也。(戴复古《石屏诗集》谢铎序)

2. 后世有关诗赋文

吴澄《答程教讲义》(《吴文定公集·外集》卷三)

3. 文学技法

(诗云既醉)此节极鼓舞酣畅之神。(唐文治《孟子新读本》卷六)

【思考与讨论】

此章体现了什么样的价值取向?

11:18 孟子曰:"仁之胜不仁也,犹水之胜火。今之为仁者,犹以一杯水,救一车薪之火也,不熄,则谓之水不胜火,此又与于不仁之甚者也①,亦终必亡而已矣。"

【注释】

① 与:助。

【文化史拓展】

事物发展的局部性与整体性之间、暂时性与长久性之间、偶然性与必然性之间,会有种种不同,甚至有相反的现象出现。从整体性、长远性、必然性来看,正义无疑战胜邪恶,但是,在某些局部、某些阶段、某些偶然性中,特别是由于力量对比过于悬殊,正义也会不敌邪恶,遭到挫折。如果因此而认为正义不能战胜邪恶,这就错了,而且在客观上有损于正义一方战胜邪恶的信心与力量,并相应地助长了邪恶。因此,在正义遭到挫折时,对正义信仰的坚定性是十分重要的。

【集评】

言为仁不至,不反诸己,谓水胜火熄而后已。不仁之甚,终必亡矣。为道不卒,无益于贤也。(赵岐《孟子章指》卷下)

【思考与讨论】

如何增强"仁"的力量?

11:19 孟子曰:"五谷者,种之美者也;苟为不熟,不如荑稗①。夫仁亦在乎熟之而已矣。"

【注释】

① 荑(tí)稗:两种草名,其种子(实)也可以食用,但不及五谷穗大实美。

【文化史拓展】

此章强调修养仁德至成熟境界的重要性。一个仁德未纯的儒者,其德行肯定不及一个有道高僧。但是,修养仁德至成熟境界,岂是一件容易的事?当然,学习、实践任何学说所主张的道德观念到达成熟的境界,都不是容易的事,五谷熟固然不易,荑稗熟也不易。荑稗并非无益,故成熟的荑稗能胜过未成熟的五谷。若不结实的杂草,则不足以相比了。

【文学史链接】

后世有关诗赋文

郝懿行《夫仁亦在乎熟之而已矣解》（《晒书堂外集》卷下）

【集评】

言功毁几成，人在慎终。五谷不熟，美稗是胜。是以为仁必其成也。（赵岐《孟子章指》卷下）

存心养性不到终日不违处，反不如技艺农桑专心致志羁著此心，不驰于人欲。发政施仁不到仁覆天下处，反不如富强霸术令行禁止者保其大国，不至于削亡。（颜元《颜元集》之《四书正误》卷六《孟子下》）

11:20　孟子曰："羿之教人射，必志于彀①；学者亦必志于彀。大匠诲人②，必以规矩③；学者亦必以规矩。"

【注释】

① 志：用心于、用力于。彀（gòu）：弓满。一说为箭能射及的范围。

② 大匠：卓越的工匠。

③ 规矩：此指方法。

【文化史拓展】

此章言方法之重要。师生授受，无非方法。于技艺、学问如此，于道德修养也是如此。道德修养之法，其要何在？ 由以上数章可知，君子认为，高尚的道德品质，如仁义忠信等等，乃人性之所固有，世俗扰扰，遂失之。因此，人当思之养之，收其放失之心，认识本性（善性），恢复它并且扩充它，使它弥满、充盈，方能超凡成贤，既而入圣。至于如何使它弥满、充盈，当然非常复杂，其法众多，但不管如何，都离不开社会实践，仅讲"身心性命"，即使辨析至精至微，还是无法达到目的的。

【文学史链接】

1. 相关文学典故

大匠诲人必以规矩

此画本模范关吴辈,一二曲折,毫发点缀惟谨不谬,岂大匠诲人必以规矩者欤?(晁补之《鸡肋集》卷三十三《跋范伯履所收郭恕先画本》)

夫大匠诲规矩而不诲巧,老将传兵法而不传妙。(刘克庄《后村先生大全集》卷九十六《迂斋标注古文》)

2. 后世有关诗赋文

欧阳修《大匠诲人以规矩赋》(《欧阳文忠公外集》卷二十四)

【集评】

善射者之教人,志于彀而已矣,能者从之。今之与杨墨辩者,如追放豚,随而教之,不受而去,则又从而招之。所以自处者既屈,而欲其听者之必入,可谓惑矣。(《全宋文》卷1690沈括《孟子解》)

卷十二 告子下

12:01 任人有问屋庐子曰①:"礼与食孰重?"曰:"礼重。""色与礼孰重?"曰:"礼重。"曰:"以礼食,则饥而死;不以礼食,则得食,必以礼乎?亲迎②,则不得妻;不亲迎,则得妻,必亲迎乎!"屋庐子不能对,明日之邹,以告孟子。孟子曰:"于答是也何有③?不揣其本而齐其末④,方寸之木可使高于岑楼⑤。金重于羽者,岂谓一钩金与一舆羽之谓哉?取食之重者,与礼之轻者而比之,奚翅食重⑥?取色之重者,与礼之轻者而比之,奚翅色重?往应之曰:'纷兄之臂而夺之食⑦,则得食;不纷,则不得食,则将纷之乎?踰东家墙而搂其处子⑧,则得妻;不搂,则不得妻,则将搂之乎?'"

【注释】

① 任:当时一诸侯国名。屋庐子:姓屋庐,名连,孟子弟子。

② 亲迎:新郎亲自去迎接新娘到家行交拜等礼。

③ 何有:何难之有。

④ 揣:考虑。

⑤ 岑楼:如山峰式的高楼。

⑥ 翅:同"啻"。

⑦ 纷(zhěn):拗折。

⑧ 处子:处女,姑娘。

【文化史拓展】

在许多情况下,比较是为了取舍。两利不能兼得,取其大者;两害不能兼避,去其大者。在不得食则死,而又按照酬酢之礼不能得食的情况下,当然不必按照酬酢之礼得食可也。在亲迎不能得妻,不亲迎能得妻的情况下,自然选择不亲迎。这些,也是社会完全能够认同的。以上两种情况,一是生死所关,一为能否得妻,当然都是极为重要的,但是酬酢之礼、亲迎之礼,不过是些仪式问题,是礼之轻者,因此,可以不按礼而行。但是,纾兄之臂、逾东家墙而搂其处子,这是严重的违礼违法行为,严重伤害他人的人身权利,与不得食物、不得妻相比,其危害更大。因此,在纾兄之臂与不得食、逾东家墙搂其处子与不得妻之间的取舍中,只能取不得食、不得妻,否则会受到社会的谴责和惩罚。

【文学史链接】

文学技法

纾按:此篇仍是前法。凡蓄道德能文章之人,一听话便明白。饥而死,固宜得食,然断不能纾兄而夺食。得妻固为嗣续之计,然断不能踰墙而搂人。任人逞其万千聪明,于事理只会得一半。知当食不能计及于礼,乃不知礼有大于食者。知当得妻,亦不能计及于亲迎,乃不知礼有大于色者。然孟子中间,若不开陈出轻重道理,不特任人不服,即屋庐子亦不悟。"不揣其本,而齐其末"八字,是大师口吻。"本"字是本来重者,不能以积轻为重之物,来与之争重。此等说理,浑似精铁铸成,尤恐浅人不悟,故发挥明白之后,仍将其所问未能完满之罅隙,设难以诘之。语语圆到,亦语语皆含风趣,细味之自见。(林纾《左孟庄骚精华录》卷下)

【集评】

礼所以使人得妻也,废礼而得妻者皆是,缘礼而不得妻者,天下未尝有也。信所以使人得食也,弃信而得食者皆是也,缘信而不得食者,天下未尝有也。今立法不从天下之所同,而从其所未尝有以开去取之门,使人以为礼有时而可去也,则将各以其私意权之,其轻重岂复有定物? 由孟子之说,则礼废无日矣。或曰:舜不告而娶,则以礼则不得妻也。曰:孟子之所传,古无是说也。……或曰:嫂叔不亲授,礼也。嫂溺而不援,曰礼不亲授,可乎? 是礼有时而去取也。曰,嫂叔不亲授,礼也。嫂溺援之以手,亦礼也。何去取之有?(邵博《邵氏闻见后录》卷十一引李觏《常语》)

【思考与讨论】

评说此章的文学技法。

12:02　曹交问曰①:"人皆可以为尧舜,有诸?"孟子曰:"然。""交闻文王十尺,汤九尺,今交九尺四寸以长,食粟而已②,如何则可?"曰:"奚有于是? 亦为之而已矣。有人于此,力不能胜一匹雏③,则为无力人矣;今日举百钧,则为有力人矣。然则举乌获之任④,是亦为乌获而已矣。夫人岂以不胜为患哉? 弗为耳。徐行后长者谓之弟⑤,疾行先长者谓之不弟。夫徐行者,岂人所不能哉? 所不为也。尧舜之道,孝弟而已矣。子服尧之服,诵尧之言,行尧之行,是尧而已矣;子服桀之服,诵桀之言,行桀之行,是桀而已矣。"曰:"交得见于邹君,可以假馆,愿留而受业于门。"曰:"夫道,若大路然,岂难知哉? 人病不求耳。子归而求之,有余师⑥。"

【注释】

① 曹交:旧说为曹君之弟。

② 食粟而已:只会吃饭罢了。

③ 胜:拿得动。

④ 乌获:古代勇士,据说能举得起千钧。

⑤ 弟:同"悌"。

⑥ 有余师:老师有余。学习之法,多种多样,并不一定非要从名师不可。

【文化史拓展】

　　人先天的才能、后天的环境有种种不同,发展机会也是大不相同的。因此,别人的许多成就,是无法仿效而成的。例如,乌获超人的力量,是常人再努力也无法达到的,尧舜作为帝王的业绩,同样是常人所无法企及的。但是,圣贤的道德水平,则是每个人都有条件达到的,因为道德人人能修,不需要先天的特殊才能,也不需要后天的特殊环境和特殊的机会。"人皆可以为尧舜",正是在这个意义上说的,是指"人皆可以成尧舜之德",并不是说人皆可以成为像尧舜那样的圣明帝王。

　　古代社会,技能、学问、思想的传播甚为落后,主要还是师生授受。即使如此,人只要一心向学,还是"归而求之,有余师。今天,传播已极为发达,人只要一心向学,求师就更为容易。此'师'也者,不限于人,一切可资学习者,皆师也"。

【文学史链接】

1. 后世有关诗赋文

吴士璋《匹雏考》(《诂经精舍五集》卷六)

2. 文学技法

(曹交向)方云,此章论为尧舜之道,先用翻案起。"奚有于是,亦为之而已矣"句,是主。先将"为"字一提,笔最挺拔。下以"举百钧"与"徐行"作两指点,笔最开拓奇幻。而以"夫人岂以不胜为患哉,弗为耳。夫徐行者岂人所不能哉,所不为也",用反笔重顿,两"为"字最有力。此上乃是虚说。"尧舜之道"二句,又一提,以下乃实说为尧舜之功。"曰交得见于邹君"以下,又作一波,收处"人病不求耳",又与上文两"不为"字相应。(唐文治《孟子新读本》卷六)

【集评】

人性本善,孟子道性善,道其所本然而已。圣如尧舜,亦不过率性而行,不失其本然而已矣。非于本然之外有所增加也。人能率性而行,不失本然,人皆可以为尧舜。(李颙《四书反身录》卷七)

元谓吾人为学,当如范雎为秦谋取天下,得尺是尺,得寸是寸,即如服圣人一服,不现合圣人之一服乎?诵圣人之一言,不现合圣人之一言乎?行圣人之一行,不现合圣人之一行乎?非孟子真作圣人之人,说不如此平实亲切,令人拜拱。(颜元《颜元集》之《四书正误》卷六《孟子下》)

【思考与讨论】

评说"人皆可以为尧舜"之说。

12:03 公孙丑问曰:"高子曰[①]:'《小弁》[②],小人之诗也。'"孟子曰:"何以言之?"曰:"怨。"曰:"固哉[③],高叟之为诗也!有人于此,越人关弓而射之[④],则己谈笑而道之[⑤],无他,疏之也;其兄关弓而射之,则己垂涕泣而道之,无他,戚之也[⑥]。《小弁》之怨,亲亲也[⑦]。亲亲,仁也。固矣夫,高叟之为诗也!"曰:"《凯风》何以不怨[⑧]?"曰:"《凯风》,亲之过小者也;《小弁》,亲之过大者也。亲之过大而不怨,是愈疏也;亲之过小而怨,是不可矶也⑨。愈疏，不孝也；不可矶，亦不孝也。孔子曰：'舜其至孝矣，五十而慕。'"

【注释】

① 高子：齐国人，名未详，当时已经年老，故下文称之为高叟。

②《小弁》：《诗经·小雅》篇名。朱熹《孟子集注》云："周幽王娶申后，生太子宜臼。又得褒姒，生伯服，而黜申后，废宜臼。于是宜臼之傅为作此诗，以叙其哀痛迫切之情也。"

③ 固：执滞不通，拘泥。

④ 越人：越国人。越当时为蛮夷之国，与中原诸国没有什么亲近关系。

⑤ 道：说。下同。

⑥ 戚：悲伤。

⑦ 亲亲：亲其亲人。

⑧《凯风》：《诗经·邶风》篇名。朱熹《孟子集注》云："卫有七子之母，不能安其室，七子作此以自责也。"不安其室，此指想再嫁。

⑨ 矶：同"激"。

【文化史拓展】

　　亲人有大过，不可不伤心。如果亲人有大过而无动于衷，乃是从感情上疏远了亲人，非亲亲之仁道。亲人有小过，则不必伤心，不必怨恨。如果亲人有小过而伤心欲绝，言怨不止，则是小激大动，小题大作，容易伤感情，再说，日常生活中亲人鸡毛蒜皮之类的小过，有之必怨，亲人何以堪？故此亦非亲亲之仁道。

【文学史链接】

1. 相关文学典故

高叟之固

　　自嫌固陋如高叟，却为僧笺把钓诗。（刘克庄《后村先生大全集》卷三十一《船子和尚遗迹》）

　　体兼风雅，异于高叟之为；景迫崦嵫，甚矣刘郎之老。（同上卷一百二十二《高教授》）

　　然而儒林存之不废者，欲以广学者之见闻，俾不至若高叟之固也。（汪琬《尧

峰文钞》卷二十六《诗说序》)

2. 文学技法

(五十而慕)结得奇变,而开发人子之心,愈见真切。(唐文治《孟子新读本》卷六)

12:04 宋轻将之楚①。孟子遇于石丘②,曰:"先生将何之?"曰:"吾闻秦楚构兵③,我将见楚王说而罢之。楚王不悦,我将见秦王说而罢之,二王我将有所遇焉。"曰:"轲也请无问其详,愿闻其指。说之将何如?"曰:"我将言其不利也。"曰:"先生之志则大矣,先生之号则不可④。先生以利说秦楚之王,秦楚之王悦于利,以罢三军之师,是三军之士乐罢而悦于利也。为人臣者怀利以事其君,为人子者怀利以事其父,为人弟者怀利以事其兄。是君臣、父子、兄弟终去仁义,怀利以相接,然而不亡者,未之有也。先生以仁义说秦楚之王,秦楚之王悦于仁义,而罢三军之师,是三军之士乐罢而悦于仁义也。为人臣者怀仁义以事其君,为人子者怀仁义以事其父,为人弟者怀仁义以事其兄,是君臣、父子、兄弟去利,怀仁义以相接也。然而不王者,未之有也。何必曰利?"

【注释】

① 宋轻(kēng):人名。

② 石丘:地名。

③ 构兵:交兵。

④ 号:说。

【文化史拓展】

此章讲仁义与利益之辨。如果纯是以利为指挥棒,整个社会都以利为至高无上,事事以利作价值判断,人人以利为立身行事的准则,那将是个可怕的社会。但是,不重视利,也是万万不行的。孟子认为,宋某以利说项而成,促使其国上下怀利而去仁义,最终会导致亡国。若以仁义说之,使其国上下怀仁义,最终必能王天下。对诸侯国来说,亡国不是最为不利的事么?王天下不是天下最大的利么?孟子这些话本身,不也是以利为归么?

言利,所必须注意者有二:一是不要脱离仁义而言利,二是利有局部之利与整体之利、暂时之利与长远根本之利之别。仁义与整体之利、与长远根本之利是一致的。

【文学史链接】

文学技法

(先生之志则大)以上两节,俱系间顿法,而已含变化,生动之至。……(先生以利说秦楚之王)此两节震动排奡,与《庄暴章》相类,为韩文之祖。(唐文治《孟子新读本》卷六)

【思考与讨论】

评说"仁义与利益之辨"。

12:05　孟子居邹,季任为任处守①,以币交②,受之而不报。处于平陆③,储子为相④,以币交,受之而不报。他日由邹之任,见季子;由平陆之齐,不见储子。屋庐子喜曰:"连得间矣⑤。"问曰:"夫子之任见季子,之齐不见储子,为其为相与?"曰:"非也。《书》曰:'享多仪,仪不及物曰不享,惟不役志于享⑥。'为其不成享也。"屋庐子悦。或问之。屋庐子曰:"季子不得之邹,储子得之平陆。"

【注释】

① 季任:任国君主的弟弟。任君因事至他国,季任留守其国。

② 以币交:送来礼金,以建立联系。

③ 平陆:地名。

④ 储子:人名。

⑤ 连得间矣:我终于得到一个机会了。间,空隙。连,屋庐子自称,其名为连。

⑥ "《书》曰"四句:语出《尚书·周书·洛诰》。享,奉上。仪,礼。物,钱物。役志:用心。

【文化史拓展】

两个人都送钱物给孟子,孟子都没有回报。孟子都有机会拜访这两个人,但是他只拜访其一。为什么?屋庐子想不明白,但知道孟子这样做,一定有他的道理。他终于找到一个机会,向孟子请教。

凡是赠送礼物,讲究的是情意。情意如何,看赠送礼物的人对待此事的态度是否真诚、郑重。真诚、郑重与否,很大程度是表现在礼节上。季任、储子送礼,都没有亲自上门,礼节并不能算郑重,因此,孟子没有必要上门回访。不过,季任没有亲自上门来送礼,情有可原,因为他的职务不允许他离开,因此,孟子还是按照他亲自上门的礼节规格予以回访。储子就不同了。他身为宰相,是完全可以亲自上门给孟子送礼的,但是他没有这样做。这表明,他对送礼给孟子一事,一点儿也不郑重,当然也没有多少情意可言,因此,孟子没有必要按照他上门送礼的礼节规格予以回访。

【文学史链接】

文学技法

(书曰享多仪)方云,"曰非也"以下,即可接"季子不得之邹,储子得之平陆"二句,乃不言明,而但引书以释之,不粘此事正面。正反面在屋庐子口中悟出、说出。真空灵绝妙之文。(唐文治《孟子新读本》卷六)

12:06 淳于髡曰①:"先名实者②,为人也;后名实者,自为也。夫子在三卿之中,名实未加于上下而去之,仁者固如此乎?"孟子曰:"居下位,不以贤事不肖者,伯夷也;五就汤,五就桀者,伊尹也;不恶污君,不辞小官者,柳下惠也。三子者不同道,其趋一也。一者何也?曰:仁也。君子亦仁而已矣,何必同?"曰:"鲁缪公之时,公仪子为政③,子柳④、子思为臣,鲁之削也滋甚⑤。若是乎,贤者之无益于国也⑥!"曰:"虞不用百里奚而亡,秦穆公用之而霸。不用贤则亡,削何可得与?"曰:"昔者王豹处于淇⑦,而河西善讴;緜驹处于高唐⑧,而齐右善歌;华周、杞梁之妻善哭其夫⑨,而变国俗。有诸内必形诸外。为其事而无其功者,髡未尝睹之也。是故无贤者也,有则髡必识之。"曰:"孔子为鲁司寇,不用,从而祭,燔肉不至⑩，不税冕而行⑪。不知者以为为肉也，其知者以为为无礼也。乃孔子则欲以微罪行，不欲为苟去⑫。君子之所为，众人固不识也。”

【注释】

① 淳于髡：齐国人。淳于为复姓。

② 先名实：以名实为先，以名实为重。名实，声誉与功业。

③ 公仪子：名休，曾为鲁相。

④ 子柳：即泄柳，鲁国贤者。

⑤ 削：割地给他国，国土被削。

⑥ “若是乎”二句：此为淳于髡讥讽孟子语。

⑦ 王豹：卫国人，善歌。淇，水名。

⑧ 緜驹：齐国人，善歌。高唐：邑名，在齐国西部。

⑨ 华周、杞梁：二人皆齐臣而战死者。

⑩ 燔（fán）肉：祭肉。

⑪ 税冕：脱帽。

⑫ 苟去：随便离开，不当离开而离开。孔子辞职，以当时鲁国当道者没有按照礼节给他送祭肉为借口，实际原因是当道者不同意他的政治主张。

【文化史拓展】

　　孟子在齐身居高位，但是没有政声政绩可言，而欲离去。淳于髡讽刺他，说贤者不当如此，甚至认为孟子连贤者都算不上。孟子是这样来为自己辩解的：仁者做官，未必有政声政绩，仁者的出处也未必相同。髡又以子柳、子思为臣而鲁地削之事，说所谓贤者无益于国，实是以此讽刺孟子非贤者。孟子云鲁国仅削而没有亡，这就是他们的功劳。他又以百里奚例说明，贤者能否发挥作用，还跟君主有关，暗示齐有今日，未必没有他孟子的功劳，且齐国的失政，是齐王没有采纳他的意见之故。淳于髡又以孟子之功未显而离去为讽刺，孟子则引孔子为例，说明君子之所为，是一般人无法理解的，暗示他离开齐国，实际上是齐王等当道者不用其言之故，他之所以没有显著的政声政绩，也是同样的原因，但是他不愿意显言，不愿意把他无政声政绩和离开齐国的原因归结到齐国国君和当道者的所作所为。

【文学史链接】

1. 后世有关诗赋文

马国翰《伊尹五就考》(《玉函山房文集》卷五)

龙启瑞《伊尹五就桀解》(《经德堂文集》卷一)

明代佚名《七十二朝人物演义》卷三十四《秦穆公用之而霸》

同书卷三十五《王豹处于淇,而河西善讴;緜驹处于高唐,而齐右善歌》

同书卷三十六《华周、杞梁之妻善哭其夫,而变国俗》

2. 文学技法

(孔子为鲁司寇)方云,三段文字,首段破"仁者固如是乎"句,二段破"贤者无益于国"句,三段破"有则髡必识之"句。又云,孟子去齐,是因齐宣王不能用,故后二段皆点"不用"字,然皆就古人事说,不粘齐王身上,极有含蓄。……先立主意,以下逐段诠释,唐宋诸家文,多用此法。(唐文治《孟子新读本》卷六)

纾按:此章淳于髡之问,本领不少,一步紧一步,咄咄逼人,不是孟子,真个支撑不开。中间尤有难者。孟子抵死不肯说被齐王不曾信用之意,却时时漏出用、不用三字。但为匣中之剑气,帷内之灯光。淳于髡却乖极,只装糊涂,步步欲逼出孟子归咎齐王不用意,而孟子终不肯说,但以针锋相对,有同南宗之证禅。髡第一问,问名实未加而去,来势已猛极。孟子却浑浑以三子不同处答之。伯夷不屑就,惠不屑去,惟伊尹有就有去。已伏"用则不去,不用则去"意,且不说明。髡不耐烦,遂逐口直斥贤者之无益于国。且以"削"字加罪贤者,本以撩动孟子之怒,令其词穷。孟子此时再不能不示以真际,遂将"不用"点出,并以"亡"字抵他"削"字,语意明白。以髡之聪明,当能领会。然髡护前,仍执在三卿中,宜有名实之说,说到有事必有功,且引极鄙贱之人,及于妇女,以指实有事必有功之实际。至当面抹杀当世无贤,词锋尖利极矣。孟子此时不与辩有无,但与辩去就。不知者为肉,算不知。即知者以为为无礼,也算不知。微罪之行,别有深心。彼貌为能知者,尚且不知,况在众人?"众人"二字即指淳于髡。彼以激烈来,孟子亦不能不以严词斥之。虽不说明齐王之不用己,致己托词而去,譬之太阳未出,而五采之光气,已全现天末,读之至有趣味。(林纾《左孟庄骚精华录》卷下)

【集评】

夫贤者所为,百世之法也。余惧后之人挟其有以骄其君,无所事而贪禄位者,皆援孟子以自况,故不得不疑。(邵博《邵氏闻见后录》卷十一司马光《疑孟》)

孔子之在鲁也,三月大治,齐还侵地,冉、樊两胜齐师。公仪、柳、思,乃不能保鲁之不削,致孟子"削何可得"之言,一若削亦仅仅难之者。盖思、孟已渐失孔子之传,非复兵农礼乐之学矣,又何责于汉、宋二代之儒哉!但《中庸》犹谆谆于位育,孟子汲汲于王道,是所异于后世训诂无用之学者。若徒"天命"、"率性"、"尽心"、"知性"等章,其于周程朱陆之相去也几希。(颜元《颜元集》之《四书正误》卷六《孟子下》)

【思考与讨论】

评说此章中的辩论艺术。

12:07　孟子曰:"五霸者,三王之罪人也①;今之诸侯,五霸之罪人也;今之大夫,今之诸侯之罪人也。天子适诸侯曰巡狩,诸侯朝于天子曰述职。春省耕而补不足,秋省敛而助不给②。入其疆,土地辟③,田野治,养老尊贤,俊杰在位,则有庆,庆以地④。入其疆,土地荒芜,遗老失贤,掊克在位⑤,则有让⑥。一不朝,则贬其爵;再不朝,则削其地;三不朝,则六师移之⑦。是故天子讨而不伐⑧,诸侯伐而不讨。五霸者,搂诸侯以伐诸侯者也⑨,故曰:五霸者,三王之罪人也。五霸,桓公为盛。葵丘之会诸侯⑩,束牲、载书而不歃血⑪。初命曰:'诛不孝,无易树子⑫,无以妾为妻。'再命曰:'尊贤育才,以彰有德。'三命曰:'敬老慈幼,无忘宾旅⑬。'四命曰:'士无世官⑭,官事无摄⑮,取士必得,无专杀大夫⑯。'五命曰:'无曲防⑰,无遏籴⑱,无有封而不告⑲。'曰:'凡我同盟之人,既盟之后,言归于好。'今之诸侯,皆犯此五禁,故曰:今之诸侯,五霸之罪人也。长君之恶其罪小⑳,逢君之恶其罪大㉑。今之大夫,皆逢君之恶,故曰:今之大夫,今之诸侯之罪人也。"

【注释】
① 三王:指夏禹、商汤、周文王和周武王。
② 给:充足。
③ 辟:开垦。

④ 庆以地：赏之以土地。庆，赏也。

⑤ 掊克：残酷剥削。此指残酷剥削百姓之人。

⑥ 让：责罚。

⑦ 六师移之：调动军队去攻打。六师：此指军队。

⑧ 讨而不伐：出一政令声讨有罪的诸侯，使别的诸侯伐之。

⑨ 搂：拉。

⑩ 葵丘：地名。

⑪ 束牲、载书而不歃（shà）血：捆住牲口，加书于牲口上，但不举行歃血的仪式。古代
　会盟，各方代表口含牲血或血涂口旁，表示信义。

⑫ 无易树子：不要撤换已经立的君位继承人。

⑬ 无忘宾旅：不要忘记宾客和行旅之人，要善待他们。

⑭ 士无世官：士世禄而不世官。士之禄可以世袭，士之官位不可以世袭。

⑮ 官事无摄：官职不要兼代。摄，兼代。

⑯ 专杀：擅自杀害。杀大夫，按照礼制，应该得到天子的批准。

⑰ 无曲防：不得曲为堤防。指不得修有害于邻国的水利工程。

⑱ 无遏籴（dí）：不能禁止将粮食卖给遭灾荒的邻国。籴：买米。

⑲ 封而不告：擅自封国邑而不告天子。

⑳ 长君之恶：助长君主之恶。

㉑ 逢君之恶：引导君主将为恶心理付诸实施。

【文化史拓展】

　　孟子认为，三王治理天下，政出中央，赏罚有道，政治秩序井然，民受其惠。五霸不奉王命，联合某些诸侯征伐某些诸侯，违反了原有的政治制度，故五霸是三王的罪人。然五霸在当时天下混乱之时，重建社会政治秩序，制定了许多有积极意义，能够安定社会、繁荣经济、给白姓带来好处的盟约。孟子之世，诸侯义打破五霸建立的政治秩序，破坏他们所立盟约，使天下陷入混乱之中。战争频繁，经济凋敝，百姓遭殃。因此，"今之诸侯"又是"五霸之罪人也"。许多大夫迎合君主的贪婪心理，提出各种各样的主张，引导或怂恿君主干这样那样不仁不义的事。因此，"今之大夫"乃"今之诸侯"的罪人。

　　改变以前政治制度或政治秩序的人，未必一定是罪人。他们的功过如何，要由他们的变革等作为对社会发展、人民生活所起的作用来确定，更何况，还有社会

环境、历史条件等等的因素在。

战国是我国历史上人才最盛的时期，士或大小官员十分活跃，思想活跃，行动活跃，他们勤于向国王或当道者提建议，在政治活动中起了极为重要的作用。他们也未必都是"今之诸侯"的罪人。

【文学史链接】

1. 后世有关诗赋文

蒋炯《五霸考》(《诂经精舍文集》卷三)

顾震福《五霸考》(《隶经杂著乙编》卷上)

2. 文学技法

方云，"长君之恶其罪小"，故意跌一笔，以见"逢君之恶其罪大"耳，非长君之恶罪果小也。(唐文治《孟子新读本》卷六)

【集评】

吾以为孟子者，五霸之罪人也。五霸帅诸侯事天子，孟子劝诸侯为天子，苟有人性者，必知其逆顺耳矣。孟子当周显王时，其后尚且百年而秦并之。呜呼，孟子忍人也，其视周室如无有也。(邵博《邵氏闻见后录》卷十二引李觏《常语》)

五霸未尝不尽地力，用人才，然其所为，正三王之所必诛，岂有庆乎？即后世亦未尝无庆让，然只在权法上讲，虽是天子出，亦总是私心，非王者之庆让也。王者之政，直从上天生民出来，与富强驾御权术正相反。此是五霸分界处，朱子所以不肯轻可汉唐也。若曰五霸桓公为强，则抹杀桓公之功；若曰五霸桓公为贤，则掩却桓公之罪。妙在落一盛字，则功首罪魁俱在内矣。(吕留良《吕晚村先生四书讲义》卷四十一)

【思考与讨论】

评说"长君之恶其罪小，逢君之恶其罪大"。

12：08　鲁欲使慎子为将军①。孟子曰："不教民而用之②，谓之殃民。殃民者，不容于尧舜之世。一战胜齐，遂有南阳③，然且不可。"慎子勃然不悦,曰:"此则滑厘所不识也。"曰:"吾明告子。天子之地方千里;不千里,不足以待诸侯④。诸侯之地方百里;不百里,不足以守宗庙之典籍⑤。周公之封于鲁,为方百里也;地非不足,而俭于百里⑥。太公之封于齐也,亦为方百里也;地非不足也,而俭于百里。今鲁方百里者五,子以为有王者作,则鲁在所损乎? 在所益乎? 徒取诸彼以与此⑦,然且仁者不为,况于杀人以求之乎? 君子之事君也,务引其君以当道⑧,志于仁而已⑨。"

【注释】

① 慎子:名滑厘,鲁国大臣。

② 不教民而用之:未对百姓进行教化而用他们来打仗。

③ 南阳:地名。

④ 待诸侯:即待诸侯朝觐聘问之礼。

⑤ 宗庙之典籍:此指各项礼制。

⑥ 俭于百里:不到一百里。

⑦ 徒:空,只是。

⑧ 当道:此指合于道。

⑨ 志于仁:有志于为仁。

【文化史拓展】

当时鲁国准备以慎子为将,去攻打齐国的南阳。孟子认为,未对百姓实行教化而用他们来打仗,是"殃民',而殃民者是有道之世所不容的。去打南阳,即使一战而胜之亦不可。为什么? 鲁境已经很大,如果强有力的天子当道,规范诸侯国的疆域,鲁境必削。诸侯国之间,就是凭空将土地划来划去,仁者也是不愿意干的,更何况还要付出许多生命的代价!

【文学史链接】

文学技法

斩钉截铁,悚然可畏。千载下如闻其声。方云,起笔极陡峭,意极沉痛。"慎子勃然"下一翻有波澜。"天子之地"以下,引古制,极开阔。"今鲁"以下,入正而用活笔

驳难。末句用"仁"字,反应上"殃民",精神完固。(唐文治《孟子新读本》卷六)

12:09　孟子曰:"今之事君者曰:'我能为君辟土地,充府库。'今之所谓良臣,古之所谓民贼也。君不乡道①,不志于仁,而求富之,是富桀也。'我能为君约与国②,战必克。'今之所谓良臣,古之所谓民贼也。君不乡道,不志于仁,而求为之强战,是辅桀也。由今之道,无变今之俗,虽与之天下,不能一朝居也。"

【注释】

① 乡:同"向",向往。下同。

② 约与国:联合友好国家。与国,友好国家。

【文化史拓展】

　　春秋战国时期,诸侯国之间,互相攻伐不休。哪个诸侯国不富国强兵,不仅无力吞并别的诸侯国,而且有被吞并的危险。因此,各诸侯国竞相富国强兵。能辅佐君主富国强兵的大臣,当然是能臣。但是,在孟子看来,这些大臣不以仁感化"不向道"的君主,而是引导君主干与仁义背道而驰的事,因此,他们是"民贼"。他们所辅佐的君主即使能得天下,其统治也必不会长久。

　　其实富国强兵与行仁义并不矛盾。当时"良臣"所为与孟子所主张,都有片面性。如果一个诸侯国按照孟子的主张为政,只会导致灭亡。若按当时"良臣"们所为,富国强兵而忽视行仁义,确实如孟子所言,即使能得天下,也必不会长久。秦的灭亡,就证实了孟子之说。

【文学史链接】

　　文学技法

　　两段文气震荡,结尤激昂,声大而远。(唐文治《孟子新读本》卷六)

【思考与讨论】

　　评析"富国强兵"与"行仁义"之间的关系。

12:10 白圭曰①:"吾欲二十而取一②,何如?"孟子曰:"子之道,貉道也③。万室之国,一人陶,则可乎?"曰:"不可,器不足用也。"曰:"夫貉,五谷不生,惟黍生之。无城郭、宫室、宗庙、祭祀之礼,无诸侯币帛饔飧④,无百官有司,故二十取一而足也。今居中国,去人伦,无君子,如之何其可也?陶以寡,且不可以为国,况无君子乎?欲轻之于尧舜之道者,大貉小貉也;欲重之于尧舜之道者,大桀小桀也。"

【注释】

① 白圭:名丹,周高级官员。

② 二十而取一:二十取一的税法。

③ 貉(mò):同"貊",古代称居于北方的一支少数民族。

④ 币帛饔(yōng)飧(sūn):此指礼物宴饮等相互往来的礼制。

【文化史拓展】

　　当时,各诸侯国的赋税极为苛重。孔子已经有"苛政猛于虎"的说法。孟子之时益变本加厉。儒家主张减轻赋税,实行据说是尧舜之世采用的什一税法,即十税其一。白圭以苦行节俭致富,他掌权后,想将他自己发家致富的经验用之于国家,认为国家开支可以大规模地节约,收二十分之一的税就可以了。孟子不以为然。北方的貉,还处于部落社会,没有城郭宫室,没有宗庙祭祀之礼,也没有与外界隆重的交往之礼,如馈送宴享之类,也没有许多官员需要供养,因此,他们只要收取二十分之一的税,就可以支持公共开支了。孟子认为,如果中原诸侯国也实行二十取一的税法,只好取消既有的君臣、祭祀、交际等礼制,裁撤政府机构,大规模减少官员,倒退到像貉一样的部落社会去。这当然是不可能的。孟子认为,什一税最为适中,重于什一税,为自己享乐或胡作非为而加重对百姓的剥削,乃是暴君的行为,按其程度而言,是大桀小桀;若轻于什一税,只得减少必要的礼制,减少必要的机构,使文明倒退,按其程度而言,是大貉小貉。

　　税收是一门学问,何等复杂,然其要不过在轻重适当而已。国家开支,自当节约,节约之要,亦在减不必要的礼制,汰不必要的机构和官员而已。必要和不必要之辨,一以社会需要为归。

【文学史链接】

文学技法

结得奇妙，而责当时诸侯苟之罪，自在言外。（唐文治《孟子新读本》卷六）

12:11 白圭曰：“丹之治水也愈于禹。”孟子曰：“子过矣。禹之治水，水之道也。是故禹以四海为壑①，今吾子以邻国为壑。水逆行②，谓之洚水。洚水者，洪水也，仁人之所恶也。吾子过矣。”

【注释】

① 壑：沟，池。此指受水之处。

② 水逆行：曲为堤防，壅塞下游，保障本国而使上游或下游的邻国受害，如此之类。

【文化史拓展】

以邻为壑，能收效于一时，收效于局部，但就长远利益、整体利益观之，则不仅无效，反而有害。你以邻为壑，邻居亦可以以你为壑。其害相互转嫁，终不得治而人终受其害。然而，岂仅仅治水如此哉！

若其国非濒海，治水如何以海为壑？不能以海为壑，又不能以邻为壑，则何以治水？即使顺水向下之性而导之，处下游之国，岂不亦受其害？因此，统一协调，全面规划，至关重要。然岂止治水如此哉！

【文学史链接】

相关文学典故

以邻为壑

窃见江西湖南连岁屡丰，今又及时得雨，秋熟可望，自合通融有无，岂可以邻为壑，而湖南之米，经从湖北，例遭拘遏，尤为非便。（真德秀《西山先生真文忠公文集》卷六《奏乞分周措置荒政等事》）

大抵公智虑深达如宿将，持重而规画绵络，不以邻为壑也。（文天祥《文山先生文集》卷十一《知潮州寺丞东岩先生洪公行状》）

中庭地势窊，猥以邻为壑。下流靡所放，鲁莽费开凿。（查慎行《敬业堂诗集》

卷二十七《苦雨》）

人私其私，以邻为壑。（许月卿《先天集》卷七《友仁先生圹记》）

【集评】

白圭之才能，以筑堤治水，曾为白渠，名于时，故以自负。是亦近于今里息勃斯之流者，特自称过于禹。岂知国士之所为，仅私其国，而圣人之所为，乃为天下。当国界分明之时，众论如饮狂泉，群盲共室，但知私其国，不知天下为公。至国界既平时，即觉其私愚可笑。今欧美诸国并立，其议论行事，自私其国，不求天下公益，与战国同，故有议孔孟之学为天下学、而无国家学者。夫圣人以天下为一体，何为独亲一国，而必独私之哉？以井蛙而观天，宜其所见之小也。今之所谓才臣，皆白圭之流也。（康有为《孟子微》卷八《辟异》十八）

【思考与讨论】

如何避免"以邻为壑"的现象出现？

12:12　孟子曰："君子不亮①，恶乎执？"

【注释】

① 亮：同"谅"，信也。

【文化史拓展】

信是一个道德概念，指真诚笃实。君子言行，必以真诚笃实为准则。除去真诚笃实，君子还能以什么为准则呢？"实事求是"乃信最基本的内容。

【集评】

必信之谓亮。孔子曰："君子贞而不亮。"要止于正而不必信，而后无所执，否则执一而废百矣。（苏辙《栾城后集》卷六《孟子解二十四章》）

12:13　鲁欲使乐正子为政。孟子曰："吾闻之，喜而不寐。"公孙丑曰:"乐正子强乎?"曰:"否。""有知虑乎?"曰:"否。""多闻识乎?"曰:"否。""然则奚为喜而不寐?"曰:"其为人也好善。""好善足乎?"曰:"好善优于天下,而况鲁国乎? 夫苟好善,则四海之内,皆将轻千里而来告之以善。夫苟不好善,则人将曰:'訑訑①,予既已知之矣。'訑訑之声音颜色,距人于千里之外②。士止于千里之外,则谗谄面谀之人至矣。与谗谄面谀之人居,国欲治,可得乎?"

【注释】

① 訑(yí)訑:傲慢自足貌。

② 距:同"拒"。

【文化史拓展】

好善之用,如此广大! 好善则善人至,而不善人去。如此则有优秀而强大的干部队伍;好善则善言至而谗谄面谀之言消,则可以形成最佳的治理方略。有优秀而强大的干部队伍,有最佳的治理方略,就不难成功了。然尚有应该注意者,什么是善? 其标准是什么? 此则不可不察。

【文学史链接】

文学技法

此节尤极沉痛。后世刚愎之士,当日三复之。(唐文治《孟子新读本》卷六)

【集评】

若好善,则以天下之才能为才能,以众人之见闻为见闻。(康有为《孟子微》卷六《贵耻》第十四)

【思考与讨论】

"好善"的内涵是什么?

12:14 陈子曰:"古之君子何如则仕?"孟子曰:"所就三,所去三。

迎之致敬以有礼,言将行其言也,则就之;礼貌未衰,言弗行也,则去之。其次,虽未行其言也,迎之致敬以有礼,则就之;礼貌衰,则去之。其下,朝不食,夕不食,饥饿不能出门户。君闻之,曰:'吾大者不能行其道,又不能从其言也,使饥饿于我土地,吾耻之。'周之[1],亦可受也,免死而已矣。"

【注释】

[1] 周之:周济之。

【文化史拓展】

就孟子的话来看,这段文章中所讲的仕,不仅仅是做官,而是君子与国君或当道的关系。"所就三",指三种情况下可以建立关系。"所去三",则是三种情况下应当解除关系。"其下"所云,若是生活可以维持,则亦不当受国君或当道者的钱物,此即是"所去三"中的其三。

"三就"、"三去"并不是并列的三种情况而已,而是有高下之分,且以高下为序。若是为有所作为而出仕,则非"迎之致敬以有礼,言将行其言也"不就,而"礼貌未衰,言弗行也"则即去。孔子"待价而沽",其所待之价,当与此相类。

【文学史链接】

文学技法

上两节极齐整,此节文法特变,可悟化板为活之法。(唐文治《孟子新读本》卷六)

【集评】

君子之仕,行其道也,非为礼貌与饮食也。……必如是,是不免于鬻先王之道,以售其身也。古之君子之仕,殆不如是。(邵博《邵氏闻见后录》卷十一司马光《疑孟》)

【思考与讨论】

评说此章中所云士人如何处理与当道者之间的关系。

12:15　孟子曰:"舜发于畎亩之中,傅说举于版筑之间①,胶鬲举于鱼盐之中②,管夷吾举于士③,孙叔敖举于海④,百里奚举于市⑤。故天将降大任于是人也,必先苦其心志,劳其筋骨,饿其体肤,空乏其身,行拂乱其所为⑥,所以动心忍性⑦,曾益其所不能⑧。人恒过,然后能改⑨;困于心,衡于虑,而后作⑩;征于色,发于声,而后喻⑪。入则无法家拂士⑫,出则无敌国外患者,国恒亡。然后知生于忧患而死于安乐也⑬。"

【注释】

① 傅说(yuè):相传说于傅岩筑土,武丁派人访得,举以为相,遂为名相。得之于傅,故称傅说。版筑:古代筑城墙等,用两板相夹,中间置土石捣结实,然后脱去板,遂成墙,与今浇铸混凝土墙,其法相类。

② 胶鬲(gé):原为纣之臣,遭乱,隐于商界,从事贩鱼贩盐。周文王举之,为名臣。

③ 管夷吾:管仲被囚,齐桓公举以相国,为名相。夷吾:管仲名。士,指士官,狱官。

④ 孙叔敖:孙叔敖隐居海滨,楚庄王举之为令尹,主持国政,为名相。

⑤ 百里奚:见前注。市,市场,此指奴隶市场。

⑥ 行拂乱其所为:(天)使其所为不顺遂。

⑦ 动心忍性:鼓动其思维,使其性格坚强。

⑧ 曾:同"增"。

⑨ "人恒过"二句:通常人有了过失,才能改正其所为,这也能助进步。恒,通常。

⑩ "困于心"三句:问题得不到解答,百般思考,方能开悟。衡,同"横"。

⑪ "征于色"三句:问题得不到解答,从人们的表情来验证,从人们的言谈获得启发,然后开悟。

⑫ 法家拂(bì)士:法家,守法度的世臣。拂士,能直谏矫君之过失之士。拂,同"弼"。

⑬ 生于忧患而死于安乐:由忧患而生,由安乐而死。两个"于"都表示原因。

【文化史拓展】

当时,天下混乱,许多诸侯国处于内忧外患之中,许多士人处于穷困贫贱之中,甚至孟子本人,有时也不免如此。因此,在当时说来,这段话有深刻的意义。逆境中,艰苦的生活能使人磨练意志,增长才干,挫折会使人更加聪明,艰苦的思索和研究,能产生有价值的思想。所有这些,都为以后的辉煌作好了准备。所尤当注意者,处于逆境中的人,应该保持旺盛的奋斗精神和高远的理想,否则这一切就无从谈起。

国家处于忧患之中,往往能激发起各种潜在的能量,各种能量集中到使国家走出忧患上来,如此则不仅能使国家走出忧患,而且兴邦有望。"多难兴邦",此之谓也。然在历史上,"死于忧患"的诸侯国和王朝,远多于"生于忧患"的。故所当注意者,处于忧患中的国家,必须富有凝聚力,否则,一切无从谈起。有凝聚力,凝聚到何处?因此,有凝聚力,还必须有足以号召全国的政治力量。这种政治力量,在封建社会里,应该是由法家拂士辅佐的君主。

和逆境相反,安乐往往会消磨人的意志和能力,对一个国家来说,安乐不仅消磨君臣的意志和能力,还会掩盖社会矛盾。一旦社会矛盾总爆发,君臣又无力妥然解决,国家易亡。

居安思危,对个人和国家来说,都是非常必要的,是免于"死于安乐"的良方。人生或国家,总会或处逆境,或处安乐,因此,孟子所言,实在是具有永恒的意义。

【文学史链接】

1. 后世有关诗赋文

汤显祖《故天将降》(《汤显祖全集·诗文》卷五十)

明代佚名《七十二朝人物演义》卷三十七《孙叔敖举于海》

2. 文学技法

方云,首二节即古贤指点,三节即常人之情指点,四节即国家指点,收处方点出正意。……(天将降大任)一提有"振衣千仞冈"之概。……一结如万壑朝宗,惟顿住不多说,故有千钧之力。(唐文治《孟子新读本》卷六)

【集评】

可见人不患其有过,而患其不能改。以成汤之圣,不称其无过,而称改过,以宣王之贤,不美其无阙,而称补阙。欲为圣贤者,毋自弃焉。(张居正《张居正讲评孟子》卷十二)

动心忍性,所以为大任地也。吾人生此乱世,兼以孤苦忧患之心,如何不切直,须从百苦中打炼出一副智力,然后此身不为无用,外可以济天下,内可以承先人。《诗》曰"夙兴夜寐""毋忝尔所生",念此何能不中夜彷徨也。昔陶士行日运百甓,曰吾方致力中原,过尔优逸,恐不堪事。本朝刘忠宣公教子读书兼力农,曰习勤忘劳,习逸忘惰,吾困之正以益之也。(张履祥《杨园先生全集》卷十三《答颜孝

嘉》)

自古穷愁悲愤至不堪之处,多蹉脚走入差路去,此二氏之所以日盛,而人道之忧也。他也道是大事,因缘真仙法器,俨然亦以为大任,而不知此正被大任苦劳五句压倒,而自入于禽兽非类之道,《中庸》所谓倾者覆之耳。……贫士不辰,谁非困苦者? 然其所志,则躁进弋获美官多钱,蝇营狗苟,至老死而不悟。人以为伏枥壮心,吾以为反驹逐臭耳。五品四维,从头不识,到底又何曾动忍增益乎!(吕留良《吕晚村先生四书讲义》卷四十一)

观自古圣贤豪杰,都从贫贱困苦中经历过,琢磨成。况吾侪庸人,若不受锻炼,焉能成德成才? 遇些艰辛,遭些横逆,不知是上天爱悯我,不知是世人玉成我,反生暴躁,真愚人矣。(颜元《四书正误》卷六)

起家膏腴,遇境安顺之人,必用心平浅,任性纵横,谙练不深,才能不出。若历试诸艰,备尝变阻,则鉴于败误,熟于时势,习于变伪,审于权宜。内之,必操节克己,抑情制欲,而无复任意气以肆行;外之,必谙练周详,明远精细,而不至于才疏而误事。度量狭者因而益广,才识浅者因而益深。盖世变既大,天择人以负荷之,非陶铸裁成,不能当兹大任。故磨砺挫折以为玉成,至于千折而不挠,百炼而弥刚。此则可付大任,否则柔筋弱骨者,早以忧死,不能受此培就矣。累败然后有成功,千错然后不误,凡人皆然。殷忧所以启圣,多难所以兴邦,凡国皆然。(康有为《孟子微》卷六《贵耻》第十四)

【思考与讨论】

评说"生于忧患而死于安乐"。

12:16　孟子曰:"教亦多术矣[①],予不屑之教诲也者,是亦教诲之而已矣。"

【注释】

① 多术:有许多方法和方式。

【文化史拓展】

孟子此番言论富有辩证思想。某人欲求孟子教诲,孟子不屑教诲之也,拒绝了他。此人由此追究孟子不屑教诲他的原因,反省自己的过失,并加以改正,取得进步,这样,他就得益于孟子的"不屑教诲",那么,孟子不屑教诲他,拒绝教诲他,这行为本身,就使他获益,当然就是在实际上教诲了他。孔子的学生孺悲到孔子家,孔子命人传话,说身体欠佳,不能见。孺悲刚要走,孔子在房间里弹起了琴,故意让孺悲听见。为什么?孔子要让孺悲知道,他并非生病,而是拒绝见孺悲,也就是不屑教诲孺悲,希望孺悲由愧而反省自己的过失。此事见《论语·阳货》。孟子所云,与孔子之教孺悲相同。

卷十三　尽心上

13:01　孟子曰："尽其心者,知其性也。知其性,则知天矣。存其心,养其性,所以事天也。夭寿不贰,修身以俟之,所以立命也。"

【文化史拓展】

"心"指认识和思维等精神活动的功能,"性"乃人性,包括自然性和社会性。"天"指自然界的和社会的一切规律和法则。从理论上说,人只要能完全地发挥他的认识和思维功能,就能把握自然界的和社会的一切规律和法则。积极发挥精神活动的作用,顺应人性所体现的一切规律和法则行事,这就是顺应天。生命是一个过程,这个过程是自然(天)所赋予的。人的身体来自自然(天),人的精神活动的功能来自自然(天),不仅如此,孟子认为,人性所固有的自然存在和社会存在的一切规律和法则,也是天定的,因此,人应该在身体保养方面和道德修养方面下功夫,尽可能地利用天之所赋,完成天所赋予的生命过程。这种人生观,无疑具有积极的因素。

【文学史链接】

文学技法

(首章)方云,孟子学向,四十岁之前在知言、养气上用功,四十岁以后,齐梁不用而归,在深造自得、博学反约上用功,故至老年,则尽心知性,以知天,不仅知言也已。存心养性以事天,不仅养气也已。(唐文治《孟子新读本》卷七)

【集评】

善不至于诚,不尽其心者也。尽其心,则性也。知性,则知天矣。天之与我者,存而不使放也,养而无敢害也,是之谓事天。寿夭得丧,我不得而知,知修身而已。身既修矣,所遇者则莫非命也。所谓修身也,不能穷万物之理,则不足择天下之义。不能尽己之性,则不足入天下之道德。穷理尽性以此。小人之乐于食色,没身不厌,诚欲之也。万物皆备于我矣,反身而诚,若小人之诚于食色也,乐莫大焉。人不可以无耻。无耻之耻,无耻矣。耻莫耻于不知耻也。(《全宋文》卷1690沈括《孟子解》)

天者,莫之使而自然者也。命者,莫之致而自至者也。天畀我以是心,而不能存;付我以是性,而不能养。是天之所以受我者,有所不事也。寿则为之,夭则废之。夭寿非人之所为也,而置力焉,是命有所未立也。修身于此,知夭寿之无可为也,而立命于彼矣。(苏辙《栾城后集》卷六《孟子解二十四章》)

读此章书,人天咫尺,呼吸可通。"心性天命"四字只一样,人具之为心,心之灵为性,性自出于天,天之一定为命。只要人从本来处探讨得真切,而下手"存养"二字,存养功夫,又须做到尽头,不可歇手。静时默存,动时惺存,是谓存心。静是寂养,动是顺养,是为养性。心性合而成身,存养合而成修。寿则心性与身俱存,夭则心性不与身俱灭。天命自我植立,有常存宇宙间者,故曰立命。此知天之至,事天之极,而天命之性,完全于心之结果处也。知天是知自心之天,事天是事自心之天,立命是立自心之命。总之,心生天、生命也。首节虚,二节实,知是是透头处,存养不二是用功处。首节包下二节,下二节一串合起来,是了上一节。(孙逢奇《四书近指》卷十七)

知天,便知我这心性都是天命我的,不是悬空说个"尽"、说个"知",便支吾过那天。须是静存动察,保摄住我天赋的本心,礼陶乐淑,培灌起我天命的本性,天才欢喜,方是所以"事天"也。正如父母生与我身子,付与我家业,我能保全,所以事父也。吾君命与我人民政事,我能料理,所以事君也。(颜元《颜元集》之《四书正误》卷六《孟子下》)

夫性为天所命,理与气,皆性也,即皆命也。命受于天,则当敬、当任、当俟。性生于己,则当节、当虞、当率,此三代古训也。(曹元弼《复礼堂文集》卷六《读东塾读书记孟子卷示两湖书院诸生》)

【思考与讨论】

评析"心"、"性"、"天"、"命"各自的内涵以及它们之间的关系。

13:02 孟子曰:"莫非命也,顺受其正。是故知命者,不立乎岩墙之下[①]。尽其道而死者,正命也。桎梏死者,非正命也。"

【注释】

① 岩墙:将要倒塌的高墙。

【文化史拓展】

　　孟子认为,人死都是命决定的。尽其天之所赋而死,是"正命",不正常死亡,未尽天之所赋而死,乃非正命。知命(即掌握规律)的人,必会修身正行,顺天命而动,不逆天命,尽量避免不必要的牺牲。

【集评】

　　天之所以受我者,尽于是矣。君子修其在我,以全其在天。人与天不相害焉,而得之,是故谓之正。忠信孝悌,所以为顺也,人道尽矣。而有不幸以至于大故,而后得为命。岩墙之下,是必压之道也。桎梏之中,是必困之道也。必压必困,而我蹈之以受其祸,是岂命哉? 吾所处者然也。(苏辙《栾城后集》卷六《孟子解二十四章》)

　　一部《大易》微言,只一"知命"了之。所谓进退存亡不失其正,圣人事也。愚不肖而不知命,必且妄为,则有灭顶之祸。贤知而不知命,必且强为,强为则有壮趾之凶。顺受非只听他,正有感格凝成之意。(孙逢奇《四书近指》卷十七)

　　不惟桎梏、岩墙之类非正命,凡好色、好货、好贪食、好争胜之类以致死者,皆非正命也。以此推之,作无益之忧以损生者,亦非正命也。(颜元《颜元集》之《颜习斋先生言行录》卷下《杜生》第十五)

　　13:03　孟子曰:"求则得之,舍则失之,是求有益于得也,求在我者也。求之有道,得之有命,是求无益于得也,求在外者也。"

【文化史拓展】

　　富贵利达,不求不得,违道相求,君子不为。以道相求,或得之,或不得。如果不得,这说明"求无益于得"。或得之,但求而无法得到更高的富贵利达,这也说明"求无益于得"。但是毕竟求到了,这如何解释呢? 孟子认为,这是命中注定的。求富贵利达,不过是能求得命中注定的富贵利达罢了,得到富贵利达,不是"求"本身的效用。从这个意义上说,还是"求无益于得"。对富贵利达等身外之物,不求固然不得,求亦是无益于得。因此人们对富贵利达,不能违道相求、也不能违命相求。这样的观点,对消解人们的富贵利达情结,确实是有好处的。

道德品格修养则不然,求总能得之,越求,得越多,境界越高。反之,不求则不得,甚至倒退。当然,为了增进求的效率,方法也是极为重要的。

【集评】

大抵外慕重者,则内视必轻。战国之士,虽垄断乞墦之事,且不为耻,宁知有道德之可求,义命之当安乎?欲维世风、培士气者,必陶之以教化,使人皆厉无求之节而后可。(张居正《张居正讲评孟子》卷十三)

【思考与讨论】

评说"求之有道,得之有命"。

13:04 孟子曰:"万物皆备于我矣。反身而诚,乐莫大焉。强恕而行,求仁莫近焉。"

【文化史拓展】

孟子认为,万物之性,皆合于我之性。检查自己的所作所为,如果自己的所作所为皆合于理而皆是自己性之所出,并且是如此的真诚、实在、自然,这说明自己的道德品格修养达到了很高的境界,故"乐莫大焉"。立身行事,处处推己及人,这是最佳的求仁之道。孔子也说:"己欲达而达人,己欲立而立人,此为仁之方也。"(《论语·雍也》)子贡问孔子:"有一言而可以终身行之者乎?"孔子云:"其恕乎,己所不欲,勿施于人。"(《论语·卫灵公》)仁者,爱人。爱人之法,莫过于恕。恕者,即推己及人而已。反身而诚也好,强恕而行也好,要在没有私心,而出于公理而已。

【集评】

自一身以至于天下国家,皆学之事也。自子臣弟友以至出入、往来、辞受、取与之间,皆有耻之事也。耻之于人大矣,不耻恶衣恶食,而耻匹夫匹妇之不被其

泽,故曰"万物皆备于我矣,反身而诚"。(顾炎武《顾亭林诗文集》卷三《与友人论学书》)

人之灵明,包含万有,山河大地,全显现于法身,世界微尘,皆生灭于性海。广大无量,圆融无碍,作圣作神,生天生地。但常人不识自性,不能自信自证自得,舍却自家无尽藏,沿门托钵效贫儿耳。如信得自性,毫无疑惑,则一念证圣,不假修行,自在受用,活泼泼地。……此固人人同之,不问何教。禅者养其灵魂,秘为自得。后儒不知,斥为异氏之说。岂知孟子特发秘密之藏,神明之妙,以告天下学子。后世儒者何大愚,割此天府腴壤,入于人而不认哉?(康有为《孟子微》卷一)

孟子之学,高于子思。孟子不言天,以我为最高,故曰"万物皆备于我"。孟子觉一切万物、皆由我出。如一转而入佛法,即三界皆由心造之说,而孟子只是数论。数论立神,我为最高,一切万物,皆由神我流出。孟子之语,与之相契。又曰"反身而诚,乐莫大焉"者,反观身心,觉万物确然皆备于我,故为可乐。孟子虽不言天,然仍入天界。盖由色界而入无色界天,较之子思,高出一层耳。(章太炎《诸子略说》)

13:05　孟子曰:"行之而不著焉①,习矣而不察焉②,终身由之而不知其道者,众也。"

【注释】
① 著:明确。
② 察:深知。

【文化史拓展】

道之为义,精深玄妙,何等复杂!许多人终身探究之而不可得,百家争鸣,亦不过"道其所道"而已。但是,整个世界,包括人类社会,无不按道运行。绝大多数人按道行事,人类社会才能存在并发展。因此,必有许多人终身行道而不知道之为何物。孔子说:"民可使由之,不可使知之"(《论语·泰伯》),也是这个意思。老百姓,可以也应该按道而行,但是要他们人人确知道之为何物,则是不可能的。

13:06 孟子曰:"人不可以无耻。无耻之耻,无耻矣。"

【文化史拓展】

知耻近勇。一个人做了错事,如果感到羞耻,说明他良心尚存,尚有改正的可能。如果他毫无羞耻之感,反而心安理得,这说明他已经绝无良心,已经不可救药了。朱熹《孟子集注》引赵氏语云:"人能耻己之无所耻,是能改行从善之人,终身无复有耻辱之累矣。"

【集评】

人惟知所贵,然后知所耻。不知吾之所当贵,而谓之有耻焉者,吾恐其所谓耻者非所当耻矣。夫人之所当贵者,固天之所以与我者也,而或至于戕贼陷溺,颠迷于物欲,而不能以自反,则所可耻者亦孰甚于此哉?不知乎此,则其愧耻之心将有秒于物欲得丧之间者矣。然则其所以用其耻者,不亦悖乎?由君子观之,乃所谓无耻者也。(陆九渊《陆九渊集》卷三十二《补遗》)

13:07 孟子曰:"耻之于人大矣。为机变之巧者,无所用耻焉。不耻不若人,何若人有?"

【文化史拓展】

此章乃言耻对人的重要。朱熹《孟子集注》云:"耻者,吾所固有羞恶之心也。存之则进于圣贤,失之则入于禽兽,故所系为甚大。"对"为机变之巧者"而言,耻毫无用处。朱熹又云:"为机械变诈之巧者,所为之事皆人所深耻,而彼方且自以为得计,故无所用其愧耻之心也。"三观既误,其智商、情商又是以济之,遂越走越远。

【文学史链接】

文学技法

愚尝谓经书中用"不"字,有最奇者,如《易经·系辞》传"不耻不仁",《论语》"不愤不启"两节,均极奇变。此章三句四"耻"字,作三解,亦甚奇技。因此可悟用字变化法。……首节总冒,次节指滑者言,三节指顽钝言,仅五句,文法有变化。

（唐文治《孟子新读本》卷七）

13:08 孟子曰："古之贤王好善而忘势,古之贤士何独不然？乐其道而忘人之势。故王公不致敬尽礼,则不得亟见之^①。见且由不得亟,而况得而臣之乎^②？"

【注释】

① 亟：屡次。

② 臣之：以之为臣。

【文化史拓展】

朱熹《孟子集注》卷十三云："言君当屈己以下贤,士不枉道而求利。二者势若相反而实则相成,盖亦各尽其道而已。"当道者如果故作姿态礼贤下士,或将居高临下之情以降尊纡贵出之,犹怙其势,遑论忘之。另一方面,如果寒士面对官宦而贫贱骄人,或仅因为对方位高势重而拒绝与之交往,亦未能忘对方之势。彼此贵贱两忘,但为道义事业而结交,最为理想。然而,此于贵贱双方,都极难做到。

【文学史链接】

文学技法

方云,此论出处也,"见且由不得"二句,气象雄杰。（唐文治《孟子新读本》卷七）

【集评】

忘势之人,不资其力而利其有,则能忘人之势,若资仰其富贵而欲有所取,则不能忘人之势。五人者能忘献子之家也,不能忘献子之家则为所轻,献子亦不肯与之为友矣。（张载《张载集》载《张子语录上》）

此可见先王方能遂贤士之高,惟贤士方能成贤王之大。此隆古泰交之盛,所以不可及也。今则上轻于待士,士亦轻于自待矣。岂不两失其道哉！孟子此言,固以矫当世上骄下谄之风,亦以明己不见诸侯之义也。（张居正《张居正讲评孟

子》卷十三）

【思考与讨论】

如何才能做到在交友中"忘势"？

13：09 孟子谓宋句践曰①："子好游乎？吾语子游②。人知之，亦嚣嚣③；人不知，亦嚣嚣。"曰："何如斯可以嚣嚣矣？"曰："尊德乐义④，则可以嚣嚣矣。故士穷不失义⑤，达不离道。穷不失义，故士得己焉⑥；达不离道，故民不失望焉。古之人，得志，泽加于民；不得志，修身见于世⑦。穷则独善其身，达则兼善天下。"

【注释】

① 宋句践：人名。

② 语：对人说。

③ 嚣嚣：无欲自得貌。

④ 尊德乐义：以自己的道德修养为尊，以自己的言行合于道义而乐。

⑤ 穷：困厄不得志。

⑥ 得己：保持自我固有的本性，亦即善性。

⑦ 见：现。

【文化史拓展】

战国时期，士人们游说当道以获得禄位和行道机会者极多，孟子本人亦是如此。然游说的结果，当道或理解，或不理解，或接受，或不接受，游说者或成功，或不成功。作为游说者，对游说的结果，应当怎样来对待呢？不管如何，应当"尊德乐义"。道德仁义修养充盈于内，并且以此为可尊可悦，而直而壮，无愧无馁，游说成功与否，都能正确对待，不失自尊自悦之心而自得无欲，有良好的心态。

尊德乐义，穷达皆宜。德义是内在的，穷达是外在的。内外相比，以内为重。德义是内在的，修习养护，尊之悦之，都在自己。穷达是外在的，是穷是达，由多种因素造成，变量甚多，不全在自己。君子重内不重外，求诸己而不求诸人。

"穷则"二句,几乎是我国封建社会中士人出处的准则。然则所谓"独善"者,非不与世事、但求自了之谓也。独善乃是加强自我修养,其目的则是"见于世",著称于社会,为社会服务。隐士而漠视社会者,不足以称独善。

【文学史链接】

文学技法

方云,亦论出处也。"人知之"二句,是何等胸次!"尊德乐义"二句,是何等本领!"穷不失义"二句,是何等力量!"故士得己"以下,是何等施为!又云,此又即可为后世赠序之祖。(唐文治《孟子新读本》卷七)

【思考与讨论】

结合古代贤者的事例,评说"穷则独善其身,达则兼善天下"。

13:10　孟子曰:"待文王而后兴者①,凡民也。若夫豪杰之士,虽无文王犹兴。"

【注释】

① 兴:起而有所作为。

【文化史拓展】

不待领袖鼓动、潮流裹挟,也能起而有所作为者,为豪杰之士,反之则为凡民。此就其能见之效而论。若就其本身而论,豪杰之士与凡民的区别,则在于是否有卓特的思想,是否敢作敢为。

【文学史链接】

文学技法

方云,此章与《一乡之善士》章于学者最吃紧,立"无文犹兴之志",怀取善尚友之心,焉有不配古人之理?……此章气象雄杰,读之令人奋然而起。然以有恒心为贵,故七篇之书,不可不常读也。(唐文治《孟子新读本》卷七)

【集评】

言小人待化,乃不辟邪。君子特立,不为俗移,故称豪杰自兴也。(赵岐《孟子章指》卷下)

世无文王,而吾心之文王自在也。豪杰所以无待,只一"待"字,断送了许多人。(孙逢奇《四书近指》卷十七)

孔子、孟子生于衰周之世,何尝有父兄师友之成就,乃孔子祖述尧舜,宪章文武,孟子则愿学孔子,遂为百世之师。所谓豪杰之士无文犹兴者此也。乃孔子之所以为孔子者,不过曰"焉不学,而亦何常师之有";孟子之所以为孟子者,亦不过曰私淑诸人。人苟有兴起之意,而不欲以凡民自处,前言往行可以私淑者何限,并世之贤,可以师资者无穷。(张履祥《杨园先生全集》卷十三《答颜孝嘉》)

【思考与讨论】

在历史上,有哪些人称得上孟子所说的那种"豪杰之士"?

13:11 孟子曰:"附之以韩魏之家[①],如其自视欿然[②],则过人远矣。"

【注释】

① 附:加。韩魏之家:韩氏大夫和魏氏大夫,都是晋国巨卿,实力雄厚。

② 欿(kǎn)然:不自满貌。

【文化史拓展】

巨卿之家,富贵权势劲旅,震赫一世。得之而不自满者,或着眼于争王争霸,故不以一卿为满足;或着眼于内在修养,故不以外在之盛为满足。其心思行迹虽异,而"过人远矣"则同。

【集评】

必其性分自足,视贫富如一,所谓"大行不加,穷居不损"者,岂止识力过人乎?(颜元《颜元集》之《四书正误》卷六《孟子下》)

樊英之抗对顺帝,严光之不屈光武,顾雍封侯五日,而家人不知,向敏中拜相,而贺客寂然,庶几自视欿然,不为所动,而不为人主所贱视矣。(康有为《孟子微》卷六《贵耻》第十四)

13:12　孟子曰:"以佚道使民,虽劳不怨;以生道杀民,虽死不怨杀者。"

【文化史拓展】

作为当道者,当然要使用民力。使用民力,目的和准则不同,被使用者的态度也就不同。若使用民力为当道者自己造福,而不顾百姓的利益,则百姓劳而怨,劳之极,怨之极,当道者危矣。若为百姓自身利益而督促他们劳动,例如,劝农劝桑之类,则百姓"虽劳不怨"。孔子云:"爱之,能勿劳乎?"(《论语·宪问》)当道者应该使百姓各有所事,安居乐业。

当道者为了自己的利益杀民,民不能无怨,但是,为了保护人民而杀危害人民、有可杀之罪的人,则其人"虽死不怨杀者"。

督促、组织百姓劳动,处罚有罪,乃为政的基本内容,而皆当以百姓利益为出发点。

【集评】

季康子问政于孔子曰:"如杀无道,以就有道,何如?"孔子对曰:"子为政,焉用杀? 子欲善,而民善矣。君子之德风,小人之德草。草上之风,必偃。"盖虽尧舜在上,不免于无杀道。然君子终不以杀劝其君。尧舜之民,不幸而自蹈于死则有之,吾未尝杀也。孟子言"以生道杀民,虽死不怨杀者。"使后世暴君污吏皆曰:吾以生道杀之。故孔子不忍言之。(邵博《邵氏闻见后录》卷十二引李觏《常语》)

13:13　孟子曰:"霸者之民,驩虞如也①;王者之民,皞皞如也②。杀之而不怨,利之而不庸,民日迁善而不知为之者。夫君子所过者化③,所存者神④,上下与天地同流,岂曰小补之哉?"

【注释】

① 骧虞:同"欢娱"。

② 皞(hào)皞如:广大自得、心情舒畅貌。

③ 所过者化:圣人所过之处,人们受其教化。

④ 所存者神:圣人之言论之所存者,将神化而超越时空,发生影响。

【文化史拓展】

　　霸者导民求功利,民获功利而欢娱,欢娱而难免骄逸,骄逸而霸业难以持久。观春秋五霸,可知矣。王者治民,一切从百姓利益出发,既注重富民,又注重教民于善,且不使其民知其威断,故王者之民,富足而具有道德修养,又无来自王者的各种形式的精神压迫,不必畏惧,不必感恩,故其精神状态,健旺畅茂,生机勃勃。有民如此,世盛且久,夫复何疑。圣人的教化之功,较之王者尤大。王者之业,终会消亡,圣人之思想,则传之无穷。

【文学史链接】

　　文学技法

　　方云,首节分王霸,次节申明皞皞气象,三节推出所以致民皞皞之故,"岂曰小补之哉"赞王者,即所以黜霸者,一笔作两笔,首尾相顾,神完气足。……此章精微广远,气象万千。孟子晚年,有此等文字,秦汉而以,岂能几极?(唐文治《孟子新读本》卷七)

【思考与讨论】

　　"王者之民"与"霸者之民",为什么有这样的不同?

　　13:14　孟子曰:"仁言,不如仁声之入人深也①;善政,不如善教之得民也。善政民畏之,善教民爱之;善政得民财,善教得民心。"

【注释】

① 仁声:好的名声,名誉。

【文化史拓展】

政治目标只有通过政治实践才能达到。有关仁政的言论,只有化为具体的政治措施并且有效地实行,才能取得功效,才能最终地为人们所认识。对百姓而言,他们不必认识有关仁政的理论,而只注重仁政的功效。仁声者,仁政之声也。仁政功效卓著,自然其深入人心,过仁声远矣。

得力的行政法令和得力的教化措施二者之间并不矛盾,二者都是必要的。法家片面强调前者,儒家片面强调后者,都不全面。此外,善政也能得民心,善教也能得民财,其间道理并不深奥。

【文学史链接】

后世有关诗赋文

陈玉澍《善教得民心义》(《后乐堂文钞续编》卷二)

【集评】

"仁言,不如仁声之入人深也。"声,闻也。善政善行,作于此而闻于彼之谓声。《诗》曰"载色载笑,匪怒伊教",言也;"相土烈烈,海外有截",声也。(《全宋文》卷1690 沈括《孟子解》)

上有善政,则爱养撙节之令,可以致闾阎之充实,民富而国用无不足,不过得民财而已。乃若善政所感,则德礼之论洽,有以固结乎民心,不遗其亲,不后其君,莫不输诚以待上,而不忍忘矣。岂止于得财而已乎?夫畏迫于法,爱起于心。苟至于爱,而畏不足言矣。得心为本,得财为末。苟得其心,而财在其中矣。所以说善政不如善教之得民也。……有爱民之实心,而言以宣之;有化民之大本,而政以辅之。则言非徒文,政非徒法,而仁心于仁闻交流,善政与善教兼举矣。(张居正《张居正讲评孟子》卷十三)

13:15 孟子曰:"人之所不学而能者,其良能也[①];所不虑而知者,其良知也[②]。孩提之童[③],无不知爱其亲者;及其长也,无不知敬其兄也。亲亲,仁也;敬长,义也。无他,达之天下也。"

【注释】

① 良能:先天就具有的为善能力。

② 良知:先天就具有的善良意识。

③ 孩提:两三岁的小孩。孩,小儿之笑。提,指小儿可提抱。

【文化史拓展】

爱父母,敬兄长,这是人与生俱来的本能,是与生俱来的善良意识所致。爱父母,这是仁的表现;敬兄长,这是义的表现。仁义没有什么特别之处,只是推广爱父母、敬兄长的天性及于整个天下罢了。这也是推己及人的意思。

【文学史链接】

文学技法

方云,良知、良能,乃天德、王道之源,发前圣所未发。……此节注重一“达”字,如何能达,其功极精微,极广大,若不能达,则虚有此良知也。(唐文治《孟子新读本》卷七)

【集评】

刘(戢山)先生有云:“有不善未尝不知,是良知;知之未尝复行,是致知。”此王(阳明)门真血脉。萝石(董沄):“所谓良知,只是能知过;所谓致良知,只是能改过。”(陈确《陈确集·龙山告先师友文》)

阳明氏良知之说,本之孟子,恐人遗外,加一“致”字耳。致知之说,本之《大学》,恐人遗内,加一“良”字耳。会通《大学》《孟子》之旨,并为一语,曰“致良知”,并无一字杜撰。能知者知也,所知者物之则也。格者正也,以则还物,物斯正矣。知不徒知,而致于实事矣。此之谓致知在格物。(傅山《霜红龛全集》卷二十五《杂记》)

孟子是先有“达之天下”句在胸中,方说此章书,犹言不同别的,只人人亲亲敬长,行其本有之良知、良能者,仁义便满天下了。当与“道在迩”章参看。(颜元《颜元集》之《四书正误》卷六《孟子下》)

《不学不虑》章,直揭良知良能。宋陆氏象山之学,直指本心,明王氏阳明之学,专致良知,本所心得,各树一帜。而论者谓性理也,心兼理、气者也,若专以心之灵气为主,期于一超顿悟,则于释氏之光明寂照,所谓心之精神是谓之圣者,殆无所异。恐非孟氏立教之本意。或且屏绝之,以为不得与于儒家之列。不知世有乞墦之齐人,垄断之市侩,鸡鸣而起,孜孜为利,其心纵极卑鄙龌龊,然苟阖户而诏良心所在,则未有不面赤汗下悚然悔悟者。然则本心之呈露,良知之发现,其有功于世道,固非细也。窃以为陆氏王氏之学,不得谓非孟子之支与流裔,且世固有崇拜阳明而国以渐强者矣。通人达士,不必党同伐异、自隘其门墙也。(唐文治《孟子大义序》)

【思考与讨论】

"良知"、"良能"的揭示,对思想道德修养,有什么意义?

13:16 孟子曰:"舜之居深山之中,与木石居,与鹿豕游,其所以异于深山之野人者几希。及其闻一善言,见一善行,若决江河,沛然莫之能御也。"

【文化史拓展】

道德文化与科技文化,虽然同是人类文化,但二者有若干不同之处。下层社会的道德水准,未必低于上层社会者。一个长期生长在下层社会的人,完全有可能受到良好的道德教育。除道德教育外,他完全有可能得到领导能力方面的良好训练。这样的领导人才,历史上不乏其人。

【集评】

予谓此章前截只是大圣人杂于愚人而不惊,不自贤智,不大声色。深山中居,便是一个深山野人。及其闻善,却一往莫御。正如孔子于乡党,恂恂似不能言,俨然昌平乡中一乡人耳。及在宗庙朝廷,却便便言,大圣人一样气象。(颜元《颜元集》之《四书正误》卷六《孟子下》)

13:17 孟子曰:"无为其所不为,无欲其所不欲,如此而已矣。"

【文化史拓展】

理解这一章的关键,在于这两个"其"字。"其"是代词,代什么?结合孟子学说来看,应当是"良知"。良知人人有之,当然,极少数良知已经泯灭者除外。人以良知行事,就无故意为恶之患了。今人所常说"凭良心"行事是也。

【集评】

人之为不善也,皆有愧耻不安之心。小人惟奋而行之,君子惟从而已之。(苏辙《栾城后集》卷六《孟子解二十四章》)

13:18 孟子曰:"人之有德慧术知者,恒存乎疢疾①。独孤臣孽子②,其操心也危,其虑患也深,故达③。"

【注释】

① 疢(chèn)疾:久病,引申为长期的灾难祸患。

② 孤臣孽子:失去君主信任的远臣与失宠于父亲的庶子。

③ 达:达于事理。

【文化史拓展】

焦循《孟子正义》卷二十六云引赵岐语云:"言孤孽自危,故能显达;膏粱难正,多用沉溺。是故在上不骄,以戒诸侯也。"然则孤孽何以能在自危中显达?试为说之。

逆境的压迫,生存的欲望,会极大地激发出人的潜能,获取德慧术智,历史上,现实中,皆不乏其人。孤臣孽子之达,其意义更为深刻。孤臣孽子,不得于君父,一般说来,已经没有什么实际权力,考虑问题时,由于受既得利益的干扰较少,与既得利益者相比,自然就客观、公正得多。此其一。其二,正因为无实际权力,也就无实际责任,有充分的时间用于思索和从事研究。其三,这样的人,能较多地接触实际,所掌握的材料较丰富、较可靠,感受较深切,其所思考者,有较坚实的依据。其四,他们思考的角度,不再像从前那样自上而下,而是自下而上,其所思考者代表的利益,就能比以前所思考者代表的利益要广。他们复得高位以后,往往会干出一番大事业,盖其为孤臣孽子时的所蓄所养,已经为日后干大事业作了充分的准备,一有机会,从容施展,自然易于成功。如此例证,我国历史上颇有之。

更多的孤臣,他们并没有复得高位。他们在逆境中有关国家人民的思考,有的随他们自身而去,并没有流传下来,有的还是幸运的,能以文字的形式流传于后世,给人们以启迪。他们那些宝贵的思想,很值得我们研究总结。当我们在研究他们的时候,也许我们在惊叹之余,会忍不住发出这样的感慨:当时的当道者,竟然没有利用这些宝贵的思想!太可惜了!

吕留良《吕晚村先生四书讲义》卷四十二云:"穷困无聊,东触西碍,步步逼入断头死路,饶汝奇才异能,到此无复摆布,只有怨天尤人耳。略一转身堕落,披毛戴角去,亦且顾不得。岂知疢疾中境界,尽自纵横自在,何故自投坑陷也!只是见识低,无志气耳。虽然如是,且道德慧术智,便如何到手?须从今日竖起脊梁骨,猛着精神去。"所言甚确。

【文学史链接】

文学技法

方云,德无慧是顽空,术无智是谲诈,操心危则德有慧,虑患深则术有智。达者,智慧也。……此章词极猛厉斩截,所谓"横空盘硬语"也。(唐文治《孟子新读本》卷七)

【思考与讨论】

举历史上的事例,评说此章的含义。

13:19 孟子曰:"有事君人者,事是君,则为容悦者也。有安社稷臣者,以安社稷为悦者也。有天民者①,达可行于天下而后行之者也。有大人者,正己而物正者也。"

【注释】

① 天民:掌握了社会发展必然性的人。

【文化史拓展】

这一章讲了四类人。朱熹《孟子集注》卷十三云:"阿徇以为容,逢迎以为悦,此妾妇之道也。"此类人,固不足论矣。安社稷之臣,志在安社稷,乐此而不倦,然仅着眼于一诸侯国。天民掌握了社会发展的必然性,胸怀天下,一旦有机会施其鸿才,展其大志,行其道于天下而天下及,后世受其泽。此较安社稷之臣,高出一筹。大人者,其德极盛,天下受其化而社会进步。

安社稷之臣,眼界胸襟,俱失之于小。天民若无其权位,无法行其道于天下,或可以著述自现,使其思想流传于天下后世而起积极作用,然亦有其鸿才远志与其身俱没者,此最为可叹。天民当然生于民之中。当道者的为政要务之一,就是识拔此等人物,即使不能委以事权,若能纳其嘉言,于为政定有所补。为政者应该知道,思想、人才的浪费是最大的浪费。

盛德之大人,对社会当然有影响,但是,其德与影响之间,并不成正比例关系。影响大的盛德之士,除了其盛德之外,必有其他因素,使其扩大影响,如其学说、权位、技艺和社会对他们的宣传等等。德之盛否,全在自身,然而对社会的影响,则超越个人自身能力的范围。此外,盛德的社会影响,达到天下受其化的程度,这不过是孟子的理想化境地,事实上是不可能的。故此四者之中,当推天民为上。

【集评】

君子之道四:其君安则容,其君安则悦,是事君人者也,君不幸则死之。不为一君存亡,社稷安则容,社稷安则悦,是安社稷臣者。君危社稷则去,社稷不幸则死之。天之所与者与之,天之所弃者弃之,不为一姓存亡,视天而已,天民也。其终也,顺受其正。皇皇忧天下之不治者,墨子之道也。块然无情于万物者,老子之道也。有命有义,正己而物正者,大人之道也。行至于大人,尽矣。指其所化谓之圣,指其所以圣谓之神。(《全宋文》卷1690沈括《孟子解》)

【思考与讨论】

评说此四类人。

13:20 孟子曰:"君子有三乐,而王天下不与存焉。父母俱存,兄弟无故,一乐也。仰不愧于天,俯不怍于人,二乐也。得天下英才而教育之,三乐也。君子有三乐,而王天下不与存焉。"

【文化史拓展】

朱熹《孟子集注》卷十三引林氏语云："此三乐者,一系于天,一系于人。其可以自致者,惟不愧不作而已。"其实,此三者皆与己有关。孝敬父母,有利于父母身体健康。友爱兄弟,有利于兄弟皆平安和乐。师择徒,徒亦择师。天下英才凭什么偏要奔走某人门下? 盖慕其学富德劭也。学富德劭,岂非自致者乎? 权位之极为王天下,此三乐者,"王天下不与存焉",何况其他权位? 事实上,权位能助此三乐,且能以之行己之道而泽被百姓,然为何这三乐之中"不与存焉"? 盖此三者,人人可以通过努力而得,有所不得,乃天也,命也,而无所恨,然而权位则非人人可得。权位之不可得,非尽天也,非尽命也,亦有社会的因素在,故不得权位,不足以引以为恨,而得权位未必足以为乐也。若以权位为乐,违道相求,则何以"仰不愧于天,俯不怍于人"? 其德何以为天下英才之师表? 何以使父母兄弟心安身安?

又所当知者,得此三乐为乐事,求此三乐,亦是乐事也。

【文学史链接】

文学技法

(三乐)方云,此示人以本分之乐,以抑人外慕之心,而下章尤为前圣所未发,本之纯粹,更不待言。(唐文治《孟子新读本》卷七)

【思考与讨论】

评说此"三乐"。

13:21 孟子曰:"广土众民,君子欲之,所乐不存焉。中天下而立,定四海之民,君子乐之,所性不存焉。君子所性,虽大行不加焉[1],虽穷居不损焉,分定故也[2]。君子所性,仁义礼智根于心。其生色也,睟然见于面,盎于背[3],施于四体,四体不言而喻。"

【注释】

① 大行:此指大行其道,泽被其民。

② 分定:朱熹《孟子集注》云:"所得于天之全体,故不以穷达而异。"

③ 睟（suì）然：润泽貌。盎（àng）：丰厚盈溢。

【文化史拓展】

　　君子之仁义礼智之性，睟然盎然，不因穷达而有所增损，这当然是不错的。但是此章有两点应该注意。一是君子仁义礼智之性，孟子认为是天生的，这当然不对，应该是"理当具有的"。"天生"与"理当具有"是不同的。第二，谋求称霸称王，进行吞并战争，这与仁义礼智相违，有损于仁义礼智之性，然而，在当时的历史条件下，统一战争是不可避免的，仁义礼智，完全可以寓于统一战争之中，或者说，统一战争，可以是仁义礼智的体现，孟子并没有认识到这一点，故失之于偏。

【文学史链接】

文学技法

　　此章气象广大，有含天盖地之概，而其气则蓄而不放。其锋则敛而不肆，乃知《尽心》一篇文字，实胜于诸篇也。（唐文治《孟子新读本》卷七）

【集评】

　　孟子曰："中天下而立，定四海之民，君子乐之，所性不存焉。"则复性之功，不在家国天下明矣。（黄宗羲《南雷文案》卷二《与友人论学书》）

　　"施于四体，四体不言而喻"，言所性之德，克布于四体，动容周旋中礼，不待言语而人共喻。（颜元《颜元集》之《四书正误》卷六《孟子下》）

　　13：22　孟子曰："伯夷辟纣①，居北海之滨，闻文王作，兴，曰：'盍归乎来！吾闻西伯善养老者②。'太公辟纣，居东海之滨，闻文王作，兴，曰：'盍归乎来！吾闻西伯善养老者。'天下有善养老，则仁人以为己归矣。五亩之宅，树墙下以桑，匹妇蚕之，则老者足以衣帛矣。五母鸡，二母彘，无失其时，老者足以无失肉矣。百亩之田，匹夫耕之，八口之家足以无饥矣。所谓西伯善养老者，制其田里，教之树畜，导其妻子，使养其老。五十非帛不暖，七十非肉不饱。不暖不饱，谓之冻馁。文王之民，无冻馁之老者，此之谓也。"

【注释】

① 伯夷、太公辟纣:事见 7:13。

② 西伯:文王。文王为西方诸侯之长,故称。

【文化史拓展】

　　"西伯善养老者",是不是西伯拿出钱来赡养老人并且把他们养得很好? 当然不是的。善养老,必须有两个条件,一是雄厚的经济实力,足以保证老人物质生活的需要,二是尊老敬老的社会风尚。文王制民之产,使劳动力和生产资料最佳组合,尽可能地发挥二者的潜能,使经济实力雄厚,另一方面,又有效地推行教化,树立良好的社会风尚。于是老人皆得所养。故曰:"西伯善养老者。"

【文学史链接】

后世有关诗赋文

陈玉澍《教之树畜义》(《后乐堂文钞续编》卷二)

【集评】

　　孟子气象甚广大,规略甚旷远,只谈学常从事父从兄上著力,谈治必在田里树畜上著手,便平实,便王道,前无五霸,后无宋儒矣。(颜元《颜元集》之《四书正误》卷六《孟子下》)

【思考与讨论】

　　评说"西伯善养老者"的含义。

　　13:23　孟子曰:"易其田畴①,薄其税敛,民可使富也。食之以时,用之以礼,财不可胜用也。民非水火不生活,昏暮叩人之门户,求水火,无弗与者,至足矣。圣人治天下,使有菽粟如水火。菽粟如水火,而民焉有不仁者乎?"

【注释】

① 易:整治、耕种。

【文化史拓展】

人民勤于劳作,则所获丰,国家又薄其赋税,如此则民富。民富而教之以节用,则民财用足。财用足,则民易为仁。

社会物质生活资料丰富的程度与人们道德境界之高下,其间的关系,实在是很复杂的。社会物质生活资料匮乏,人们为了生存,不惜铤而走险,犯法违纪,此类事例不少。但是,物质资料丰富的社会中,犯罪率不一定比物质生活资料匮乏的社会中低。其中有许多原因。例如,人们追求物质生活资料的欲望,会随着物质生活资料的丰富而膨胀,物质生活资料的发展无止境,人们追求物质生活资料的欲望也无止境。

【文学史链接】

文学技法

方云,水火一喻,意既生新,笔势亦飞舞。(唐文治《孟子新读本》卷七)

【思考与讨论】

评说社会物质生活水平与道德水平之间的关系。

13:24 孟子曰:"孔子登东山而小鲁,登太山而小天下。故观于海者难为水,游于圣人之门者难为言①。观水有术,必观其澜。日月有明,容光必照焉。流水之为物也,不盈科不行②;君子之志于道也,不成章不达。"

【注释】

① 难为水、难为言:指既观大者,则小者不足观也。

② 盈科:水满坑洼。盈,满。科,坑洼。

【文化史拓展】

一连串的比喻,旨在说明君子于道的修养。道的修养,当高深、弥满、成熟,方能见于世而为人所景仰。"太山",即"泰山"。

【文学史链接】

1. 相关文学典故

观于海者难为水

浮海难为水，游林难为观。（陆云《陆士龙文集》卷四《为顾彦先赠妇》四首之一）

曾经沧海难为水，除却巫山不是云。（元稹《悼亡》）

发源于昆仑，到海难为水。（黄宗羲《南雷诗历》卷三《答陈介眉太史五十韵》）

2. 后世有关诗赋文

马徵庆《孔子登东山而小鲁四句题解》（《淡园文集》卷一）

3. 文学技法

方云，通章用喻，正面只一两笔方得形容，不测之神。……精神内涵，神采不露，而人自见其渊然之光，苍然之色，是为至文。……井蛙不可以语于海者，拘于虚也。曲士不可以语于道者，束于教也。读《庄子·秋水篇》，亦有此等境界。（唐文治《孟子新读本》卷七）

【集评】

"小鲁""小天下"，极赞圣人之高。"观澜"，如《中庸》"语大莫载"、"容光必照"，如"语小莫破"，主意在学圣者如流水不盈科不行、不成章不达。学兵成了片段方学农，学农成了片段方学礼、学乐。孟子所见极真切，不曾岔了孔子路径，后儒见解全别。（颜元《颜元集》之《颜习斋先生言行录》卷下《杜生》第十五）

【思考与讨论】

评析此章的文学技法。

13:25　孟子曰："鸡鸣而起，孳孳为善者，舜之徒也。鸡鸣而起，孳孳为利者，跖之徒也。欲知舜与跖之分，无他，利与善之间也。"

【文化史拓展】

儒家恶言利，孔子便是如此，然常失之于偏。利有一己之私利、一集团之利和天下之公利等等的分别。即就一己之私利而言,孳孳求之而不违于道,亦复何害?寻常百姓,勤勉劳作,直接动因,当然以求私利为多。然生产具有社会性:一夫不耕,或受之饥;一女不织,或受之寒。百姓勤勉劳作以求私利,对社会无害而社会不可缺。主观为私利,客观有益于社会,乃是普遍存在的合理现象。商品生产当然是为了利润,但是,商品又是商品生产者为别人使用而生产的,因而实际上也包含了利他的因素。商品生产,在追求利润的同时,应该把这种利他的因素充分地凸现出来。

【文学史链接】

文学技法

凡人著书,少年时每多发皇气象,到中年则渐缜密,至晚年则更收敛而精炼矣。《孟子》前三篇文极发皇,其中尚不免有枝辞,四、五篇纯粹缜密,至《告子篇》则收敛矣,至《尽心篇》则更精炼。以此章与首篇首章、与六篇《宋牼章》相较,觉精之尤精、炼之尤炼矣。而末节一"间"字,尤所谓精义入神者也。(唐文治《孟子新读本》卷七)

【思考与讨论】

评析"善"与"利"的关系。

13:26 孟子曰:"杨子取为我①,拔一毛而利天下,不为也。墨子兼爱,摩顶放踵利天下②,为之。子莫执中③,执中为近之,执中无权④,犹执一也。所恶执一者,为其贼道也,举一而废百也。"

【注释】

① 杨子:杨朱,字子居,战国时魏国人,年辈后于墨翟而前于孟轲。其说重"爱己",与墨家之"兼爱"相反。

② 摩顶放(fǎng)踵(zhǒng):从头到脚都因劳苦而伤。顶,头顶。踵,后脚跟。放,至。

③ 子莫:鲁国一贤者。

④ 权:变通。

【文化史拓展】

此章之要,在于强调变通。一切按照常规,按照原则办事,缺乏变通,看似合于道,实则与道相违,结果是往往难于成事。

【文学史链接】

1. 后世有关诗赋文

明代佚名《七十二朝人物演义》卷三十八《杨子取为我,拔一毛而利天下,不为也》

2. 文学技法

方云,此章以"恶执一"三字为主。"为我"、"兼爱"易辨,"执中"一层难辨,非孟子不能发此微言。(唐文治《孟子新读本》卷七)

【集评】

记曰:夫言,岂一端而已? 得其一,废其一,过也。知其过而谓所执之皆非,又过也。然则如之何其可哉? 曰:圣人必执两而后一,必多识而后一。故曰:学者毋轻言一。(朱琦《怡志堂文集》卷一《孟子说一》)

利天下,大事也;拔一毛,至小也。杨子不为,盖人我之见分明,即人我之界划定,不能忍是破界也,是为我之极至,而人之所难能也。盖老子之学理,谓:"天地不仁,以万物为刍狗;圣人不仁,以万民为刍狗。"故削绝其不忍之心,忍之又忍,以至于无,而唯以纵欲为事。此亦俗人所共乐,故其道至今犹大行,此真大道之蟊贼也。吾尝谓:老杨之学,为中国之大祸,虽有硕学高行之人,但为谨默之行,保身之谋,坐视君父之难而不顾,坐视宗亲师友之难而不恤,坐视国亡种灭而从容,自图富贵,偷生畏死,荡绝廉耻,有所少损,皆不敢近。此其为杨朱之贻毒,未有若是其甚矣。墨子虽异孔子之道,而日以利天下为事,故《吕氏春秋》曰:"孔席不暖,墨突不黔。"盖与孔子有同焉。(康有为《孟子微》卷八《辟异》十八)

"执中"二字,见于古书。此执字,非固执之执,乃操执之执,言执乎过、不及之中也。贵乎有权以审度之。《易传》曰:巽以行权。巽为风,言随时随地而迁移也。非穷理之至精者,不足以语此。若执中而无权,则为固执之执矣。(唐文治《孟子大义》卷十三)

【思考与讨论】

评析此章中各家所持之论。

13:27 孟子曰:"饥者甘食,渴者甘饮,是未得饮食之正也,饥渴害之也。岂惟口腹有饥渴之害?人心亦皆有害。人能无以饥渴之害为心害,则不及人不为忧矣。"

【文化史拓展】

一个人饥饿时,会觉得所食很好吃,口渴时,会觉得所饮很好喝,而其所食所饮,事实上未必如此。因为其味觉为饥渴所害,所以其人并未正确地认识其所食所饮。由于受环境、欲望等的干扰,人们往往不能正确地认识客观事物,因而往往无法正确地对待这些事物。饮食是人的欲望,富贵也是人的欲望。一个长期处于贫贱而又有很强的富贵欲望的人,就很可能不能正确认识可以获取的富贵,甚至不该取此富贵而取之。这就是其心为贫贱处境和富贵欲望所害。战国时期的策士,"以饥渴之害为心害",取不义之富贵者,不乏其人。"饥不择食"乃人生之大忌。

【文学史链接】

文学技法

方云,以饥渴之害为心害,是千古人心病根。语意警切动人。(唐文治《孟子新读本》卷七)

【集评】

人或生于乱世,习于恶俗,屈于压势,薰陶既久,积非成是,举国若狂者,是未得人心之正者也。若不为乱世所困,恶俗所囿,压势所变,而能明公理识本性,则过人已远。大本既得,其他不及人者,不足计也。(康有为《孟子微》卷七《辨说》第十六)

【思考与讨论】

评析此章中的比喻。

13:28 孟子曰:"柳下惠不以三公易其介①。"

【注释】

① 柳下惠:春秋时鲁国贤者,直道事人,三黜而不易其性。介,耿直。

【文化史拓展】

　　三公,非凡的富贵也;耿直,可贵之操守也。富贵是外在的,操守是内在的。君子重内而不重外。富贵是别人给予的,操守是自己修成的,君子求于己而不求于人。失去操守,就是改变了自我,也就是失去了自我。因此,操守比富贵更为重要。

【集评】

　　性和之人,多乏于节。……苟非有介节为本,其和必流,岂得为和哉?(康有为《孟子微》卷七《辨说》第十六)

【思考与讨论】

　　评说此章中所说柳下惠之所为。

13:29　　孟子曰:"有为者辟若掘井,掘井九轫而不及泉①,犹为弃井也。"

【注释】

① 轫:同"仞",古代长度单位。

【文化史拓展】

　　功亏一篑而止,实在是为学、行事的大忌。然则何以避免这种情况出现? 至少有两点应该充分注意。一是从事之前,必须缜密考虑,综合各方面因素,严格论证其事之可行性及方案之可行性,否则,于底下无水处掘井,永远也不可能成功。二是要有毅力,戒浮躁,戒急于求成。做到这两点很不容易,但排除影响做到这两点的种种因素,更不容易。

【集评】

凡书中"有为者",张仲诚皆主干济天下说。(颜元《颜元集》之《四书正误》卷六《孟子下》)

【思考与讨论】

分析此章之喻义。

13:30 孟子曰:"尧舜,性之也;汤武,身之也;五霸,假之也。久假而不归,恶知其非有也。"

【文化史拓展】

这章中的"之",当是指代"仁义"。尧舜以匹夫而成有盛德的帝王,孟子认为,仁义是他们的天性,他们的仁义,不待学而扩成,故云"性之也"。汤武出身贵族,其仁义当是学而成之。五霸假仁义之名满足自己的私欲,但久而久之,人们,甚至他们自己,也不觉得这仁义仅仅是个旗号,而是像真正的有仁义者行仁义一样了。

美名常被人假借。假借久了,假借者自己也会居之不疑,把自己也骗相信了。因此我们不能轻易相信美名,不能仅凭美名作出相应的反应。明察其实,是免被美名所骗的有效方法。

【文学史链接】

1. 后世有关诗赋文

顾震福《汤武身之也汤武反之也身反义同说》(《隶经杂著甲编》卷上)

2. 文学技法

方云,此亦论王霸之辨。"性之"、"身之"、"假之"三层,不但论治,学者心术之际,亦当以此自省。……方云,"久假不归"二句,可畏之至。初假时,本体未尽迷,到后来习惯成性,直不认得本来面目矣。(唐文治《孟子新读本》卷七)

【集评】

所谓性之者,天予之也;身之者,亲行之也;假之者,外有之而内实无也。尧舜汤武之于仁义也,皆性得而身行之也。五霸则强焉而已矣。夫仁者,所以治国家而服诸侯也。皇帝王霸皆用之,顾其所以殊者,大小高下远近多寡之间耳。假者,文具而实不从之谓也。文具而实不从,其国家且不可保,况能霸乎? 虽久假而不归,犹非其有也。(邵博《邵氏闻见后录》卷十一司马光《疑孟》)

假之与性,其本亦异矣,岂论其归与不归哉? 使孔子观之,不终日而决,不待三月也,何不知之有?(邵博《邵氏闻见后录》卷十一引李觏《常语》)

【思考与讨论】

评析"久假而不归,恶知其非有也"。

13:31 公孙丑曰:"伊尹曰:'予不狎于不顺①。'放太甲于桐②,民大悦。太甲贤。又反之,民大悦。贤者之为人臣也,其君不贤,则固可放与?"孟子曰:"有伊尹之志,则可;无伊尹之志,则篡也。"

【注释】

① 狎:亲近。不顺:不顺义理者,胡作非为者。
② 放:流放。太甲:商朝天子。桐:古地名。

【文化史拓展】

孟子认为,君主不称职,为臣者可以放之。但是,必须有一个条件,那就是该大臣一定要有"伊尹之志"。朱熹《孟子集注》云:"伊尹之志,公天下以为心,而无一毫之私也。"但是,如果实行起来,又有很多问题。某位大臣行废立君主之事,没有"伊尹之志",而有"司马昭之心",时人当然会察之,但能否有效地制止他,那又是另一回事了。至于要肯定该大臣有"伊尹之志"而无"司马昭之心",对当时人说来,那就不是件容易的事了。对无法左右局势的大臣来说,固然对为非作歹的君主毫无办法,对能左右局势的大臣来说,他如何证明自己有"伊尹之志"而无"司马昭之心"呢? 如果无法证明,他就没有废立君主的资格。这样,君主的行为也就无法得到有效的限制。另一方面,如果某重臣有"司马昭之心",君主没有失德,他也完全可以给君主罗织罪状,并表示自己有"伊尹之志",于是就行废立之事。这样的例子,我国历史上屡有之。

不管怎么说,废立君主之权操纵在一个或少数几个人手里,总是极为危险的事。废立君主得其宜,不能由废立者的人格和眼光来保证,只能由制度来保证。对各级官员的任免,也应该如此。但是,这在封建社会中是根本不可能的。其根本原因是,当时的当道者并不代表全社会的利益,废立任免之宜否,衡量的标准,只能是他们自身的利益。

某位大臣行废立君主之事,不管他是否真的有伊尹之志,其基本前提是视天下为私有财产,可以私相授受,这与民主政治的精神相去甚远。这当然是不言而喻的。

【文学史链接】

文学技法

方云,二句要言不烦。此是孟子老年文字,若在《万章篇》,则有多少发挥。(唐文治《孟子新读本》卷七)

【集评】

公理既明,民权大倡,孟子实为之祖也。……然此皆据乱世之事,所以难也,若平世,则民权既兴,宪法大定,不贤则放逐,乃公理也。(康有为《孟子微》卷四《同民》第十)

【思考与讨论】

评说孟子关于伊尹放太甲的观点。

13:32 公孙丑曰:"《诗》曰'不素餐兮①',君子之不耕而食,何也?"孟子曰:"君子居是国也,其君用之,则安富尊荣;其子弟从之,则孝弟忠信。'不素餐兮',孰大于是?"

【注释】

① "不素餐兮":语出《诗经·魏风·伐檀》。素餐:无功而食禄。

【文化史拓展】

此章亦讲社会分工。管理社会,推行教化,是君子的事。孟子曾经说过,人们都是食其功。君子有何功而食? 管理社会,推行教化,是君子的事。将社会管理好,将教化推行好,这就是君子之功。君子凭此功而食,凭此功而获得物质生活资料。这就是"不素餐兮"。然而,如果君子没有把社会管理好,没把教化推行好,他就无食禄之功,也就不应该食禄。无功而食禄,那就是素餐了。封建社会里,素餐的官员实在是太多了。二十四史中所载不少,还没有资格进二十四史的当然更多。

【思考与讨论】

士人主要有哪些社会责任?

13:33　王子垫问曰①:"士何事?"孟子曰:"尚志。"曰:"何谓尚志?"曰:"仁义而已矣。杀一无罪,非仁也;非其有而取之,非义也。居恶在? 仁是也;路恶在? 义是也。居仁由义,大人之事备矣。"

【注释】

① 王子垫:齐王之子,名垫。

【文化史拓展】

士是一个较为特殊的阶层。在当时,公卿大夫,有治国安邦之事;农工商贾,有耕作贸易之事。士非公卿大夫,亦非农工商贾,则当为何事? 故王子垫有此问。

孟子认为,士所事,当高尚其志。高尚其志,就是加强仁义方面的修养。仁义方面的修养完备了,就具有当公卿大夫的资格和能力,为将来胜任公卿大夫作好了准备。

"杀一无罪,非仁也;非其有而取之,非义也",是从反面说明仁义修养。士无职权,即使行生杀予夺之事,也必有限。公卿大夫大权在握,行生杀予夺,乃是常事,规模也较士可能行者大得多。公卿大夫一旦杀一无罪,取些许不义,就失却了仁义,也就失却了为公卿大夫的资格,连士应该做到的都没有做到,按理不能再担任公卿大夫了。尽管没有杀人,但是利用职权错误地打击别人、聚敛不义之财者,也当作如是观。

【集评】

天德好生。晋石崇以劝酒杀人,流血阶前,王导、王敦,将相坐其上,不惟崇莫之忌,而导、敦恬不之怪,天理全灭。五胡之惨,桓、刘之祸,岂偶然哉?(颜元《颜元集》之《四书正误》卷六《孟子下》)

【思考与讨论】

评说此章中的"尚志"。

13:34 孟子曰:"仲子,不义,与之齐国而弗受,人皆信之,是舍箪食豆羹之义也。人莫大焉亡亲戚、君臣、上下。以其小者信其大者,奚可哉?"

【文化史拓展】

不受不义之财,这是义。遵亲戚君臣上下之礼,这也是义。此二者,可以兼行,但也有可能仅行其一。齐人陈仲子不受不义之物,避兄离母独居,亦不求出仕,时人以为贤。孟子认为,陈仲子仅行其前者,未行其后者。前者小而后者大。时人以其为贤,乃只见其小者,未见其大者,并因其小者而盲目信其大者,这当然是不正确的。

评论一个人,当全面衡量,如此方能避免受矫行沽名者蒙骗,避免受偏执独行者之影响。

【文学史链接】

相关文学典故

箪食豆羹

盖箪食豆羹之非礼义而乞人辞焉,万钟之非礼义而士君子受焉。乞人之辞,辞有用者也;士君子之受,受无用者也。(杨万里《诚斋集》卷八十六《孟子论》下)

血气之欲,流为纷争,箪食豆羹,不能相让。(刘基《诚意伯刘文成公文集》卷六《棣萼轩记》)

东邻西舍,爱同六亲;箪食豆羹,享如八珍。(谢应芳《龟巢稿》卷二十)

【集评】

《尸子》曰:"陈仲贵廉,赵威后亦闻之。"可知其当时名动邻国矣。以讽贪饕之世,故以为巨擘。然凡矫伪太过,皆非人情之真。公孙布被瓦器,杨广乐器皆尘,一时诈行,岂可信哉? 故荀子以为盗名也。(康有为《孟子微》卷八《辟异》十八)

【思考与讨论】

评说此章中孟子对陈仲子的评论。

13:35 桃应问曰①:"舜为天子,皋陶为士,瞽瞍杀人,则如之何?"孟子曰:"执之而已矣。""然则舜不禁与?"曰:"夫舜恶得而禁之? 夫有所受之也。""然则舜如之何?"曰:"舜视弃天下,犹弃敝蹝也②。窃负而逃,遵海滨而处③,终身诉然④,乐而忘天下。"

【注释】

① 桃应:孟子弟子。

② 敝蹝(xǐ):破草鞋。

③ 遵:沿。

④ 诉(xīn)然:同"欣然"。

【文化史拓展】

如果舜的父亲杀了人,执法者应当怎么办? 舜应当怎么办? 这确实是个很有意思的问题。孟子认为,执法者应该照样将舜父依法拘捕归案。舜作为天子,不得干预,因为执法者是受命执法,应当唯法是依。这当然是完全正确的。但是,孟子又认为,舜应当帮助父亲越狱,并抛弃天下,与父亲隐居海滨,享天伦之乐。

于这一章,我们可以看到孟子如下两个观点。第一,法大于权。即使以天子之尊,以天子父亲杀人被捕当杀这样的大案,天子也不能用权力干预办案。舜自去劫狱,"窃负而逃",似乎也没有动用权力,不然不至于这样狼狈。办案者当秉公执法,不能因为罪犯是天子之父亲而稍存回护。这一观点,意义何等重大!第二,孝重于天下。在当时,天下是天子的天下,是天子的私有财产。财产重要,还是父亲重要?当然是父亲重要。因此,孟子认为,舜应当抛弃天下,与父亲一起去隐居。当时法网颇疏,故孟子的办法如此。

当然,孟子认为舜应该劫狱救父亲,这是无论如何也不妥当的。父亲是罪犯,罪犯就应当受到法律的惩罚。让父亲受法律的惩罚,这既是对法律的尊重,也是对父亲的尊重,因为按照法律惩罚罪犯,实际上也是对罪犯的尊重,把他当作一个人,而不是动物。从这样的角度看,舜窃父而逃,既是严重的犯法行为,又是对父亲的不尊重,当然也是不孝。"孝重于天下",只有在天下为私有财产的时代,从天下为私有财产的角度来考虑,才能显得合理。如果把天下理解为天下百姓及其利益,"孝重于天下"就明显不合理了。更何况,劫狱救身犯重罪的父亲,算不得孝。孟子观点中不合理的部分,当是时代的局限。

【文学史链接】

1. 后世有关诗赋文

袁枚《读孟子》(《小仓山房文集》卷二十三)

2. 文学技法

断制谨严,是为法律家文字之祖。(唐文治《孟子新读本》卷七)

【集评】

若不能止其未然,使至于杀人,执于有司,乃弃天下,窃之以逃,狂夫且犹不为,而谓舜为之乎?是特委巷之言也,殆非孟子之言也。且瞽瞍既执之于皋陶矣,舜恶得而窃之?虽负而逃于海滨,皋陶犹可执也。若曰皋陶外虽执之以正其法,而内实纵之以予舜,是君臣相与为伪,以欺天下也,恶得为舜与皋陶哉?又舜既为天子矣,天下之民戴之如父母,虽欲遵海滨而处,民岂听之哉?是皋陶之执瞽瞍,得法而亡舜也,所亡益多矣。故曰:是特委巷之言,殆非孟子之言也。(邵博《邵氏闻见后录》卷十一司马光《疑孟》)

吾以为此野人之言,非君子之论也。舜之事亲,烝烝乂,不格奸。何止于杀人

而负之以逃哉？且天子之亲，有罪议之，孰谓天子之父杀人而不免于死乎？（苏辙《栾城后集》卷六《孟子解二十四章》）

天子之父，固不杀人。天子之父即杀人亦无敢刑之者。今云"执之而已矣"，自是子舆氏奇文。然执之云者，言法不可逃，逃必不可免。使有窃负之者，则并坐窃负，不特天子之父当抵偿，则天子亦将不免矣。皋陶则将何以处此？然使窃负而逃，则可安然无事，律谓之失出。失出之罪，问官将自救不暇，又何执之敢云？故知孟子此论，谓之戏谈则可，若以为理之不易，则岂其然。（廖燕《廖燕集》卷十七《四书私谈》十八则）

袁枚《小仓山房文集》卷二十三《读孟子》一文论此章，否定孟子所言诸人之所为。文长不录。

此明司法官之独立，而法律各有权限，不得避贵也。各国律皆有议贵之条，此据乱世法也。若平世法，则犯罪皆同。美国总统有罪，亦可告法司而拘之，义同于此。（康有为《孟子微》卷四《民同》第十）

【思考与讨论】

评说此章中假设的舜、皋陶之所为。

13：36　孟子自范之齐①，望见齐王之子，喟然叹曰："居移气，养移体②，大哉居乎！夫非尽人之子与？"孟子曰："王子宫室、车马、衣服多与人同，而王子若彼者，其居使之然也；况居天下之广居者乎？鲁君之宋，呼于垤泽之门③。守者曰：'此非吾君也，何其声之似我君也？'此无他，居相似也。"

【注释】

① 范：齐国地名。

② 居移气，养移体：所居之位使气度发生变化，所奉养者使身体发生变化。居，所处之位。

③ 垤（dié）泽：城门名。

【文化史拓展】

环境能培养人,环境能改变人。这个道理,似乎是很浅显的。但是,什么是环境呢?我们可以把环境分为自然环境、人文环境和心理环境。其中的人文环境是人类创造的物质的、非物质的成果的总和。那么,大观园是一个人文环境,生活在大观园里的人,是不是处于同一个环境中呢?就物质环境而言,确实是的。但是,环境还有另一个意思,那就是种种关系的组合。文艺理论中所说的典型环境,只能这样来理解。这些关系,有人与人之间的关系,有人与物质之间的关系。从这一角度看,即使是生活在同一物质环境中的人,他们每个人的关系环境都是完全不同的。因此,每个人都有自己的典型环境,这个环境决不与别人的相同。典型环境中的典型人物,也应该这样来理解。大观园中的文学典型贾宝玉、林黛玉等,都是典型环境中的典型人物,他们虽然一起生活在大观园中,但是,他们有各自的典型环境。

由这一章来看,关系环境所起的作用,要比物质环境所起的来得大。鲁君与宋君,所处物质环境不同,但他们的关系环境,则有很大的相同之处。他们都是君临一国的国君,他们与他们的臣民之间的关系都是统治与被统治的关系。因此,他们的气度声气也就很相似了。

【文学史链接】

文学技法

方云,此亦可为记体。曾子固《墨池记》用笔祖此。(唐文治《孟子新读本》卷七)

【思考与讨论】

以此章为例,阐述环境与人的关系。

13:37 孟子曰:"食而弗爱①,豕交之也;爱而不敬,兽畜之也②。恭敬者,币之未将者也。恭敬而无实,君子不可虚拘。"

【注释】

① 食(sì):给食,喂养。

② 畜(xù):畜养。

【文化史拓展】

此章乃云君主或当道者如何对待贤者。只是给对方东西吃而不爱对方,是把对方当作猪来对待。爱对方而不教对方,是把对方当作宠物来对待。人们一般好以送礼物表现其恭敬。但是,孟子认为,恭敬是礼物难以表达的东西。表面恭敬而无其实,君子不可白白地留下。那么,恭敬之实是什么呢? 竟然难以用礼物表达? 恭敬之实,当是真诚与相知。君主对君子恭敬,当虚心真诚地向君子请教,以君子为师。不然,君子的人生价值没有实现,即使满载财货而归,不还是白留一场么?

【文学史链接】

文学技法

"豕交"、"兽畜",生辣之至,所谓诛心之论也。(唐文治《孟子新读本》卷七)

【集评】

币者,所以符恭敬而非所以为本也。诚悫者,恭敬之实者也。恭敬而无实,君子不可以虚拘。伯高之丧,孔氏之使者未至,冉子摄束帛乘马而将之。孔子曰:"异哉,使我不诚于伯高!"好名者能让千乘之国,好义者让不足以言之。(《全宋文》卷 1690 沈括《孟子解》)

是时列国诸侯,惟知厚币以招士,而不知有待士之诚;士惟知币聘之为荣,而不知有自重之节。故孟子警之如此。(张居正《张居正讲评孟子》卷十三)

【思考与讨论】

领导者应该如何对待贤者?

13:38 孟子曰:"形色,天性也;惟圣人,然后可以践形。"

【文化史拓展】

人的身体有别于动物,是人的天性所至。只有圣人能够充分地利用其身体表现出人性。人的所有活动,都是通过其身体来进行的。人之有身体,是用来尽其为人之能事的。为人之能事,即是人性。按照孟子的说法,人性是善的,因此,为人之能事,即是善事。凡夫俗子,或不免为不善之事,或未能充分利用其(身体的)能力为善事。

【集评】

孟子征端于情,表体于才,痛人之从小体而失其良也,又虑人之守冥漠而二橛也,辟天荒创为养气、践形之说。养气即以践形。此不落有、无者也。(方以智《通雅》之《三征》)

孟子之所称万物皆备于我,一物不备,不足以践我之形;一理未穷,不足以尽性之量。故君子之学,能立命者以其能尽性也。夫性未可遽尽,而理可以渐穷。学者有志于穷理,则必事事而察之,日日而精之,时时而习之,渐造渐进,以至于极,为神为圣,莫非是也。(陆世仪《论学酬答》卷二《答王周臣天命心性志气情才问》)

明乎人不能作圣,皆负此形也。人至圣人乃充满此形也。(颜元《颜元集》之《四书正误》卷六《孟子下》)

人物成性不同,故形色各殊。人之形,官器利用,大远乎物,然而于人之道,不能无失,是不践此形也。犹言之而行不逮,是不践此言也。践形之与尽性,尽其才,其义一也。(戴震《孟子字义疏证》)

【思考与讨论】

什么叫"践形"?

13:39 齐宣王欲短丧。公孙丑曰:"为期之丧[①],犹愈于已乎?"孟子曰:"是犹或绋其兄之臂[②],子谓之姑徐徐云尔,亦教之孝弟而已矣。"王子有其母死者,其傅为之请数月之丧。公孙丑曰:"若此者,何如也?"曰:"是欲终之而不可得也。虽加一日愈于已,谓夫莫之禁而弗为者也[③]。"

【注释】

① 期:一年。

② 绋(zhěn):拗折。

③ "谓夫"句：我说的是没有人阻拦他而他自己不服丧的情况。

【文化史拓展】

礼之本在于情，丧礼之本在于哀。心中哀痛，服丧才有意义。其人自己缩短丧期，不想按礼服丧礼，其人之不哀可知。按照儒家的观点，其人之不孝也可知。齐宣王正是这样的人。齐宣王想缩短丧期，已经是不孝，而公孙丑认为，服丧一年总比不服好。劝拗着哥哥手臂的弟弟拗得轻一点，这不是劝悌的行为，公孙丑之言，也不是劝孝之言。

王子欲为母终丧，但是没有被批准。他的老师为他请得数月之丧。孟子认为，即使多服一天也比不服好。这是因为王子不能为母尽丧是被迫的。他希望为母终丧，可见他有孝心，即使多服一天丧，总比不服好，因为他的服丧是有意义的。

【思考与讨论】

评析此章的文学技法。

13:40　孟子曰："君子之所以教者五：有如时雨化之者，有成德者，有达财者，有答问者，有私淑艾者①。此五者，君子之所以教也。"

【注释】

① 私淑：未能身受其教而宗仰其人其学。艾：治理，引申为研究。

【文化史拓展】

此章言君子启迪后学的方式，共有五种。适时点化学生，使学生成就高尚的品德，使学生成就通达的才干，解答学生的疑问，被未能亲身聆听教诲者私淑并研究。被人私淑并被研究，最难以达到。

【集评】

"时雨化之"，春诵夏弦，又言当其可之谓时。"成德"，因人之有心，当成说之，如好货好勇，因其为说以教之。"私淑艾"，大人正己而物正。……"成德者"，如孟子语宋轻之言是也，本有是善意，因而成之。"答问者"，必问而后答也。（张载《张

341

载集》载《张子语录上》）

人才不一,施教无方,故有一闻顿悟之资,有狂简可裁之质,有言语政事之学。成就之才,皆大成者也。自馀有亲见而问难者,有闻风而兴起者,夷之不绝,陈良莫先。大匠之手无弃材,良医之手无弃疾,盖孔子有教无类之义也。（康有为《孟子微》卷七《师友》第十五）

13:41　公孙丑曰:"道则高矣,美矣,宜若登天然,似不可及也。何不使彼为可几及而日孳孳也①?"孟子曰:"大匠不为拙工改废绳墨,羿不为拙射变其彀率②。君子引而不发③,跃如也。中道而立④,能者从之。"

【注释】

① 几:几乎。

② 彀率:弯弓的限度。

③ 引而不发:拉满弓而不发,使箭呈踊跃欲出貌。

④ 中道:得学道之法的中正。

【文化史拓展】

道美矣高矣,但是难以把握。是不是有什么方法,人们掌握了这种方法,就能很容易地把握它,这样,就可以吸引人们勤勉不懈地从事于此,使尽可能多的人把握道? 公孙丑之问在此。孟子认为,道是客观存在的,学道之法,也有一定之规。君子能示人以法,但无法代替人们学道。学道之法,切合中正,能学者自然会依此法而学。

朱熹《孟子集注》云:"此章言道有定体,教有成法;卑不可抗,高不可贬;语不能显,默不能藏。"看此章,知孟子之教学之法,逊孔子之"循循善诱"多矣。善教者能使资质聪明者进于道,也可使资质低下者进于道。教学之法,教学内容,当视受教者而变化。道体不变,而所入有深浅之别,学者可以由浅入深渐进而得。

13:42　孟子曰:"天下有道,以道殉身;天下无道,以身殉道。未闻以道殉乎人者也。"

【文化史拓展】

天下有道,有道者不必出而行道或传道,因为别人已经干得很好,他无把握超过他们。他的道没有用的必要,不妨带进棺材。天下无道,有道者当出而行道或传道,并为之献身。

必须注意者,有道之世,总也会有未尽道之处。当道者行道未尽善,有道者能胜之,若有机会,则不妨出而行其道。传道者传道未尽善,有道者不妨出而传其道。

人是否出而用其道,一以天下之需要与否为进退取舍的标准,而不是为某个人或某些人的需要为取舍标准。若以其道为某个人或某些人服务,则枉用其道矣。

【文学史链接】

文学技法

一章五句,老辣如霹雳手。《孟子》中最简练文字。(唐文治《孟子新读本》卷七)

【集评】

当是时,列国策士,驰骛于功利之场,惟知以身之显晦为欣戚,而不知以道之用舍为进退。孟子所以有感而为是言也。(张居正《张居正讲评孟子》卷十三)

【思考与讨论】

什么是"以道殉乎人"? 为什么孟子说"未闻以道殉乎人者也"?

13:43　公都子曰:"滕更之在门也①,若在所礼②,而不答,何也?"孟子曰:"挟贵而问,挟贤而问,挟长而问,挟有勋劳而问,挟故而问,皆所不答也。滕更有二焉③。"

【注释】

① 滕更:滕君之弟弟。

② 若在所礼:你在他所礼之列。若,你。

③ 有二:有其中的两条。

【文化史拓展】

　　向人求教请益,必当虚心下气,真诚恭敬,如此才有可能收到良好的效果。如果自以为某些方面胜过对方而生居高临下之心,则请教时必有所流露而难免倨傲,若遇常人,如此也很难收到良好的效果,何况遇到孟子这样的大师!

　　此数"挟"者,不过是举例而已。其实,人们所挟以骄人凌人者,远不止此数者。骄人凌人,在在有之。向人求教请益,尚挟其优势骄人凌人,何况其他情况之下!然而,骄人凌人,对自己又有什么好处呢?

【集评】

　　有争心者不与辨,有骄气者不与答。心未能虚,岂能容受? 南荣朱见老子曰:"何所挟之多也?"故学者非去挟心,不足与答,况于教乎? 徒生闻见之支离,故君子不能不有所待也。(康有为《孟子微》卷七《师友》第十五)

【思考与讨论】

　　于此章,我们可悟得什么样的与人交往之道?

　　13:44　孟子曰:"于不可已而已者,无所不已;于所厚者薄,无所不薄也。其进锐者,其退速。"

【文化史拓展】

　　前二者,赋性失之于弱,是为不及。后者则为过。过犹不及,此三者都不切合事宜,俱非成功之道。朱熹《孟子集注》云:"三者之弊,理势必然。虽过、不及之不同,然卒同归于废弛。"

【思考与讨论】

为什么"其进锐者，其退速"？

13：45　孟子曰："君子之于物也，爱之而弗仁；于民也，仁之而弗亲。亲亲而仁民，仁民而爱物。"

【文化史拓展】

对待草木禽兽，应当爱惜之。如何爱惜？取之有时，取之有法，用之有度，保护其资源。但是，这并不是对它们讲仁义。后儒把孔子"钓而不纲，弋不射宿"（《论语·述而》）理解为"仁及禽兽"，误矣。后世小说如宋人刘斧之《青琐高议》卷九《楚元王不杀仁鹿》等，又将仁义推衍为不杀生，益误。孟子认为，对待百姓，当然要讲仁义，但是，又不宜于亲热。对待亲人，当然应该亲热。这些，都是出于情之常而理之正也。

【思考与讨论】

如何理解"亲亲而仁民，仁民而爱物"？

13：46　孟子曰："知者无不知也，当务之为急；仁者无不爱也，急亲贤之为务。尧舜之知而不遍物，急先务也；尧舜之仁不遍爱人，急亲贤也。不能三年之丧，而缌小功之察[①]；放饭流歠[②]，而问无齿决[③]，是之谓不知务。"

【注释】

① 缌（sī）、小功：即缌麻、小功，两种较轻的丧服规格，缌麻轻而小功重。察：分辨。
② 放饭流歠（chuò）：形容大吃大喝，吃相非常难看。放饭，狼吞虎咽地吃饭而饭粒狼藉。流歠，大口喝汤而汤水从口角流下来。
③ 问：讲究。齿决：用牙齿啃断。

【文化史拓展】

此章论智者仁者的行事之法。智者行事，先行当务之急，因为即使以尧舜之智，也无法同时做所有应该做的事情。仁者爱人，爱天下的人，但即使以尧舜之仁，也不可能亲自为天下每一个人解决种种痛苦和烦恼。因此，最好的办法是亲近贤者，通过贤者，把自己的爱民思想贯彻下去，最大可能地使尽量多的百姓过尽可能好的生活。朱熹《孟子集注》引丰氏语云："智不急于先务，虽遍知人之所知，遍能人之所能，徒弊精神而无益于天下之治矣。仁不急于亲贤，虽有仁民爱物之心，小人在位，无由上达，聪明日蔽于上，而恶政日加于下。此孟子所谓不知务也。"

对常人而言，行事所要注意者有二。一是要明大小轻重缓急之辨而定先后之宜。二是要调动一切积极因素，利用一切可以利用的力量，求最好之实效。

【文学史链接】

文学技法

（不能三年之丧）二喻极生辣。（唐文治《孟子新读本》卷七）

【思考与讨论】

评说"急先务"、"急亲贤"。

卷十四　尽心下

14:01　孟子曰:"不仁哉,梁惠王也! 仁者以其所爱及其所不爱,不仁者以其所不爱及其所爱。"公孙丑问曰:"何谓也?""梁惠王以土地之故,糜烂其民而战之,大败,将复之,恐不能胜,故驱其所爱子弟以殉之,是之谓以其所不爱及其所爱也。"

【文化史拓展】

别人的老人和孩子,与自己的老人和孩子相比,哪个重要? 当然是自己的老人和孩子重要。但是,仁者能"老吾老以及人之老,幼吾幼以及人之幼",这就是"以其所爱及其所不爱"。有人为了自己的利益,不惜使百姓遭难,当然百姓非其所爱。他们为了自己的利益,伤害了他们不爱的百姓还不算,还不惜伤害自己所爱的亲人,牺牲亲人的利益,当然事实上也就不爱亲人了。这样的人,就是"以其所不爱及其所爱",当然是不仁者。孟子认为,梁惠王就是如此。梁惠王之子太子申就在他扩大疆土的战争中被杀。

14:02　孟子曰:"春秋无义战。彼善于此,则有之矣。征者上伐下也,敌国不相征也。"

【文化史拓展】

按照周王朝的制度,征伐有罪,必须由中央政府决定,诸侯出兵,也要奉中央政府之命。即使一诸侯有罪,其他诸侯也无权擅自兴兵讨伐。春秋时期,周天子已经名存实亡,根本没有号令诸侯的能力。诸侯间相互攻伐,都是诸侯们的擅自行动。就战争的目的而言,都是为了扩张和掠夺。因此,这些战争,都是不合于义的。但是就具体的某一次战争的双方而言,或许一方有理,另一方没理。

【文学史链接】

文学技法

方云,"春秋"二章,可为题跋之祖、经说之祖。(唐文治《孟子新读本》卷七)

【思考与讨论】

如何理解"春秋无义战"?

14:03 孟子曰:"尽信书,则不如无书。吾于《武成》[①],取二三策而已矣[②]。仁人无敌于天下。以至仁伐至不仁,而何其血之流杵也[③]?"

【注释】

① 武成:《尚书·周书》篇名。武王伐纣,归而记其事。

② 策:竹片。

③ 血之流杵(chǔ):形容杀人之多,杵浮于血上而流。杵:用以在臼中捣粮食等的棒。

【文化史拓展】

书上也会有不正确的内容,因此,不可全信书。孟子以《尚书·周书·武成》说明之。其实,书上的内容即使全是正确的,也不可全信,因为时代在前进,社会在发展,事情在变化,书上所写,很可能已经过时,或已经不适合某些具体的事情,若据书上所云行事,则往往凿枘不合。

如果将"书"理解为《尚书》,亦可通,然其意义则狭了。朱熹《孟子集注》云:"《武成》言武王伐纣,纣之'前徒倒戈,攻于后,以北,血流漂杵'。孟子言此则其不可信者。然《书》本意乃谓商人自相杀,非谓武王杀之也。孟子之设是言,惧后世之惑,且长不仁之心耳。"

【文学史链接】

后世有关诗赋文

刘将孙《武成二三策论》(《养吾斋集》卷二十三)

【集评】

曰:纣一人恶耶? 众人恶耶? 众皆善而纣独恶,则去纣久矣,不待周也。夫为天下逋逃主,萃渊薮,同之者可遽数邪? 纣存则逋逃者存,纣亡则逋逃者曷归乎? 其欲拒周者,又可数邪? 血流漂杵,未足多也。或曰:前徒倒戈攻于后,以北。故荀卿曰:杀者皆商人,非周人也。然则商人之不拒周审矣。曰:如皆北也,焉用攻?(邵博《邵氏闻见后录》卷十二引李觏《常语》)

焚书非始皇也,书也。焚书非书也,尽信书者也。不开眼界,不大心胸,不去取圣贤,未许读书。(孙逢奇《四书近指》卷十七)

孟子正恐人不信书而言,读书当得其大义所在,若徒求之辞句,反以小者惑其大者矣。谢上蔡博举史传,程子谓其玩物丧志,及见程子读史书,字句不遗,甚以为疑。后乃悟此理,每举以教学者。正可与此意参看。程子改《大学》古本,朱子辨《诗序》,此能笃信书者也。伯安举良知而非孟子之旨,举致知而非曾子之义,此不信书者也。会得此意,方不负孟子此章心切。(吕留良《四书语录》卷四十六《孟子·尽心下》)

【思考与讨论】

如何理解"尽信书,则不如无书"?

14:04　孟子曰:"有人曰:'我善为陈^①,我善为战。'大罪也。国君好仁,天下无敌焉。南面而征北狄怨,东面而征西夷怨。曰:'奚为后我^②?'武王之伐殷也,革车三百两^③,虎贲三千人^④。王曰:'无畏! 宁尔也,非敌百姓也。'若崩厥角稽首^⑤。征之为言,正也,各欲正己也^⑥,焉用战?"

【注释】

① 陈:同"阵",战阵。
② 奚为后我:见 2:11。
③ 革车:当时一种重型兵车。
④ 虎贲:武士。

⑤ 若崩厥角稽首:语出《尚书·大誓》。形容磕头声如山之崩。角,额角。稽首,一种
　表示很尊敬的磕头。
⑥ 各欲正己也:朱熹《孟子集注》云:"民为暴君所虐,皆欲仁者来征己之国也。"

【文化史拓展】

当时列国纷争,然天下必将统一。如何统一? 孟子在此章中描绘了理想化的统一方式。某诸侯国国君至仁,国家繁荣富强,百姓安居乐业。别的诸侯国,国君不仁,民生凋敝,百姓处于水深火热之中,都争相欢迎至仁国君来解救,像汤、武王当年一样。于是这至仁国君,不用通过武力,就把全国统一了。当然孟子所描绘的这种统一方式,在当时实际上是不可能实现的。首先,国君至仁,使自己的国家繁荣强盛,人民幸福,在当时的政治体制下、战争频繁的环境中,是完全不可能的。其次,别的诸侯国都如此一塌糊涂,也是很难期盼的。汤之伐桀、武王之伐纣,果真是如此容易? 也是大可怀疑的。不过,孟子此章,有一点是绝对正确的:得天下须得民心,须以天下百姓的利益为重。

【文学史链接】

文学技法

起得突兀。以下局势尤极开展。(唐文治《孟子新读本》卷七)

14:05 孟子曰:"梓匠轮舆①,能与人规矩,不能使人巧。"

【注释】

① 梓匠:木工。轮舆:造车匠。轮人制轮,舆人制车厢。

【文化史拓展】

朱熹《孟子集注》引尹氏语云:"规矩,法度可告者也。巧则在其人,虽大匠亦未如之何也已。盖下学可以言传,上达必由心悟。庄周所论斫轮之意盖如此。"方法可以传授,"巧"却是无法传授的,只能由操作者在实践中练出来或"悟"得。为什么? 巧是技术或艺术问题。

【思考与讨论】

学者如何获得"巧"？

14:06　孟子曰："舜之饭糗茹草也^①，若将终身焉；及其为天子也，被袗衣^②，鼓琴，二女果^③，若固有之。"

【注释】

① 饭糗（qiǔ）：吃干饭。糗，干饭。

② 袗（zhěn）衣：单衣。

③ 果（wǒ）：赵岐注云："果，侍也。"《说文》作"婐"。云："女侍曰婐。"

【文化史拓展】

　　思想修养达到一定境界的人，对物质生活条件和私有财产是不怎么介意的，因为在他心目中，他有比物质生活条件和私有财产重要百倍的事业追求。有了这种追求，他不会因物质生活条件困苦、私有财产匮乏而怨天尤人、自卑自惭，也不会因物质生活条件优厚、私有财产巨富而骄奢淫逸、自高自傲。孟子笔下的舜，正是如此。舜的地位功业等，不是每个人都可以达到的，但是人对于物质生活条件、对于私有财产的这种态度，是每个人都能学习的。关键在于：要有高远宏大的追求。事业必须为社会的发展、为人民的利益作贡献，方能称高远宏大。

【集评】

　　圣人以大化无尽，随化卷舒，不厌不舍，不将不迎。不知乐生，不知恶死，不知厌贫贱，亦能乐富贵。不避乞丐，亦忘帝王，入皆自得，顺受欢喜，投遇而安，素位而行。……盖神明之所处，超胜自在，则形体之所遇，亦复深入无碍也。有天下而无与，尚不若有天下若固有之、忘之也。（康有为《孟子微》卷六《贵耻》第十四）

【思考与讨论】

评说此章中所说的舜。

14:07 孟子曰:"吾今而后知杀人亲之重也:杀人之父,人亦杀其父;杀人之兄,人亦杀其兄。然则非自杀之也,一间耳①。"

【注释】

① 间:隔。

【文化史拓展】

此章为当时战争频繁而发。杀敌一千,自伤八百。用孟子的观点来看,这八百,虽然是被敌人杀的,不是被自己人杀的,但是其间只隔了一层而已。为什么?自己不出兵攻打别人,自己人也不会被杀。当然具体情况,决不是孟子所说那么简单,在当时,许多战争是无法避免的。孟子只是从仁义的概念出发来分析这个问题,失于"迂"。

14:08 孟子曰:"古之为关也,将以御暴①。今之为关也,将以为暴②。"

【注释】

① 御暴:防暴。
② 为暴:此指横征暴敛税项。

【文化史拓展】

这就是"关"的异化。关本来是用以保护人民的设施,但后来变成了残害人民的设施。其实发生如此异化的,何止"关"而已!小范围的此类异化,还容易解决,大范围的此类异化就难以解决了。小范围的此类异化不及时解决,会导致大范围的此类异化。赖以解决这种异化的力量发生了这种异化,更是非常危险的。当然,最好的方法是防止这种异化发生。

【集评】

关之有征,抑游者也。王者之禁游惰末作,故有里布屋粟、关市漆林之征。政事修,民不失其业,然后禁可行也。故《周官》国凶劄,则弛关门之征,但讥而已。文王与孟子之时,天下之政不可谓之修,民之不失其业者盖鲜,故孟子欲去关市之征。文王去关之征而不及于市。关,所以待天下之民;市,则吾国中也。文王之国中与孟子之时,法度固有间矣。(《全宋文》卷 1690 沈括《孟子解》)

即是推之,凡以私而坏公,因利而害义者,将不止于关市之一事矣。(张居正《张居正讲评孟子》卷十三)

【思考与讨论】

"关"的功用为什么会发生这样的变化?

14:09　孟子曰:"身不行道,不行于妻子;使人不以道,不能行于妻子。"

【文化史拓展】

此章所云乃领导方法问题。首先,儒家很重视领导者的表率作用。一个领导者,如果自己做事不按道而行,就连与他最亲近、关系最密切的妻子儿女,都不会按道而行,更是别期望别人能以道而行了。其次,使人任事,应当按道而行,否则,就连妻子儿女都指挥不动,别说指挥别人了。不过,"道"为何物? 有时候,会是人们各自"道其所道"而已。

14:10　孟子曰:"周于利者①,凶年不能杀;周于德者,邪世不能乱。"

【注释】

① 周:足。

【文化史拓展】

粮食器用富足,即使在灾荒之年,也不会饿死。德行修养深厚,则在邪恶的大环境下,也不会被迷乱而举动失措,因为德行修养深厚的人,心有定见,不会被名利所诱,不会被危难所挠,不会被邪说所蔽。德行修养要通过长期的过程,非朝夕可以至深。人们往往注重"周于利",而忽视"周于德"。

【集评】

然君子不幸而遭邪世,又非徒卓然自守,能立于风靡波流之际为可贵也,必将拨乱反正,以抒其素所积蓄而后已,是世道且待我以易,而人心不止于陷溺者也。若止于硁硁自全,以独善其身,则斯世终何赖乎?(张居正《张居正讲评孟子》卷十四)

【思考与讨论】

如何才能"周于德"?

14:11 孟子曰:"好名之人,能让千乘之国;苟非其人^①,箪食豆羹见于色^②。"

【注释】

① 苟非其人:如果不是真轻富贵之人。
② 见:同"现"。

【文化史拓展】

能让千乘之国的人,为什么连箪食豆羹都不肯让? 这有两种情况。第一,千乘之国当让而箪食豆羹不当让。这当然是不错的。第二,其人让千乘之国,因为让而可以获得好名声,故让之。让箪食豆羹不能获得什么声誉,故反而不让。这样的人当然不是真轻富贵之人,而是好名之人,甚至是想以让国美名博取更大利益的人。

【文学史链接】

后世有关诗赋文

陈栎《好名之人一节》(《定宇集》卷十三)

14：12　孟子曰：“不信仁贤，则国空虚①。无礼义，则上下乱。无政事，则财用不足。”

【注释】

① 空虚：财物空乏，国力虚弱。

【文化史拓展】

　　一个国家的社会秩序，靠礼义（包括法律等，法从礼出）来维持。国家的社会经济，靠得力的行政措施发展，军政开支也靠行政措施收取。礼义靠谁去维持？行政措施靠谁去制定、执行？国君即使是千手观音也忙不过来，当然还得靠仁者贤者。君主应该信任他们，委以事权而礼义兴、政事举。朱熹《孟子集注》卷十四引尹氏语云：“三者以仁贤为本。无仁贤，则礼义、政事，处之皆不以其道矣。”

14：13　孟子曰：“不仁而得国者，有之矣；不仁而得天下者，未之有也。”

【文化史拓展】

　　得国也好，得天下也好，这“得”的概念是什么？是占有，还是得到人民的拥护？如果是占有，不仁者也可能得到，如果是得到人民的拥护，则非仁者不能得。别说是国家、天下，即使是一个部门，也是如此。不仁者当政，臣民或部下即使驯服如奴隶者，难保无逆反之心，决不会主动为该当政者效力。

【集评】

　　孟子之为是言也，则未见司马懿、杨坚也。不仁而得天下也，何损于仁？仁而不得天下也，何益于不仁？得国之于得天下也，何以为异？君子之所恃以胜不仁者，上不愧乎天，下不愧乎人，而得失非吾之所知也。（苏辙《栾城后集》卷六《孟子解二十四章》）

【思考与讨论】

秦始皇统一天下的史实,与此章所云,正好相反,这如何理解?

14:14 孟子曰:"民为贵,社稷次之,君为轻。是故得乎丘民而为天子[①],得乎天子为诸侯,得乎诸侯为大夫。诸侯危社稷,则变置。牺牲既成,粢盛既洁,祭祀以时,然而旱干水溢,则变置社稷。"

【注释】

① 丘民:田野之民。

【文化史拓展】

这是著名的民贵君轻的思想。民本思想,孔子以前就有之,孔子承之,而孟子予以进一步发挥并使之更加明确。

得天下民心者为天子,得天子之心者为诸侯,则民贵于天子,天子以下不必论了。社稷是国家的象征,也是国家的保护神,一个国家被另一个国家占领并灭了社稷,就是意味着这个国家的灭亡。当一个国家因君主无道无能,有被人占领并被灭社稷的危险时,就应该撤换君主,以避免社稷被灭。社稷与国君相比较,社稷重而国君轻。当社稷丧失保护人民不受水旱等自然灾害侵袭的功能时,变置社稷,社稷与人民比较,社稷轻而人民重。

人民是国家的基础,君主以下各级官吏,应当代表人民的利益。黄宗羲《明夷待访录·原君》云:"古者,以天下为主,君为客。凡君主之所毕世经营者,为天下也。"谁的所作所为违背了人民的利益,或者经营得不好,谁就没有资格再当君主或官吏。当然,这在封建社会是无法做到的。

【文学史链接】

文学技法

方云,首节奇语、险语横空而来,下三节承明之方见,是极平实道理。章法整。(唐文治《孟子新读本》卷七)

【集评】

　　民贵君轻之说，得不启后世篡夺之端乎？曰：以理言之，则民为贵；以分言之，则君为贵。此固兼行而不悖也，各于其时视其轻重之所在而已尔。若不惟是言，而姑借圣贤之说，则亦何辞之不可借？而所以启后人之祸者，又岂止于斯言乎？（朱熹《孟子或问》卷十四）

　　此孟子立民主之制，太平法也。盖国之为国，聚民而成之，天生民而利乐之。民聚则谋公共安全之事，故一切礼乐政法皆以为民也。但民事众多，不能人人自为公共之事，必公举人任之。所谓君者，代众民任此公共保全安乐之事，为众民之所公举，即为众民之所公用。民者如店肆之东人，君者乃聘雇之司理人耳。民为主而君为客，民为主而君为仆，故民贵而君贱易明也。众民所归，乃举为民主，如美、法之总统。然总统得任群官，群官得任庶僚，所谓"得乎丘民而为天子，得乎天子为诸侯，得乎诸侯为大夫"也。今法、美、瑞士及南美各国皆行之，近于大同之世，天下为公，选贤与能也。孟子已早发明之。（康有为《孟子微》卷一）

【思考与讨论】

评说"民为贵，社稷次之，君为轻"的含义。

　　14:15　孟子曰："圣人，百世之师也，伯夷、柳下惠是也。故闻伯夷之风者，顽夫廉①，懦夫有立志②；闻柳下惠之风者，薄夫敦③，鄙夫宽④。奋乎百世之上。百世之下，闻者莫不兴起也。非圣人而能若是乎？而况于亲炙之者乎⑤？"

【注释】

① 顽夫廉：贪顽的人变得廉洁。

② "懦夫"句：懦弱之人立风骨意气之志。

③ 薄夫敦：轻薄肤浅之人变得敦厚。

④ 鄙夫宽：鄙陋浅薄之人变得宽厚。

⑤ 亲炙：亲身接受教化。

【文化史拓展】

老师的作用,在于教育。一个人对别人的教育作用,一是凭其言论,二是凭其行事。前者是言教,后者是身教。二者的作用孰大,这很难作比较。但是,有一点是可以肯定的,身教的感染力强于言教,因为有具体的事实和形象,易于动人。伯夷、柳下惠之教,都是身教。其作用如此之大、如此之久远而能有如此感染力,故孟子称他们为"百世之师"。孟子之世,士人空前活跃。高才大能、硕德博学者,固然各领风骚,大鸣于世,顽懦鄙薄之徒,也纵横社会,士人的各种丑陋之性,昭然呈露。孟子倡伯夷、柳下惠,正是为了救当时士风之弊。

【文学史链接】

1. 后世有关诗赋文

欧阳玄《问孟子以隘与不恭称夷惠而又以圣人百世之师推之何也》(《圭斋集》卷十二)

2. 文学技法

方云,此夷、惠赞也。起句有向往之神,"奋乎百世之上",极其思慕。太史公论赞,多用此法。(唐文治《孟子新读本》卷七)

【思考与讨论】

如何理解"圣人"的超时代性?

14:16 孟子曰:"仁也者,人也。合而言之,道也。"

【文化史拓展】

朱熹《孟子集注》卷十四云:"或曰:外国本'人也'之下,有'义也者,宜也;礼也者,履也;智也者,知也;信也者,实也'。凡二十字。"仁是作为一个人的道德规范,义是事物之所宜,礼是行事的规范,智是认知和决断的能力,信是真诚笃实,实事求是。合而言之,就是"道"。"道"的含义,甚为丰富,大致有"真理"、"规律"、"方法"等等。正因为仁是作为一个人的道德规范,因此,它是"道"中最为重要的内容。至于"义"等数项,乃举"道"中大者而言。

14:17　孟子曰:"孔子之去鲁,曰:'迟迟吾行也。'去父母国之道也。去齐,接淅而行,去他国之道也。"

14:18　孟子曰:"君子之厄于陈蔡之间,无上下之交也。"

【文化史拓展】

孔子及其门人周游列国途中,曾厄于陈、蔡之间,吃了不少苦头。事见《史记·孔子世家》。孟子认为,孔子等之所以如此,是因为与其地上下都无良好关系的缘故。行事需要有良好的社会基础和社会关系,古今都是如此。

【文学史链接】

后世有关诗赋文

黄以周《孔子厄陈蔡间考》(《儆季群经说》卷三)

【思考与讨论】

"上下之交"是否起作用? 为什么?

14:19　貉稽曰①:"稽大不理于口②。"孟子曰:"无伤也。士憎兹多口③。《诗》云:'忧心悄悄,愠于群小④。'孔子也。'肆不殄厥愠,亦不陨厥问⑤。'文王也。"

【注释】

① 貉(mò)稽:人名。姓貉名稽。

② 稽大不理于口:舆论都说我不好。理,顺。

③ "士憎"句:为士者加入到这些批评者的行列。憎,当作"增"。兹,此。多口,指批评者。

④ "忧心"二句:语出《诗经·邶风·柏舟》及《大雅·绵》。因为触怒了那些小人,所以受到他们的攻击。悄悄,忧愁缠绵貌。

⑤ "肆不"二句:肆,发语词。殄(tiǎn),灭,消除。厥愠,他们的怒气。陨,坠落。问,声

誉。朱熹《孟子集注》云:"本言大王事昆夷,虽不能殄绝其愠怒,亦不自坠其声问之美。孟子以为文王之事可以当之。"又引尹氏语云:"言人顾自出如何,尽其在我者而已。"

【文化史拓展】

战国时代是社会变革的时代,也是舆论、学术开放,"百家争鸣"的时代,士人活跃,大家畅所欲言,大胆提出批评意见。因此,当政者受到舆论批评,是很常见的现象。如何对待这些批评,是当政者面临的重要问题。首先,应该对这些批评作正确的分析,接受其中合理的部分。如果这些批评是不合理的,甚至是攻击、诽谤,那么,可以置之不理。《荀子·天论》云:"君子不为小人之汹汹也辍行。"后来王安石变法,也讲"人言不足畏"。当政者必须有眼光,有定见,如此则不为不正确的舆论所蒙蔽、所困扰、所误导,当然,还应该有政治家所必须有的度量。动辄高张文网,是不明智的举措。

【文学史链接】

1. 后世有关诗赋文

汤显祖《稽大不理》(《汤显祖全集·诗文》卷五十)

2. 文学技法

(《诗》云)断章取义,悄然以悲,意远思深,情韵无限。(唐文治《孟子新读本》卷七)

【集评】

不可者欲之,小人也。可者欲之,可谓善人矣。徒知其可欲而未能有诸己,未信其为君子也。有诸己,则可谓信人矣。(《全宋文》卷1690 沈括《孟子解》)

【思考与讨论】

评说孟子关于当道者如何对待批评的观点。

14:20 孟子曰:"贤者以其昭昭①,使人昭昭;今以其昏昏②,使人昭昭。"

【注释】

① 昭昭：明也，富有学识。

② 昏昏：愚昧颠倒。

【文化史拓展】

　　昭昭者，未必能使人昭昭，因为还有目的和方法方面的问题。如果其人意在愚民或不得其法，他也会使人昏昏。只有贤者，以其昭昭，使人昭昭，盖其教化之旨正，所施之法得其宜。昏昏者根本无法使人昭昭，其"使人昭昭"之"昭昭"，实为昏昏也，因为昏昏者必不肯承认自己昏昏，而误以其昏昏为昭昭。

　　其时百家争鸣，以自己的学说游说当道、教导子弟、教化百姓，成为当时士风。以孟子观之，儒家以外的各种学说，都不足以称昭昭，故批评此世多"以其昏昏，使人昭昭"者。那么，孟子本人，儒家自身，到底"昭昭""昏昏"各占几成呢？"昭昭""昏昏"之辨，难言矣。如何明"昭昭""昏昏"之辨，多学习、实践、研究、总结而已。

【集评】

　　夫有诸己而后求诸人，是以躬行率之，贤者之治，所以不令而从也。暗于己而求明于人，是以刑政驱之，今之治所以虽令不从也。然则有治人之责者，可不先于自治乎？（张居正《张居正讲评孟子》卷十四）

　　14:21　孟子谓高子曰："山径之蹊间①，介然用之而成路②。为间不用，则茅塞之矣。今茅塞子之心矣。"

【注释】

① 蹊：人行之处。

② 介然：专一。用：由。

【文化史拓展】

　　此章之意，即"曲不离口，拳不离手"而已。操千曲然后晓声，观千剑而后识器。为学、行事、立身，无不如此，贵在坚持，坚持之日越久，就越精纯熟练。

【文学史链接】

1. **相关文学典故**

茅塞

仲言寓越之萧寺,时一相过,未尝不剧谈终日,有补于茅塞为多。(王明清《挥麈馀话》卷二)

玄德闻言,避席拱手谢曰:"先生之言,顿开茅塞,使备如拨云雾而见青天。"(《三国演义》第三十八回)

吾兄真解人也,小弟胸中茅塞,不觉顿开。(李渔《蜃中楼·述异》)

茅塞顿然开,分明是福至,貌随心改。(李渔《奈何天·变形记》)

2. **文学技法**

末句语奇而辣。(唐文治《孟子新读本》卷七)

【集评】

此路是古今达道,到底不能塞。但人心蔽固已久,便成山径。"介然"字极有精神。(孙逢奇《四书近指》卷十七)

14:22 高子曰:"禹之声,尚文王之声。"孟子曰:"何以言之?"曰:"以追蠡①。"曰:"是奚足哉? 城门之轨,两马之力与?"

【注释】

① 追(duī)蠡(lǐ):钟纽磨损将断。蠡,欲绝之貌。

【文化史拓展】

高子根据禹时钟之纽与文王时钟之纽磨损程度的不同,断言大禹时音乐盛于文王之时。孟子认为,钟纽之磨损,不足以说明这一点,正如城门车辙之深,并不是同一辆车行驶所致。禹钟之年代,较文王之钟远为久,其钟纽之磨损,乃天长日久所致,非仅禹时所致。

【文学史链接】

文学技法

方云,引喻以破"以追蠡"之说,何等活脱,不粘不滞,正是为拘泥人解颐。(唐文治《孟子新读本》卷七)

14:23 齐饥。陈臻曰:"国人皆以夫子将复为发棠①,殆不可复。"孟子曰:"是为冯妇也。晋人有冯妇者,善搏虎,卒为善士。则之野②,有众逐虎。虎负嵎③,莫之敢撄④。望见冯妇,趋而迎之。冯妇攘臂下车⑤。众皆悦之,其为士者笑之。"

【注释】

① 棠:齐国邑名,此指棠邑之仓。

② 之:到。

③ 负嵎(yú):依凭着山曲之处。嵎:同"隅",山坳。

④ 撄:触。

⑤ 攘臂:捋袖出臂。

【文化史拓展】

朱熹《孟子集注》卷十四云:"先是齐国尝饥,孟子劝王发棠邑之仓,以振贫穷。至此又饥,陈臻问,言齐人望孟子复劝王发棠,而又自言恐其不可。"孟子以冯妇故事答陈臻。冯妇以前搏虎,搏虎是其职业,自然应该搏虎,但是,后来他改业作善士了,身份不同,没有搏虎之责任。遇虎,人莫敢前,而喜冯妇来搏,但与冯妇同样为士的人,则笑冯妇此举为不得体。以前,孟子身为齐王客卿,谏齐王发仓放粮,是其分内之事。朱熹《孟子集注》卷十四云:"疑此时齐王已不能用孟子,而孟子亦将去矣,故其言如此。"此时孟子虽然还没有去齐,但去齐已定,人亦已知,陈臻亦已知,故有"殆不可复"之语。对孟子说来,他此时已经没有谏齐王发棠放粮之责,如果再去行谏,就如冯妇改行后又去搏虎一样不得体。

【文学史链接】

1. 相关文学典故

冯妇

山墙野壁黄昏后,冯妇遥看亦下车。(王安石《虎图》)

邑西某乙,故梁上君子也,其妻深以为惧,屡劝止之;乙遂翻然自改。居二三年,贫窭不能自堪,思欲一作冯妇而后已。(蒲松龄《聊斋志异·某乙》)

我们劝他回东大继续学业,他起初很迟疑,以为再当冯妇是可耻的事。(郭沫若《创造十年·二》)

2. 后世有关诗赋文

明代佚名《七十二朝人物演义》卷三十九《晋人有冯妇者》

3. 文学技法

方云,"是为冯妇"句接得奇幻突兀,以下叙冯妇事不粘一句,正面而自然,句句与正意相对,真妙文也。(唐文治《孟子新读本》卷七)

【思考与讨论】

阐述"冯妇"故事的寓意。

14:24 孟子曰:"口之于味也,目之于色也,耳之于声也,鼻之于臭①也,四肢之于安佚也,性也,有命焉,君子不谓性也。仁之于父子也,义之于君臣也,礼之于宾主也,智之于贤者也,圣人之于天道也,命也,有性焉,君子不谓命也。"

【注释】

① 臭(xiù):气味。此指芬芳之气。

【文化史拓展】

感官都乐于享受,这是感官的天性。但是,能获得多大的享受,是命中注定的,因而不可求。仁义礼智天道,是命中赋予的,但它们又是人的天性,因此君子不能认为它们是命中注定而不可能多得、不会少得的。既然它们是人的天性,当然人人皆有，人人皆可求，因而人人应该致力于此。朱熹《孟子集注》卷十四引张子语云："养则付命于天，道则责成于己。"

【文学史链接】

后世有关诗赋文

汤显祖《口之于味也》（《汤显祖全集·诗文》卷五十）

段玉裁《孟子圣之于天道说》（《经韵楼集》卷四）

【集评】

　　子曰："富而可求也，虽执鞭之士，吾亦为之。如不可求，从吾所好。"大凡物之可求者，求则得，不求则不得也。仁义未有不求而得之，亦未有求而不得者，是以知其可求也。故曰："仁远乎哉？我欲仁，斯仁至矣。"富贵有求而不得者，有不求而得者，是以知其不可求也。……圣人之于利，未尝有意于求也。岂问其可不可哉？然将直告之以不求，则人犹有可得之心，特迫于圣人而止耳。夫迫于圣人而止，则其止也有时而作矣。故告之以不可求者，曰使其可求，虽吾亦将求之，以为高其闱闳，固其扃镭，不如开门发箧而示之无也。而孟子曰："食色，性也，有命焉，君子不谓性也。仁义，命也，有性焉，君子不谓命也。"君子之教人，将以其实，何不谓之有？夫以食色为性，则是可求而得也，君子禁之；以仁义为命，则是不可求而得也，而君子强之。禁其可求者，强其不可求者，天下其孰能从之？故仁义之可求，富贵之不可求，理之诚然者也。以可为不可，以不可为可，虽圣人不能。（邵博《邵氏闻见后录》卷十二引李觏《常语》）

　　夫人目之于色，耳之于声，口之于味，四肢之于安佚，皆欲也，须是强制他，若一任之，将何所不至哉！（颜元《颜元集》之《颜习斋先生言行录》卷下《世情》第十七）

14:25　浩生不害问曰[①]："乐正子，何人也？"孟子曰："善人也[②]，信人也[③]。""何谓善？何谓信？"曰："可欲之谓善，有诸己之谓信。充实之谓美，充实而有光辉之谓大，大而化之之谓圣，圣而不可知之之谓神。乐正子，二之中，四之下也。"

【注释】

① 浩生不害:齐人。姓浩生,名不害。

② 善人:好人。

③ 信人:真诚的人。

【文化史拓展】

由有关乐正子的话题,孟子阐述道德修养的不同层次。一类是受人喜欢,值得人们学习的人。其善者不是欺世盗名装出来的,是其所实有,这就是信。其善、其真诚到达充实的程度,这就能称美了。充实而又文采斐然地表现于外,这就能称大。大而能化,返于平淡而实炉火纯青,这就能称圣。圣而到达深不可测的境界,这就能称神。用前两个标准来衡量,乐正子能得中,用前四个标准来衡量,仅能得下。因此,孟子说他是"善人"、"信人"。

【集评】

"可欲之谓善",凡世俗之所谓善事可欲者,未尽可欲之理,圣贤之所愿,乃为可欲也,若夷惠尚不愿,言"君子不由也"。清和亦可言善,然圣贤犹以为未足,乃所愿则学孔子也。(张载《张载集》载《张子语录》中)

14:26 孟子曰:"逃墨必归于杨,逃杨必归于儒。归,斯受之而已矣。今之与杨墨辩者,如追放豚①,既入其苙②,又从而招之③。"

【注释】

① 放豚(tún):出逃的猪。

② 苙(lì):猪圈,猪栏。

③ 招:系。

【文化史拓展】

墨家尚兼爱,提倡苦行、实践,学者不可忍,遂逃而习杨朱之学。杨朱之学倡为我,虽拔一毛而利天下,不为也,与墨家之学正好相反。学者知其非正道,遂逃而归儒家。孟子对待这些从墨杨阵营中投奔过来的求学者,只是受之而已,并不作其他的要求,"往者不追,来者不拒",来去自由,充分显示了一种博大与自信的胸怀。然而,当时有的学派就不是这样,对杨墨阵营中投奔过来的求学者,千方百计使他们留下来,不给他们选择门派的自由。

当时百家争鸣,各家争相吸引求学者,以壮大自己的阵营。就"逃墨者必归于杨,逃杨者必归于儒"看,对这些来投奔的前杨墨门徒"如追放豚"的,也当是儒家。孟子自己对前杨墨门徒"斯受之而已矣",又批评对他们"如追放豚"的做法,可见当时儒家内部,也有不同的支派,也有矛盾斗争。

【文学史链接】

文学技法

比喻奇横,句法尤奥。(唐文治《孟子新读本》卷七)

【集评】

杨氏"为我"过于义,墨氏"兼爱"过于仁。仁义之过,孟子尚以夷狄遇之,诛之不少贷。同时有庄子者,著书自尧舜以下,无一不毁,毁孔子尤甚,诗书礼乐,刑名度数,举以为可废,其叛道害教,非杨、墨二氏比也。庄子蒙人,孟子邹人,其地又相属,各如不闻,如无其人,何哉? 惟善学者能辨之。若曰庄子真诋孔子者,则非止不知庄子,亦不知孟子矣。(邵博《邵氏闻见后录》卷三)

吾道之不明于天下,不惟异端害之,而儒者科条太密,门户太高,亦当交任其责矣。有卫道之心者,可不慎以待之哉!(张居正《张居正讲评孟子》卷十四)

逃墨归杨,"逃"字正是悟机。孟子所以开招降之路也。(孙逢奇《四书近指》卷十七)

14:27　孟子曰:"有布缕之征,粟米之征,力役之征。君子用其一,缓其二。用其二而民有殍[①],用其三而父子离。"

【注释】

① 殍(piǎo):饿死的人。

【文化史拓展】

此章主张于民力民财取用有时，取用有度。夏季青黄不接，如果于此时大量征收粮食，无异于促使百姓饿死。秋季冬季大量征收布缕，则无异于加重百姓的受冻之患，促使更多的百姓冻死。农忙时如果大量征用民力，使百姓耕种失其时，土地荒歉，那就更危险了，不仅大量百姓会冻饿而死，而且国家赋税也无着落，国家的根本也就动摇了。因此，如果同时于诸项中取二，甚至是取三，那就有危险了。

14:28 孟子曰："诸侯之宝三：土地，人民，政事。宝珠玉者，殃必及身。"

【文化史拓展】

此三宝，当然都是极为重要的，如失其一，国家就亡。至于珠玉之类的多少有无，则无关紧要。当道者如果以珠玉重于土地、人民、政事，以珠玉之类失土地人民、失政事之要者，则必败无疑。然春秋战国时代，此类当道者屡见之。

【文学史链接】

1. 后世有关诗赋文

唐才常《孟子言三宝为当今治国要务说》（《沅湘通艺录》卷四）

2. 文学技法

此章简而炼。（唐文治《孟子新读本》卷七）

14:29 盆成括仕于齐①。孟子曰："死矣盆成括！"盆成括见杀。门人问曰："夫子何以知其将见杀？"曰："其为人也小有才，未闻君子之大道也，则足以杀其躯而已矣。"

【注释】

① 盆成括：人名。姓盆成，名括。

【文化史拓展】

"小有才",则拥有有所作为的资本,但其才又明显不够,不足以遇强敌而取胜,遇难关而得渡。"未闻君子之大道"则面临名利之诱,必不能举措得当、进退得宜、取舍合义,而是恃才妄作,冒险求成。这样的人在多事之秋,很容易招来杀身之祸。盆成括如果侥幸未被杀,孟子的话对不对?关于盆成括被杀的预言,当然没有应验,但"为人也小有才,未闻君子之大道也,则足以杀其躯"之说,仍然是不错的。在任何社会,"小有才"而"未闻君子之大道"者,如果不注重加强自身修养,弥补不足,即使不一定被杀,但失败几乎是注定了的。

【文学史链接】

文学技法

末三句有惊心动魄之致,令有才者读之,悚然自省。(唐文治《孟子新读本》卷七)

【集评】

是可见人之有才,本不足为害,惟不求合于道,而专用其才,则大者乱国,小者杀身,反不若朴拙无能之为愈也。取才者尚其审诸!(张居正《张居正讲评孟子》卷十四)

【思考与讨论】

为什么孟子认为"其为人也小有才,未闻君子之大道也,则足以杀其躯而已矣"?

14:30　孟子之滕,馆于上宫①。有业屦于牖上②,馆人求之弗得。或问之曰:"若是乎从者之廋也③?"曰:"子以是为窃屦来与?"曰:"殆非也。""夫子之设科也,往者不追,来者不拒。苟以是心至,斯受之而已矣。"

【注释】

① 馆于上宫:住在上宫。上宫,旅馆名。

② 业屦(jù):尚未完工的鞋子。

③ 庾(sōu):藏起来。

【文化史拓展】

　　孟子带了一批门徒刚住到旅馆中去,旅馆就发生了失窃事件。旅馆人员就怀疑孟子的门人所为,认为孟子的那个偷鞋门徒,尽管不是为偷鞋而来,但难保他没有偷窃之性,顺手牵羊把鞋偷了,因为孟子对待求学者是"往者不追,来者不拒",有心来学便收之,门下流动量大,鱼龙混杂。

　　此章之要,在于"夫子之设科也"以下数句,显示出孟子之于求学者的多容与宽厚。

【集评】

　　"夫子设科"以下,旧说以为孟子之言,而读"子"为"予",则失之矣。又有以此章皆或者与馆人问答之词,恐亦或有此理。更考之可也。(朱熹《孟子或问》卷十四)

　　此孔子有教无类之义。洁己以进,不问既往;诚心斯受,不逆将来。王阳明谓,教者如开店,听过客之饮馔,此道之所以大也。子张出于大驵,禽滑厘出于大盗,皆成大贤巨子,教者亦何可隘其门也。(康有为《孟子微》卷七《师友》第十五)

　　14:31　孟子曰:"人皆有所不忍,达之于其所忍,仁也;人皆有所不为,达之于其所为,义也。人能充无欲害人之心,而仁不可胜用也;人能充无穿窬之心①,而义不可胜用也。人能充无受尔汝之实②,无所往而不为义也。士未可以言而言,是以言餂之也③;可以言而不言,是以不言餂之也,是皆穿窬之类也。"

【注释】

① 穿窬(yú):凿壁洞,此指偷盗。

② 尔汝之实:有被人家轻视贱视之实。尔汝,此指轻视贱视的称呼。

③ 餂(tiǎn):探取,诱取。

【文化史拓展】

这一章的关键是"达"字和"充"字。"达"也好，"充"也好，都是推衍、扩展、扩充和使之弥满的意思。人皆有所不忍，人皆有所不为。例如，谋财害命，是一般人所不忍心干的，也是所不为的，这当然不错。但是，损害别人利益的事，大大小小，多多少少，一般人难免忍心去干一些。把不忍干、不干谋财害命之事之心推广开去，不忍干、不干一切损人利己之事，这就成了仁义之人。干了会被人看不起的事，一般人是不愿去干、也不会去干的，但是，有些不得体的小事，例如言行举止粗野，有之也会被人看不起，则许多人不免。一个人如果扩展不干那些干了会被人们看不起的事之心，就会注意修养，做一个文明的人。凿壁偷窃的事，一般人都不会去干。但是，应当发表意见时不发表，不应当发表意见时却发表，这样的事，古今都很常见，人们为什么这样做呢？还不是为了谋取不应当得的利益！孟子认为，在设法谋取不应当得的利益这一点上，这种行为与凿壁偷盗是同一类的。知道凿壁偷盗不可为，由此推广到知道此类行为也不可为而不为，道德方面就获得进步了。总之，美的人性，人皆有之，常人只是不足罢了，要在使美的人性不断扩展，充实到枝枝脉脉，融化到一切行动中去，如此就能走向完美。

【文学史链接】

文学技法

此章盘旋曲折，精透无伦。……方云，"是皆穿窬之类也"，意警句警。"言餂"、"不言餂"，字新鲜。（唐文治《孟子新读本》卷七）

【集评】

无欲害人之心，与无穿窬之心，人皆有之。然苟将充之，则未可以言而言，可以言而不言，犹未免乎穿窬也。此所谓"造端乎夫妇，而其至也，察乎天地"也欤！（苏辙《栾城后集》卷六《孟子解二十四章》）

所谓践形、养气，事天立命，间一及之，而数举以示人者，则无放其良心以自异于禽兽而已。既揭五性，复开以四端，使知其实不越乎事亲从兄，而扩而充之，则自"无欲害人"、"无为穿窬之心"始。盖其忧世者深，而拯其陷溺也迫，皆昔之圣人所未发之覆也。（方苞《方苞集》卷一《读孟子》）

【思考与讨论】

如何理解此章中的"达"与"充"？

14:32 孟子曰："言近而指远者^①，善言也；守约而施博者^②，善道也。君子之言也，不下带而道存焉^③。君子之守，修其身而天下平。人病舍其田而芸人之田^④，所求于人者重，而所以自任者轻。"

【注释】

① 言近而指远：所言浅近而意旨深远。

② 守约而施博：所守简约而所施广博，亦即自身所用方法非常简要，但其所起作用甚广。

③ 不下带：古人视线不下于对方腰带，表示尊敬。因此，带之上比喻极为常见、极为易见之处。

④ 芸：除草。此指清除不良的思想。

【文化史拓展】

君子发表言论，举极为常见的事物，至理亦能寓乎其中，这就是"言近而指远"。君子自守，不过修身，但其效用，则能平天下，这就是"守约而施博"。常人常犯的毛病，就是不注重自身的修养和努力，而好注意别人的种种不足。

"言近而指远"，要在深明其理而又深知表达之法。"守约而施博"，要在加强自身的思想修养。自身修养完美，自然就会表现于外，对社会发生影响。当然，自身修养完美，对社会的影响也不一定大，更难达到"平天下"的程度，因为还有许多其他因素。但是，如果自身修养未足，就不足以对社会产生良好的影响。别的不说，自身修养未足而责求别人，何以服别人之心？其无法"博施"是很明显的。

【文学史链接】

文学技法

此章开首，以"言"与"守"并列，实则侧重"守"字。"君子之守，修其身而天下平"，为一章之主脑。此章朴质中自有色泽，由于前后两用喻之妙。（唐文治《孟子

新读本》卷七)

【思考与讨论】

评说"言近而指远""守约而施博"的含义。

14:33　孟子曰:"尧舜,性者也;汤武,反之也。动容周旋中礼者^①,盛德之至也;哭死而哀,非为生者也^②;经德不回^③,非以干禄也;言语必信,非以正行也。君子行法,以俟命而已矣。"

【注释】

① "动容"句:一切行为都合于礼。动容,面部表情的变化。中,符合。

② 非为生者也:不是为了生者。意谓不是哭给生者看的。

③ 经德不回:守通常的道德准则而不稍曲。经,常,常行的。回,曲。

【文化史拓展】

尧舜成为圣人,是天性使然。汤武成为圣人,是有目的地修为,达到圣人的境界。孟子认为,人性本善,汤武达到至善而成圣人,不过是复其本性而已,故云"反之"。

一切言行举止,但按理所当为而为之,不掺杂任何功利目的,纯是出于自然而当理。至于穷达得失,则委诸天命。这样,一个人就不会为功利所诱而走邪路,正直纯粹,道德修养臻于完美。这种说法,固然是不错的,但具体实行起来,却不大容易。除了很难舍弃功利目的以外,至少还有两大问题。第一,纯乎出于天性而其言行举止完全当理,对于绝大多数人来说,是完全不可能的。因此,要使言行举止当理,首先就要明理。然"明理"又岂是件容易的事?第二是取舍的问题。即使明了理,从一方面看当理而从另一方面看不当理,局部当理而整体不当理,长远当理而目前不当理,就一般而论当理而以特殊论则不当理等等的情况,也是不容易把握的。

【文学史链接】

文学技法

首节一提,第二节承"性者",第三节承"反之",而三节只用一句以承作结。可

悟文法变化之妙。(唐文治《孟子新读本》卷七)

14:34 孟子曰:"说大人①,则藐之,勿视其巍巍然②。堂高数仞,榱题数尺③,我得志弗为也;食前方丈④,侍妾数百人,我得志弗为也;般乐饮酒⑤,驱骋田猎,后车千乘,我得志弗为也。在彼者,皆我所不为也;在我者,皆古之制也,吾何畏彼哉?"

【注释】

① 说(shuì):游说。

② 巍巍然:富贵高显貌。

③ 榱(cuī)题:屋檐的椽子。

④ 食前方丈:吃饭时,面前一丈见方之地摆满了食品,形容饮食极为奢侈。

⑤ 般(pán)乐:大乐。

【文化史拓展】

　　战国时期,士人游说诸侯国当权者的事极多。游说成了士的基本技能,其中艺术技巧很多,《战国策》几乎是集其大成者。此章中,孟子讲了游说过程中怎样克服胆怯的方法。士人之所游说者,必位尊权重、气势威焰极盛者,而士人则无权无位,且财富无多,因此游说时必先克服胆怯的心理障碍,以免为对方气势所慑服而不能流畅地申述自己的主张,达不到游说的目的。

　　孟子认为,去游说大人先生,要有藐视他们的这种心理状态,如此则就不会胆怯了。但藐视对方这种心理状态,应当有其基础,否则它如何形成并保持下去?这基础就是视他们的种种骄奢淫逸为不当有,"我得志弗为也",我将守古贤者之法,古贤者之法远胜于对方的骄奢淫逸,那么,我为什么要怕呢? 我完全有理由,有资本藐视对方。

　　抨击当道者们的骄奢淫逸,推崇古圣贤之法,孟子的这一政治观点,在讲述如何克服游说过程中的胆怯心理时发表了出来。

【文学史链接】

文学技法

此章气象光昌,色泽纯厚,以或为"七类"之祖。(唐文治《孟子新读本》卷七)

【集评】

"说大人"三字,是孟子染于战国习俗处。(颜元《颜元集》之《四书正误》卷六《孟子下》)

14:35　孟子曰:"养心莫善于寡欲。其为人也寡欲,虽有不存焉者,寡矣;其为人也多欲,虽有存焉者,寡矣。"

【文化史拓展】

孟子认为,如果一个人寡欲,他的善性,即使有所缺漏,也是所缺不多。相反,一个人多欲,其善性虽有所存,也是所存不多。因此,加强道德修养,最好的方法,就是寡欲。宗教中的种种戒律,几乎都是限制人们的欲望,迫使人们趋于寡欲。孔子提倡"克己"(《论语·颜渊》),也是这个意思。当然,事实上,加强道德修养,仅仅寡欲显然是远远不够的。

【文学史链接】

文学技法

方云,《孟子》七篇中,始说义气,继说养性,终说养心。可见孟子为学,与年俱进。(唐文治《孟子新读本》卷七)

【集评】

明乎欲不可无也,寡之而已。人之生也,莫病于无以遂其生。欲遂其生,亦遂人之生,仁也;欲遂其生,至于戕人之生而不顾者,不仁也。不仁,实始于欲遂其生之心,使无此欲,必无不仁矣。然使其无此欲,则于天下之人,生道穷促,亦将漠然视之。己不必遂其生,而遂人之生,无是情也,然则谓"不出于正则出于邪,不出于邪则出于正",可也;谓"不出于理则出于欲,不出于欲则出于理",不可也。(戴震

《孟子字义疏证》卷上）

夫嗜欲深者,天机必浅;嗜欲净者,神明必完。(康有为《孟子微》卷六《贵耻》第十四）

【思考与讨论】

1. 此章中所说"寡欲"的具体含义是什么?
2. 如何才能做到此章中说的"寡欲"?

14:36 曾皙嗜羊枣①,而曾子不忍食羊枣。公孙丑问曰:"脍炙与羊枣孰美②?"孟子曰:"脍炙哉!"公孙丑曰:"然则曾子何为食脍炙而不食羊枣?"曰:"脍炙所同也,羊枣所独也。讳名不讳姓,姓所同也,名所独也。"

【注释】

① 曾皙:春秋时鲁国人,与其子曾参先后师事孔子。羊枣:一种小枣。
② 脍炙:美味的肉食。脍,切细的肉。炙,烹烤的肉。

【文化史拓展】

曾参以孝闻,他因为父亲喜欢吃羊枣,在父亲死后,怕吃到羊枣就会想起父亲而伤心,所以不忍心吃羊枣。但是,他父亲无疑也喜欢吃脍炙,曾参又为什么忍心吃脍炙呢? 这是因为,喜欢吃脍炙是人们的共性,喜欢吃羊枣则是曾皙的独特之处。一个人之所以区别于别人,正是赖他的独特之处。共性不必避,也无法避。讳名不讳姓,其道理也是如此。

【文学史链接】

文学技法

此节极诙奇发明,一"独"字,尤足感动人心。(唐文治《孟子新读本》卷七）

14:37 万章问曰:"孔子在陈曰:'盍归乎来! 吾党之小子狂简①,进取不忘其初②。'孔子在陈,何思鲁之狂士?"孟子曰:"孔子'不得中道而与之,必也狂狷乎! 狂者进取,狷者有所不为也'。孔子岂不欲中道哉? 不可必得,故思其次也。""敢问何如斯可谓狂矣?"曰:"如琴张、曾晳、牧皮者③,孔子之所谓狂矣。""何以谓之狂也?"曰:"其志嘐嘐然④,曰'古之人,古之人'。夷考其行而不掩焉者也⑤。狂者又不可得,欲得不屑不洁之士而与之⑥,是狷也,是又其次也。孔子曰:'过我门而不入我室,我不憾焉者,其惟乡原乎⑦! 乡原,德之贼也。'"曰:"何如斯可谓之乡原矣?"曰:"'何以是嘐嘐也⑧? 言不顾行,行不顾言,则曰:古之人,古之人。行何为踽踽凉凉? 生斯世也,为斯世也,善斯可矣⑨。'阉然媚于世也者⑩,是乡原也。"

万子曰:"一乡皆称原人焉,无所往而不为原人,孔子以为德之贼,何哉?"曰:"非之无举也,刺之无刺也;同乎流俗,合乎污世;居之似忠信,行之似廉洁;众皆悦之,自以为是,而不可与入尧舜之道,故曰德之贼也。孔子曰:'恶似而非者:恶莠⑪,恐其乱苗也;恶佞⑫,恐其乱义也;恶利口⑬,恐其乱信也;恶郑声⑭,恐其乱乐也;恶紫,恐其乱朱也;恶乡原,恐其乱德也。'君子反经而已矣⑮。经正,则庶民兴⑯;庶民兴,斯无邪慝矣⑰。"

【注释】

① 狂简:志大而疏略于事。

② "进取"句:不忘其昔日的进取之心。

③ 琴张,名牢,字子张,孔子的学生。牧皮,未详,据文意,亦当是孔子的学生。

④ 嘐(xiāo)嘐然:志大言大,而行不及其志与言。

⑤ 夷:平。不掩:不能覆盖,指不及。

⑥ "不屑不洁":此指狷者自守甚坚,在他们看来,这也"不屑",那也"不洁",不同流合污,但缺乏敢作敢为的进取精神。

⑦ 乡原:即"乡愿"。原意为乡里所称朴实、善良的人,此指随波逐流、缺乏所守的平庸者,滥好人。原,通"愿",朴实、善良的样子。

⑧ 何以:此乡愿者批评狂者之语。

⑨ "行何为"四句:此乡愿者批评狷者之语。踽(jǔ)踽凉凉:冷冷清清貌。形容狷者孤

独清冷。善：此指善与世人相处。

⑩ 阉（yān）然：低三下四貌。

⑪ 莠（yǒu）：草名，似稷。

⑫ 佞：花言巧语。

⑬ 利口：能言善辩者。

⑭ 郑声：淫声。《诗经》郑卫二风中多爱情诗，故古人以为郑卫之诗为淫声。

⑮ 反经：返于常道。经，常道、正道。

⑯ 庶民兴：庶民兴起而向善。

⑰ 邪慝（tè）：奸恶。

【文化史拓展】

孔子周游列国无所遇，没有行道的机会，便思仍以传道为务，回鲁国教授学生。学生分若干等。言行中正无偏者不容易得，得狂者、狷者也是可以的。然而乡愿者，即使过孔子之门而不来求学，孔子也并不惋惜他们。狂者志大言大，但是实际才能却不及其志其言，行事不免疏略，自然与其志其言有距离。但这样的人志向远大，勇于进取，敢作敢为，易于造就。狷者持论甚严，少所许可，寡不合群，缺乏进取心和敢作敢为的精神，但立身不苟，洁身自好，不会胡作非为，也能造就。乡愿批评狂者狷者，自己所为，"同乎流俗，合乎污世"，似盛于德而合乎道，似中正无偏，实易于害德败道。似是而非者，容易混淆视听，扰乱人们的思想，使人上当受骗，故孔子尤恶之。乡愿于德，即似是而非者，故孔子恶之，以至于其人过孔子之门而不入求学，孔子也不会惋惜。

于思想混乱、邪说横行、似是而非者充斥之世，君子应当从事思想领域的拨乱反正，使正确的思想流布于世，大家依此而行，不断向善，而邪恶渐去。

【文学史链接】

1. 后世有关诗赋文

李绂《经正无邪慝解》（《穆堂别稿》卷九）

2. 文学技法

方云，此孟子思传道之人，托孔子之思狂狷，以自写其幽思也。又云，先将狂狷一提，次申明狂，次申明狷，次又举一与狂狷相反之乡原，翻一波澜。文极恣肆。……此章《太阴·识度》之文也。陈兰甫先生谓合《论语》三章而论之，信然。

孔孟取狂狷而黜似是而非之乡原，所以成人才而维世道者，从可知矣。文之幽峭拔俗，特其馀事。……方云，"恶乡原，恐其乱德"一句，收"过我门"以下五节，"君子反经"收束通篇，神完气固。……（君子反经）此节与好辩章末节同。孟子总结全章，常有悠然不尽之意，此最宜学。（唐文治《孟子新读本》卷七）

【集评】

此辟乡愿之害。夫人能忠信廉洁，无可非刺，大得众悦，岂非君子善人，为人之望哉？孔子宜极与之，而乃深恶痛绝，以为德贼者，何哉？以其阉然媚世，而深嫉至道也。气象托于老成，行谊托于谨厚，寡过独善，安分守己，缄默委靡，随波逐流；以志士为妄人，以直节为矫激。其持论不白不黑，务为模棱；其于世不痛不痒，务在自全。既能媚人，自窃美誉。胡广中庸，冯道长乐，近世奉为大贤，致位通显，以致亡国灭种，皆此类也。若夫以古人为期，以天下为任，行虽不掩，言狂近奇，然但有进上之志，孔子取之。否亦取乎崖岸高峻、独立矫世之士。是皆有僻性畸行，过于人道，不中人情者，殊非中行，而高志独行，可以入道。顾宪成曰："学问当从狂狷起，当从中行歇。"虽乱世之言，亦不得已哉。（康有为《孟子微》卷八《辟异》十八）

【思考与讨论】

狂者、狷者和乡愿三者各自的特点有哪些？

14:38 孟子曰："由尧舜至于汤，五百有余岁，若禹、皋陶①，则见而知之；若汤，则闻而知之。由汤至于文王，五百有余岁，若伊尹、莱朱，则见而知之②；若文王，则闻而知之。由文王至于孔子，五百有余岁，若太公望③、散宜生④，则见而知之；若孔子，则闻而知之。由孔子而来至于今，百有余岁，去圣人之世，若此其未远也；近圣人之居，若此其甚也，然而无有乎尔，则亦无有乎尔。"

【注释】

① 皋陶（gāo yáo）：舜之贤臣。
② 莱朱：汤之贤臣。

③ 太公望:即吕尚,字尚父,一说字子牙。本姓姜氏,以其封姓,故为吕尚。文王出猎,
　　遇于渭水之阳,尚时已经七十余,文王与语,大悦,曰:"吾太公望子久矣",因号"太
　　公望"。佐武王灭纣,封于齐。俗称姜太公、姜子牙,即其人。
④ 散宜生:文王贤臣。

【文化史拓展】

　　尧舜之道,或见而知之,或闻而知之,一直传到孔子。尧、舜、禹、汤、孔子,皆
为圣人。汤之于尧、舜、禹,文王之于汤,孔子之于文王,皆历五百余年,而汤、文
王、孔子,皆能上闻知道而传之,并为圣人。孟子之于孔子,时间相去仅一百余年,
较汤之于尧、舜、禹,孔子之于文王,远为近;邹地、鲁地,相去又近。孟子云,他有
如此有利的条件,却未能得孔子之道。

　　中国文化极为注重渊源。中国古代,从政治、学说,一直到家族,都极为讲究
渊源,并无不以渊源正大为尚。《论语》于末篇《尧曰》述古圣贤之治天下,显然以
其道上承尧、舜、禹、汤、文、武之道,其渊源可谓正大无加矣。《孟子》亦然。孟子
虽云未能得孔子之道,然整部《孟子》,言孔子之道者,在在有之,即此上一章,就大
谈特谈孔子之道。此书于最后一章云"无有乎尔",明显与前不符。如果实为
"无",本不必举,亦不胜举,"无杨朱"、"无墨家"、"无法家",岂胜举乎?孟子亦未
举。然仅举孔子之道,何哉?此称"无",明显是引人注意于此,以"无"导人见其
"有"而已。况且,孟子举时地皆去孔子未远,列这些他人不具备的优势,暗示孔子
之道的继承者,非他莫属。

【文学史链接】

1. 后世有关诗赋文

明代佚名《七十二朝人物演义》卷四十《若太公望、散宜生,则见而知之》

黄式三《对孟子闻知见知问》(《儆居杂著》卷二)

2. 文学技法

上下千古如此,方许称大文字。……(由孔子而来)此节一结,如云水苍茫,烟
波无际。(唐文治《孟子新读本》卷七)

【集评】

如何曰孔子死不得其传矣?彼孟子者,名学孔子而实背之者也,焉能传?敢

问何谓也？曰：孔子之道，君君臣臣也；孟子之道，人皆可以为君也。天下无王霸，言伪而辩者不杀，诸子得以行其意，孙吴之智，苏张之诈，孟子之仁义，其原不同，其所以乱天下一也。（邵博《邵氏闻见后录》卷十二引李觏《常语》）

《论》、《孟》之终，皆历叙帝王道统，正明孔孟所传是尧舜三代之道，恐后世之学，失其真宗，妄乱道统也。后世乃有全废"三事""三物"之道，专以心头之静敬、纸上之浮文，冒认道统，尸祝孔孟之侧者，可异也哉！（颜元《颜元集》之《颜习斋先生言行录》卷上《法乾》第六）

数百年后有韩子，得孟子之传者也。又数百年有周程张朱诸子，亦得孟子之传者也。道之所在，即属圣贤之统系。豪杰之士，虽无文王犹兴，乌可以妄自菲薄乎哉！（唐文治《孟子大义序》）

【思考与讨论】

孟子于其著作结尾处，历叙其道统，用意何在？